쟁점 및 사례에 대한
질문과 답변

형사소송법

Rechtsfälle in Fragen und Antwort
Strafprozessrecht

신양균 · 조기영 · 지은석

박영사

서 문

    이 책은 로스쿨 학생들이 변호사시험 등에 자주 출제되는 주요 쟁점 및 사례를 숙지하고 자신의 지식으로 체화시키는 데에 도움을 주는 것을 목적으로 하고 있다. 형사소송법의 주요 법리를 이해하는 데 필요한 내용을 쟁점과 사례 형식으로 질문하고 그에 대한 답변을 서술하고 있다. 또한 그동안 변호사시험이나 모의시험 등에 출제되었거나 앞으로 출제될 수 있는 중요한 쟁점을 포함시키고 있다.

    모든 학생과 수험생의 고민은 습득하여 정리한 지식을 필요한 범위 내에서 정확하게 서술하는 일이다. 시험제도가 존속하는 한 피할 수 없는 고민이기도 하다. 수년간 로스쿨에서 학생들을 지도해 오면서 학생들의 이러한 고민을 덜어 줄 수 있는 방법에 대해 생각해 보지 않을 수 없었다. 학교시험은 물론 변호사시험에서 제시된 사례의 쟁점에 대해 반드시 필요한 핵심 내용을 정확하게 서술해야 하는 분량으로 지식을 농축시키는 작업이 필요하다는 판단이 이 책을 출간하는 계기가 되었다.

    이 책의 특징 중의 하나는 전문법칙 부분에 관하여는 지면을 아끼지 않고 충분한 서술을 하였다는 점이다. 그동안의 강의경험 등에 비추어 보면 학생들이 이해하기 어려워 하는 부분은 '전문법칙'이다. 수험생 입장에서는 이 부분을 정독해 나가는 시간과 노력을 투자한다면, 그 이후에는 전문법칙에 대한 어려움을 더 이상 느끼지 않게 될 것이라고 기대해 본다.

    같은 대학에서 근무하시던 신양균 교수님께서 올해로 정년을 맞으시게 되었다. 교수님께서는 본인을 학문의 길로 이끌어 주시고 항상 지도 편달해 주셨던 분이다. 이에 필자는 늘 감사의 마음을 지니고 있다. 지난해 12월 여러 교수님들을 모시고 신양균 교수님의 정년을 기념하는 학술대회를 개최한 것만큼이나 이 책을 신양균 교수님과 공저로 출간할 수 있게 된 것을 매우 기쁘게 생각한다. 아울러 전북대학교 법학전문대학원 형사실무 교수로서 최선을 다하고 계신 지은석 교수님께서도 공저자로 참여해 주셨으며, 이 책의 출간에 큰 도움을 주신 점 감사드린다.

제10회 변호사시험을 무사히 마치고 잠깐의 휴식을 취하고 있는 제자 이철환 학생(10기)과 이상훈 학생(10기)에게 감사의 마음을 밝히는 것은 당연한 도리이다. 두 제자는 이 책에 관한 다양한 의견을 제시하고 손수 교정을 맡아 주었다. 강의실에서 진지하고 영롱했던 두 제자들의 눈빛을 기억하면서 이들에게 깊은 감사를 전한다. 두 제자들의 법률가로서의 앞날에 발전과 보람이 계속되기를 소망한다.

2020년 형사소송법 교과서(신양균/조기영) 출간 이후 이번에도 이 책의 출판을 흔쾌히 승낙해 주신 박영사 이영조 팀장님, 그리고 교과서와 마찬가지로 편집을 담당해 주신 윤혜경 선생님께 이 자리를 빌려 깊은 감사의 마음을 전한다.

2021년 어느 겨울날
전북대학교 법학전문대학원 연구실에서

저자들을 대표하여 **조 기 영**

차 례

제 3 편 공판절차

수 사
제1편

제1장 수사의 기초

Ⅰ. 수사의 조건

[001] 수사기관이 범죄인지절차를 거치기 이전에 행한 수사는 위법한가?

수사기관이 범죄의 혐의가 있다고 보아 수사를 개시하는 행위를 한 때에 범죄를 인지한 것으로 보아야 하고, 그 뒤 범죄인지서를 작성하여 사건수리 절차를 밟은 때에 비로소 범죄를 인지한 것이 아니다(대법원 1989. 6. 20. 선고 89도648 판결). 수사기관이 인지절차를 밟기 전에 수사를 하였다고 하더라도, 그 수사가 장차 인지의 가능성이 전혀 없는 상태하에서 행해졌다는 등의 특별한 사정이 없는 한, 인지절차가 이루어지기 전에 수사를 하였다는 이유만으로 그 수사가 위법하다고 볼 수는 없다.

따라서 그 수사과정에서 작성된 피의자신문조서나 진술조서 등의 증거능력이 인정된다(대법원 2001. 10. 26. 선고 2000도2968 판결).

[002] 수사기관이 친고죄나 즉고발사건에서 고소나 고발이 있기 전에 행한 수사는 위법한가? (2018년 3차 모의시험)

원칙적 허용설, 강제수사제한설, 예외적 허용설 등이 있으나, 판례는 친고죄나 세무공무원 등의 고발이 있어야 논할 수 있는 죄에 있어서 고소 또는 고발은 소추조건에 불과하고 당해 범죄의 성립 요건이나 수사의 조건은 아니므로, 이러한 범죄에 관하여 고소나 고발이 있기 전에 수사를 하였다고 하더라도, 그 수사가 장차 고소나 고발이 있을 가능성이 없는 상태하에서 행해졌다는 등의 특단의 사정이 없는 한, 고소나 고발이 있기 전에 수사를 하였다는 이유만으로 그 수사가 위법하다고 볼 수는 없다는 입장이다(대법원 1995. 2. 24. 선고 94도252 판결).

따라서 수사기관이 고소나 고발이 있기 전에 수사를 하였더라도, 고소권의 포기, 고소기간의 경과 등 장차 고소나 고발이 있을 가능성이 없는 상태하에서 수사가 행해졌다는 사정이 없는 한 그 수사는 적법하다.

[003] 출입국사범전속고발사건에서 출입국관리공무원 외의 수사기관이 그 사건을 입건한 후 지체없이 출입국관리사무소장에게 인계하지 않은 채 피의자신문조서의 작성 등의 수사를 했다면 이는 위법한가?

「출입국관리법」에서 사무소장 등에게 전속적 고발권과 더불어 출입국관리공무원에게 특별사법경찰관리로서의 지위를 부여한 취지는 출입국관리에 관한 전문적 지식과 경험을 갖춘 출입국관리공무원으로 하여금 출입국관리에 관한 행정목적 달성을 위하여 자율적·행정적 제재수단을 형사처벌에 우선하여 활용할 수 있도록 하려는 데에 있다. 그러나 출입국관리공무원으로 하여금 수사를 전담하게 하는 규정은 없으므로, 경찰관직무집행법 제2조 제5호에 따라 공공의 안녕과 질서유지를 위하여 그 직무를 수행하는 일반사법경찰관리의 출입국사범에 대한 수사권한은 위 법률의 규정에도 불구하고 배제되는 것은 아니다(대법원 2011. 3. 10. 선고 2008도7724 판결).

법률에 의하여 고소나 고발이 있어야 논할 수 있는 죄에 있어서 고소 또는 고발은 이른바 소추조건에 불과하고 당해 범죄의 성립 요건이나 수사의 조건은 아니므로, 위와 같은 범죄에 관하여 고소나 고발이 있기 전에 수사를 하였다고 하더라도, 그 수사가 장차 고소나 고발이 있을 가능성이 없는 상태하에서 행해졌다는 등의 특단의 사정이 없는 한, 고소나 고발이 있기 전에 수사를 하였다는 이유만으로 그 수사가 위법하게 되는 것은 아니다(대법원 1995. 2. 24. 선고 94도252 판결 등 참조).

일반사법경찰관리가 출입국사범에 대한 사무소장 등의 고발이 있기 전에 수사를 하였다고 하더라도 위에서 언급한 특단의 사정이 없는 한 그 사유만으로 수사가 소급하여 위법하게 되는 것은 아니다(대법원 2011. 3. 10. 선고 2008도7724 판결). 따라서 출입국사범에 관한 사건에 관하여 출입국관리공무원 외의 수사기관이 그 사건을 입건한 후 지체없이 출입국관리사무소장에게 인계하지 않은 채 피의자신문조서 작성 등의 수사를 하였더라는 이는 위법하지 않다.

II. 함정수사

[004] 함정수사의 위법성을 판단하는 구체적 기준은 무엇인가?

본래 범의를 가지지 아니한 자에 대하여 수사기관이 사술이나 계략 등을 써서 범의를 유발케 하여 범죄인을 검거하는 함정수사는 위법하다(대법원 2005. 10. 28. 선고 2005도1247 판결 등). 위법한 함정수사에 해당하는지 여부는 해당 범죄의 종류와 성질, 유인자의 지위와 역할, 유인의 경위와 방법, 유인에 따른 피유인자의 반응, 피유인자의 처벌 전력 및 유인행위 자체의 위법성 등을 종합하여 판단하여야 한다.

수사기관과 직접 관련이 있는 유인자가 과도하게 개입함으로써 피유인자로 하여금 범의를 일으키게 하는 것은 위법한 함정수사에 해당한다. 반면, 유인자가 수사기관과 직접적인 관련을 맺지 아니한 상태에서 유인행위를 하였을 뿐, 수사기관이 사술이나 계략 등을 사용하였다고 볼 수 없는 경우는, 설령 그로 인하여 피유인자의 범의가 유발되었다 하더라도 위법한 함정수사에 해당하지 않는다(대법원 2007. 7. 12. 선고 2006도2339 판결).

[005] 함정수사가 위법한 경우 법원은 어떠한 판결을 선고하여야 하는가?

본래 범의를 가지지 아니한 자에 대하여 수사기관이 사술이나 계략 등을 써서 범의를 유발케 한 위법한 함정수사에 해당하는 경우 그 법적 효과에 관하여는, 유죄판결설(양형사유설) 또는 무죄판결설 및 공소기각판결설의 대립이 있지만, 판례는 위법한 함정수사에 기한 공소제기는 그 절차가 법률의 규정에 위반하여 무효인 때에 해당하므로 법원은 **공소기각의 판결**을 선고하여야 한다는 입장이다(대법원 2005. 10. 28. 선고 2005도1247 판결).

[006] 사법경찰관 P는 구토하고 있는 취객을 지켜보다가 취객에게 강도범행을 범하려는 甲을 현행범인으로 체포하였다. P가 甲을 체포한 것은 위법한 함정수사에 해당하는가? (2013년 2회 변호사시험)

甲은 스스로 범행을 결심하고 실행행위에 나아간 것으로 P가 甲을 체포한 것은 기회제공형 함정수사는 될 수 있을지라도 甲의 범행결의를 야기한 위법한 함정수사가 아니다.

제2장 수사의 단서

I. 직무질문

[007] 불심검문 대상자에 해당하는지를 판단하는 기준은 무엇인가?

경찰관은 경직법 제3조 제1항에 규정된 대상자 해당 여부를 판단함에 있어서는 불심검문 당시의 구체적 상황은 물론 사전에 얻은 정보나 전문적 지식 등에 기초하여 불심검문 대상자인지 여부를 객관적·합리적인 기준에 따라 판단하여야 하지만, 반드시 불심검문 대상자에게 형사소송법상 체포나 구속에 이를 정도의 혐의가 있을 것을 요하지는 않는다(대법원 2014. 2. 27. 선고 2011도13999 판결).

[008] 경찰관은 불심검문 대상자가 정지요구에 불응하거나 질문 도중에 떠나는 경우 강제에 이르지 않는 정도의 유형력을 행사할 수 있는가? (2018년 1차 모의시험)

경찰관은 경직법 제3조 제1항에 규정된 대상자에게 질문을 하기 위하여 범행의 경중, 범행과의 관련성, 상황의 긴박성, 혐의의 정도, 질문의 필요성 등에 비추어 그 목적 달성에 필요한 최소한의 범위 내에서 사회통념상 용인될 수 있는 상당한 방법으로 그 대상자를 정지시킬 수 있고 질문에 수반하여 흉기의 소지 여부도 조사할 수 있다(대법원 2012. 9. 13. 선고 2010도6203 판결).

[009] 경찰관은 불심검문을 행하면서 흉기 이외의 소지품(예컨대, 도품)을 검사할 수 있는가? (2015년 1차 모의시험)

경찰관은 불심검문 대상자에게 질문을 할 때에 그 사람이 흉기를 가지고 있는지를 조사할 수 있다(경직법 제3조 제3항). 흉기 이외의 일반소지품에 대한 검사가 허용되는지에 관하여는, 불심검문의 실효성을 유지하기 위하여 제한적으로 허용된다는 견해도 있으나, 흉기 이외의 일반소지품에 대해서는 법적 근거가 없으므로 상대방의 동의 없는 독자적인 검사는 허용되지 않는다.

[010] 출동한 경찰관이 甲을 깨우자 甲이 욕설과 폭행을 하였고 이에 甲에 대해 불심검문을 행하는 정복차림의 경찰관 P가 자신의 신분을 표시하는 증표를 제시하지 않은 경우 위법한 공무집행인가?

불심검문을 하게 된 경위, 불심검문 당시의 현장상황과 검문을 하는 경찰관들의 복장, 피고인이 공무원증 제시나 신분 확인을 요구하였는지 여부 등을 종합적으로 고려하여, 검문하는 사람이 경찰관이고 검문하는 이유가 범죄행위에 관한 것임을 피고인이 충분히 알고 있었다고 보이는 경우에는 신분증을 제시하지 않았다고 하여 그 불심검문이 위법한 공무집행이 되는 것은 아니다(대법원 2014. 12. 11. 선고 2014도7976 판결). 경찰관 P는 정복차림이었고, 甲이 욕설과 폭행을 하였다는 사정에 비추어 보면, 甲은 P가 경찰관이고 검문하는 이유가 자신에 관한 범죄행위 때문임을 모두 알고 있었다고 보인다. 이러한 상황에서 P가 甲에게 신분증을 제시하거나 그 소속 등을 밝히지 않았다고 하여 그 불심검문이 위법한 공무집행이라고 볼 수 없다(대법원 2014. 12. 11. 선고 2014도7976 판결).

[011] 술에 취해 차 안에서 잠이 든 사람을 순찰차에 태워 지구대로 데려와 음주
측정을 요구할 수 있는가?

경찰공무원은 교통의 안전과 위험방지를 위하여 필요하다고 인정하거나 운
전자가 술에 취한 상태에서 자동차 등을 운전하였다고 인정할 만한 상당한 이
유가 있고 운전자의 음주운전 여부를 확인하기 위하여 필요한 경우에는 사후
의 음주측정에 의하여 음주운전 여부를 확인할 수 없음이 명백하지 않는 한 운
전자에 대하여 음주측정을 요구할 수 있고, 운전자가 이에 불응한 경우에는 음
주측정불응죄가 성립한다. 운전자가 경찰관직무집행법 제4조에 따라 보호조치
된 사람이라고 하여도, 위법한 보호조치 상태를 이용하여 음주측정 요구가 이
루어졌다는 등의 특별한 사정이 없는 한 경찰공무원이 보호조치된 운전자에
대하여 음주측정을 요구하였다는 이유만으로 음주측정 요구가 당연히 위법하
다거나 보호조치가 당연히 종료된 것으로 볼 수는 없다(대법원 2012. 2. 9. 선고
2011도4328 판결; 대법원 2012. 3. 29. 선고 2011도10012 판결).

II. 친고죄

[012] 검사는 甲을 정보통신망 이용촉진 및 정보보호 등에 관한 법률 위반(명예
훼손)죄로 기소를 하였다가 항소심에 이르러 모욕죄로 공소장이 변경되었다(검사는
甲을 상해죄로 기소하였는데, 항소심에 이르러 폭행죄로 공소장이 변경되었다).
피해자 A는 제1심 판결이 선고된 후 항소심 공판 중 고소를 취소하였다. 법원은
어떠한 판결을 하여야 하는가?

항소심에서 비친고죄가 친고죄나 반의사불벌죄로 공소장이 변경된 경우 고
소취소나 처벌희망의사를 철회할 수 있는지에 관하여 **무효설**(고소취소 시기의 획
일적 확정 및 문리해석의 한계), **유효설**(제232조 제1항은 현실적 심판대상이 된 공소사실

을 기준으로 당해 심급의 판결선고시까지 가능하는 의미이고 검사나 법원의 잘못된 판단의 불이익을 피고인에게 전가할 수 없음), **절충설**(제232조 제1항은 친고죄에만 적용되므로 친고죄로 공소장이 변경되기 이전에 한 고소취소는 효력이 있음) 등의 대립이 있지만, **판례**는 항소심에서 비로소 공소사실이 친고죄로 변경된 경우에도 항소심을 제1심이라고 할 수는 없으므로, 항소심에 이르러 고소인이 고소를 취소하였다면 이는 친고죄(또는 반의사불벌죄)에 대한 고소취소로서의 효력이 없다는 입장이다(대법원 1999. 4. 15. 선고 96도1922 전원합의체 판결).

형사소송법 제232조 제1항이 고소의 취소시기를 제1심 판결선고 전까지 제한하고 있는 것은 국가형벌권의 행사가 피해자의 의사에 좌우되지 않도록 하겠다는 취지라는 점에서 판례의 입장이 타당하다. 판례의 입장에 따르면, 법원은 공소기각의 판결이 아닌 실체판결을 하여야 한다.

> **[013]** 검사는 甲을 협박죄(폭행죄)로 기소하였다. 피해자 A는 제1심 공판진행 중 甲에 대한 처벌불원의 의사를 표시하였다. 제1심 공판절차에서 공소장변경에 의해 甲에 대한 공소사실은 협박죄(폭행죄)에서 공갈죄(상해죄)로 변경되었다. 법원은 어떠한 판결을 하여야 하는가?

친고죄에서 피해자의 고소가 없거나 고소가 취소되었음에도 친고죄로 기소되었다가 그 후 당초에 기소된 공소사실과 동일성이 인정되는 비친고죄로 공소장변경이 허용된 경우 그 공소제기의 흠은 치유되고(대법원 1996. 9. 24. 선고 96도2151 판결 등), 친고죄로 기소된 후에 피해자의 고소가 취소되더라도 제1심이나 항소심에서 당초에 기소된 공소사실과 동일성이 인정되는 범위 내에서 다른 공소사실로 공소장을 변경할 수 있으며 이러한 경우 법원은 변경된 공소사실에 대하여 심리·판단하여야 한다. 이는 반의사불벌죄에서 피해자의 '처벌을 희망하지 아니하는 의사표시' 또는 '처벌을 희망하는 의사표시의 철회'가 있는 경우에도 마찬가지이다(대법원 2011. 5. 13. 선고 2011도2233 판결).

법원은 변경된 공소사실인 공갈죄(상해죄)에 대하여 실체재판을 하여야 한다.

III. 반의사불벌죄

[014] 만 18세의 고등학생인 미성년자 A는 甲을 폭행죄로 고소하였다가 제1심 공판 진행 중 甲으로부터 합의금을 받고 자신의 父인 B의 동의를 받지 않고 처벌을 희망하지 않는다는 고소취하서를 법원에 제출하였다. 법원은 어떠한 판결을 하여야 하는가?

반의사불벌죄(폭행죄)에 있어서 피해자의 피고인에 대한 처벌을 희망하지 않는다는 의사표시 또는 처벌을 희망하는 의사표시의 철회는 형사소송절차에 있어서의 소송능력에 관한 일반원칙에 따라 의사능력이 있는 피해자가 단독으로 이를 할 수 있고, 법정대리인의 동의가 있어야 한다거나 법정대리인에 의해 대리되어야만 하는 것은 아니다(대법원 2009. 11. 19. 선고 2009도6058 전원합의체 판결).

따라서 A의 甲에 대한 처벌불원의 의사표시는 유효하고, 법원은 甲에게 공소기각의 판결(제327조 제6호)을 선고하여야 한다.

[015] A에 대한 명예훼손과 관련하여 공범인 甲, 乙, 丙에 대한 제1심 공판절차가 진행되던 중에 A가 丙에 대하여만 고소를 취소한 경우, 법원은 甲, 乙, 丙에 대하여 어떠한 조치를 취하여야 하는가? (2016년 5회 변호사시험; 2017년 1차 모의시험)

① 丙에 대한 조치: 명예훼손죄는 반의사불벌죄로 A가 제1심 공판절차 진행 중 丙에 대한 고소를 취소한 것은 피해자의 명시한 의사에 반하여 죄를 논할 수 없는 사건에 대하여 제1심 판결선고 전에 적법하게 처벌희망 의사표시가 철회된 경우에 해당하므로 형사소송법 제327조 제6호에 따라 공소기각의 판결을 선고하여야 한다.

② 甲, 乙에 대한 조치: 친고죄의 공범 중 그 1인 또는 수인에 대한 고소 또는

그 취소는 다른 공범자에 대하여도 그 효력이 미친다(제233조). 이러한 **주관적 불가분의 원칙**이 명문의 규정이 없는 반의사불벌죄에도 적용되는지에 관하여, 반의사불벌죄는 친고죄와 유사하고 피해자의 자의에 의한 국가형벌권 행사의 불공평을 방지하기 위하여 준용되어야 한다는 **적극설**(준용긍정설)과 반의사불벌죄에는 주관적 불가분원칙을 준용하는 규정이 없고 친고죄와 입법취지가 다르기에 준용할 수 없다는 **소극설**(준용부정설)의 대립이 있지만, **판례**는 형사소송법이 고소와 고소취소에 관한 규정을 하면서 제232조 제1항, 제2항에서 고소취소의 시한과 재고소의 금지를 규정하고 그 제3항에서는 반의사불벌죄에 위 제1항, 제2항의 규정을 준용하는 규정을 두면서도, 그 제233조에서 고소와 고소취소의 불가분에 관한 규정을 함에 있어서는 반의사불벌죄에 이를 준용하는 규정을 두지 아니한 것은 처벌을 희망하지 아니하는 의사표시나 처벌을 희망하는 의사표시의 철회에 관하여는 친고죄와는 달리 그 공범자간에 불가분의 원칙을 적용하지 아니하고자 함에 있다고 볼 것이지, 입법의 불비로 볼 것은 아니라는 입장이다(대법원 1994. 4. 26. 선고 93도1689 판결).

판례에 따르면, 甲과 乙에 대하여는 실체판결을 하여야 한다.

I. 승낙수사

[016] 甲은 음주 후 자신의 차량을 운전하다가 다른 차량 3대를 잇달아 들이받고 나서 보도 경계석에 부딪쳐 멈춰 섰다. 호흡측정기로 음주측정을 한 결과 甲의 혈중알코올농도는 0.024%로 측정되었다. 당시 甲의 얼굴색이 붉고 혀가 꼬부라진 발음을 하며 걸음을 제대로 걷지 못한 채 비틀거리는 등 술에 상당히 취한 모습을 보였고, 피해자 A 등은 경찰관 P에게 甲에 대한 혈액 채취에 의한 측정을 요구하였다. P는 甲에게 '피해자들이 처벌수치 미달로 나온 것을 납득하지 못하니 정확한 조사를 위하여 채혈에 동의하겠느냐. 채혈 결과가 최종 음주수치가 된다.'고 말하며 혈액 채취에 의한 음주측정에 응하도록 설득하였고, 이에 甲은 순순히 응하여 '음주량이 어느 정도인지 확인하고자 혈액 채취를 승낙한다.'는 내용의 혈액 채취 동의서에 서명·무인한 다음 P와 인근 병원에 동행하여 그곳 의료진의 조치에 따라 혈액을 채취하였고, 국립과학수사연구원의 감정결과 혈중알코올농도가 0.239%로 측정되었다. 위 혈중알코올 감정서의 증거능력을 논하시오.

(2019년 1차 모의시험)

음주운전에 대한 수사 과정에서 음주운전 혐의가 있는 운전자에 대하여 도로교통법에 따른 호흡측정이 이루어진 경우에는 그에 따라 과학적이고 중립적인 호흡측정 수치가 도출된 이상 다시 음주측정을 할 필요성은 사라졌으므로 운전자의 불복이 없는 한 다시 음주측정을 하는 것은 원칙적으로 허용되지 않는다.

그러나 호흡측정 당시의 구체적 상황에 비추어 호흡측정기의 오작동 등으로 인하여 호흡측정 결과에 오류가 있다고 인정할 만한 객관적이고 합리적인 사정이 있는 경우라면 그러한 호흡측정 수치를 얻은 것만으로는 수사의 목적을 달성하였다고 할 수 없어 추가로 음주측정을 할 필요성이 인정되므로, 경찰관이 음주운전 혐의를 제대로 밝히기 위하여 운전자의 자발적인 동의를 얻어 혈액 채취에 의한 측정의 방법으로 다시 음주측정을 하는 것을 위법하다고 볼 수는 없다. 이 경우 운전자가 일단 호흡측정에 응한 이상 재차 음주측정에 응할 의무까지 당연히 있다고 할 수는 없으므로, 운전자의 혈액 채취에 대한 동의의 임의성을 담보하기 위하여는 경찰관이 미리 운전자에게 혈액 채취를 거부할 수 있음을 알려주었거나 운전자가 언제든지 자유로이 혈액 채취에 응하지 아니할 수 있었음이 인정되는 등 **운전자의 자발적인 의사에 의하여 혈액 채취가 이루어졌다는 것**이 객관적인 사정에 의하여 명백한 경우에 한하여 혈액 채취에 의한 측정의 적법성이 인정된다고 보아야 한다(대법원 2015. 7. 9. 선고 2014도16051 판결).

사안에서 甲에 대한 혈액 채취는 甲의 자발적인 의사에 따라 이루어졌다고 볼 수 있다. 따라서 P가 甲의 음주운전 혐의를 제대로 밝히기 위하여 피고인의 자발적인 동의를 얻어 혈액 채취에 의한 측정방법으로 다시 음주측정을 한 조치를 위법하다고 할 수 없고, 이를 통하여 획득한 혈액측정 결과 또한 위법한 절차에 따라 수집한 증거라고 할 수 없으므로 그 증거능력이 인정된다.

II. 임의동행

[017] 사법경찰관 P1은 성매매혐의가 있는 甲과 乙을 현행범인으로 체포할 수 있는 상황이 인정되지 않자, 甲과 乙에게 수사관서로 동행해 줄 것을 요구하면서, "동행을 거부할 수도 있으나 거부하더라도 강제로 연행할 수 있다."고 말했다. 동행 과정에서 乙이 화장실에 가자 여자 경찰관 P2가 乙을 따라가 감시하였다. 수사관서에서 甲과 乙은 자술서를 작성하였고, P1은 甲과 乙에 대한 진술조서를 작성하였다. 위 자술서와 진술조서는 증거능력이 인정되는가? (2019년 8회 변호사시험)

수사관이 수사과정에서 당사자의 동의를 받는 형식으로 피의자를 수사관서 등에 동행하는 것은 상대방의 신체의 자유가 현실적으로 제한되어 실질적으로 체포와 유사한 상태에 놓이게 됨에도, 영장에 의하지 아니하고 그 밖에 강제성을 띤 동행을 억제할 방법도 없어서 제도적으로는 물론 현실적으로도 임의성이 보장되지 않을 뿐만 아니라, 아직 정식의 체포·구속단계 이전이라는 이유로 상대방에게 헌법 및 형사소송법이 체포·구속된 피의자에게 부여하는 각종의 권리보장 장치가 제공되지 않는 등 형사소송법의 원리에 반하는 결과를 초래할 가능성이 크므로, 수사관이 동행에 앞서 피의자에게 동행을 거부할 수 있음을 알려주었거나 동행한 피의자가 언제든지 자유로이 동행과정에서 이탈 또는 동행장소로부터 퇴거할 수 있었음이 인정되는 등 **오로지 피의자의 자발적인 의사에 의하여 수사관서 등에의 동행이 이루어졌음이 객관적인 사정에 의하여 명백하게 입증된 경우**에 한하여, 그 적법성이 인정된다(대법원 2006. 7. 6. 선고 2005도6810 판결).

사안에서 甲과 乙은 '동행을 거부하더라도 강제로 연행할 수 있다.'는 말까지 들었으므로 그러한 상황에서 동행을 거부하기는 어려웠을 것이라 보이는 점, 동행과정에서 乙이 화장실에 가자 여자 경찰관이 乙을 따라가 감시하기도 한 점 등에 비추어 보면, 비록 P1이 甲과 乙을 동행할 당시에 물리력을 행사한 바가 없고, 이들이 명시적으로 거부의사를 표명한 적이 없다고 하더라도, P1이 甲과 乙을 수사관서까지 동행한 것은 임의동행의 적법요건이 갖추어지지 아니한 채 사법경찰관의 동행 요구를 거절할 수 없는 심리적 압박 아래 행하여진 사실상의 강제연행, 즉 불법체포에 해당한다. 따라서 이러한 불법체포에 의한 유치 중에 甲과 乙이 작성한 각 자술서와 P1이 작성한 甲과 乙에 대한 진술조서는 헌법 제12조 제1항, 제3항과 형사소송법 제200조의2, 제201조 등이 규정한 체포·구속에 관한 영장주의 원칙에 위배하여 수집된 증거로서 수사기관이 피고인이 아닌 자를 상대로 적법한 절차에 따르지 아니하고 수집한 증거로 형사소송법 제308조의2에 의하여 그 증거능력이 부정된다(대법원 2011. 6. 30. 선고 2009도6717 판결).

[018] 2012. 5. 5. 01:00경 XX 모텔 업주로부터 모텔에 투숙한 甲이 정신분열증 비슷하게 안절부절 못하는 등 정신이 이상한 것 같은 행동을 하여 마약을 투약하였거나 자살할 우려가 있다는 신고를 받고 출동한 사법경찰관 P는 모텔 방 안에서 운동화를 신고 안절부절 못하면서 P 앞에서 바지와 팬티를 모두 내리는 등의 행동을 하자, P는 甲에게 마약 투약이 의심되므로 경찰서에 가서 채뇨를 통하여 투약여부를 확인하자고 하면서 동행을 요구하였고, 이에 대하여 甲이 "영장 없으면 가지 않겠다."는 취지의 의사를 표시하였으나, P는 甲을 경찰서로 데려갔다. 甲은 같은 날 03:25경 위 경찰서에서 채뇨를 위한 '소변채취동의서'에 서명하고 그 소변을 제출하였는데, 소변에 대한 간이시약검사결과 메스암페타민에 대한 양성반응이 검출되어 이를 시인하는 취지의 '소변검사시인서'에도 서명하였다. P는 같은 날 07:50경 甲을 '마약류 관리에 관한 법률' 위반(향정) 혐의로 긴급체포하였고, 23:00경 甲에 대한 구속영장과 피고인의 소변 및 모발 등에 대한 압수·수색·검증영장을 청구하여 2012. 5. 6.경 법원으로부터 위 각 영장이 발부되었다. P는 2012. 5. 7. 피고인에게 압수영장을 제시하고 甲으로부터 소변과 모발을 채취하였고, 이를 송부받은 국립과학수사연구소는 甲의 소변과 모발에서 메스암페타민에 대한 양성반응이 검출되었다는 내용이 담긴 소변 감정서 및 모발 감정서를 제출하였다.

甲이 동행을 거부하는 의사를 표시하였음에도 불구하고 P가 영장에 의하지 아니하고 甲을 강제로 연행한 행위는 수사상의 강제처분에 관한 형사소송법상의 절차를 무시한 채 이루어진 것으로 위법한 체포에 해당하고, 이와 같이 위법한 체포상태에서 마약 투약 혐의를 확인하기 위한 채뇨 요구가 이루어진 경우, 채뇨 요구를 위한 위법한 체포와 그에 이은 채뇨 요구는 마약 투약이라는 범죄행위에 대한 증거 수집을 위하여 연속하여 이루어진 것으로서 개별적으로 그 적법 여부를 평가하는 것은 적절하지 아니하므로 그 일련의 과정을 전체적으로 보아 위법한 채뇨 요구가 있었던 것으로 볼 수밖에 없다(대법원 2006. 11. 9. 선고 2004도8404 판결 참조). 따라서 위와 같이 위법한 채뇨 요구에 의하여 수집된 '소변검사시인서'는 적법한 절차에 따르지 아니한 것으로서 유죄 인정의 증거로 삼을 수 없다.

다만, 수사기관의 연행이 위법한 체포에 해당하고 그에 이은 제1차 채뇨에 의한 증거 수집이 위법하다고 하더라도, 甲은 이후 법관이 발부한 구속영장에 의하여 적법하게 구금되었고 법관이 발부한 압수영장에 의하여 2차 채뇨 및 채모 절차가 적법하게 이루어진 이상, 그와 같은 2차적 증거 수집이 위법한 체포·구금절차에 의하여 형성된 상태를 직접 이용하여 행하여진 것으로는 평가할 수 없으므로, 이와 같은 사정은 체포과정에서의 절차적 위법과 2차적 증거 수집 사이의 인과관계를 희석하게 할 만한 정황에 속한다. 따라서 법관이 발부한 압수영장에 의하여 이루어진 2차 채뇨 및 채모 절차를 통해 획득된 이 사건 긱 감정서는 모두 그 증거능력이 인정된다(대법원 2013. 3. 14. 선고 2012도13611 판결).

III. 사진촬영

[019] 집회참가자들의 가두행진이 신고범위를 이탈하자 경찰 채증요원들은 집회 참가자들을 사진촬영하였다. 위 사진의 증거능력은 인정되는가?

상대방의 동의 없이 비밀리에 수사목적으로 사진을 촬영하는 것은 개인의 초상권이나 사생활의 비밀을 침해하게 되어 영장주의의 적용 여부 및 그 허용요건이 문제된다. 사진촬영의 법적 성격에 관하여는 **임의수사설, 강제수사설, 구분설** 등이 있으나, **판례**는 수사기관이 범죄를 수사함에 있어 현재 범행이 행하여지고 있거나 행하여진 직후이고, 증거보전의 필요성 및 긴급성이 있으며, 일반적으로 허용되는 상당한 방법에 의하여 촬영을 한 경우라면 위 촬영이 영장 없이 이루어졌다 하여 이를 위법하다고 단정할 수 없다는 입장이다(대법원 1999. 9. 3. 선고 99도2317 판결).

사안에서 촬영된 사진은 범행이 행하여지고 있는 상황에서 증거보전의 필요성 및 긴급성이 인정되고, 일반적으로 허용되는 상당한 방법에 의하여 촬영되었으므로 영장없이 촬영이 이루어졌다고 하더라도 위법한 것은 아니다. 위 사진의 증거능력은 인정된다.

제4장 **임의수사**

Ⅰ. 피의자신문

[020] 甲은 적법하게 발부된 구속영장에 의하여 구치소에 수감되어 있던 중 검사로부터 피의자신문을 위한 출석요구를 받았으나 이에 불응하였다. 이 경우 검사는 甲의 의사에 반하여 甲을 검찰청으로 구인할 수 있는가? (2014년 3차 모의시험; 2016년 5회 변호사시험; 2020년 9회 변호사시험)

구속영장 발부에 의하여 적법하게 구금된 피의자가 피의자신문을 위한 출석요구에 응하지 아니하면서 수사기관 조사실에의 출석을 거부한다면 수사기관은 그 **구속영장의 효력**에 의하여 피의자를 조사실로 구인할 수 있다. 다만 이러한 경우에도 그 피의자신문 절차는 형사소송법 제199조 제1항 본문, 제200조의 규정에 따른 **임의수사의 한 방법**으로 진행되어야 하므로, 피의자는 헌법 제12조 제2항과 법 제244조의3에 따라 일체의 진술을 하지 아니하거나 개개의 질문에 대하여 **진술을 거부**할 수 있고, 수사기관은 피의자를 신문하기 전에 그와 같은 권리를 알려주어야 한다(대법원 2013. 7. 1. 자 2013모160 결정).

[021] 검사 S는 구속된 甲을 ○○검찰청 조사실로 소환하여 피의자신문을 실시하였다. 甲이 변호사 V의 참여를 요청하였지만 S는 甲이 범행을 부인한다는 이유로 이를 거절하였다. S의 조치는 적법한가? 그리고 이에 대한 불복방법은 무엇

인지를 설명하시오. (2019년 2차 모의시험)

① **S의 조치의 적법성**: 형사소송법 제243조의2 제1항은 검사 또는 사법경찰관은 피의자 또는 변호인 등이 신청할 경우 정당한 사유가 없는 한 변호인을 피의자신문에 참여하게 하여야 한다고 규정하고 있다. 여기에서 **'정당한 사유'**라 함은 변호인이 피의자신문을 방해하거나 수사기밀을 누설할 염려가 있음이 객관적으로 명백한 경우 등을 말한다(대법원 2008. 9. 12. 자 2008모793 결정). 피의자가 범행을 부인하는 것은 형사사송법 제243조의2에서 말하는 '정당한 사유'에 해당한다고 볼 수 없으므로 변호인의 참여를 거절한 검사 S의 조치는 위법하다.

② **S의 조치에 대한 불복방법**: 형사소송법 제417조는 검사 또는 사법경찰관의 구금, 압수 또는 압수물의 환부에 관한 처분과 제243조의2에 따른 변호인의 참여 등에 관한 처분에 대하여 불복이 있으면 그 직무집행지의 관할법원 또는 검사의 소속검찰청에 대응한 법원의 그 처분의 취소 또는 변경을 청구할 수 있다고 규정하고 있다. 甲은 형사소송법 제417조에 따라 법원에 변호인접견 제한 처분의 취소를 구하는 준항고를 제기할 수 있다.

II. 범인식별절차

[022] 사법경찰관 P는 도난사건과 관련하여 빈집털이 전과자인 甲을 유력한 용의자로 보고, 목격자 A의 집에 찾아가 A에게 甲의 사진 1장을 보여주었다. A는 사진 속 인물의 머리모양과 얼굴 모습이 자신이 목격한 사람과 동일하다고 판단하고 甲을 자신이 목격한 사람이라고 진술하였다. A는 법정에서 P에게 행한 진술과 동일한 내용의 진술을 하였다. P가 작성한 A에 대한 진술조서와 A의 법정진술의 증명력을 다투기 위하여 甲이 주장할 수 있는 내용을 서술하시오.

범인식별절차에 있어 일대일 대면이나 용의자의 사진 한 장만을 목격자에게 제시하는 것은 '사람의 기억력의 한계 및 부정확성'과 '무의식적 암시' 가능성으로 인하여 이러한 방식에 의한 범인식별절차에서의 목격자의 진술은 부가적인 사정이 없는 한 그 신빙성이 낮다고 보아야 한다(대법원 2001. 2. 9. 선고 2000도4946 판결). **범인식별절차**에서 목격자의 진술의 신빙성을 높게 평가할 수 있으려면, ① 범인의 인상착의 등에 관한 목격자의 진술 내지 묘사를 사전에 상세히 기록화한 다음, ② 용의자를 포함하여 그와 인상착의가 비슷한 여러 사람을 동시에 목격자와 대면시켜 범인을 지목하도록 하여야 하고, ③ 용의자와 목격자 및 비교대상자들이 상호 사전에 접촉하지 못하도록 하여야 하며, ④ 사후에 증거가치를 평가할 수 있도록 대질 과정과 결과를 문자와 사진 등으로 서면화하는 등의 조치를 취하여야 한다. 사진제시에 의한 범인식별 절차에 있어서도 기본적으로 이러한 원칙에 따라야 한다(대법원 2004. 2. 27. 선고 2003도7033 판결 등).

　사안에서 A가 P가 제시한 사진 1장을 가지고 甲을 범인을 지목한 진술은 신빙성이 낮다고 甲은 주장할 수 있다.

제5장 **대인적 강제수사**

I. 긴급체포

[023] 甲이 필로폰을 지속적으로 투약하고 동네를 활보하고 다닌다는 제보를 받은 사법경찰관 P는 제보의 정확성을 사전에 확인한 후에 제보자를 불러 조사하기 위하여 甲의 주거지를 방문하였다가, 그곳에서 甲을 발견하고 甲의 전화번호로 전화를 하여 나오라고 하였으나 甲이 응하지 않자 甲의 집 문을 강제로 열고 들어가 甲을 긴급체포한 후 경찰서에 유치한 후 甲에 대한 피의자신문조서를 작성하였다. 위 조서의 증거능력을 논하시오.

긴급체포가 적법하기 위해서는 ① 범죄혐의의 중대성, ② 체포의 필요성, ③ 긴급성을 갖추어야 한다(제200조의3 제1항). 甲이 마약에 관한 죄를 범하였다고 의심할 만한 상당한 이유가 있다고 하더라도, P가 이미 甲의 신원과 주거지 및 전화번호 등을 모두 파악하고 있었고, 마약 투약의 범죄 증거가 급속하게 소멸될 상황도 아니었던 점을 고려하면, 위 긴급체포는 **미리 체포영장을 받을 시간적 여유가 없었던 경우**에 해당하지 않아 위법하다(대법원 2016. 10. 13. 선고 2016도5814 판결).

위법한 긴급체포에 의한 유치중에 작성된 피의자신문조서는 위법하게 수집된 증거로서 특별한 사정이 없는 한 이를 유죄의 증거로 할 수 없다(대법원 2002. 6. 11. 선고 2000도5701 판결). 위 조서의 증거능력은 부정된다.

[024] 사법경찰관 P는 甲을 공갈죄의 혐의로 경찰서에 임의출석하게 하여 조사하였으나 조사과정에서 甲이 범행을 부인하자 甲을 긴급체포하였다. 긴급체포의 적법성을 논하시오. (2013년 2차 모의시험; 2014년 2차 모의시험)

긴급체포가 적법하기 위해서는 ① 범죄혐의의 중대성, ② 체포의 필요성, ③ 긴급성을 갖추어야 한다(제200조의3 제1항). 甲의 범죄혐의인 공갈죄의 법정형은 10년 이하의 징역이므로 범죄혐의의 중대성은 충족된다. **피의자가 자진출석한 경우**는 체포의 요건을 갖추지 못하였으므로 긴급체포가 허용되지 않는다는 견해와 원칙적으로 긴급체포는 부정되지만 조사과정에서 긴급성과 필요성이 인정되는 경우는 긴급체포가 가능하다는 견해가 있다. **판례**는 자진출석한 참고인이 임의수사에 대한 협조를 거부하고 자신의 피의사실에 대한 조사가 이루어지기 전에 퇴거를 하였더라도 도망의 우려나 증거인멸의 우려가 있다고 볼 수 없다고 판시한 바 있으며(대법원 2006. 9. 8. 선고 2006도148 판결), 한편, 조사과정에서 중범죄의 혐의가 인정됨에 따라 체포를 우려하여 귀가를 요구하는 것과 같이 도망 및 증거인멸의 우려가 현저한 경우에는 긴급체포할 수 있다는 입장이다(대법원 1998. 7. 6. 선고 98도785 판결).

사안에서 甲은 자진출석하여 조사를 받고 있으며 조사과정에서 특별히 긴급체포의 필요성이나 긴급성이 새로이 발견되었다고 볼 만한 사정은 보이지 않으므로 P의 甲에 대한 긴급체포는 위법하다.

[025] 사법경찰관이 아닌 사법경찰리 P가 피의자 甲을 긴급체포한 경우 그 체포의 적법성을 논하시오.

형사소송법 제200조의3은 긴급체포할 수 있는 자를 '검사 또는 사법경찰관'으로 규정하고 있는바, 사법경찰리에 의한 긴급체포가 적법한지에 관하여 견해의 대립이 있다. 형사소송법 제213조와 같은 명문 규정이 없는 한 사법경찰리는 긴급체포의 주체가 될 수 없으며, 실제로 사법경찰리가 긴급체포를 한 경우에는 사법경찰관 등의 지휘에 의한 보조자 역할을 수행한 것으로 보아야 한다는 견해(소극설: 다수설)와 긴급한 상황에서 사법경찰관이 현장에 도착하기를 기다리는 것은 긴급체포 제도의 취지에 부합하지 않고, 사법경찰관도 사후에 검사의 준사법적 통제를 받게 되므로 사법경찰리도 긴급체포의 권한이 있으며, 판례(대법원 2000. 7. 4. 선고 99도4341 판결)도 사법경찰리의 긴급체포 권한을 인정하는 취지라는 견해(적극설)가 대립하고 있다.

긴급체포는 예외적으로 인정되어야 할 영장없는 강제처분이라는 점에서 사법경찰관의 지휘나 사전 승인이 없는 긴급체포는 위법하다고 보아야 한다. 사안에서 P가 甲을 긴급체포하면서 사법경찰관의 지휘 등을 받은 사정이 없으므로 위 긴급체포는 위법하다.

[026] 사법경찰관 P가 甲을 긴급체포한 후 구속영장을 청구하지 않고 석방하였다면, 그 이후에 P와 검사 S가 취해야 할 조치를 설명하시오.

P는 즉시 검사에게 보고하여야 한다(제200조의4 제6항). S는 乙을 석방한 날부터 30일 이내에 서면으로 ① 긴급체포 후 석방된 자의 인적 사항, ② 긴급체포의 일시·장소와 긴급체포하게 된 구체적 이유, ③ 석방의 일시·장소 및 사유, ④ 긴급체포 및 석방한 검사 또는 사법경찰관의 서명을 기재한 서면과 긴급체포서의 사본을 첨부하여 법원에 통지하여야 한다(제200조의4 제4항). 이 경우 P나 S가 사후영장을 발부받을 필요는 없다.

[027] 검사 S는 甲을 적법하게 긴급체포한 후 甲에 대한 피의자신문조서를 작성하였다. S는 구속영장을 청구하지 않고 甲을 석방하였으나 형사소송법 제200조의4 제4항에 따른 석방통지를 법원에 하지 않았다. 위 피의자신문조서는 증거능력이 있는가?

긴급체포 당시의 상황과 경위, 긴급체포 후 조사 과정 등에 특별한 위법이 있다고 볼 수 없는 이상, 단지 사후에 **석방통지**가 법에 따라 이루어지지 않았다는 사정만으로 그 긴급체포에 의한 유치 중에 작성된 피의자신문조서의 작성이 소급하여 위법하게 되지는 않는다(대법원 2014. 8. 26. 선고 2011도6035 판결).

사안에서 S는 甲을 적법하게 긴급체포하였고 피의자신문조서 작성 과정에 특별한 위법이 보이지 않으므로 위 조서는 증거능력이 인정된다.

> **[028]** 경찰관 P는 甲을 적법하게 긴급체포하였으나 甲은 석방되었다. P가 보강수사를 거쳐 다른 중요한 증거를 발견하여 甲을 다시 긴급체포할 수 있는지를 ① 구속영장이 발부되지 못하여 석방된 경우와 ② 체포적부심사청구를 통하여 석방된 경우로 나누어 설명하시오. (2016년 2차 모의시험)

① 구속영장이 발부되지 못하여 석방된 경우: 긴급체포된 피의자에 대하여 구속영장을 청구하지 아니하거나 발부받지 못한 때에는 피의자를 즉시 석방하여야 한다(제200조의4 제2항). 이렇게 석방된 자는 영장없이는 동일한 범죄사실에 관하여 체포하지 못한다(동조 제3항). 따라서 P가 다른 중요한 증거를 발견하였더라도 구속영장을 발부받지 못하는 한 甲을 다시 긴급체포할 수 없다.

② 체포적부심사청구를 통하여 석방된 경우: 체포·구속적부심사결정에 의하여 석방된 경우에는 형사소송법 제200조의4 제3항이 적용되지 않는다. 체포적부심사결정에 의하여 석방된 피의자가 도망하거나 죄증을 인멸하는 경우에는 동일한 범죄사실에 관하여 재차 체포 또는 구속하지 못한다(제214조의3 제1항). 따라서 P가 보강수사를 거쳐 다른 중요한 증거를 발견하였더라도 석방된 피의자 甲이 도망하거나 죄증을 인멸하는 경우가 아닌 한 甲을 다시 긴급체포할 수 없다.

> **[029]** 검사 S는 甲을 긴급체포하였다. 긴급체포된 甲이 수사단계에서 보증금을 납입하고 석방되었다면, 긴급체포 후 석방까지 형사소송법상 어떤 절차가 진행되었을지 설명하시오. (2018년 2차 모의시험)

긴급체포 등 체포적부심사에는 보증금 납입조건부 석방이 인정되지 않고 있다(제214조의2 제5항 참조). 따라서 甲이 수사단계에서 보증금을 납입하고 석방되려면 법원이 발부한 구속영장에 의하여 구속되었음이 전제되어야 한다.

수사단계에서 보증금납입 조건부 석방이 되려면 피의자 또는 그 변호인 등이 관할법원에 구속의 적부심사를 청구하였음이 전제되어야 한다(제214조의2 제1항). 구속적부심사 청구를 받은 법원은 구속된 피의자에 대하여 피의자의 출석을 보증할 만한 보증금의 납입을 조건으로 하여 결정으로 석방을 명할 수 있다(제214조의2 제5항). 다만, 죄증을 인멸할 염려가 있다고 믿을 만한 충분한 이유가 있거나, 피해자, 당해 사건의 재판에 필요한 사실을 알고 있는 자 또는 그 친족의 생명·신체나 재산에 해를 가하거나 가할 염려가 있다고 믿을 만한 충분한 이유가 있는 때에는 보증금납입 조건부 석방을 할 수 없다.

甲이 긴급체포된 후 보증금을 납입하고 석방될 때까지 甲에 대한 구속영장 발부, 甲의 구속적부심사 청구 및 그 청구를 받은 법원에 의한 보증금 납입조건부 석방 결정이 이루어졌다.

II. 현행범인 체포

[030] 식당에서 식사 중이던 경찰관 P는 甲이 식당에서 식비를 지급하지 않고 갑자기 도주하는 것을 목격하고, 甲을 목전에 두고 30분간 추적하여 식당에서 2Km 떨어진 공원에서 저항하던 甲을 체포한 후 미란다 고지를 하였다. P의 甲에 대한 현행범인 체포는 적법한가?

'범죄의 실행 중이거나 실행의 직후'인 자는 현행범인으로 영장없이 체포할 수 있다(제211조 제1항, 제212조). 현행범인 체포의 요건으로는 행위의 가벌성, 범죄의 현행성·시간적 접착성, 범인·범죄의 명백성 및 체포의 필요성(도망 또는 증거인멸의 염려)이 인정되어야 한다(대법원 1999. 1. 26. 선고 98도3029 판결). 현행범인 체포의 요건을 갖추었는지는 체포 당시의 상황을 기초로 판단하여야 하고, 이에 관한 수사주체의 판단에는 상당한 재량의 여지가 있으며, 체포 당시의 상황에서 보아 그 요건에 관한 수사주체의 판단이 경험칙에 비추어 현저히 합리성이 없다고 인정되지 않는 한 수사주체의 현행범인 체포를 위법하다고 단정할 것은 아니다(대법원 2012. 11. 29. 선고 2012도8184 판결 등 참조).

P는 도주하던 甲을 '목전에 두고' 30분간 추적하여 체포하였는바 P의 행위는 甲을 체포할 당시의 상황을 기초로 판단해 볼 때 범인·범죄의 명백성 및 체포의 필요성이 인정되며, 甲이 저항하였기 때문에 甲을 제압하고 체포한 후 미란다 고지를 한 것도 적법하다. 위 현행범인 체포는 적법하다.

---

[031] 사법경찰관 P는 甲과 乙이 서로 '또라이 새끼' 등과 같은 심한 욕설을 주고받으며 싸우는 모습을 목격하였고, 乙이 甲에게 "너, 오늘도 뽕 맞았냐? 그만 해라"고 말하는 것을 보고 두 사람에게 다가가 불심검문을 하였다. P가 乙에게 신분증을 보자고 하였으나, 乙이 신분증을 소지하고 있지 않다고 하면서 슬슬 도주할 기미를 보이자, P는 적법하게 乙을 모욕죄의 현행범인으로 체포하였다. P의 乙에 대한 현행범인 체포는 적법한가? (2017년 1차 모의시험)

현행범인이란 범죄를 실행하고 있거나 실행하고 난 직후의 사람을 말하며 (제211조 제1항), 현행범인은 누구든지 영장없이 체포할 수 있다(제212조). 현행범인 체포가 적법하기 위해서는 범죄의 현행성·시간적 접착성, 범인·범죄의 명백성 이외에 체포의 필요성, 즉 도망 또는 증거인멸의 염려가 있어야 하고(대법원 2011. 5. 26. 선고 2011도3682 판결), 비례의 원칙(제214조)을 준수하여야 한다.

사안에서 모욕죄 범죄의 현행성 및 범인·범죄의 명백성은 충족되었으며, 乙이 적법한 불심검문에도 불구하고 도주할 기미를 보였으므로 체포의 필요성 요건도 갖추어졌다. 한편, 다액 50만 원 이하의 벌금, 구류 또는 과료에 해당하는 죄의 현행범인에 대하여는 범인의 주거가 분명하지 아니한 때에 한하여 현행범인으로 체포할 수 있는바(제214조), 모욕죄(1년 이하의 징역이나 금고 또는 200만 원 이하의 벌금)는 이에 해당하지 않아 체포의 비례성 요건도 충족된다. 따라서 P가 乙을 현행범인으로 체포한 것은 적법하다.

한편, 모욕죄는 친고죄인바(형법 제312조 제1항) 피해자인 甲의 고소가 없는 상태에서 乙에 대한 현행범인 체포라는 강제수사가 가능한지 문제된다. 친고죄에 대한 강제수사는 폭력범죄 등의 경우에 국한해서 허용된다는 견해(강제수사제한설)가 있지만, 판례는 친고죄에서 고소는 소추조건에 불고하고 당해 범죄의 성립요건이나 수사의 조건은 아니므로 그 수사가 장차 고소의 가능성이 없는 상태 하에서 행해졌다는 등의 특단의 사정이 없는 한 고소가 있기 전에 수사를 하였다는 이유만으로 그 수사가 위법하게 되는 것은 아니라는 입장이다(대법원 1995. 2. 24. 선고 94도252 판결). 따라서 모욕죄의 현행범인인 乙을 피해자의 고소가 있기 전에 체포하였더라도 위 현행범인 체포는 적법하다.

> **[032]** 경찰관 P1은 112차량을 타고 순찰 근무를 하던 중 교통사고가 발생한 지 4분 만에 경찰서 지령실로부터 교통사고를 일으킨 검정색 그랜저 승용차가 경찰서 방면으로 도주하였다는 무전연락을 받고 그 쪽으로 진행하던 중, 다시 도보 순찰자인 경찰관 P2로부터 검정색 그랜저 승용차가 펑크가 난 상태로 XX아파트 뒷골목으로 도주하였다는 무전연락을 받고 그 주변을 수색하던 중 XX아파트 뒤편 철로 옆에 세워져 있던 검정색 그랜저 승용차에서 甲이 내리는 것을 발견하고 그 승용차의 운전석 범퍼 및 펜더 부분이 파손된 상태임을 확인한 후 甲을 체포하였다. 위 체포는 적법한가?

P2는 甲을 목전에 두고 추격하여 체포한 것은 아니므로 甲을 현행범인으로 체포할 수 있는 범죄의 명백성 요건을 갖추지는 못하였다. 甲은 형사소송법 제211조 제2항 제2호의 '장물이나 범죄에 사용되었다고 인정하기에 충분한 흉기나 그 밖의 물건을 소지하고 있을 때'에 해당하는 준현행범인으로 볼 수 있으므로, P2의 甲에 대한 체포는 준현행범인에 대해 영장없이 체포할 수 있는 경우에는 해당한다(대법원 2000. 7. 4. 선고 99도4341 판결 참조). 그러나 사안에서 P2는 甲을 체포하면서 피의사실의 요지, 체포의 이유 등 미란다 고지를 한 사정이 보이지 않으므로 위 체포는 위법하다.

III. 구속

[033] 검사 S는 甲을 위법하게 긴급체포한 후 피의자신문조서를 작성하였다. S는 이 조서에 의해 구속사유를 충분히 소명하여 적법한 절차에 따라 구속영장을 청구하였다. 법원은 甲에 대한 구속영장을 발부하여야 하는가?

긴급체포에 대한 사후통제 필요성과 관련하여 긴급체포의 위법성을 구속영장 발부시 고려하여야 하는지가 문제된다. 체포와 구속은 별개의 제도이고 긴급체포의 요건과 구속영장의 요건도 다르기 때문에 긴급체포의 위법성은 구속영장 심사시 고려되어서는 안 된다는 '불고려설'과 긴급체포에 대한 사후통제를 위해 이를 고려하여야 한다는 '고려설'이 대립하고 있으며, 실무는 현행범체포 및 긴급체포의 위법성을 구속영장심사시 고려하여야 한다는 고려설을 취하고 있다.

고려설에 따를 때, 법원판사는 위법하게 긴급체포된 상태에서 피의자신문을 받고 구속영장이 청구된 甲에 대해 구속영장을 발부하지 않아야 한다.

[034] 검사 S는 甲에 대한 구속영장을 청구하였다. 지방법원판사가 구속영장청구를 기각한 경우 검사가 취할 수 있는 「형사소송법」상 조치를 논하시오. (2018년 7회 변호사시험)

검사의 체포영장 또는 구속영장 청구에 대한 지방법원판사의 재판은 형사소송법 제402조의 규정에 의하여 항고의 대상이 되는 '법원의 결정'에 해당되지 않고, 제416조 제1항의 규정에 의하여 준항고의 대상이 되는 '재판장 또는 수명법관의 구금 등에 관한 재판'에도 해당되지 않으므로, 검사는 판사의 구속영장 기각결정에 대하여 항고 또는 준항고로 불복할 수 없다. 다만, 검사는 새로운 증거 등을 추가하여 다시 구속영장을 청구할 수 있다(대법원 2006. 12. 18. 자 2006모646 결정).

[035] 검사 S는 甲을 구속시킨 후에 아직 증거가 불충분한 甲과 乙 간의 뇌물수수 혐의를 조사할 목적으로 '폭행' 혐의로 甲에 대한 구속영장을 청구하여 발부받았다. S는 甲에게 집중적으로 뇌물공여 혐의를 추궁하여 '乙에게 정기적으로 뇌물을 상납하였다.'는 취지의 진술을 받아 피의자신문조서를 작성하였다. 위 조서의 증거능력을 논하시오.

뇌물수수 혐의를 수사할 목적으로 甲을 폭행의 혐의로 구속한 것은 '별건구속'에 해당한다. 별건구속은 영장주의에 반하고 자백강요 내지 수사의 편의를 위하여 구속을 이용하는 것이므로 위법하다(통설). 위법한 별건구속 기간 중 작성된 피의자신문조서는 위법수집증거로서 그 증거능력이 인정되지 않는다.

피의자 구속되어 있는 상태에서 피의사건과 함께 다른 사건에 대해서도 수사를 진행하는 여죄수사는 허용될 필요가 있다. 별건수사인지 여죄수사인지는 사안의 경중, 별건과 본건의 수사 착수 시점, 별건과 본건의 수사 진행 상태, 구속기간의 활용방식, 사건의 관련성 등을 고려해서 판단하여야 한다. 판례는 별건의 구속기간을 본건의 수사에 실질상 이용했다 하더라도 바로 위법하다고는 볼 수 없다는 입장이다(대법원 1990. 12. 11. 선고 90도2337 판결).

[036] 甲은 불구속 기소되었으나 공판정에 불출석하였다. 제1심 법원은 甲에게 징역 2년을 선고하였고, 甲은 양형부당을 이유로 항소하였다. 제1심 법원은 甲이 항소한 후 소송기록이 아직 제1심 법원에 있을 때에 불구속 상태에 있던 甲에게 도주의 위험이 있다고 판단하여 구속영장을 발부하여 甲을 구속하였다. 甲에게 도주위험이 인정됨을 전제로, 제1심 법원의 甲에 대한 구속의 적법성을 논하시오.
(2013년 3차 모의시험)

형사소송법 제105조는 상소기간 중 또는 상소 중의 사건에 관하여 구속기간의 갱신, 구속의 취소, 보석, 구속의 집행정지와 그 정지의 취소에 대한 결정은 소송기록이 원심법원에 있는 때에는 원심법원이 하여야 한다고 규정하고 있어,

피고인의 '구속'에 관하여는 명문의 규정을 두고 있지 않으나, 형사소송규칙 제57조 제1항은 상소기간 중 또는 상소 중의 사건에 관한 피고인의 구속 결정을 소송기록이 상소법원에 도달하기까지는 원심법원이 할 수 있다고 규정하고 있다. 형사소송법 제105조가 원심법원에 의한 피고인이 구속을 허용하는 규정을 두고 있지 않음에도 형사소송규칙이 이를 허용하는 규정을 둔 것은 형사절차법정주의에 반하여 위법하다는 견해가 있으나, 판례는 상소제기 후 소송기록이 상소법원에 도달하지 않고 있는 사이에는 피고인을 구속할 필요가 있는 경우에도 기록이 없는 상소법원에서 구속의 요건이나 필요성 여부에 대한 판단을 하여 피고인을 구속하는 것이 실질적으로 불가능하다는 점 등을 고려할 때, 상소기간 중 또는 상소 중의 사건에 관한 피고인의 구속을 소송기록이 상소법원에 도달하기까지는 원심법원이 하도록 규정한 형사소송규칙 제57조 제1항의 규정이 형사소송법 제105조의 규정에 저촉된다고 보기는 어렵다는 입장이다 (대법원 2007. 7. 10. 자 2007모460 결정).

판례의 입장에 따르면, 사안에서 제1심 법원이 甲을 구속한 것은 적법하다.

제6장 대물적 강제수사

제1편
수 사

I. 압수·수색·검증

[037] 검사 S1은 甲의 배임수재혐의 사실로 발부된 압수수색영장에 의해 적법하게 반출한 정보저장매체의 복제본을 탐색하다가, 위 복제본에서 甲의 조세범처벌법 위반 혐의와 관련된 정보를 발견하고 이를 출력하여 XX지방검찰청 검사 S2에게 통보하였다. S2는 S1으로부터 통보받은 정보를 소명자료로 제출하여 법원 판사로부터 별도의 압수수색영장을 발부받아 이를 집행하여 甲의 조세범처벌법 위반 혐의 관련 자료를 확보하였다. 이 자료는 甲에 대한 유죄의 증거로 사용할 수 있는가?

    S2의 영장 청구 당시 압수할 물건으로 삼은 정보는 S1이 발부받아 집행한 영장의 피압수자인 甲에게 **참여의 기회**를 부여하지 않은 상태에서 임의로 탐색한 정보로서 그 자체가 위법한 압수물이어서 별건 정보에 대한 영장청구 요건을 충족하지 못한 것이므로, 비록 S2가 청구한 영장이 발부되었다고 하더라도 그 압수수색은 영장주의의 원칙에 반하는 것으로서 위법하다(대법원 2015. 7. 16. 자 2011모1839 전원합의체 결정).

    사안에서 S2가 압수수색영장 청구시 소명자료로 제출한 정보는 S1이 피압수자 등을 참여시키지 않은 상태에서 임의로 탐색한 별건정보로 영장청구의 요건을 충족하지 못한 것이므로 S2가 확보한 자료는 위법수집증거로서 증거능력이 없다.

수사기관이 압수수색영장을 집행하는 경우 영장은 처분을 받는 자에게 반드시 제시하여야 하고(제219조, 제118조), 압수물을 압수한 경우에는 목록을 작성하여 소유자, 소지자, 보관자 기타 이에 준할 자에게 교부하여야 한다(제219조, 제129조).

사안에서 S는 A에게 **팩스**로 **영장** 사본을 송신한 사실은 있으나 영장 원본을 제시하지 않았고, 또한 압수조서와 압수물 목록을 작성하여 이를 피압수·수색 당사자인 A에게 교부하지 않았다. 이러한 방법으로 압수된 증거는 헌법과 형사소송법 제219조, 제118조, 제129조가 정한 절차를 위반하여 수집한 위법수집증거로서 원칙적으로 유죄의 증거로 삼을 수 없고, 이러한 절차 위반은 헌법과 형사소송법이 보장하는 적법절차 원칙의 실질적인 내용을 침해하는 경우에 해당하고 위법수집증거의 증거능력을 인정할 수 있는 예외적인 경우에 해당한다고 볼 수도 없어 그 증거능력이 없다(대법원 2017. 9. 7. 선고 2015도10648 판결).

수사기관이 인터넷서비스이용자인 피의자를 상대로 피의자의 컴퓨터 등 정보처리장치 내에 저장되어 있는 이메일 등 전자정보를 압수·수색하는 것은 전자정보의 소유자 내지 소지자를 상대로 해당 전자정보를 압수·수색하는 대물적 강제처분으로 허용된다.

피의자의 이메일 계정에 대한 접근권한에 갈음하여 발부받은 압수·수색영장에 따라 원격지의 저장매체에 적법하게 접속하여 내려 받거나 현출된 전자정보를 대상으로 하여 범죄 혐의사실과 관련된 부분에 대하여 압수·수색하는 것은, 압수·수색영장의 집행을 원활하고 적정하게 행하기 위하여 필요한 최소한도의 범위 내에서 이루어지며 그 수단과 목적에 비추어 사회통념상 타당하다고 인정되는 대물적 강제처분 행위로서 허용되며, 형사소송법 제120조 제1항에서 정한 입수·수색영장의 집행에 필요한 처분에 해당하며, 원격지의 저장매체가 국외에 있는 경우라 하더라도 마찬가지이다(대법원 2017. 11. 29. 선고 2017도9747 판결).

또한 압수·수색영장에 기재된 장소에서 압수·수색이 행해지기 때문에 영장에서 허용한 집행의 장소적 범위를 확대하는 것은 아니다. 이 압수는 적법하다.

[040] 검사 S는 甲이 시세차익을 얻기 위해 XX市의 채비지를 수의계약으로 매입할 수 있도록 공무원 乙에게 뇌물을 교부하면서 부탁하였다는 피의사실로 발부받은 압수수색영장을 적법하게 집행하여, 甲이 YY市 채비지를 매입하여 시세차익을 얻기 위해 담당공무원 丙에게 뇌물을 공여한 혐의에 관한 음성파일을 압수하였다. 이 음성파일은 甲의 乙에 대한 뇌물공여범죄의 증거로 사용할 수 있는가?

형사소송법 제215조 제1항은 "검사는 범죄수사에 필요한 때에는 피의자가 죄를 범하였다고 의심할 만한 정황이 있고 해당 사건과 관계가 있다고 인정할 수 있는 것에 한정하여 지방법원판사에게 청구하여 발부받은 영장에 의하여 압수, 수색 또는 검증을 할 수 있다."고 규정하고 있다. 영장 발부의 사유로 된 범죄 혐의사실과 무관한 별개의 증거를 압수하였을 경우에는 원칙적으로 이를 증거로 사용할 수 없으나, 압수·수색의 목적이 된 범죄나 이와 관련된 범죄의 경우에는 그 압수·수색의 결과를 유죄의 증거로 사용할 수 있다(대법원 2016. 3. 10. 선고 2013도11233 판결).

압수·수색영장의 범죄 혐의사실과 관계있는 범죄란 압수수색영장에 기재한 혐의사실과 객관적 관련성이 있고, 압수수색영장 대상자와 피의자 사이에 인적 관련성이 있는 범죄를 의미한다. **객관적 관련성**은 압수수색영장에 기재된 혐의 사실 자체 또는 그와 기본적 사실관계가 동일한 범행과 직접 관련되어 있는 경우는 물론 범행 동기와 경위, 범행 수단과 방법, 범행 시간과 장소 등을 증명하기 위한 간접증거나 정황증거로 사용될 수 있는 경우에도 인정될 수 있으며, 그 관련성은 영장에 기재된 혐의사실의 내용과 수사의 대상, 수사 경위 등을 종합하여 구체적·개별적 연관관계가 있는 경우에만 인정된다. 피의자와의 **인적 관련성**은 압수수색영장에 기재된 대상자의 공동정범이나 교사범 등 공범이나 간접정범은 물론 필요적 공범 등에 대한 피고사건에 대해서도 인정될 수 있다 (대법원 2017. 1. 25. 선고 2016도13489 판결).

　사안에서 압수수색영장에 기재된 혐의사실은 甲이 XX市의 채비지를 매입하여 시세차익을 누리기 위해 공무원 乙에게 뇌물을 공여하였다는 것이나, 甲이 YY市市의 채비지를 매입하여 시세차익을 얻기 위해 공무원 丙에게 뇌물을 공여하였다는 것은 영장에 기재된 피의사실에 대한 범행의 동기와 경위, 범행 수단과 방법 등을 증명하기 위한 간접증거나 정황증거 등으로 사용할 수 있는 경우에 해당하므로 객관적 관련성이 인정되고, 영장기재사실과 음성파일 관련 사실 모두 甲이 범행 주체가 된 경우이므로 인적 관련성이 인정된다(대법원 2017. 12. 5. 선고 2017도13458 판결 참고). 위 음성파일은 甲의 乙에 대한 뇌물공여혐의 사실에 대한 증거로 사용될 수 있다.

---

[041] 검사 S는 XX경찰청 생활질서과 소속 경찰관 甲이 乙의 불법 게임장 운영과 관련하여 유착되어 있다는 혐의를 파악하고 법원으로부터 압수수색영장을 발부받아 XX경찰청 본청과 별도의 건물에 위치한 甲의 사무실에 임하여 사무용 책상 위의 업무용 PC를 적법한 절차에 따라 압수수색하려고 하였다. 甲이 S에게 위 PC에는 '직무상 비밀에 관한 것'이 저장되어 있다고 신고하였고, 생활질서과 장 A가 '위 PC는 직무상 비밀에 관한 것'이라고만 기재된 서류를 제시하며 압수를 거부하였으나, S는 위 PC를 압수하였다. 이 압수의 적법성을 논하시오.

공무원인 甲이 형사소송소법 제111조에 따라 위 PC가 직무상의 비밀에 관한 것임을 신고하였음에도 이를 압수한 것이 적법한지 문제된다. 형사소송법 제111조 제1항은 "공무원 또는 공무원이었던 자가 소지 또는 보관하는 물건에 관하여는 본인 또는 그 해당 공무소가 직무상의 비밀에 관한 것임을 신고한 때에는 그 소속공무소 또는 당해감독관공서의 승낙 없이는 압수하지 못한다."고 규정하고 있는바, 압수에 대한 '승낙 거부의 주체'와 '승낙 거부의 요건'이 문제된다.

'그 소속공무소'의 의미에 관하여는, 직무상 비밀임을 신고한 공무원이 소속된 장수적 개념의 행정기관이라는 견해(광의설), 소속 공무원이 소속된 행정기관으로서 최소한 국가의사를 결정하여 이를 자기의 이름으로 외부에 표시하는 권한을 가진 행정청이라는 견해(협의설)가 있을 수 있다. 광의설에 따르면 A의 승낙 거부는 적법하나, 협의설에 따르면 부적법하다.

'승낙 거부의 요건'과 관련하여, 그 사유를 전혀 제시하지 않은 경우, 거부 사유로 형사소송법 제111조의 문언을 거의 그대로 옮겨 적은 경우, 제시된 거부의 사유가 자의적이거나 남용에 해당하는 경우, 거부 사유로 주장된 내용이 명백히 국가의 중대한 이익을 해하지 않는 때에는 그 거부는 무효라고 보아야 한다. 광의설에 따라 A가 승낙 거부의 주체가 될 수 있다고 하더라도 그 거부의 사유가 형사소송법 제111조의 문언을 옮겨 적은 경우에 불과하여 위 거부는 부적법하다. 따라서 위 PC에 대한 압수는 적법하다.

II. 전자정보에 대한 압수·수색

[042] 전자정보에 대한 적법한 압수·수색영장 집행 방법을 설명하시오.

원칙적으로 영장 발부의 사유로 된 혐의사실과 관련된 부분만을 문서 출력물로 수집하거나 수사기관이 휴대한 저장매체에 해당 파일을 복사하는 방식으로 이루어져야 하고, 집행현장의 사정상 위와 같은 방식에 의한 집행이 불가능하거나 현저히 곤란한 부득이한 사정이 예외적으로 존재하고 영장에 기재가 있는 경우에 한하여 저장매체 자체를 직접 혹은 하드카피나 이미징 등 형태로 수사기관 사무실 등 외부로 반출할 수 있다(대법원 2011. 5. 26. 자 2009모1190 결정).

저장매체 자체를 수사기관 사무실 등으로 옮긴 후 영장에 기재된 범죄 혐의 관련 전자정보를 탐색하여 해당 전자정보를 문서로 출력하거나 파일을 복사하는 과정 역시 전체적으로 압수·수색영장 집행의 일환에 포함되므로, 문서출력 또는 파일복사의 대상은 혐의사실과 관련된 부분으로 한정되어야 한다. 수사기관 사무실 등으로 반출한 저장매체에서 범죄 혐의와의 관련성에 대한 구분 없이 저장된 전자정보 중 임의로 문서출력 혹은 파일복사를 하는 행위는 특별한 사정이 없는 한 영장주의 등 원칙에 반하는 위법한 집행이 된다.

전자정보가 담긴 저장매체 자체를 수사기관 사무실 등으로 옮겨 이를 열람 혹은 복사하는 경우, 그 전체 과정을 통하여 피압수·수색 당사자나 그 변호인의 계속적인 참여권 보장, 피압수·수색 당사자가 배제된 상태에서의 저장매체에 대한 열람·복사 금지, 복사대상 전자정보 목록의 작성·교부 등 압수·수색의 대상인 저장매체 내 전자정보의 왜곡이나 훼손과 오·남용 및 임의적인 복제나 복사 등을 막기 위한 적절한 조치가 이루어져야만 그 집행절차가 적법한 것으로 된다(대법원 2011. 5. 26. 자 2009모1190 결정).

[043] 수사기관이 전자정보에 대한 압수·수색이 종료되기 전에 혐의사실과 관련된 전자정보를 적법하게 탐색하는 과정에서 별도의 범죄혐의와 관련된 전자정보를 우연히 발견한 경우, 별도의 범죄혐의와 관련된 전자정보를 적법하게 압수·수색할 수 있는 방법은?

수사기관은 더 이상의 추가 탐색을 중단하고 법원으로부터 별도의 범죄혐의에 대한 압수·수색영장을 발부받은 경우에 한하여 별건정보에 대하여 적법하게 압수·수색을 할 수 있다. 이러한 경우에도 별도의 압수·수색 절차는 최초의 압수·수색 절차와 구별되는 별개의 절차이고, 별도 범죄혐의와 관련된 전자정보는 최초의 압수·수색영장에 의한 압수·수색의 대상이 아니므로 저장매체의 원래 소재지에서 **별도의 압수·수색영장**에 기해 압수·수색을 진행하는 경우와 마찬가지로 피압수자는 최초의 압수·수색 이전부터 해당 전자정보를 관리하고 있던 자라고 할 수 있으므로, 특별한 사정이 없는 한 그 피압수자에게 형사소송법 제219조, 제121조, 제129조에 따라 참여권을 보장하고 압수한 전자정보 목록을 교부하는 등 피압수자의 이익을 보호하기 위한 적절한 조치가 이루어져야 한다(대법원 2015. 7. 16. 자 2011모1839 전원합의체 결정).

[044] 검사 S는 압수·수색영장을 발부받아 甲이 범행에 사용한 컴퓨터를 적법하게 검찰청으로 반출한 다음 그 컴퓨터에서 甲의 범죄행위와 관련된 정보를 탐색하고자 한다. 甲이 검사의 탐색과정에 참여하겠다는 의사를 표시하였다면 S는 甲을 참여시켜야 하는지 설명하시오. (2018년 2차 모의시험)

피의자 또는 변호인은 압수·수색영장의 집행에 참여할 수 있으며(제219조, 제121조), 압수·수색영장을 집행함에는 미리 집행의 일시와 장소를 피의자 또는 변호인에게 통지하여야 하며, 단, 피의자 또는 변호인이 참여하지 아니한다는 의사를 표시한 때 또는 급속을 요하는 때에는 예외가 인정된다(제219조, 제122조). 전자정보가 담긴 저장매체 자체를 수사기관 사무실 등으로 반출하여 탐색하는 과정은 '전체적으로 하나의 영장에 기한 압수·수색의 일환'에 해당하므로 피압수·수색 당사자나 그 변호인의 계속적인 참여권 보장이 보장되어야 그 집행절차가 적법하게 된다(대법원 2011. 5. 26. 자 2009모1190 결정 등).

사안에서 甲이 검사의 탐색과정에 참여하겠다는 의사를 표시하였으므로 검사는 甲을 참여시켜야 한다.

[045] 검사 S는 甲의 배임수재 혐의에 대한 압수수색영장을 발부받아 영장에 압수수색 대상으로 기재된 甲 사무실의 PC에 대한 압수수색을 개시하였다. S는 甲이 참여한 상태에서 위 PC의 정보저장매체에 기억된 정보 중에서 키워드 또는 확장자 검색 등을 통해 범죄 혐의사실과 관련 있는 정보를 선별한 다음 이를 복제하여 생성된 파일을 제출받아 압수하였으며, 甲의 동의를 받아 위 PC의 저장매체

자체를 봉인하여 자신의 사무실로 반출하였다. S가 위 PC에서 생성된 파일을 탐색할 때 甲에게 참여의 기회를 보장하여야 하는가?

정보저장매체를 압수할 때에는 원칙적으로 기억된 정보의 범위를 정하여 출력하거나 복제하여 제출받아야 하며, 예외적으로 정보저장매체등 자체를 압수할 수 있다(제219조, 제106조 제3항). 저장매체 반출 후 탐색단계는 '전체적으로 하나의 영장에 기한 압수·수색의 일환'에 해당하므로 피압수자 등에게 참여권이 보장되어야 하지만(대법원 2015. 7. 16. 자 2011모1839 전원합의체 결정), 수사기관이 정보저장매체에 기억된 정보 중에서 키워드 또는 확장자 검색 등을 통해 **범죄 혐의사실과 관련 있는 정보를 선별한 다음 정보저장매체와 동일하게 비트열 방식으로 복제하여 생성한 파일을 제출받아 압수**하였다면 이로써 압수의 목적물에 대한 압수수색 절차는 종료된 것이므로, 수사기관이 수사기관 사무실에서 이러한 방식으로 압수된 이미지 파일을 탐색·복제·출력하는 과정에서 피의자 등에게 참여의 기회를 보장하여야 하는 것은 아니다(대법원 2018. 2. 8. 선고 2017도13263 판결).

사안에서 PC에서 생성된 파일에 대한 압수는 이미 종료하였으므로 S는 전자정보의 왜곡이나 훼손과 오·남용 및 임의적인 복제나 복사 등을 막기 위한 적절한 조치의 하나로서 甲에게 참여권을 보장할 필요는 없다.

[046] 검사 S는 甲의 리베이트 수수 혐의사실을 대상으로 하는 압수수색영장을 집행하기 위하여 甲의 참여 하에 그의 컴퓨터를 수색하던 중 甲이 A와 조경공사 계약을 체결하면서 작성한 계약서 스캔파일을 발견하자 이를 외장하드에 복사·압수한 후 법원에 증거로 제출하였다. 위 스캔파일의 증거능력을 검토하시오. (2017년 6회 변호사시험)

위 스캔파일의 증거능력이 인정되기 위해서는 먼저 압수수색절차가 적법해야 한다. 검사 S는 압수수색영장을 발부받아 그 영장을 집행하였고, 당사자인

甲의 참여하에 범죄사실과 관련된 파일을 복제하였으므로 압수절차는 적법하다.

컴퓨터에 저장되어 있던 스캔 파일과 외장하드에 복제된 파일의 동일성이 인정되어야 한다. 조경계약서 스캔파일은 사진의 사본에 해당하는바, 이 **사본의 증거능력**이 인정되기 위해서는 원본이 존재하거나 존재하였을 것, 원본 압수가 불능 또는 곤란한 사정이 있을 것, 원본을 정확하게 전사하였을 것이라는 요건이 충족되어야 한다(대법원 2002. 10. 22. 선고 2000도5461 판결).

위 스캔 파일은 계약의 존재를 입증하기 위한 것으로 비진술증거에 해당한다. 비진술증거에는 전문법칙이 적용되지 않으며, 위 스캔 파일이 범죄사실과의 관련성만 인정된다면 증거능력이 인정될 수 있다.

[047] 정보저장매체로부터 출력한 甲이 작성한 진술서를 증거로 사용하기 위한 요건을 설명하시오.

먼저, 정보저장매체 원본에 저장된 내용과 출력된 **문건의 동일성**이 인정되어야 한다. 동일성을 인정하기 위해서는 정보저장매체 원본이 압수된 이후 문건 출력에 이르기까지 변경되지 않았음이 담보되어야 한다. 정보저장매체 원본을 대신하여 정보저장매체에 저장된 자료를 '하드카피'·'이미징'한 매체로부터 문건이 출력된 경우에는 정보저장매체 원본과 '하드카피'·'이미징'한 매체 사이에 **자료의 동일성**도 인정되어야 한다.

나아가 법원 감정을 통해 정보저장매체 원본 혹은 '하드카피'·'이미징'한 매체에 저장된 내용과 출력된 문건의 동일성을 확인하는 과정에서 이용된 컴퓨터의 기계적 정확성, 프로그램의 신뢰성, 입력·처리·출력의 각 단계에서 조작자의 전문적인 기술능력과 정확성이 담보되어야 한다(대법원 2007. 12. 13. 선고 2007도7257 판결).

압수된 정보저장매체로부터 출력된 진술서가 진술증거로 사용되는 경우에는 그 기재 내용의 진실성에 관하여 전문법칙이 적용되므로, 형사소송법 제313조 제1항에 의하여 그 작성자 또는 진술자의 진술에 의하여 그 성립의 진정함이 증명되어야 이를 증거로 사용할 수 있다(대법원 1999. 9. 3. 선고 99도2317 판결).

[048] 정보저장매체로부터 출력한 문건의 동일성 및 무결성의 증명방법을 서술하시오.

출력 문건의 동일성·무결성은 피압수·수색 당사자가 정보저장매체 원본과 '하드카피' 또는 '이미징'한 매체의 해쉬(Hash) 값이 동일하다는 취지로 서명한 확인서면을 교부받아 법원에 제출하는 방법에 의하여 증명하는 것이 원칙이다. 이러한 방법에 의한 증명이 불가능하거나 현저히 곤란한 경우에는 정보저장매체 원본에 대한 압수, 봉인, 봉인해제, '하드카피' 또는 '이미징' 등 **일련의 절차에 참여한 수사관이나 전문가 등의 증언**에 의하거나, 법원이 원본에 저장된 자료와 증거로 제출된 출력 문건을 대조하는 방법으로 무결성·동일성을 인정할 수 있다. 또한 압수·수색 과정을 촬영한 영상녹화물 재생 등의 방법으로도 증명할 수 있지만 반드시 이러한 방법에 따라야만 하는 것은 아니다(대법원 2013. 7. 26. 선고 2013도2511 판결).

III. 압수·수색과 행정조사의 구별

[049] 검사 S1은 조사 중인 甲으로부터 乙이 멕시코에서 미국을 경유하여 국내로 들어오는 항공특송화물을 통해 필로폰을 수입할 예정이라는 점과 그 특송화물의 운송장번호를 알게 되었다. S1은 인천공항세관에 협조를 요청하여 위 특송화물을 감시하에 운반을 허용하고 추적하여 乙을 체포하기로 협의하였다. 검찰수사관 S2는 위 특송화물이 인천공항세관에 도착하자 세관공무원에게 이를 개봉하도록 하여 그 안에 있던 필로폰을 압수한 후 '인천공항세관 마약조사과 직원으로부터 위 압수물을 임의제출 받음'으로 기재된 압수조서를 작성하였다. 위 필로폰 압수는 적법한가?

수출입물품 통관검사절차에서 이루어지는 물품의 개봉, 시료채취, 성분분석 등의 검사는 수출입물품에 대한 적정한 통관 등을 목적으로 조사를 하는 것으로서 이를 수사기관의 강제처분이라고 할 수 없으므로, 세관공무원은 압수·수색영장없이 이러한 검사를 진행할 수 있으며, 세관공무원이 통관검사를 위하여 직무상 소지하거나 보관하는 물품을 수사기관에 임의로 제출한 경우에는 비록 소유자의 동의를 받지 않았다고 하더라도 수사기관이 강제로 점유를 취득하지 않은 이상 해당 물품을 압수하였다고 할 수 없다(대법원 2013. 9. 26. 선고 2013도7718 판결). 그러나 마약류 불법거래 방지에 관한 특례법 제4조 제1항에 따른 조치의 일환으로 특정한 수출입물품을 개봉하여 검사하고 그 내용물의 점유를 취득한 행위는 수출입물품에 대한 적정한 통관 등을 목적으로 조사를 하는 경우와는 달리, 범죄수사인 압수 또는 수색에 해당하여 사전 또는 사후에 영장을 받아야 한다(대법원 2017. 7. 18. 선고 2014도8719 판결).

사안에서 S1은 이미 乙의 범죄혐의에 대한 첩보를 입수하고 마약류 불법거래 방지에 관한 특례법 제4조 제1항에 따른 조치의 일환으로 특정한 수출입물품을 개봉하여 검사하고 그 내용물의 점유를 취득한 하였는바, 이는 수출입물품에 대한 적정한 통관 등을 목적으로 조사를 하는 경우와는 달리, **범죄수사로서 압수 또는 수색**에 해당하여 사전 또는 사후에 영장을 받아야 한다. 사안에서 S1은 사전 또는 사후영장을 발부받지 않았으므로 위 필로폰 압수는 위법하다.

Ⅳ. 압수물의 처리

[050] 검사는 甲의 관세법위반 혐의에 대하여 수사하였으나 밀수품 여부를 확인할 수 없게 되자, 甲으로부터 "다이아몬드 반지에 대하여 어떠한 권리나 소유권을 주장하지 않을 것을 서약한다."는 각서를 받고 甲의 관세법위반 혐의에 대하여 기소중지처분을 하면서 다이아몬드 반지에 대하여는 계속보관결정을 하였다. 甲이 다이아몬드 반지를 돌려받을 수 있는 방법과 근거에 대하여 검토하시오. (2012년 3차 모의시험)

검사는 사본을 확보한 경우 등 압수를 계속할 필요가 없다고 인정되는 압수물 및 증거에 사용할 압수물에 대하여 공소제기 전이라도 소유자, 소지자, 보관자 또는 제출인의 청구가 있는 때에는 환부 또는 가환부하여야 한다(제218조의2 제1항). 검사가 기소중지처분을 한 경우에는 압수를 더 이상 계속할 필요가 인정되지 않으며, 피압수자 등 환부를 받을 자가 압수 후 그 소유권을 포기하는 등에 의하여 실체법상의 권리를 상실하더라도 그 때문에 압수물을 환부하여야 하는 수사기관의 의무에 어떠한 영향을 미칠 수 없고, 또한 수사기관에 대하여 형사소송법상의 환부청구권을 포기한다는 의사표시를 하더라도 그 효력이 없어 그에 의하여 수사기관의 필요적 환부의무가 면제되지 않는다(대법원 1996. 8. 16. 자 94모51 전원합의체 결정).

甲은 검사에게 다이아몬드 반지에 대한 환부청구를 할 수 있고(제218조의2 제1항), 검사가 이를 거부하는 경우에는 검사의 소속 검찰청에 대응한 법원에 압수물의 환부 결정을 청구할 수 있다(동조 제2항).

[051] 甲은 A의 가발을 사용하고 돌려줄 생각으로 무단으로 가지고 나와 범행시 착용하였다. 사법경찰관 P는 위 가발을 위법하게 압수하였다. 위 가발의 소유자 A가 이를 돌려받으려고 하는 경우 사법경찰관의 조치는? (2019년 1차 모의시험)

사법경찰관은 사본을 확보한 경우 등 압수를 계속할 필요가 없다고 인정되는 압수물 및 증거에 사용할 압수물에 대하여 공소제기 전이라도 소유자, 소지자, 보관자 또는 제출인의 청구가 있는 때에는 환부 또는 가환부하여야 한다(제218조의2 제1항, 제4항). 위 가발은 위법하게 수집된 증거이므로 증거로 사용할 수 없다. 따라서 압수 계속의 필요성이 없는 경우에 해당하며 가환부가 아닌 환부의 대상이 된다(제218조의2 제1항). 가발의 소유자인 A가 가발의 환부를 청구한 때에는 사법경찰관은 검사의 지휘를 받아 환부하여야 하고(동조 제4항), 이 경우 미리 피해자나 피의자 또는 변호인에게 통지하여야 한다(제219조, 제135조).

V. 신체침해

[052] 甲은 혈중알코올농도 0.15%의 상태에서 승용차를 운전해 가다가 도로 옆 웅덩이에 빠졌다. 인근 주민은 현장에서 1km가량 떨어진 병원 응급실에 甲을 후송한 다음 경찰에 신고하였다. 신고를 받고 곧바로 출동한 경찰관은 응급실에 누워있는 甲의 옷에서 술 냄새가 강하게 나고 있음을 인지하였다. 경찰관이 甲의 도로교통법위반(음주운전)죄의 증거확보를 위하여 甲의 신체에서 혈액을 적법하게 확보할 수 있는 방법을 설명하시오. (2013년 2차 모의시험)

① <u>임의제출물의 압수</u>: 의료인이 진료 목적으로 채혈한 甲의 혈액을 수사기관에 임의로 제출하였다면 그 혈액의 증거사용에 대하여도 환자의 사생활의 비밀 기타 인격적 법익이 침해되는 등의 특별한 사정이 없는 한 반드시 그 환자의 동의를 받아야 하는 것은 아니므로, 甲의 혈액을 적법하게 확보할 수 있다 (대법원 1999. 9. 3. 선고 98도968 판결).

② <u>감정처분허가장 또는 압수영장에 의한 확보</u>: 법원으로부터 감정처분허가장을 받아 형사소송법 제221조의4 제1항, 제173조 제1항에 의한 '감정에 필요한 처분'으로, 또는 형사소송법 제219조, 제106조 제1항에 정한 압수의 방법으로도 할 수 있고, 압수의 방법에 의하는 경우 혈액의 취득을 위하여 피의자의 신체로부터 혈액을 채취하는 행위는 그 혈액의 압수를 위한 것으로서 형사소송법 제219조, 제120조 제1항에 정한 '압수영장의 집행에 있어 필요한 처분'으로 甲의 혈액을 확보할 수 있다(대법원 2012. 11. 15. 선고 2011도15258 판결).

③ <u>범죄장소에서의 압수</u>: 甲의 옷에서 술 냄새가 강하게 나고 있어 형사소송법 제211조 제2항 제3호가 정하는 신체나 의복류에 증거가 될 만한 뚜렷한 흔적이 있는 준현행범인으로서의 요건이 갖추어져 있고 甲이 사고현장으로부터 곧바로 후송된 병원 응급실 등의 장소는 형사소송법 제216조 제3항의 범죄 장소에 준한다고 볼 수 있으므로, 경찰관은 의료법상 의료인의 자격이 있는 자로 하여금 의료용 기구로 의학적인 방법에 따라 필요최소한의 한도 내에서 피의

자의 혈액을 채취하게 한 후 그 혈액을 영장없이 압수한 후 형사소송법 제216조 제3항 단서에 따라 법원으로부터 사후 압수영장을 받는 방식으로 甲의 혈액을 확보할 수 있다(대법원 2012. 11. 15. 선고 2011도15258 판결).

---

[053] 甲은 술을 마신 후 자신의 승용차를 운전해서 가던 중 교통사고로 의식을 잃은 후 곧바로 사고현장으로부터 3km 떨어진 H병원으로 후송되었다. 신고를 받고 H 병원에 도착한 사법경찰관 P는 甲의 아들 A의 동의를 얻은 후 의료진으로 하여금 甲의 혈액을 채취하게 하였다. P는 그 후 판사로부터 압수수색영장을 발부받지 않았다. 국립과학수사연구원은 위 혈액의 혈중알코올농도가 0.211%로 감정되었다는 감정의뢰회보를 했다. 위 감정의뢰회보를 증거로 하여 甲에 대한 공소사실에 대하여 유죄의 판결을 할 수 있는가? (2019년 2차 모의시험)

수사기관이 적법하게 피의자의 혈액을 압수하기 위해서는 본인의 동의가 있거나 법원으로부터 발부받은 감정처분허가장이나 압수영장의 집행에 의하여야 하며, 피의자의 신체 내지 의복류에 주취로 인한 냄새가 강하게 나는 등 형사소송법 제211조 제2항 제3호가 정하는 준현행범인으로서의 요건이 갖추어져 있고 교통사고 발생 시각으로부터 사회통념상 범행 직후라고 볼 수 있는 시간 내라면, 피의자의 생명·신체를 구조하기 위하여 사고현장으로부터 곧바로 후송된 병원 응급실 등의 장소는 형사소송법 제216조 제3항의 범죄 장소에 준한다고 보아 의료인의 자격이 있는 자로 하여금 의료용 기구로 의학적인 방법에 따라 필요최소한의 한도 내에서 피의자의 혈액을 채취하게 한 후 그 혈액을 영장없이 압수할 수 있고, 이 경우에는 형사소송법 제216조 제3항 단서 등에 따라 사후에 지체없이 강제채혈에 의한 압수의 사유 등을 기재한 영장청구서에 의하여 법원으로부터 압수영장을 받아야 한다(대법원 2012. 11. 15. 선고 2011도15258 판결).

한편, 의료인이 진료 목적으로 채혈한 환자의 혈액을 수사기관에 임의로 제출하였다면 그 혈액의 증거사용에 대하여도 환자의 사생활의 비밀 기타 인격적 법익이 침해되는 등의 특별한 사정이 없는 한 반드시 그 환자의 동의를 받아야 하는 것이 아니며, 이 경우 피고인의 동의 및 영장없이 행하여졌더라도 적법절차를 위반한 위법이 인정되지 않는다(대법원 1999. 9. 3. 선고 98도968 판결).

사안에서 P는 사전·사후영장을 발부받지 않았고, 甲의 아들 A의 동의만을 얻어 수사 목적으로 甲의 혈액을 채취하였으므로 위 혈액은 위법하게 수집한 증거로 증거능력이 부정된다. 위 감정의뢰회보는 영장주의에 위반하여 위법하게 수집한 혈액을 기초로 획득된 2차적 증거로서 혈액과 감정의뢰회보 사이에 인과관계가 희석되거나 단절될 여지가 없으며, 적법절차의 실질적인 내용을 침해하는 경우로서 증거능력이 인정되지 않는다. 따라서 법원은 위 감정의뢰회보를 증거로 하여 甲에게 유죄의 판결을 선고할 수 없다.

[054] 경찰관 P가 적법하게 발부받은 압수·수색·검증영장의 '압수할 물건'란에는 '甲의 소변 30cc, 모발 약 80수' 등이 기재되어 있었다. P가 이 사건 영장에 따라 甲에게 소변과 모발을 제출하도록 요구하였으나, 甲은 욕설을 하며 완강하게 거부하였다. P는 甲을 3시간가량 설득하였으나, 甲이 계속 거부하면서 자해를 하자 이를 제압하고 피고인에게 수갑과 포승을 채운 뒤 강제로 ○○의료원 응급실로 데리고 가 응급구조사로 하여금 甲의 신체에서 소변 30cc를 채취하도록 하여 이를 압수하였다. 압수한 소변을 검사한 결과 필로폰 양성반응이 나왔다. 위 소변을 검사한 결과는 甲에 대한 유죄의 증거로 사용할 수 있는가?

판례에 따르면, 범죄 수사를 위해서 도뇨관을 이용한 강제채뇨가 부득이하다고 인정되는 경우에 최후의 수단으로 적법한 절차에 따라 허용되며, 이때 의료인 등 하여금 소변 채취에 적합한 의료장비와 시설을 갖춘 곳에서 피의자의 신체와 건강을 해칠 위험이 적고 피의자의 굴욕감 등을 최소화하는 방법으로 소변을 채취하여야 한다(대법원 2018. 7. 12. 선고 2018도6219 판결).

강제채뇨는 법원으로부터 감정허가장을 받아 형사소송법 제221조의4 제1항, 제173조 제1항에서 정한 '감정에 필요한 처분'으로 할 수 있으며, 형사소송법 제219조, 제106조 제1항, 제109조에 따른 압수·수색의 방법으로도 할 수 있다. 이러한 압수·수색의 경우에도 수사기관은 원칙적으로 형사소송법 제215조에 따라 판사로부터 압수·수색영장을 적법하게 발부받아 집행해야 한다(대법원 2018. 7. 12. 선고 2018도6219 판결).

피의자가 인근 병원 응급실 등 소변 채취에 적합한 장소로 이동하는 것에 동의하지 않거나 저항하는 등 임의동행을 기대할 수 없는 사정이 있는 때에는 수사기관으로서는 소변 채취에 적합한 장소로 피의자를 데려가기 위해서 형사소송법 제219조, 제120조 제1항에서 정한 '압수·수색영장의 집행에 필요한 처분'의 일환으로 최소한의 유형력을 행사할 수 있다(대법원 2018. 7. 12. 선고 2018도6219 판결).

사안에서 P는 적법하게 발부된 압수수색영장에 의하여 인근 병원 응급실에서 甲의 소변을 취득하였으므로, 위 소변을 검사한 결과는 甲에 대한 유죄의 증거로 사용할 수 있다.

[055] 사법경찰관 P는 마약을 투약한 혐의가 있는 甲을 적법하게 현행범인으로 체포하였다. P는 甲을 인근 병원 응급실로 데려가 간호사로 하여금 도뇨관을 이용하여 강제채뇨를 하게 하였다. 강제채뇨 결과 필로폰 양성반응이 나오자, P는 검사에게 신청하여 법원으로부터 사후영장을 청구하여 발부받았다. P가 甲의 소변을 압수한 행위의 적법성을 논하시오.

피의자가 임의로 소변을 제출하지 않는 경우 도뇨관을 이용한 강제채뇨는 감정처분허가장 또는 압수수색영장을 발부받아 적법하게 집행하여야 한다(대법원 2018. 7. 12. 선고 2018도6219 판결). 甲의 소변을 취득한 행위는 압수수색영장 또는 감정처분허가장 없이 이루어졌는바, 강제채뇨의 경우도 강제채혈과 마찬가지로 사전압수·수색영장없이 긴급압수수색을 하는 것이 허용되는지가 문제된다.

대법원이 강제채혈과 관련하여, 형사소송법 제216조 제3항에 의해 사전영장 없이 혈액을 압수할 수 있고 사후에 압수영장을 발부받을 수 있다는 입장을 취하고 있는 것에 비추어 볼 때(대법원 2012. 11. 15. 선고 2011도15258 판결), 강제채뇨의 경우에도 체포현장에서의 압수·수색(제216조 제1항 제2호) 또는 범행 중 범행 직후의 범죄장소에서 긴급을 요하는 경우에는 압수·수색을 할 수 있다는 견해(긍정설)도 있을 수 있으나, 강제채뇨는 강제채혈과 달리 피의자의 신체에 직접적인 작용을 수반할 뿐만 아니라 피의자에게 신체적 고통이나 장애를 초래하거나 수치심이나 굴욕감을 주고 인간의 존엄성을 침해하는 처분이므로, 최소한 법관의 사전적 사법심사가 없이는 허용되지 않는다고 보아야 한다(부정설). 또한 강제채뇨를 위해서는 압수·수색영장과 감정처분허가장이 모두 필요하다고 보는 다수설에 따르면, 감정처분허가장 없이 형사소송법 제216조와 제217조에 의히여 압수수색검증에 관한 시전영장없이 행히는 긴급채뇨행위는 허용될 수 없다고 보게 된다.

사안에서 P가 甲을 적법하게 현행범인으로 체포하였고, 체포현장 또는 범죄장소에서의 긴급압수·수색으로 판단할 수 있지만, 인간의 존엄과 신체의 자유를 심각하게 침해하는 강제채뇨를 법관의 사전영장없이 허용하는 것은 타당하지 않으므로, 위 강제채뇨는 위법하다고 보아야 한다.

VI. 압수·수색·검증과 사전영장주의의 예외

1. 체포현장에서의 압수·수색·검증

[056] 형사소송법 제216조 제1항 제2호가 영장없이 '체포현장에서의 압수, 수색, 검증'을 할 수 있도록 한 근거에 관한 부수처분설과 긴급행위설을 설명하시오.

형사소송법 제216조 제1항 제2호 규정의 근거에 관하여는 체포 또는 구속에 의하여 신체의 자유라는 가장 중요한 기본권이 침해된 때에는 이에 수반하는 보다 약한 압수·수색·검증에 대하여는 체포현장에 별도의 영장이 필요하지 않다는 **부수처분설**, 수사기관이 피의자를 체포 또는 구속하는 경우에 체포현장에서 야기될 수 있는 위험이나 피의자가 증거를 인멸하는 것을 방지하기 위한 긴급행위로서 허용된다는 **긴급행위설**이 있다.

형사소송법 제216조 제1항 제2호의 근거에 관한 그 밖의 학설로는, 체포 또는 구속하는 현장에는 증거가 존재할 개연성이 높기 때문에 합리적인 증거수집 수단으로 인정된다는 **합리성설**, 압수의 경우에는 긴급하게 체포현장에서의 위험과 증거인멸을 방지하기 위한 것이며 수색의 경우에는 체포 또는 구속이라는 하는 강력한 처분이 적법하게 행하여진 이상 현장에서의 수색을 부수하더라도 주거 등의 평온을 침해하는 정도가 적기 때문이라고 하면서 압수와 수색의 경우를 구분하는 **이원설**, 부수처분설과 긴급행위설의 양자를 모두 취하거나, 부수처분과 긴급행위의 양면을 가지고 있으나 헌법 제12조 제3항 단서와의 관계에서 법정형이 3년 이상의 범죄에 해당하는 경우는 긴급행위적 성격이, 3년 미만의 범죄에 해당하는 경우는 부수처분설적 성격이 전면에 나타난다는 **결합설**이 있다.

---

[057] 형사소송법 제216조 제1항 제2호가 규정한 '체포현장'의 의미와 관련하여 시간적 접착성과 장소적 접착성을 설명하시오.

① 시간적 접착성: '체포현장'의 시간적 접착성과 관련하여, ① 압수·수색이 체포행위에 시간적·장소적으로 접착되어 있으면 족하며 체포의 전후를 불문하다는 '**접착설**', ② 압수·수색 당시에 피의자가 현장에 있음을 요한다는 '**현장설**', ③ 피의자가 수색장소에 현재하고 체포의 착수를 요건으로 한다는 '**착수설**'(다수설), ④ 피의자가 현실적으로 체포되어야 한다는 '**체포설**' 등의 견해가 대립되고 있다. 체포에 착수하지 않은 상태에서도 형사소송법 제216조 제1항 제2호를 적용하면 사전영장주의의 예외가 지나치게 확대되고, 피의자가 현실적으로 체포될 것을 요하면 압수 등의 적법성이 우연한 사실에 좌우될 수 있으며, 체포에 착수한 다음 피의자가 도주한 경우에도 체포현장에서 압수의 필요성이 있다는 점에서 현장설은 타당하지 않으며, 형사소송법 제216조 제1항 제2호는 체포 또는 구속하는 경우에 체포현장에서 야기될 수 있는 위험이나 피의자가 증거를 인멸하는 것을 방지하기 위한 긴급행위로서의 성격을 지니므로 체포에 착수했을 때 이러한 긴급행위가 필요하다고 볼 수 있으므로, 다수설인 착수설

이 타당하다. 판례도 "현행범 체포에 착수하지 아니한 상태여서 형사소송법 제216조 제1항 제2호, 제212조가 정하는 '체포현장에서의 압수·수색' 요건을 갖추지 못하였(다)"라고 판시함으로써 피의자가 현장에 있는지 여부보다 체포에 착수했는지 여부에 중점을 두고 있는 것으로 보인다(대법원 2017. 11. 29. 선고 2014도16080 판결).

② <u>장소적 접착성</u>: 원칙적으로 체포된 자의 신체 및 그의 직접적 지배하에 있는(within his immediate control) 장소에 한한다. 체포된 자가 타고 있던 차량의 경우에는 장소적 접착성이 긍정되지만, 체포된 자의 주거라 하더라도 체포현장과 떨어진 별개의 장소인 때에는 장소적 접착성이 부정된다.

> **[058]** A는 오토바이 절도를 범하고 있던 甲을 붙잡아 신고를 받고 출동한 경찰관 P에게 인계하였다. P의 경찰차에 탄 甲은 틈을 이용하여 전기충격기로 P에게 충격을 가하여 기절시킨 후 도주하였다. 얼마 후 의식을 회복한 P는 甲이 도주하는 과정에서 떨어뜨리고 간 휴대전화를 압수한 후, 적법한 절차를 거쳐 甲을 체포하였다. P가 甲의 휴대전화를 압수한 조치가 적법한지 여부를 서술하시오. (2017년 6회 변호사시험)

범죄의 실행 중이거나 실행의 직후인 자인 현행범인은 영장없이 체포할 수 있다. A는 甲을 현행범인으로 체포하였고, P에게 인계하였으므로 P는 甲을 현행범인으로 체포한 것으로 볼 수 있다. 형사소송법 제216조 제1항 제2호는 수사기관이 영장에 의한 체포, 긴급체포, 현행범인을 체포하는 경우에 필요한 때에는 영장없이 체포현장에서 압수·수색을 할 수 있다고 규정하고 있다. '체포현장'의 시간적 접착성과 관련하여, ① 압수·수색이 체포행위에 시간적·장소적으로 접착되어 있으면 족하며 체포의 전후를 불문한다는 '접착설', ② 압수·수색 당시에 피의자가 현장에 있음을 요한다는 '현장설', ③ 피의자가 수색장소에 현재하고 체포의 착수를 요건으로 한다는 '**착수설**', ④ 피의자가 현실적으로 체포되어야 한다는 '체포설' 등의 견해가 대립되고 있다.

甲은 현행범인 체포가 개시된 이후에 도주한 경우이므로 위 학설 중 어느 견해에 따르더라도 甲이 떨어뜨리고 간 휴대전화의 압수는 현행범인 체포현장에서의 압수수색에 해당한다고 볼 수 있다. 체포현장에서 압수수색을 한 때에는 지체없이, 늦어도 48시간 이내에 압수수색영장을 청구하여야 하므로, 만일, P가 사후영장을 청구하여 발부받았다면, 위 휴대전화 압수는 적법하다.

[059] 사법경찰관 P는 CCTV에 촬영된 영상녹화물에 의해 甲이 A의 가발을 무단으로 가지고 나와 착용한 채 B에 대한 강제추행의 범행을 한 것을 확인하고 甲의 기숙사로 갔지만 甲은 부재중이었다. P는 기숙사 관리인 C의 동의 및 입회 하에 甲의 방을 뒤져서 범행에 사용한 것으로 추측되는 위 가발을 가지고 나오다가 마침 귀가하던 甲과 우연히 맞닥뜨리게 되자 甲을 적법하게 긴급체포하였다. P가 행한 가발에 대한 압수는 적법한가? 수소법원은 위 가발을 유죄의 증거로 사용할 수 있는가? (2019년 1차 모의시험)

① 가발에 대한 압수의 적법성: 형사소송법 제216조 제1항 제2호는 수사기관이 영장에 의한 체포, 긴급체포, 현행범인을 체포하는 경우에 필요한 때에는 영장 없이 체포현장에서 압수·수색을 할 수 있다고 규정하고 있다. '체포현장'의 시간적 접착성과 관련하여, ① 압수·수색이 체포행위에 시간적·장소적으로 접착되어 있으면 족하며 체포의 전후를 불문한다는 '접착설', ② 압수·수색 당시에 피의자가 현장에 있음을 요한다는 '현장설', ③ 피의자가 수색장소에 현재하고 체포의 착수를 요건으로 한다는 '착수설', ④ 피의자가 현실적으로 체포되어야 한다는 '체포설' 등의 견해가 대립되고 있다. 체포에 착수하지 않은 상태에서도 형사소송법 제216조 제1항 제2호를 적용하면 사전영장주의의 예외가 지나치게 확대되고, 피의자가 현실적으로 체포될 것을 요하면 압수 등의 적법성이 우연한 사실에 좌우될 수 있으며, 체포에 착수한 다음 피의자가 도주한 경우에도 체포현장에서 압수의 필요성이 있다는 점에서 현장설은 타당하지 않으며, 형사소송법 제216조 제1항 제2호는 체포 또는 구속하는 경우에 체포현장에서 야기될 수 있는 위험이나 피의자가 증거를 인멸하는 것을 방지하기 위한 긴급

행위로서의 성격을 지니므로 체포에 착수했을 때 이러한 긴급행위가 필요하다고 볼 수 있으므로, 다수설인 **착수설**이 타당하다. **판례**도 피의자가 현장에 있는지 여부보다 체포에 착수했는지 여부에 중점을 두고 있는 것으로 보인다(대법원 2017. 11. 29. 선고 2014도16080 판결).

사안에서 P가 가발을 먼저 압수한 후에 귀가하던 甲을 긴급체포하였으므로, 접착설에 의하지 않는 한 위 압수는 적법하다고 판단될 수 없다. 다수설인 착수설에 따르면, 위 압수는 위법하다.

② 가발의 증거능력: 헌법과 형사소송법이 정한 절차에 따르지 아니하고 수집된 증거는 기본적 인권 보장을 위해 마련된 적법한 절차에 따르지 않은 것으로서 원칙적으로 유죄 인정의 증거로 삼을 수 없다. 수사기관의 절차 위반행위가 적법절차의 실질적인 내용을 침해하는 경우에 해당하지 아니하고, 오히려 그 증거의 증거능력을 배제하는 것이 헌법과 형사소송법이 형사소송에 관한 절차 조항을 마련하여 적법절차의 원칙과 실체적 진실 규명의 조화를 도모하고 이를 통하여 형사 사법 정의를 실현하려 한 취지에 반하는 결과를 초래하는 것으로 평가되는 예외적인 경우라면, 법원은 그 증거를 유죄 인정의 증거로 사용할 수 있다(대법원 2007. 11. 15. 선고 2007도3061 전원합의체 판결).

사안에서 P의 체포는 적법하지만 가발에 대한 압수는 영장주의에 위반하여 수집한 증거로 기본적 인권보장을 위해 마련한 적법절차의 실질적인 내용을 침해하는 경우에 해당하여 위 가발의 증거능력은 부정된다.

[060] 경찰관 P는 甲을 甲의 집에서 20m 떨어진 곳에서 적법하게 체포하여 수갑을 채운 후 甲의 집으로 가서 집안을 수색하여 칼을 압수한 직후 甲으로부터 압수물에 대한 임의제출동의서를 제출받았으나, 사후압수수색영장을 청구하여 발부받지 않았다. 압수된 칼과 임의제출동의서의 증거능력은 인정되는가?

① 칼의 증거능력: P가 甲의 집에서 20m 떨어진 곳에서 甲을 체포하여 수갑을 채운 후 甲의 집으로 가서 집안을 수색하여 칼과 합의서를 압수한 것은 체포장

소에서의 압수수색이라고 볼 수 없고, 적법한 시간 내에 압수수색영장을 청구하여 발부받지도 않았으므로 영장에 의하지 않은 위법한 압수이다.

② 임의제출동의서의 증거능력: 형사소송법 제215조 제2항은 "사법경찰관이 범죄수사에 필요한 때에는 검사에게 신청하여 검사의 청구로 지방법원 판사가 발부한 영장에 의하여 압수, 수색 또는 검증을 할 수 있다."고 규정하고 있다. 사법경찰관이 위 규정을 위반하여 영장없이 물건을 압수한 경우 그 압수물은 물론 이를 기초로 하여 획득한 2차적 증거 역시 유죄 인정의 증거로 사용할 수 없다. 헌법과 형사소송법이 선언한 영장주의의 중요성에 비추어 볼 때 위법한 압수가 있은 직후에 甲으로부터 작성받은 그 압수물에 대한 임의제출동의서도 특별한 사정이 없는 한 위법하게 수집된 2차적 증거로서 증거능력이 없다(대법원 2010. 7. 22. 선고 2009도14376 판결).

---

[061] 甲에 대하여 필로폰 매도 등의 혐의로 체포영장이 발부되었다. 甲은 체포를 벗어나기 위해 자신의 차량을 몰고 가다 차량을 버리고 도주하는 과정에서 경찰관 P에 의해 결국 체포되었다. P는 甲을 체포한 직후 위 차량을 수색하여 필로폰을 압수하는 한편, 추가적으로 마약류를 수색하기 위하여 그 장소에서 2km 떨어져 있는 甲의 주거지를 수색하여 추가적으로 甲이 보관하던 도검을 압수하였고, 위 압수물들에 대한 압수수색영장이 적법하게 발부되었다. 위 필로폰과 도검에 대한 압수의 적법성을 논하시오.

---

① 필로폰 압수의 적법성: [059] ① 내용 참조.

② 도검 압수의 적법성: 형사소송법 제216조 제1항 제2호에 따른 적법한 압수·수색이 되기 위해서는 '체포장소'에서의 압수수색이어야 한다. P가 甲의 주거지에 대한 수색에 착수할 당시에는 이미 甲에 대한 체포가 완료된 상황이었고, 甲이 체포된 장소와 甲의 주거지가 2km 정도 떨어져 있었기에 甲의 주거지를 '체포장소'라고 보기 어렵다. 따라서 형사소송법 제216조 제1항 제2호에 따른 적법한 압수에 해당하지 않는다.

또한 P가 甲의 주거지를 수색할 당시에는 도검에 관하여는 그 소지에 관한 단서를 가지고 있지 않았으므로 '범행 중 또는 범행 직후'라는 죄증이 명백하게 존재하는 범죄장소로 보기 어렵고, 이미 甲에 대한 체포영장이 발부된 상황을 고려할 때 甲의 주거지에 대한 압수수색영장을 발부받을 시간적 여유가 없을 정도로 긴급을 요하는 상황이라고 보기 어렵다. 따라서 형사소송법 제216조 제3항에 따른 적법한 압수에도 해당하지 않는다(대법원 2015. 5. 28. 선고 2015도 364 판결 참조).

[062] 甲이 술을 마신 후 자신의 승용차를 운전해 가다가 경찰관에 의해 음주운전의 현행범인으로 체포되었다. 경찰관이 승용차 안을 수색하여 뒷좌석에 있던 타인의 지갑과 트렁크에 있던 설계도면을 압수하였다. 이 경우 경찰관의 압수수색은 적법한가? (2016년 3차 모의시험)

검사 또는 사법경찰관은 피의자를 체포 또는 구속하는 경우에 필요한 때에는 영장없이 압수, 수색, 검증을 할 수 있고(제216조 제1항 제2호), 압수한 물건을 계속 압수할 필요가 있는 경우에는 지체없이 압수수색영장을 청구하여야 하고, 영장의 청구는 체포한 때로부터 48시간 이내에 하여야 한다(제217조 제2항). 긴급압수수색의 경우에도 범죄혐의, 비례성의 원칙, 피의사건 관련성의 요건이 충족되어야 한다. 따라서 압수·수색은 체포 또는 구속의 원인이 된 범죄사실과 관련성이 인정되는 것에 한하여 가능하다(제219조, 제215조).

사안에서 경찰관이 甲을 현행범인으로 체포하는 원인이 되는 범죄는 도로교통법위반(음주운전)죄이므로, 甲의 승용차 뒷좌석과 트렁크에 보관된 물건은 피의사건 관련성이 인정되는 물건이라고 보기 어렵다(대법원 2008. 7. 10. 선고 2008도2245 판결 참조). 따라서 경찰관이 甲을 음주운전죄의 현행범인으로 체포하면서 영장없이 甲의 승용차 안을 수색하여 타인의 지갑과 설계도면을 압수한 것은 위법하다.

[063] 경찰관 P는 현주건조물방화죄를 범한 甲이 친구를 통해 자신의 수사상황을 파악해 가며 은신 중인 호텔로 가서 호텔 종업원의 협조로 甲의 방 안에 들어가 타인 명의의 예금통장 십여 개와 甲이 투약한 것으로 의심되는 필로폰을 압수한 후, 호텔에 잠복하고 있다가 외출 후 돌아오는 甲을 긴급체포하였다. P가 甲에 대하여 한 긴급체포와 예금통장 및 필로폰 압수는 적법한가? (2014년 3회 변호사시험)

① 긴급체포의 적법성: 긴급체포가 적법하기 위해서는 ① 범죄혐의의 중대성(사형, 무기 또는 장기 3년 이상의 법정형에 해당하는 죄를 범하였다고 의심할 만한 상당한 이유), ② 체포의 필요성(도망 또는 도망 및 증거인멸의 염려), ③ 긴급성(긴급을 요하여 판사의 체포영장을 발부받을 시간적 여유가 없는 경우)이 인정되어야 한다(제200조의3 제1항). 甲이 범한 현주건조물방화죄는 법정형이 3년 이상의 징역이고, 甲은 친구를 통해 수사상황을 파악해 가며 도피 중이어서 체포의 필요성이 인정되고, 체포영장을 발부받을 시간적 여유도 없다고 판단된다. P가 甲을 긴급체포한 것은 적법하다.

② 예금통장 압수의 적법성: 형사소송법 제216조 제1항 제2호는 수사기관이 영장에 의한 체포, 긴급체포, 현행범인을 체포하는 경우에 필요한 때에는 영장없이 체포현장에서 압수·수색을 할 수 있다고 규정하고 있다. '체포현장'의 시간적 접착성과 관련하여, ① 압수·수색이 체포행위에 시간적·장소적으로 접착되어 있으면 족하며 체포의 전후를 불문한다는 '접착설', ② 압수·수색 당시에 피의자가 현장에 있음을 요한다는 '현장설', ③ 피의자가 수색장소에 현재하고 체포의 착수를 요건으로 한다는 '착수설', ④ 피의자가 현실적으로 체포되어야 한다는 '체포(실현)설' 등의 견해가 대립되고 있다. 사안에서 P는 예금통장을 먼저 압수수색한 이후 甲을 긴급체포하였으므로, 접착설에 의하지 않는 한 위 압수수색은 위법하다. 설령, 위 압수를 체포현장에서의 압수수색이라고 보더라도 사후영장을 청구하여 발부받은 정황이 없으므로 위 압수는 위법하다.

③ 필로폰 압수의 적법성: 다수설인 착수설에 따르면, 필로폰 압수는 체포현장에서의 압수수색에는 해당하지 않는다. 그러나 필로폰은 소지 그 자체가 범죄를 구성하는 경우이므로 형사소송법 제216조 제3항에 따라 법원판사의 영장을

받을 수 없는 긴급성이 인정되는 때는 범행 중 또는 범행 직후의 범죄장소에 압수수색으로 적법하게 압수할 수 있다. P가 사후에 지체없이 사후영장을 발부받은 때에는 필로폰 압수는 적법하다.

> **[064]** 자동차로 도피하던 甲은 혈중 알코올농도 0.254%의 음주 상태에서 실수로 보행자 B를 치어 전치 8주의 상해를 입히고 도주하였다. 사고 장면을 목격한 C는 즉시 경찰에 제보하였고, 제보를 받은 경찰관 P는 사고자동차를 추격하다 놓친 뒤 10분가량 지난 시점에 사고 현장으로부터 5km 떨어진 곳에 있는 노상 주차장에서 사고자동차의 시동을 끄고 운전석에서 잠이 든 甲을 체포하였고, 교통사고로 파손된 자동차의 범퍼 부분을 검증하였다. P가 甲을 체포하고 자동차를 검증한 행위의 적법성 여부를 논하시오. (2018년 3차 모의시험)

① **체포의 적법성**: 범죄를 실행하고 있거나 실행하고 난 직후의 사람인 현행범인은 영장없이 체포할 수 있으나, P는 甲을 범행현장으로부터 5km 떨어진 지점에서 체포하였을 뿐 아니라, P가 범행현장에서부터 甲을 목전에 두고 추적한 것이 아니므로 현행범인 체포에 해당하지 않는다. 자동차는 범죄에 사용된 물건이므로 甲은 '범죄에 사용되었다고 인정함에 충분한 흉기나 그 밖의 물건을 소지하고 있을 때'(제211조 제2항 제2호)에 해당하여 준현행범인에 해당하며, P가 甲을 체포한 것은 미란다 고지 절차를 거쳤다면 준현행범인 체포로서 적법하다(제212조).

② **검증행위의 적법성**: 수사기관은 피의자를 체포 또는 구속하는 경우 필요한 때에는 체포현장에서 영장없이 압수·수색·검증을 할 수 있다(제216조 제1항 제2호). P의 甲에 대한 체포가 적법하므로 자동차의 범퍼 검증이 형사소송법 제216조 제1항 제2호에 따른 적법한 검증인지가 문제된다. 형사소송법 제216조 제1항 제2호 규정의 근거에 관하여는 체포 또는 구속에 의하여 신체의 자유라는 가장 중요한 기본권이 침해된 때에는 이에 수반하는 보다 약한 압수·수색·검증에 대하여는 체포현장에 별도의 영장이 필요하지 않다는 **부수처분설**, 수사기관이 피의자를 체포 또는 구속하는 경우에 체포현장에서 야기될 수 있는 위험이나

피의자가 증거를 인멸하는 것을 방지하기 위한 긴급행위로서 허용된다는 **긴급행위설**이 있다. 부수처분설에 따르면 P의 검증은 체포현장에서 부수적으로 행해진 검증으로서 적법하다고 판단되나, 긴급행위설에 따르면 체포자의 안전과 증거인멸의 방지라는 긴급한 필요성이 인정되는 경우에 한하여 영장 없는 검증이 허용될 수 있다.

> **[065]** 사법경찰관 P는 甲을 적법하게 현행범인으로 체포하면서 甲의 휴대전화(스마트폰)를 압수한 후 甲의 참여하에 그 내용을 탐색하여 유죄의 자료를 확보한 후 적법한 절차에 따라 사후영장을 발부받았다. 甲의 변호인 V는 위 자료는 위법수집증거라고 주장하고자 한다. V가 주장할 수 있는 논거 2가지를 제시하시오.

휴대전화에 저장된 전자정보는 무기나 흉기가 아니며 일단 압수되면 증거인멸의 우려는 현저히 감소되어 긴급성이 인정되지 않는다(**긴급성의 결여**).

휴대전화에는 방대한 양의 민감한 개인 정보가 담겨져 있어 휴대전화에 대한 제약 없는 수색은 개인의 사생활과 비밀의 자유를 현저히 침해하므로 사전영장 없는 수색은 비례성의 원칙에 반한다(**비례성 결여**).

[참고판례] 의정부지방법원 2019. 8. 22. 선고 2018노2757 판결

3. 휴대전화 저장정보(영상)에 대한 탐색 내지 복제·출력 절차의 적법성 여부 (소극)

   가. 현행범 체포 시 형사소송법 제216조 제1항 제2호에 따라 긴급압수한 피의자의 휴대전화에 기억된 저장정보에 대해서까지 영장없이 탐색할 수 있는지 여부(예외적 가능)

      1) 문제점

         최근 수사실무상, 체포현장에서 피의자가 소지하던 휴대전화기에 대하여는 별도의 압수수색영장이 없더라도 형사소송법 제216조 제1항에 따라 검사 또는 사법경찰관이 압수하여 저장정보를 탐색하고 있다. 그런데 스마트폰에 저장된 정보의 양이 막대하고 민감한 정보가 많이 담겨 있다는 점에서 현재의 수사관행은 개인의 자유를 크게

침해할 수 있다. 따라서 형사소송법 제216조에 따라 휴대전화기 자체를 긴급압수할 수 있다고 하더라도, 그 저장정보에 대해서까지 영장없이 탐색하여 출력·복사할 수 있는지가 문제 된다. 이 사건 역시 사법경찰관이 현행범 체포현장에서 피고인의 휴대전화기를 탐색하여 저장된 동영상을 발견하고 압수하게 된 것에 터잡고 있다.

2) 견해의 대립

이에 관하여 아래와 같은 견해의 성립을 예상할 수 있다.

① 영장주의 예외를 인정한 형사소송법 제216조에 의하여 체포된 피의자로부터 휴대전화를 긴급압수하였더라도, 휴대전화에 내재된 정보의 양과 질에 비추어 영장 없는 휴대전화 저장정보에 대한 압수수색은 허용되지 않는다는 견해

[미국연방대법원 2014년 DAVID LEON RIELY V. CALIFORNIA 판결 조기영, "사전영장 없는 휴대전화 압수수색의 허용 여부", 동북아법연구 제9권 제3호(2016. 1.), 제227쪽에서 재인용.]

② 특별한 제한규정이 없으므로 형사소송법 제216조 제1항에 따라 일반적으로 허용된다는 견해

③ 원칙적으로 허용되지는 않으나, 예외적으로 예컨대 압수 당시 열려 있는 애플리케이션만 수색을 허용할 수 있다는 견해

3) 검토

살피건대, 휴대전화 저장정보에 대하여 긴급히 증거인멸을 막거나 증거를 수집해야 할 필요성이 적고(긴급성의 결여), 막대한 양의 민감한 개인정보가 담겨 있는 휴대전화 저장정보에 대한 제한 없는 압수수색은 개인의 사생활과 비밀의 자유를 침해하므로(비례성 결여), 휴대전화에 저장된 정보에 대한 압수수색에 대하여는 사전영장이 필요하나, 예외적으로 형사소송법 소정의 긴급성이 있는 경우, 예컨대 체포된 피의자가 공범에게 폭탄을 폭발시킬 문자를 보내거나, 유괴범이 피해자의 위치에 관한 정보를 보관하고 있는 경우 등에서는 저장정보에 대한 영장 없는 압수수색이 가능하다고 해석함이 마땅하고, 그에 따라 수집된 디지털정보 역시 증거능력이 있다고 할 것이다(조기영, 위 논문, 238쪽).

2. 범죄장소에서의 압수·수색·검증

> **[066]** 사법경찰관 P는 불법게임장에 대한 112 신고가 최근 몇 달간 수회 접수되었으나 매번 단속에 실패하던 중, 우연히 불법 게임장 주변을 순찰하다가 남자들이 위 게임장으로 들어가는 것을 보고 다른 경찰관들과 함께 뒤따라 들어가, 게임장 내부를 수색하여 등급분류를 받지 아니한 바다이야기 게임기 10대를 압수하였다. P는 적법한 절차에 따라 위 압수물에 대한 사후압수수색영장을 발부받았다. 위 압수수색은 적법한가?

　범행 중 또는 범행 직후의 범죄 장소에서 긴급을 요하여 법원판사의 영장을 받을 수 없는 때에는 영장없이 압수, 수색 또는 검증을 할 수 있으나, 이 경우에는 사후에 지체없이 영장을 받아야 한다(제216조 제3항). 형사소송법 제216조 제3항의 요건 중 어느 하나라도 갖추지 못한 경우 그러한 압수·수색 또는 검증은 위법하고 이에 대하여 사후에 법원으로부터 영장을 발부받았다고 하여 그 위법성이 치유되는 것은 아니다(대법원 2012. 2. 9. 선고 2009도14884 판결).

　사안에서 비록 사후영장이 청구되어 발부되었더라도, 몇 달간 112 신고가 수회 접수된 점, 압수수색 당시 게임장에서 범죄행위가 행해지고 있다는 구체적인 단서가 없다는 점, 게임장에 남자들이 들어가는 것을 우연히 목격한 후 따라 들어가 그 내부를 수색한 점, 게임장 영업은 상당한 기간 동안 계속적으로 이루어지고 불법 게임기는 상당한 부피 및 무게가 나가는 것들로서 은폐나 은닉이 쉽지 아니한 점을 고려하면 제216조 제3항의 **'긴급성'의 요건**을 충족시키지 못해 위 압수수색은 위법하다.

> **[067]** 검사 S는 甲의 乙에 대한 뇌물공여 혐의로 발부받은 압수수색영장을 적법하게 집행하여 甲의 사무실을 적법하게 압수수색하던 중 甲의 사무용 PC 아래 놓여 있던 필로폰을 발견하고 이를 압수한 후 법원으로부터 사후영장을 발부받았다. 위 필로폰의 증거능력은 인정되는가?

甲에 대한 압수수색영장은 '뇌물공여'를 피의사실로 하고 있으므로, 적법한 압수수색 과정에서 우연히 발견한 필로폰의 압수는 영장에 의하지 않은 압수에 해당된다. 판례는 '우연한 발견'의 이론을 인정하지 않기 때문에 위 압수가 적법한지는 사전영장주의의 예외에 해당하는지 여부에 좌우된다.

형사소송법 제216조 제1항 제2호는 체포현장에서의 영장 없는 압수수색을 허용하고 있지만, 사안에서 甲에 대한 체포는 없었으므로 이에 따른 압수수색은 허용되지 않는다. 형사소송법 제217조 제1항은 긴급체포된 자가 소유·소지 또는 보관하는 물건에 대하여 영장없이 압수수색할 수 있다고 규정하고 있지만, 역시 사안에서 甲은 긴급체포된 것도 아니므로 이에 따른 압수수색은 허용되지 않는다.

형사소송법 **제216조 제3항**은 "범행 중 또는 범행 직후의 범죄 장소에서 긴급을 요하여 법원판사의 영장을 받을 수 없는 때에는 영장없이 압수, 수색 또는 검증을 할 수 있다. 이 경우에는 사후에 지체없이 영장을 받아야 한다."고 규정하고 있다. 필로폰은 이를 소지하는 것만으로 마약법 위반에 해당하므로, 위 필로폰은 제216조 제3항에 의하여 사전영장없이 압수할 수 있다. 검사 S는 위 필로폰을 압수한 후 사후영장을 발부받았으므로 위 압수는 적법하고 그 증거능력이 인정된다.

3. 긴급체포 후의 압수·수색·검증

[068] A의 신고를 받은 경찰관 P는 甲을 적법하게 긴급체포한 다음 甲으로부터 사고장면이 녹화된 블랙박스를 자신의 집에 숨겨 두었다는 진술을 듣고 긴급체포한 당일 23:00경 甲의 집을 수색하여 블랙박스를 발견하여 이를 압수한 후 그 다음날 10:00경 사후압수·수색영장을 발부받았다. 이 경우 블랙박스를 증거로 할 수 있는가? (2016년 5회 변호사시험)

수사기관은 긴급체포된 자가 소유·소지 또는 보관하는 물건에 대하여 긴급히 압수할 필요가 있는 경우에는 체포한 때부터 24시간 이내에 한하여 영장없이 압수·수색 또는 검증을 할 수 있다(제217조 제1항), 이때 압수한 물건을 계속 압수할 필요가 있는 경우에는 지체없이 압수수색영장을 청구하여야 한다. 이 경우 압수수색영장의 청구는 체포한 때부터 48시간 이내에 하여야 한다(동조 제2항). 형사소송법 제217조에 의한 긴급압수수색의 경우에는 제220조의 **요급처분**의 규정이 적용되지 않는바, **제123조 제2항**(주거주, 간수자 또는 이에 준하는 자의 참여)과 **제125조**(야간집행의 제한)의 규정을 준수하여야 적법한 압수수색이 된다.

　P가 압수수색을 한 시간은 야간인 23:00였고, 주거주, 간수자 또는 이에 준하는 자의 참여가 없었으므로 위 블랙박스에 대한 압수수색은 형사소송법 제123조, 제125조에 위반한 것으로 적법한 절차에 따르지 아니하고 수집한 증거로서 증거능력이 없다(제308조의2).

---

[069] 사법경찰관 P는 甲을 경찰서 조사실로 나와 달라고 요구했고, 甲은 해당 경찰서 조사실에 출두했다. P는 피의자신문 중 甲이 1년 전에 저지른 강도사건의 피의자로 기소중지 상태에 있다는 것을 알게 되었다. P는 이 강도사건을 수사하기 위해 2017. 2. 14. 오전 11시 긴급체포한 후 피의자신문을 마치고, 오후 4시쯤 甲을 데리고 甲의 집으로 가서 위 강도 범행에 사용한 흉기를 찾아내어 압수했다. 이틀 후 P는 검사에게 구속영장과 위 흉기에 대한 압수수색영장을 신청했고, 검사는 같은 날 오전 10시 구속영장을, 오후 3시 압수수색영장을 청구해서 모두 발부받았다. P가 압수한 흉기의 증거능력은? (2017년 2차 모의시험)

　긴급체포가 적법하기 위해서는 ① **범죄혐의의 중대성**(사형, 무기 또는 장기 3년 이상의 법정형에 해당하는 죄를 범하였다고 의심할 만한 상당한 이유), ② **체포의 필요성**(도망 또는 도망 및 증거인멸의 염려), ③ **긴급성**(긴급을 요하여 판사의 체포영장을 발부받을 시간적 여유가 없는 경우)이 인정되어야 한다(제200조의3 제1항).

　甲이 범한 강도죄는 3년 이상의 법정형에 해당하는 범죄로 범죄혐의의 중대성이 인정되며, 甲은 소재 불명 등을 이유로 기소중지 상태에 있으므로 비록 甲이 경찰서에 자진출석하였다 하더라도 체포의 필요성 및 긴급성이 인정된다. 따라서 P가 甲을 긴급체포한 것은 적법하다.

수사기관은 긴급체포된 자가 소유·소지 또는 보관하는 물건에 대하여 긴급히 압수할 필요가 있는 경우에는 체포한 때부터 24시간 이내에 한하여 영장없이 압수·수색 또는 검증을 할 수 있다(제217조 제1항), 이때 압수한 물건을 계속 압수할 필요가 있는 경우에는 지체없이 압수수색영장을 청구하여야 한다. 이 경우 압수수색영장의 청구는 체포한 때부터 48시간 이내에 하여야 한다(동조 제2항).

P는 2017. 2. 14. 오전 11시에 甲을 긴급체포한 후 같은 날 오후 4시경 위 흉기를 압수하였으므로 형사소송법 제217조 제1항이 정한 시간 이내에 압수를 히였디. P는 甲을 압수히는 현장인 甲의 집으로 데리고 갔기 때문에 다인의 주거에 대한 압수수색영장을 집행하면서 주거나 내지 간수자를 참여하게 하였다(제219조, 제123조). 그러나 흉기에 대한 압수수색영장의 청구가 48시간이 도과된 2017. 2. 16. 오후 3시에 이루어졌으므로 형사소송법 제217조 제2항의 사후영장청구 규정을 위반하였다.

P의 甲에 대한 긴급체포는 적법하나, 흉기에 대한 압수는 사후영장을 48시간 이내에 청구하지 않아 위법수집증거에 해당하여 그 증거능력이 부정된다.

[070] 특수절도 사건을 수사하던 사법경찰관 P는 2018. 6. 27. 22:00경 甲을 카페에서 적법하게 긴급체포한 직후, 甲이 자신의 노트북 컴퓨터로 작업하던 위 범행 관련 문서를 발견하고 노트북 컴퓨터를 그 자리에서 영장없이 압수하였다. 그 후 P는 경찰서로 연행된 甲으로부터 도자기 판매대금이 예치되었던 예금통장이 甲의 집에 있다는 임의의 자백을 듣고, 가족이 이를 훼손할 염려가 있는 등 긴급히 그 예금통장을 압수할 필요가 있다고 판단하였다. P는 2018. 6. 28. 01:00경 압수수색영장없이 甲의 집에 들어가 그 집을 지키던 甲의 배우자를 집 밖으로 나가게 한 채 집을 수색하여 예금통장을 압수하고 나서 즉시 노트북 컴퓨터와 예금통장에 대하여 압수수색영장을 발부받았다. P가 압수한 예금통장과 노트북 컴퓨터로부터 취득한 정보의 증거능력은 인정되는가? (2019년 8회 변호사시험)

① 예금통장의 증거능력: 긴급체포된 자가 소유·소지 또는 보관하는 물건에 대하여 긴급히 압수할 필요가 있는 경우에는 체포한 때부터 24시간 이내에 한하

여 영장없이 압수·수색 또는 검증을 할 수 있다(제217조 제1항), 이때 압수한 물건을 계속 압수할 필요가 있는 경우에는 지체없이 압수수색영장을 청구하여야 한다. 이 경우 압수수색영장의 청구는 체포한 때부터 48시간 이내에 하여야 한다(동조 제2항). 형사소송법 제216조의 규정에 의한 처분을 하는 경우에 급속을 요하는 때에는 제123조 제2항(주거주, 간수자 또는 이에 준하는 자의 참여)과 제125조(야간집행의 제한)의 규정에 의함을 요하지 아니한다(제220조). 예금통장은 甲을 적법하게 긴급체포한 후 압수한 것으로 형사소송법 제217조 제1항에 의한 압수에 해당한다. 그러나 긴급체포 후의 압수에는 제220조의 요급처분이 허용되지 않음에도 甲의 배우자를 집 밖으로 나가게 한 채 집을 수색하고, 야간집행이 허용되지 않음에도 불구하고 01:00경 예금통장을 압수수색을 한 것은 형사소송법 제123조 제2항, 제125조의 규정을 위반한 것으로 적법한 절차에 따르지 아니하고 수집한 위법수집증거로서 그 증거능력이 인정되지 않는다.

② <u>노트북 컴퓨터로부터 취득한 정보의 증거능력</u>: 수사기관이 영장에 의한 체포, 긴급체포, 현행범인을 체포하는 경우에 필요한 때에는 영장없이 체포현장에서 압수·수색을 할 수 있고, 압수한 물건을 계속 압수할 필요가 있는 경우에는 지체없이, 늦어도 체포한 때부터 48시간 이내에 압수·수색영장을 청구하여야 한다(제216조 제1항 제2호, 제217조 제2항). 체포현장에서의 압수수색에는 요급처분이 적용되어 야간집행의 제한을 받지 않는다. 그러나 압수의 목적물이 컴퓨터용디스크, 그 밖에 이와 비슷한 정보저장매체인 경우에는 기억된 정보의 범위를 정하여 출력하거나 복제하여 제출받아야 하고, 다만, 범위를 정하여 복제하는 방법이 불가능하거나 압수의 목적을 달성하기에 현저히 곤란하다고 인정하는 때에는 정보저장매체 등을 압수할 수 있다(제219조, 제106조 제3항). 사안에서 P는 노트북 컴퓨터에 저장된 파일을 복제하여 출력하는 방법으로 압수할 수 있었음에도 불구하고 노트북 컴퓨터 자체를 압수하였으므로 위 압수는 위법하고 노트북 컴퓨터로부터 취득한 정보는 위법수집증거에 해당하여 증거능력이 인정되지 않는다.

[071] 경찰관 P는 2016. 10. 5. 20:00 위장거래자와 만나서 마약류 거래를 하고 있는 甲을 긴급체포한 뒤 현장에서 甲이 위장거래자에게 건네준 마약류를 압수하였다. P는 같은 날 20:24경 영장없이 체포현장에서 약2km 떨어진 甲의 주거지에 대한 수색을 실시해서 작은 방 서랍장 등에서 메스암페타민 약 4.82g이 들어 있는 비닐팩 1개를 추가로 찾아내어 압수하였다. P는 추가로 발견한 비닐팩 1개에 대하여 감정의뢰 등 계속 압수의 필요성을 이유로 검사에게 사후 압수수색영장 청구를 신청하였고, 검사의 청구로 2016. 10. 7. 사후 압수수색영장이 발부되었다. 甲의 주거지에서 긴급압수한 메스암페타민은 甲에 대한 유죄의 증거가 될 수 있는가?

요급처분의 특칙은 형사소송법 제216조의 규정에 의한 처분을 하는 경우에 인정되며, 제217조 제1항에 의한 긴급체포 후의 압수·수색·검증에는 원칙적으로 적용되지 않는다(제220조). 따라서 긴급체포된 자가 소유·소지 또는 보관하는 물건에 대하여 타인의 주거 등에서 압수·수색·검증을 하는 경우에는 주거주 등을 참여하게 하여야 하고(제123조 제2항), 일출 전, 일몰 후에는 압수·수색·검증을 위하여 타인의 주거 등에 들어가지 못한다(제125조).

다만, '체포한 때로부터 24시간 이내'(제217조 제1항)라는 요건에 비추어 예외적으로 야간집행이 가능할 수 있는지에 관한 논의가 있다. 형사소송법 제220조는 제217조에는 적용되지 않으므로 긴급체포된 자에 대한 야간 압수수색은 위법하다는 견해(**부정설**), '긴급체포 후의 압수수색'에도 긴급성을 요한다는 점에서 형사소송법 제220조를 준용할 수 있다는 견해(**긍정설**), 원칙적으로 위법하지만 사후영장이 발부된 때에는 법관의 사후추인으로 적법하다는 견해(**절충설**) 등의 대립이 있으며, **판례**는 긴급체포 후에 체포현장에서 2km 떨어진 피고인의 주거지에서의 야간 압수수색임에도 사후 압수수색영장의 발부에 의하여 적법하다고 판시한 바 있다(대법원 2017. 9. 12. 선고 2017도10309 판결).

판례의 태도에 따르면, 사안에서 P는 甲을 긴급체포한 후 체포현장에서 2km 떨어진 甲의 주거에서 야간 압수수색을 하였더라도, 이에 대한 사후 압수수색 영장이 발부되었으므로 위 메스암페타민은 긴급체포의 사유가 된 범죄사실 수사에 필요한 범위 내의 것으로서 형사소송법 제217조에 따라 적법하게 압수된 것으로 볼 수 있다. 따라서 위 메스암페타민은 甲에 대한 유죄의 증거로 사용될 수 있다.

VII. 임의제출물의 영치

[072] 경찰관 P는 甲 소유의 쇠파이프를 甲의 주거지 앞마당에서 발견하였으나, 그 소유자, 소지자 또는 보관자가 아닌 피해자 A로부터 위 쇠파이프를 임의로 제출받아 압수하였다. 공판정에서 피고인은 위 쇠파이프에 대하여 증거동의하였다. 위 쇠파이프에 대한 압수는 적법한가?

형사소송법 제218조는 "사법경찰관은 소유자, 소지자 또는 보관자가 임의로 제출한 물건을 영장없이 압수할 수 있다."고 규정하고 있다. 임의제출이 유효하기 위해서는 소유자, 소지자 또는 보관자가 제출한 물건이어야 하고, 그 제출에 임의성이 인정되어야 한다. 사안에서 위 쇠파이프는 그 소유자, 소지자 또는 보관자가 아닌 피해자 A가 제출한 것이므로 영장주의에 위반하여 수집한 증거이고, 甲이 이에 대해 증거동의하였더라도 그 증거능력이 인정되지 않는다 (대법원 2010. 1. 28. 선고 2009도10092 판결).

[073] 경찰관 P는 甲이 바지선을 통해 필로폰을 밀수한다는 제보를 받고 바지선을 수색하여 필로폰을 발견한 후 甲을 적법하게 현행범인으로 체포하였다. P는 발견된 필로폰을 甲에게 제시하면서 "필로폰을 임의제출하면 영장없이 압수할 수 있고 압수될 경우 임의로 돌려받지 못하며, 임의제출하지 않으면 영장을 발부받아서 압수하여야 한다."라고 설명하면서 필로폰을 임의로 제출할 의사가 있는지를 물었고, 甲으로부터 "그 정도는 저도 압니다."라는 말과 함께 승낙을 받아 필로폰을 압수하였으며, 압수 당일 검찰청에서 임의제출확인서를 작성하여 甲으로부터

서명·날인을 받았다. 검사는 압수한 필로폰에 관하여 사후 압수영장을 발부받지는 않았다. 위 필로폰 압수는 적법한가?

검사 또는 사법경찰관은 형사소송법 제216조의 규정에 의하여 피의자를 현행범 체포하는 경우에 필요한 때에는 체포 현장에서 영장없이 압수·수색·검증을 할 수 있으나, 이와 같이 압수한 물건을 계속 압수할 필요가 있는 경우에는 체포한 때부터 48시간 이내에 지체없이 압수영장을 청구하여야 한다(제216조 제1항 제2호, 제217조 제2항). 다만, 형사소송법 제218조에 의하면 검사 또는 사법경찰관은 피의자 등이 유류한 물건이나 소유자·소지자 또는 보관자가 임의로 제출한 물건은 영장없이 압수할 수 있으므로, 현행범 체포 현장이나 범죄 장소에서도 소지자 등이 임의로 제출하는 물건은 위 조항에 의하여 영장없이 압수할 수 있고, 이 경우에는 검사나 사법경찰관이 사후에 영장을 받을 필요가 없다(대법원 2016. 2. 18. 선고 2015도13726 판결).

P는 위 필로폰을 임의제출받아 압수하였으므로 사후영장을 발부받지 않았더라도 위 압수는 적법하다.

[074] 甲과 乙은 심하게 싸움을 하다가 甲이 힘이 센 乙에게 밀리자, 甲은 주방에 있던 식칼로 乙을 찌르려고 하였고, 乙은 甲으로부터 그 식칼을 빼앗아 甲의 목을 찌른 후 그 식칼을 가지고 도주하였다. 사법경찰관 P는 乙을 적법하게 체포하면서 위 식칼을 임으로 제출받아 압수하였고 사후에 영장을 발부받지 않았다. 공판과정에서 검사는 위 식칼을 乙에 대한 유죄의 증거로 제출하였는데, 乙은 이를 증거로 함에 부동의하였다. 위 식칼을 乙에 대한 유죄의 증거로 사용할 수 있는가? (2019년 8회 변호사시험)

형사소송법 제218조에 의하면 검사 또는 사법경찰관은 피의자 등이 유류한 물건이나 소유자·소지자 또는 보관자가 임의로 제출한 물건은 영장없이 압수할 수 있으므로, 현행범 체포 현장이나 범죄 장소에서도 소지자 등이 임의로 제출하는 물건은 위 조항에 의하여 영장없이 압수할 수 있고, 이 경우에는 검사나 사법경찰관이 사후에 영장을 받을 필요가 없다(대법원 2016. 2. 18. 선고 2015도13726 판결).

사안에서 P는 乙을 적법하게 체포하면서 위 식칼을 임으로 제출받아 압수하였으므로 사후영장을 발부받지 않았더라도 증거능력이 인정되며, 乙이 이를 증거 부동의하였더라도 乙에 대한 유죄의 증거로 사용할 수 있다.

> 이미 체포되었거나 체포 직전의 피의자에게는 임의적 제출의사를 원칙적으로 기대할 수 없으며, 설령 현행범 체포현장에서 피체포자의 임의제출 진술이 있다거나 사후적으로 임의제출서가 징구되었더라도, 계속 구금할 수 있는 구속영장 청구 여부 내지 확대 압수수색을 위한 영장 청구를 판단할 권한이 있는 우월적 지위의 수사기관 영향에 기한 것이기에 형사소송법 제218조에 따른 영장 없는 압수수색은 현행범 체포현장에서 허용되지 않는다는 견해를 피력한 판례로는, 의정부지방법원 2019. 8. 22. 선고 2018노2757 판결 참조.

[075] 사법경찰관 P는 모욕죄의 현행범인인 甲이 범행 후 도주하자 甲의 뒤를 쫓아가던 중 甲이 도주하면서 주머니에서 꺼낸 어떤 물건을 담벼락의 틈새에 끼워 넣는 것을 목격하였다. 甲을 검거하는 데 실패한 P는 돌아오는 길에 그 담벼락의 틈새에서 작은 비닐봉투를 발견하였고, 그 속에 필로폰이 들어있음을 확인하자, 이를 압수하였다. P가 압수한 필로폰은 증거능력이 있는가? (2017년 1차 모의시험)

① 임의제출물의 압수인지 여부: 압수물(필로폰)은 甲의 의사에 반한 점유이탈이 없었으므로 유류물로 볼 수 없고, 甲이 이를 임의로 제출한 것도 아니므로 형사소송법 제218조에 의한 압수에 해당하지 않는다.

② 체포현장에서의 압수수색인지 여부: 형사소송법 제216조 제1항 제2호는 수사기관이 영장에 의한 체포, 긴급체포, 현행범인을 체포하는 경우에 필요한 때에는 영장없이 체포현장에서 압수·수색을 할 수 있다고 규정하고 있다. '체포현장'의 시간적 접착성과 관련하여, ① 압수·수색이 체포행위에 시간적·장소

적으로 접착되어 있으면 족하며 체포의 전후를 불문하다는 '접착설', ② 압수·수색 당시에 피의자가 현장에 있음을 요한다는 '현장설', ③ 피의자가 수색장소에 현재하고 체포의 착수를 요건으로 한다는 '**착수설**', ④ 피의자가 현실적으로 체포되어야 한다는 '체포설' 등의 견해가 주장될 수 있다. 다수설은 착수설의 입장을 지지하고 있으며, **판례**도 피의자가 현장에 있는지 여부보다 체포에 착수했는지 여부에 중점을 두고 있는 것으로 보인다(대법원 2017. 11. 29. 선고 2014도16080 판결). 사안에서 甲은 모욕죄의 현행범인이고 도망하는 甲을 추격할 때에 이미 체포에 착수한 것으로 볼 수 있고, 추격이 계속되는 한 체포현장이 계속 연장된다고 볼 수 있으므로 필로폰의 압수장소도 체포현장에 해당한다고 볼 수 있다. 착수설에 따르면, P가 압수한 필로폰은 형사소송법 제216조 제1항 제2호에 따른 체포현장에서의 압수수색으로서 적법하고, 따라서 그 증거능력이 인정된다.

③ 범행 장소에서의 압수수색인지 여부: 범행 중 또는 범행 직후의 범죄장소에서 긴급을 요하여 법원판사의 영장을 받을 수 없는 때에는 영장없이 압수, 수색 또는 검증을 할 수 있으며, 이 경우는 사후에 지체없이 영장을 발부받아야 한다(제216조 제3항). 필로폰은 그 소지 자체가 범죄를 구성하며, 압수한 장소인 담벼락의 틈새는 범행 중 또는 범행 직후의 범죄 장소에 해당한고 볼 수 있으므로, 위 압수는 형사소송법 제216조 제3항에 따른 적법한 압수에도 해당하고, 형사소송법 제216조 제3항에 의해서도 그 증거능력이 인정될 수 있다.

Ⅷ. 통신제한조치

[076] 검사 S는 2014. 3. 1. 법원으로부터 甲을 대상자로 한 2014. 3. 3.부터 2014. 5. 2.까지 기간 동안의 전기통신의 감청을 내용으로 하는 통신제한조치허가서를 적법하게 발부받아 그 집행을 XX회사에 위탁의뢰하였다. XX회사는 통신제한조치허가서에 기재된 기간 동안 3~7일마다 정기적으로 서버에 저장

된 위 전자정보 중 이 사건 대상자들의 대화내용 부분을 추출한 다음 이를 보안
이메일에 첨부하거나 저장매체에 담아 수사기관에 제공하였다. 위 전자정보의 증
거능력은 인정되는가?

'전기통신의 감청'은 전기통신이 이루어지고 있는 상황에서 **실시간**으로 그
전기통신의 내용을 지득·채록하는 경우와 통신의 송·수신을 직접적으로 방해
하는 경우를 의미하는 것이지 이미 수신이 완료된 전기통신에 관하여 남아 있
는 기록이나 내용을 열어보는 등의 행위는 포함하지 않는다.

통신제한조치허가서에는 통신제한조치의 종류·그 목적·대상·범위·기간 및
집행장소와 방법을 특정하여 기재하여야 하고(통신비밀보호법 제6조 제6항), 수사기
관은 그 허가서에 기재된 허가의 내용과 범위 및 집행방법 등을 준수하여 통신
제한조치를 집행하여야 한다. 이때 수사기관은 통신기관 등에 통신제한조치허가
서의 사본을 교부하고 그 집행을 위탁할 수 있으나(통신비밀보호법 제9조 제1항, 제2
항), 그 경우에도 집행의 위탁을 받은 통신기관 등은 수사기관이 직접 집행할 경
우와 마찬가지로 허가서에 기재된 집행방법 등을 준수하여야 한다. 따라서 허가
된 통신제한조치의 종류가 전기통신의 '감청'인 경우, 수사기관 또는 수사기관으
로부터 통신제한조치의 집행을 위탁받은 통신기관 등은 통신비밀보호법이 정한
감청의 방식으로 집행하여야 하고 그와 다른 방식으로 집행하여서는 아니 된다.
한편 수사기관이 통신기관 등에 통신제한조치의 집행을 위탁하는 경우에는 그 집
행에 필요한 설비를 제공하여야 한다(통신비밀보호법 시행령 제21조 제3항).

수사기관으로부터 통신제한조치의 집행을 위탁받은 통신기관 등이 그 집행
에 필요한 설비가 없을 때에는 수사기관에 그 설비의 제공을 요청하여야 하고,
그러한 요청 없이 통신제한조치허가서에 기재된 사항을 준수하지 아니한 채
통신제한조치를 집행하였다면, 그러한 집행으로 인하여 취득한 전기통신의 내
용 등은 헌법과 통신비밀보호법이 국민의 기본권인 통신의 비밀을 보장하기
위해 마련한 적법한 절차를 따르지 아니하고 수집한 증거에 해당하므로(제308
조의2), 위 전자정보는 유죄 인정의 증거로 할 수 없다(대법원 2016. 10. 13. 선고
2016도8137 판결).

[077] 甲은 乙로 하여금 丙에게 전화를 걸도록 하여 丙의 범죄사실에 관한 내용을 통화하게 한 다음 그 내용을 녹음한 파일을 丙의 혐의사실에 대한 증거로 제출하였다. 위 녹음파일의 증거능력은 인정되는가?

전기통신에 해당하는 전화통화 당사자의 일방이 상대방 모르게 통화내용을 녹음하는 것은 감청에 해당하지 아니하지만, 제3자가 전화통화 당사자 일방의 동의를 받고 그 통화내용을 녹음하였다 하더라도 그 상대방의 동의가 없었던 이상, 사생활 및 통신의 불가침을 국민의 기본권의 하나로 선언하고 있는 헌법규정과 통신비밀의 보호와 통신의 자유신장을 목적으로 제정된 통신비밀보호법의 취지에 비추어 이는 법 제3조 제1항 위반이 된다(대법원 2002. 10. 8. 선고 2002도123 판결). 위 녹음파일은 위법수집증거로서 증거능력이 부정된다.

[078] 甲이 자신의 핸드폰에 '우당탕' 하는 소리와 '악' 하는 乙의 비명소리가 녹음된 파일을 복사·저장한 USB가 丙의 乙에 대한 상해 범죄사실에 대한 증거로 제출되었는데 丙의 변호인은 USB에 저장된 파일은 丙 몰래 녹음된 것으로 위법수집증거라고 주장하고 있다. 丙의 변호인의 주장은 타당한가? (2018년 1차 모의시험)

법령에 의하지 않고 전기통신을 감청하거나 공개되지 아니한 타인간의 대화를 녹음 또는 청취하지 못하고, 이를 위반하여 지득된 내용은 증거능력이 부정된다(통비법 제3조, 제4조). 통신비밀보호법이 적용되는 '타인 간의 대화'는 원칙적으로 현장에 있는 당사자들이 육성으로 말을 주고받는 **의사소통행위**를 가리키며, 사람의 육성이 아닌 **사물에서 발생하는 음향**은 타인 간의 '대화'에 해당하지 않는다. 또한 사람의 목소리라고 하더라도 상대방에게 의사를 전달하는 말이 아닌 단순한 비명소리나 탄식 등은 타인과 의사소통을 하기 위한 것이 아니라면 특별한 사정이 없는 한 타인 간의 '대화'에 해당하지 않는다(대법원 2017. 3. 15. 선고 2016도19843 판결).

한편, '우당탕', '악' 하는 소리가 통신비밀보호법에서 말하는 타인 간의 '대화'에는 해당하지 않더라도, 형사절차에서 증거로 사용할 수 있는지 여부는 개별적인 사안에서 효과적인 형사소추와 형사절차상 진실발견이라는 공익과 개인의 인격적 이익 등의 보호이익을 비교형량하여 결정하여야 한다(대법원 2017. 3. 15. 선고 2016도19843 판결). 사안에서 위 소리들은 丙의 乙에 대한 상해 부분에 관한 증거로 사용하는 것으로서 피해자인 乙의 사생활의 비밀과 자유 또는 인격권을 위법하게 침해한다고 볼 수 없어 위법수집증거에 해당하지 않는다.

[079] 뇌물공여죄의 수사를 위해 법원의 허가를 받아 브로커 甲에 대한 통신사실확인자료를 취득하였으며 수사가 종결되었다. 그 후 위 통신사실확인자료를 별개의 사건에 대한 증거로 사용할 수 있는가?

통신비밀보호법은 통신제한조치의 집행으로 인하여 취득된 전기통신의 내용은 통신제한조치의 목적이 된 범죄나 이와 관련되는 범죄를 수사·소추하거나 그 범죄를 예방하기 위한 경우 등에 한정하여 사용할 수 있도록 규정하고(통비법 제12조 제1호), 통신사실확인자료의 사용제한에 관하여 이 규정을 준용하도록 하고 있다(통비법 제13조의5). 따라서 통신사실확인자료 제공요청에 의하여 취득한 통화내역 등 통신사실확인자료를 범죄의 수사·소추를 위하여 사용하는 경우 그 대상 범죄는 통신사실확인자료 제공요청의 목적이 된 범죄 및 이와 관련된 범죄에 한정되어야 한다(대법원 2014. 10. 27. 선고 2014도2121 판결). 통신사실확인자료 제공요청의 목적이 된 범죄와 관련된 범죄란 통신사실확인자료 제공요청 허가서에 기재한 혐의사실과 객관적 관련성이 있고 자료제공 요청대상자와 피의자 사이에 인적 관련성이 있는 범죄를 의미한다(대법원 2017. 1. 25. 선고 2016도13489 판결). 따라서 위 甲에 대한 통신사실확인자료 제공요청 허가서에 기재한 혐의사실과 객관적 관련성이 있고, 甲과 별건의 피의자 사이에 인적 관련성이 인정되는 경우에는 甲에 대한 통신사실확인자료를 별건 피의자에 대한 증거로 사용할 수 있다.

[080] 검사 S는 교통사고 현장을 목격한 일본인 J에게 참고인조사를 위해 출석을 요구하였으나 J는 불응하면서 일본으로 출국하려 하고 있다. 이 경우 검사 S가 J의 진술을 확보하기 위해 취할 수 있는 조치는? (2014년 3회 변호사시험)

① 증거보전청구(제184조): 증거보전이란 미리 증거를 보전하지 아니하면 그 증거를 사용하기 곤란한 사정이 있는 때에 검사, 피고인, 피의자 또는 변호인의 청구에 의하여 판사가 미리 증거조사를 하여 그 결과를 보전하여 두는 제도를 말한다. 사안에서 J에 대한 증거보전의 필요성이 인정되므로, S는 판사에게 그 사유를 소명하여 증거보전을 청구할 수 있다.

② 증인신문청구(제221조의2 제1항): 증인신문청구란 범죄의 수사에 없어서는 아니될 사실을 안다고 명백히 인정되는 자가 출석 또는 진술을 거부하는 경우 검사가 제1회 공판기일 전까지 판사에게 그에 대한 증인신문을 청구하는 것을 말한다. 사안에서 검사는 J에 대한 판사의 증인신문을 청구할 수 있다.

[081] 검사 S는 甲과 乙이 뇌물을 주고받았다는 혐의에 대하여 수사하던 중, 乙에 대한 증거를 미리 보전하기 위하여 甲에 대한 증거보전신청을 하여 판사에게 甲을 증인으로 신문할 것을 청구하였다. 판사는 甲을 증인신문하면서 증인신문의 기일과 장소를 乙에게 통지하지 않아 乙은 위 증인신문절차에 참여할 수 없

었다. 판사가 작성한 甲에 대한 증인신문조서는 乙에 대한 유죄의 증거로 사용할
수 있는가?

검사는 뇌물을 주고받은 사이로 필요적 공범관계에 있는 자의 일방에 대한
증거를 미리 보전하기 위하여 필요한 경우에는 다른 일방을 증인으로 신문할
것을 청구할 수 있다. 판사가 증거를 미리 보전하기 위하여 증인신문을 할 필
요가 있다고 판단하여 형사소송법 제184조에 의한 증거보전절차로 증인신문을
하는 경우에는 제163조에 따라 검사, 피의자 또는 변호인에게 증인신문의 시일
과 장소를 미리 통지하여 증인신문에 **참여할 수 있는 기회**를 주어야 한다(대법
원 1988. 11. 8. 선고 86도1646 판결).

사안에서 판사는 甲을 증인신문하면서 乙에게 증인신문에 참여할 수 있는
기회를 주지 않았기 때문에 위 증인신문조서는 乙에 대한 유죄의 증거로 사용
할 수 없다.

I. 재정신청

[082] A는 검찰항고를 거친 후 재정신청을 하면서 재정신청사유란에 "추후 제출하겠습니다."라고만 기재하여 재정신청서를 제출하였고 관할 고등법원은 공소제기결정을 하였다. 피고인 甲은 제1심의 공판절차에서 재정신청이 법률상의 방식에 위배되었음에도 불구하고 관할 고등법원이 재정신청을 받아들여 공소제기결정을 하였으므로 제1심 법원이 공소기각의 판결을 선고해야 한다고 주장한다. 甲의 이 주장은 타당한가? (2015년 3차 모의시험)

재정신청이 법률상의 방식에 위배되었음에도 불구하고 공소제기결정이 이루어진 경우 그 하자의 처리 방법에 관하여는, 재정신청절차는 공소제기 여부를 결정하는 절차라는 점에서 공소제기결정 절차상의 하자는 '공소제기의 절차가 법률의 규정에 위반하여 무효인 때'(제327조 제2호)에 해당하므로 본안사건을 심리하는 법원은 유죄판결을 할 수 없고 공소기각의 판결을 하여야 한다는 **공소기각판결설**(조기영, 재정결정에 대한 불복여부 및 재정결정상 하자의 법적 효과, 법조 제59권 제10호(2010. 10), 112면 이하)이 유력하나, **판례**는 법원이 재정신청서에 재정신청을 이유 있게 하는 사유가 기재되어 있지 않음에도 이를 간과한 채 공소제기결정을 한 관계로 그에 따른 공소가 제기되어 본안사건의 절차가 개시된 후에는 재정신청에 대한 결정에 대하여 불복할 수 없도록 한 형사소송법 제262조 제4항의 취지에 따라 다른 특별한 사정이 없는 한 그 본안사건에서 위와 같은 잘못을 다툴 수 없으며 본안사건에 무죄, 면소, 공소기각 등의 판결을 함으로써 그 잘못을 바로잡을 수 있다고 하여 공소기각판결설을 취하고 있지 않다(대법원 2010. 11. 11. 선고 2009도224 판결; 대법원 2012. 10. 29. 자 2012모1090 결정; 대법원 2017. 11. 14. 선고 2017도13465 판결).

판례의 태도에 따르면, 법원은 공소기각판결설에 입각한 甲의 주장을 받아들이지 않을 것이다.

> **[083]** 甲이 丁을 모욕죄로 고소하였으나 불기소처분이 내려지자, 甲은 검찰항고 등의 절차를 거쳐서 재정신청을 하였고, 관할 고등법원은 재정신청을 인용하여 공소제기결정을 하였다. 그런데 丁에 대한 제1심 법원의 심리 중 재정신청서에 이유가 기재되어 있지 않은 하자가 있음이 밝혀졌다. 제1심 법원은 어떻게 처리해야 하는지 설명하시오. (2018년 2차 모의시험)

법원이 재정신청서에 재정신청을 이유 있게 하는 사유가 기재되어 있지 않음에도 이를 간과한 채 공소제기결정을 한 관계로 그에 따른 공소가 제기되어 본안사건의 절차가 개시된 경우, 이에 대한 처리 방법에 관하여는 공소기각의 판결을 선고하여야 한다는 견해, 실체판결(유·무죄)을 해야 한다는 견해, 원칙적으로 본안절차에서 다툴 수는 없으나 예외적으로 그 위반 내용이 실체 면에서의 하자인 경우에는 본안에 승계되어 이를 다툴 수 있다는 견해가 대립하고 있다. **판례**는 다른 특별한 사정이 없는 한 이제 그 본안사건에서 위와 같은 잘못을 다툴 수 없다는 입장을 취하고 있다(대법원 2010. 11. 11. 선고 2009도224 판결). 판례의 입장에 따르면, 제1심 법원은 본안사건에서 공소사실 자체에 대하여 무죄, 면소, 공소기각 등을 할 사유에 해당하는지를 판단하여 무죄 등의 판결을 하게 된다.

> **[084]** 원심법원이 A의 재정신청에 대하여 기각결정을 하고 그 결정이 A에게 송달되자, 구금되어 있던 A는 이에 대한 재항고장을 즉시항고기간 내에 교도소장에

게 제출하여, 일반우편으로 원심법원에 발송하였으나 법원에는 기간 도과 후 도달하였다는 이유로 기각결정 되었다. A는 이 기각결정에 대해 즉시항고하였다. 이 즉시항고는 적법한가?

재소자에 대한 특칙은 재소자인 재정신청인의 재항고장 제출에도 준용되어야 한다는 견해도 있지만, **판례**는 법정기간 준수에 대하여 도달주의 원칙을 정하고 **재소자 피고인 특칙**의 예외를 개별적으로 인정한 형사소송법의 규정 내용과 입법 취지, 재정신청절차가 형사재판절차와 구별되는 특수성, 법정기간 내의 도달주의를 보완할 수 있는 여러 형사소송법상의 제도 및 신속한 특급우편제도의 이용 가능성 등을 종합하여 볼 때, 재정신청 기각결정에 대한 재항고나 그 재항고 기각결정에 대한 즉시항고로서의 재항고에 대한 법정기간의 준수 여부는 도달주의 원칙에 따라 재항고장이나 즉시항고장이 법원에 도달한 시점을 기준으로 판단하여야 하고, 거기에 재소자 피고인 특칙은 준용되지 않는다는 입장이다(대법원 2015. 7. 16. 자 2013모2347 전원합의체 결정).

따라서 원심법원이 재항고 기각결정을 한 것은 적법하고, 또한 그 재항고 기각결정에 대하여 제기된 재항고 역시 재항고권이 소멸한 후에 제기되었으므로 재항고기각 사유에 해당한다.

II. 공소제기 후의 수사

[085] 검사 S는 공소제기된 피고인 甲을 검사실로 소환하여 甲의 혐의범죄사실에 대해 신문하고 그 내용을 조서에 기재하였다. 이 조서는 증거능력이 인정되는가?
(2014년 3차 모의시험, 2015년 4회 변호사시험, 2016년 2차 모의시험)

소추권자인 검사가 공소의 제기로 소송의 주체가 된 피고인을 공판정 외에서 신문할 수 있는지가 문제된다. 피고인신문도 임의수사에 해당되고, 임의수사를 규정한 형사소송법 제199조 제1항은 그 시기에 제한을 두고 있지 않다는 점을 근거로 공소제기 후에도 제1회 공판기일 전후를 불문하고 피고인을 신문할 수 있다는 **긍정설**, 공소제기 후에 피고인신문을 허용하는 것은 피고인의 당사자로서의 지위와 모순될 뿐만 아니라 공판기일에서의 피고인신문절차가 유명무실하게 될 우려가 있고, 형사소송법 제200조도 피의자신문의 대상을 피의자로 한정하고 있는 점을 근거로 공소제기 후에는 제1회 공판기일 전후를 불문하고 수사기관이 공판정 외에서 피고인신문을 할 수 없다는 **부정설**, 피고인의 당사자 지위와 공소제기 후 피고인조사의 필요성, 실체적 진실의 발견 측면을 조화시킬 수 있다는 이유로 공소제기 후 제1회 공판기일 전에 한하여 수사기관에 의한 피고인신문이 허용된다는 **절충설**이 대립하고 있다. **판례**는 피고인신문의 허용 여부에 대한 입장을 직접 밝히고 있지는 않으나, "검사의 피고인에 대한 진술조서가 기소 후에 작성된 것이라는 이유만으로 곧 그 증거능력이 없는 것이라고도 할 수 없(다)."고 하여(대법원 1982. 6. 8. 선고 82도754 판결) 긍정설의 입장을 취하고 있는 것으로 보인다.

　판례와 긍정설의 입장에 따르면, 위 조서의 증거능력은 인정된다.

---

[086] A는 乙의 유죄를 인정하는 검찰에서의 진술을 번복하여 제1심 공판에서 乙에게 1억 원을 교부한 바 없다고 증언하였다(1차 증언). 이에 검찰이 A를 다시 소환하여 조사하자 1차 증언을 번복하여 진술하였고, 법정에서도 다시 1억 원 교부를 인정하였다(2차 증언). 검찰에서 A를 재소환하여 작성한 진술조서와 2차 증언을 乙의 유죄의 증거로 사용할 수 있는가? (2020년 9회 변호사시험)

---

① 진술조서의 증거능력: 공소제기 이후 참고인조사가 가능한지에 관하여는 형사소송법 제199조 제1항에 따라 임의수사의 시기에는 제한이 없으므로 공소제기 후에도 수사기관이 참고인조사를 할 수 있다는 적극설, 참고인조사는 제1회 공판기일 전에 한하여 허용된다는 제한설, 공소제기 후에도 공소유지를 위해 임의수사는 가능하나 제1회 공판기일 이후에는 수소법원에 증인신문을 신청하는 것이 타당하다는 절충설 등이 있으나, 공소제기 후라도 수사기관이 공소유

지를 위해 참고인을 별도로 조사할 필요가 있고, 참고인조사를 하더라도 공판중심주의에 지장을 초래하는 것은 아니므로 공소제기 후 참고인조사는 원칙적으로 허용된다고 볼 수 있다.

그러나 공판준비 또는 공판기일에 이미 피고인에게 유리한 증언을 마친 증인을 수사기관이 다시 참고인(또는 위증죄의 피의자)으로 조사하면서 그 증언내용을 추궁하여 진술을 번복시키는 방식으로 조서를 작성해서 이를 공판정에 제출하는 것은 허용되지 않는다. 이러한 진술조서를 유죄의 증거로 삼는 것은 당사자주의, 공판중심주의, 직접주의에 반하며, 헌법상 재판을 받을 권리를 침해하기 때문이다(대법원 2000. 6. 15. 선고 99도1108 판결). 진술을 번복한 내용을 참고인 스스로 진술서의 형태로 제출한 경우나(대법원 2012. 6. 14. 선고 2012도534 판결), 진술을 번복한 내용을 위증혐의로 조사하여 피의자신문조서의 형태로 제출한 경우(대법원 2013. 8. 14. 선고 2012도13665 판결)도 마찬가지이다.

사안에서 검사가 작성한 **증언번복진술조서**는 유죄의 증거로 사용할 수 없다.

② **2차 증언의 증거능력**: A의 법정진술(2차 증언)의 증거능력에 관하여는, 반대신문권이 보장된 법관 면전 진술이므로 증거능력이 인정된다는 적극설, 검사가 재소환하여 A의 법정 증언을 번복하게 한 이후의 진술이므로 법정진술이라도 임의성에 의심이 있는 진술일 수 있어 증거능력을 부인해야 한다는 소극설이 있지만, **판례**는 원진술자인 종전 증인이 다시 법정에 출석하여 증언을 하였다면 그 증언 자체는 유죄의 증거로 할 수 있다는 입장이다(대법원 2000. 6. 15. 선고 99도1108 전원합의체 판결; 대법원 2017. 5. 31. 선고 2017도1660 판결 등).

판례에 따르면, A의 2차 증언은 甲에 대한 유죄의 증거로 사용할 수 있다.

---

[087] 甲은 2013. 12. 2. 도박개장죄로 불구속 기소되었고, 제1회 공판기일이 2014. 1. 3.로 지정되었다. 수사검사는 2013. 12. 26. 서울중앙지방법원 영장전담판사로부터 압수수색영장을 발부받아 甲의 집에서 영업장부를 압수한 후, 그 영업장부와 압수조서를 공판기일에 증거로 제출하였다. 위 영업장부와 압수조서는 증거능력이 인정되는가? (2014년 3회 변호사시험)

공소제기 후에 수사기관이 수소법원과는 별개로 압수·수색·검증을 하는 것이 허용될 수 있는지 문제된다. 제1회 공판기일 이전에는 수사기관에 의한 압수·수색·검증이 허용된다고 보는 **긍정설**, 공소제기 이후에는 제1회 공판기일의 전후를 불문하고 수사기관에 의한 압수·수색·검증이 허용되지 않는다는 **부정설**(다수설)이 있으나, **판례**는 ① 공소제기 후 구속·압수·수색 등 피고인의 기본적 인권에 직접 영향을 미치는 강제처분은 원칙적으로 수소법원의 판단에 의하여 이루어져야 하며, ② 형사소송법은 수사절차에서의 강제처분과 공판절차에서의 강제처분을 준별하고 있고, ③ 공소제기 후 수사기관의 압수·수색 영장 청구에 관하여 정식의 구체적 절차를 전혀 마련하지 않고 있다는 이유로, 공소가 제기된 후에는 그 피고사건에 관하여 수소법원과 별개로 검사가 형사소송법 제215조에 의하여 압수·수색을 할 수 없다고 하여 부정설의 입장을 취하고 있다.

판례와 다수설에 따르면, 위 영업장부는 공소제기 후 압수를 통해 얻은 위법수집증거로서 증거능력이 없다. 압수조서는 위법한 증거를 기초로 하여 획득된 2차적 증거이고 영업장부와 인과관계가 희석 또는 단절되는 사정도 보이지 않으므로 그 증거능력이 부정된다.

공소의 제기

제2편

제1장 공소 일반

[088] 검사 S는 폭력행위 등 처벌에 관한 법률 위반(공동퇴거불응)죄로 현행범인으로 체포된 후 수사의 대상이 된 10명 중 3명만을 기소하였다. 검사의 기소는 공소권 남용에 해당하는가?

검사가 자의적으로 공소권을 행사하여 피고인에게 실질적인 불이익을 줌으로써 소추재량권을 현저히 일탈한 경우에는 이를 공소권의 남용으로 보아 공소제기의 효력을 부인할 수 있으나, 자의적인 공소권의 행사로 인정되려면 단순히 직무상의 과실에 의한 것만으로는 부족하고 적어도 그에 관한 미필적이나마 어떤 의도가 있음이 인정되어야 한다(대법원 2008. 2. 14. 선고 2007도9737 판결 등 참조).

검사에게는 범죄의 구성요건에 해당하는 경우에 피의자의 연령, 성행, 지능과 환경, 피해자에 대한 관계, 범행의 동기, 수단과 결과, 범행 후의 정황 등의 사항을 참작하여 공소를 제기할 것인지의 여부를 결정할 수 있는 재량권이 부여되어 있다. 검사의 이러한 재량권의 행사에 따른 공소의 제기는 소추재량권을 현저히 일탈하였다고 인정되지 않는 이상 공소권을 남용한 경우에 해당하지 않는다. 어떤 사람에 대하여 공소가 제기된 경우 그 공소가 제기된 사람과 동일하거나 다소 중한 범죄구성요건에 해당하는 행위를 하였음에도 불기소된 사람이 있다는 사유만으로는 그 공소의 제기가 평등권 내지 조리에 반하는 것으로서 공소권 남용에 해당한다고 할 수 없다(대법원 2012. 7. 12. 선고 2010도9349 판결 등).

[089] 甲은 절취한 차량을 무면허로 운전하다가 적발되어 절도 범행의 기소중지자로 검거되었음에도 검사 S는 甲을 무면허 운전의 범행으로만 기소하여 유죄 판결이 확정되었다. 甲은 그 형의 집행중 가석방되면서 다시 그 절도 범행의 기소중지자로 긴급체포되어 절도 범행과 이미 처벌받은 무면허 운전의 일부 범행까지 포함하여 기소되었다. 甲은 이 후행 기소 자체에 대하여 어떠한 내용으로 다툴수 있는가?

검사는 범죄의 구성요건에 해당하여 형사적 제재를 함이 상당하다고 판단되는 경우에는 공소를 제기할 수 있고 또 형법 제51조의 사항을 참작하여 공소를 제기하지 아니할 수 있는 재량권이 부여되어 있으나, 검사가 자의적으로 공소권을 행사하여 피고인에게 실질적인 불이익을 줌으로써 소추재량권을 현저히 일탈하였다고 보여지는 경우에 이를 공소권의 남용으로 보아 공소제기의 효력을 부인할 수 있는 것이고, 여기서 자의적인 공소권의 행사라 함은 단순히 직무상의 과실에 의한 것만으로는 부족하고 적어도 미필적이나마 어떤 의도가 있어야 한다(대법원 2001. 9. 7. 선고 2001도3026 판결).

사안에서 甲에 대한 종전 사건의 판결이 확정되고 나아가 甲이 그 형을 복역하고 출소한 다음에서야 이미 처벌받은 종전 사건의 일부 범죄사실까지 포함하는 이 사건 공소를 제기하여 다시 甲에 대한 재판과 처벌을 반복하는 것은 관련 사건을 함께 재판받을 이익을 박탈함으로써 현저하게 피고인의 권리나 이익을 침해하는 것으로 공소권을 자의적으로 행사한 것이 아닌가라는 의심이 든다(대법원 2001. 9. 7. 선고 2001도3026 판결).

제2장 공소제기의 방식

제2편
공소의 제기

I. 공소장의 제출

[090] 검사 S는 甲을 2016. 6.경부터 2016. 6. 10.경까지 웹하드 사이트에 438,000건의 영화나 드라마를 업로드하고 다른 회원들로 하여금 이를 다운로드 받도록 하여 저작권자의 저작재산권을 침해하였다는 공소사실로 기소하면서, 공소사실의 일부인 범죄일람표를 컴퓨터프로그램을 통하여 열어 보거나 출력할 수 있는 전자적 형태의 문서를 작성한 다음 종이문서를 출력하지 않은 채 CD 자체를 공소장에 첨부하여 제출하였다. 甲도 이에 대해 이의를 제기하지 않았다. 이 경우 CD에 저장된 전자문서 부분에 대해서 공소제기가 성립되었는지 설명하시오. (2018년 법원행시)

형사소송법이 공소제기에 관하여 **서면주의**와 엄격한 요식행위를 채용한 것 (제254조 제1항, 제3항, 제57조 제1항)은 앞으로 진행될 심판의 대상을 서면에 명확하게 기재하여 둠으로써 법원의 심판 대상을 명백하게 하고 피고인의 방어권을 충분히 보장하기 위한 것이므로, 서면인 공소장의 제출은 공소제기라는 소송행위가 성립하기 위한 본질적 요소에 해당한다. 따라서 서면인 공소장의 제출 없이 공소를 제기한 경우에는 이를 허용하는 특별한 규정이 없는 한 공소제기에 요구되는 소송법상의 정형을 갖추었다고 할 수 없어 소송행위로서의 공소제기가 성립되었다고 볼 수 없다(대법원 2016. 12. 15. 선고 2015도3682 판결).

사안에서 검사가 종이문서로 출력하여 제출하지 아니하고 전자적 형태의 문서가 저장된 저장매체 자체를 서면인 공소장에 첨부하여 제출한 경우에는, 서

- 83 -

면인 공소장에 기재된 부분에 한하여 공소가 제기된 것으로 볼 수 있을 뿐이고, 위 저장매체에 저장된 전자적 형태의 문서 부분까지 공소가 제기된 것이라고 할 수는 없다. 피고인과 변호인이 이의를 제기하지 않고 변론에 응하였다고 하여도 마찬가지이다(대법원 2016. 12. 15. 선고 2015도3682 판결).

> **[091]** 경찰서장 P는 법원에 甲에 대한 즉결심판을 청구하였으나, 법원은 사건이 즉결심판절차에 의하여 심판함이 적당하지 아니하다고 인정하여 즉결심판청구를 기각하였다. P는 사건기록을 검찰청에 송부하였는데 이 사건을 담당한 검사는 甲으로부터 정식재판청구가 있다고 오인하여 그대로 사건기록을 제1심 법원에 송부하였다. 제1심 법원은 이 사건에 대하여 공소제기가 있는 것으로 보고 사건번호를 부여하고 제1회 공판기일을 정하여 피고인을 소환하였으나, 공소제기 절차상의 문제점을 검토하기 위하여 공판기일을 연기하였다. 공소제기에 문제가 있음을 안 검사는 그 이후 甲에 대하여 벌금 50,000원의 형을 구하는 약식명령을 청구하는 공소장을 제출하였다. 이후 법원은 어떤 조치를 취하여야 하는가?

검사에 의한 공소장의 제출은 공소제기라는 소송행위가 성립하기 위한 본질적 요소이므로, 공소장의 제출이 없는 경우에는 소송행위로서의 공소제기가 성립되지 않는다. 소송행위에 요구되는 본질적인 개념요소가 결여되어 **소송행위로 성립**되지 아니한 경우에는 소송행위가 성립되었으나 **무효**인 경우와는 달리 하자의 치유문제는 발생하지 않으나, 추후 당해 소송행위가 적법하게 이루어진 경우에는 그때부터 위 소송행위가 성립된 것으로 볼 수 있다(대법원 2003. 11. 14. 선고 2003도2735 판결).

사안에서 원래 공소제기가 없었음에도 피고인의 소환이 이루어지는 등 사실상의 소송계속이 발생한 상태에서 검사가 약식명령을 청구하는 공소장을 제1심 법원에 제출하여 이때 비로소 적법한 공소제기가 있게 되었다고 할 수 있으므로, 제1심 법원으로서는 추후 제출된 공소장에 의한 적법한 공소제기에 기하여 실체심리를 진행하여 유·무죄의 실체판단을 하여야 하며, 검사의 착오에 의한 최초의 기록송부에 공소제기의 의사가 있다고 보아 공소제기가 성립하였으나 검사의 공소장 제출이 없으므로 이는 공소제기로서 무효라는 이유로 공소기각의 판결을 선고할 수는 없다(대법원 2003. 11. 14. 선고 2003도2735 판결).

II. 공소사실의 특정

> **[092]** 단독판사 R은 평소 못마땅하게 생각하던 검사 S가 공소를 제기하며 제출한 공소장에 기재된 공소사실의 기재가 특정되었다고 볼 수 있는지 의문이 들자 공소사실의 특정 여부를 면밀히 검토하지 않고 곧 바로 공소기각의 판결을 선고하였다. R의 조치는 적법한가?

공소사실의 기재는 범죄의 시일, 장소와 방법을 명시하여 사실을 특정할 수 있도록 하여야 한다(제254조 제4항). 일시는 **이중기소**나 **시효**에 저촉되지 않는 정도, 장소는 **토지관할**을 가늠할 수 있는 정도, 그리고 그 방법에 있어서는 **범죄구성요건**을 밝히는 정도 등으로 기재하면 공소사실의 기재는 특정된 것으로 볼 수 있으며, 공소장에 범죄의 시일, 장소 등이 구체적으로 적시되지 않았더라도 위의 정도에 반하지 아니하고 공소범죄의 성격에 비추어 그 개괄적 표시가 부득이하며 또한 그에 대한 피고인의 방어권행사에 지장이 없다고 보여지는 경우에는 그 공소내용이 특정되었다고 볼 수 있다(대법원 1994. 12. 9. 선고 94도1680 판결).

공소장의 기재사실 중 일부가 명확하지 아니한 경우에는 법원은 검사에게 석명을 구하여 하고, 검사가 이를 명확하게 하지 아니한 때에 공소사실의 불특정을 이유로 공소를 기각해야 하며, 석명권을 행사하지 않고 곧 바로 공소사실의 불특정을 이유로 공소기각의 판결을 선고하는 것은 심리미진의 위법에 해당한다(대법원 1983. 6. 14. 선고 83도293 판결).

사안에서 R이 공소사실의 특정 여부를 면밀히 검토하지 않았을 뿐만 아니라 검사에게 석명을 구하지 않고(규칙 제141조 제1항), 곧바로 공소기각의 판결을 선고한 것은 위법하다.

[093] 검사 S는 메스암페타민의 양성반응이 나온 甲에 대한 소변감정결과에 의하여 그 투약일시를 '2009. 8. 10.부터 2009. 8. 19.까지 사이'로, 투약장소를 '서울 또는 부산 이하 불상'으로만 공소장에 기재하였다면 이 공소사실이 특정되었다고 할 수 있는가?

공소사실의 기재는 범죄의 시일, 장소와 방법을 명시하여 사실을 특정할 수 있도록 하여야 한다(제254조 제4항). 공소사실의 특정을 요구하는 법의 취지는 피고인의 방어권 행사를 쉽게 해 주기 위한 데에 있으므로, 공소사실은 이러한 요소를 종합하여 구성요건 해당사실을 다른 사실과 식별할 수 있는 정도로 기재하면 족하고, 공소장에 범죄의 일시, 장소, 방법 등이 구체적으로 적시되지 않았더라도 공소사실을 특정하도록 한 법의 취지에 반하지 아니하고, 공소범죄의 성격에 비추어 그 개괄적 표시가 부득이하며 그에 대한 피고인의 방어권 행사에 지장이 없다면 그 공소내용이 특정되지 않았다고 볼 수 없다. 모발감정의 경우와 달리 소변감정결과는 정확성이 높고 추정투약기간이 짧으므로, 마약범죄의 특수성을 고려하여 공소사실의 특정 정도를 완화해서 인정하는 것이 **판례**의 태도이다(대법원 2010. 8. 26. 선고 2010도4671 판결).

사안에서 향정신성의약품투약 범죄의 특성 등에 비추어 볼 때 甲에 대한 공소사실은 피고인의 방어권을 침해하지 않는 범위 내에서 범죄의 특성을 고려하여 합리적인 정도로 특정된 것으로 볼 수 있다.

III. 범죄사실과 적용법조의 예비적·택일적 기재

[094] 검사 S는 도주차량죄를 주위적 공소사실로, 증거인멸죄를 예비적 공소사실로 하여 甲을 기소하였다(양자의 공소사실 사이에는 공소사실의 동일성이 인정되지 않는다).

(1) 공소사실의 예비적 기재는 적법한가?

(2) 제1심 법원은 증거인멸죄에 대하여 유죄판결을 선고하면서 도주차량죄에 대해서는 아무런 판단을 하지 않았다. 이러한 법원의 조치는 적법한가? (2017년 사법시험)

(1) 공소장에는 수개의 범죄사실과 적용법조를 예비적·택일적으로 기재할 수 있다(제254조 제5항). 공소사실의 동일성이 인정되는 범위 내에서만 예비적·택일적 기재가 허용되는지에 대해 **한정설**이 지배적이나, **판례**는 범죄의 일시, 장소, 수단, 및 객체 등이 달라서 수개의 범죄사실로 인정되는 경우라도, 개별 범죄사실들이 특정되어 경합범으로 기소된 경우에 비해 피고인의 방어권 행사에 지장을 초래할 염려가 없고, 기소편의주의에 따른 검사의 재량을 인정할 필요가 있다는 점을 근거로 예비적·택일적 기재는 범죄사실의 동일성이 인정되지 않는 실체적 경합관계에 있는 수개의 범죄사실 사이에서도 인정된다는 입장이다(대법원 1966. 3. 24. 65도114 전원합의체 판결).

판례의 입장에 따르면, 공소사실의 동일성이 인정되지 않는 도주차량죄와 증거인멸죄를 예비적으로 기재한 공소제기는 적법하다.

(2) 예비적 기재의 경우 ① 주위적 공소사실을 유죄로 인정하는 경우에는 예비적 공소사실에 대해서는 주문은 물론 판결이유에서도 판단할 필요가 없으나, ② 예비적 공소사실을 유죄로 인정하는 경우에는 주위적 공소사실에 대해 판결주문에서 무죄를 선고할 필요는 없지만, 판결이유에서는 무죄 부분에 대한 판단을 해야 한다.

사안에서 증거인멸죄라는 예비적 공소사실에 대해 유죄판결을 하면서 주위적 공소사실인 도주차량죄에 대해서는 법원이 아무런 판단을 하지 않았으므로 법원의 조치는 위법하다.

Ⅳ. 공소장일본주의

> **[095]** 검사 S는 甲을 기소하면서 공소장에 총 14쪽에 걸쳐 수사보고서, 피의자 신문조서, 진술조서 등을 인용하여 법원에 예단을 생기게 할 만한 내용을 기재하였다. 법원이 변론을 종결하면서 판결선고기일을 지정하자, 甲은 위 공소제기는 위법하다는 의견서를 법원에 제출하였다. 법원은 어떠한 조치를 취하여야 하는가?

검사가 공소를 제기할 때에는 원칙적으로 공소장 하나만을 제출하여야 하고 그 밖에 사건에 관하여 법원에 예단을 생기게 할 수 있는 서류 기타 물건을 첨부하거나 그 내용을 인용하여서는 아니된다(형사소송규칙 제118조 제2항). 공소장일본주의의 위배 여부는 공소사실로 기재된 범죄의 유형과 내용 등에 비추어 볼 때에 공소장에 첨부 또는 인용된 서류 기타 물건의 내용, 그리고 법령이 요구하는 사항 외에 공소장에 기재된 사실이 법관 또는 배심원에게 예단을 생기게 하여 **법관 또는 배심원이 범죄사실의 실체를 파악하는 데 장애가 될 수 있는지 여부**를 기준으로 당해 사건에서 구체적으로 판단하여야 한다(대법원 2009. 10. 22. 선고 2009도7436 전원합의체 판결).

공소장일본주의에 위배된 공소제기라고 인정되는 때에는, 그 절차가 법률의 규정에 위반하여 무효인 때에 해당하는 것으로 보아 공소기각의 판결을 선고하는 것이 원칙이지만(제327조 제2호), 공소장 기재의 방식에 관하여 피고인 측으로부터 아무런 이의가 제기되지 아니하였고 법원 역시 범죄사실의 실체를 파악하는 데 지장이 없다고 판단하여 그대로 공판절차를 진행한 결과 **증거조사절차가 마무리되어 법관의 심증형성이 이루어진 단계**에 이른 경우에는 소송절차의 동적 안정성 및 소송경제의 이념 등에 비추어 볼 때 더 이상 공소장일본주의 위배를 주장하여 이미 진행된 소송절차의 효력을 다툴 수 없다(대법원 2009. 10. 22. 선고 2009도7436 전원합의체 판결).

사안에서 S가 수사기록을 인용하여 법원에 예단을 생기게 할 만한 내용을 기재한 것은 공소장일본주의를 위배한 것이지만, 증거조사절차가 종료된 이후 甲은 더 이상 공소장 공소장일본주의 위배를 주장하여 이미 진행된 소송절차의 효력을 다툴 수 없으므로, 법원은 실체판결을 하여야 한다.

V. 공소시효

[096] 甲과 乙은 함께 2008. 3. 8. 丙에게 경찰에 가서 허위로 자수하라고 하여 범인도피를 교사하였다. 甲은 2008. 7. 4. 구속 기소되어 같은 해 9. 3. 제1심 법원으로부터 유죄를 선고받고 그날 항소를 포기하여 그대로 판결이 확정되었다. 한편 乙은 甲이 체포된 후 숨어 지내다가 2013. 4. 29. 체포되었고, 같은 해 5. 15. 검사는 乙에 대해 공소를 제기하였다. 乙의 변호인은 乙의 범죄는 공소시효가 완성되었으므로 乙에 대해서는 면소의 판결을 해야 한다고 주장하였다. 변호인의 주장은 타당한가? (2015년 4회 변호사시험)

乙은 범인도피교사죄를 범했는바, 교사범은 정범과 동일한 형으로 처벌된다(형법 제31조). 범인도피죄의 법정형은 3년 이하의 징역 또는 500만 원 이하의 벌금에 해당하며(형법 제151조 제1항), 공소시효 기간은 5년이다(제249조 제1항 제5호). 시효는 공소의 제기로 진행이 정지되며(제253조 제1항), 공범의 1인에 대한 시효의 정지는 다른 공범자에게 대하여 효력이 미치고 당해사건의 재판의 확정된 때로부터 진행한다(동조 제2항). 따라서 乙에 대한 공소시효는 甲에 대해 공소가 제기된 2008. 7. 4.부터 甲에 대한 사건의 재판이 확정된 때인 2008. 9. 3. 까지 정지된다.

乙의 공소시효는 범죄행위가 종료한 때인 2008. 3. 8.부터 기산하여 5년이 지난 2013. 3. 7. 완성되지만, 공범에 대한 공소제기로 인하여 시효가 정지된 기간인 2개월이 연장된 2013. 5. 17. 완성된다.

사안에서 검사는 乙에 대한 공소시효과 완성되기 전인 2013. 5. 15. 공소를 제기하였으므로 乙에 대해 면소의 판결을 해야 한다는 변호인의 주장은 타당하지 않다.

[097] 甲은 2016. 5. 2. A를 살해하고, A의 주머니에 들어 있던 스마트폰을 꺼내어 부수어 버렸다. 甲이 범한 범죄의 공소시효 종료일은 언제인가? (2016년 2차 모의시험)

① 살인죄: 사람을 살해한 범죄(종범은 제외한다)로 사형에 해당하는 범죄에 대하여는 제249조부터 제253조까지 규정된 공소시효를 적용하지 아니한다(제253조의2). 사안에서 甲이 A를 살해한 살인죄에 대하여는 처음부터 공소시효가 적용되지 않는다.

② 재물손괴죄: 재물손괴죄의 법정형은 7년 이하의 징역 또는 1,500만 원 이하의 벌금이므로(형법 제362조), 공소시효는 7년이다(제249조 제1항 제4호). 재물손괴죄의 공소시효는 범행종료일인 2016. 5. 2.부터 7년이 지난 2023. 5. 1.이다.

[098] 공무원 甲이 2016. 2. 15. 건설업자 乙로부터 3,000만 원을 받은 사건과 관련하여 乙은 도주하고 甲만 2016. 5. 1. 기소되어 2016. 6. 30. 제1심 법원으로부터 징역 3년에 처하는 유죄판결을 선고받았고 항소제기기간의 도과로 판결이 확정된 경우, 이 사건에서 乙의 범행에 대한 공소시효는 언제 완성되는가? (2017년 3차 모의시험)

뇌물공여죄의 법정형은 5년 이하의 징역 또는 2천만 원 이하의 벌금이므로, 공소시효 기간은 7년이다(제249조 제1항 제4호). 시효의 초일은 시간을 계산함이 없이 1일로 산정하므로(제66조 제1항 단서), 공소시효 만료일은 범죄행위 종료 시점인 2016. 2. 15.로부터 7년이 경과한 2023. 2. 14.이다.

공범의 1인에 대한 공소시효정지는 다른 공범자에게 대하여 효력이 미치고 당해사건의 재판이 확정된 때로부터 진행한다(제253조 제2항). 여기의 '공범'에 필요적 공범이 포함되는지 다투어질 수 있으나, **판례**는 뇌물공여죄와 뇌물수수죄 사이와 같은 **필요적 공범**은 "서로 대향된 행위의 존재를 필요로 할 뿐 각자

자신의 구성요건을 실현하고 별도의 형벌규정에 따라 처벌되는 것이어서, 2인 이상이 가공하여 공동의 구성요건을 실현하는 공범관계에 있는 자와는 본질적으로 다르며, 대향범 관계에 있는 자 사이에서는 각자 상대방의 범행에 대하여 형법 총칙의 공범 규정이 적용되지 아니하는 점들에 비추어 형사소송법 제253조 제2항에서 말하는 '공범'에는 뇌물공여죄와 뇌물수수죄 사이와 같은 대향범 관계에 있는 자는 포함되지 않는다."는 입장이다(대법원 2015. 2. 12. 선고 2012도4842 판결). 따라서 甲에 대한 공소제기 및 판결의 확정 여부는 乙의 범행에 대한 공소시효에 영향을 미치지 않으므로, 乙의 범행에 대한 공소시효는 2020. 2. 14. 24:00에 완성된다.

[099] 甲과 乙은 2018. 6. 20. 특수절도범행을 범하였다. 乙이 2018. 6. 27. 긴급체포되자 이 사실을 알아차린 甲은 바로 형사처분을 면할 목적으로 6개월 동안 필리핀으로 도피하였다가 귀국하였다. 甲과 乙의 공소시효 완성일은 언제인가? (2019년 8회 변호사시험)

① <u>甲의 공소시효 완성일</u>: 공소시효는 범죄행의 종료한 때로부터 진행하며(제252조), 시효의 초일은 시간을 계산함이 없이 1일로 산정한다(제66조 제1항 단서). 특수절도는 장기 10년의 징역에 해당하여 공소시효 기간은 10년이다(형법 제331조, 형소법 제249조 제1항 제3호). 범인이 형사처분을 면할 목적으로 국외에 있는 경우 그 기간동안 공소시효는 정지되지만(제253조 제1항), 다른 공범에게는 그 적용이 없으므로 甲에 대한 공소시효는 정지되지 않는다. 甲은 2018. 6. 20. 특수절도를 범하였으므로 이로부터 10년이 만료되는 2028. 6. 19. 24:00에 공소시효가 완성된다.

<u>乙의 공소시효 완성일</u>: 乙은 甲과 함께 동일한 날에 특수절도범행을 범하였으나, 형사처분을 면할 목적으로 필리핀에 6개월 동안 도피하였으므로 그 기간 동안 공소시효가 정지된다. 따라서 乙의 경우는 甲보다 6월 이후인 2028. 12. 19. 2028. 12. 19. 24:00에 시효가 완성된다(제66조 제2항 참조).

[100] 甲은 법정형이 징역 5년 이하인 부정수표단속법 위반죄를 범한 후 우리나라에 가족을 그대로 둔 채 중국으로 출국하여 체류하다가 그곳에서 징역 14년을 선고받고 8년 10개월 동안 복역한 후 우리나라로 추방되자 검사는 범행종료일로부터 약 12년이 경과한 시점에 부정수표단속법 위반죄에 대한 공소를 제기하였다. 이 공소제기는 적법한가?

부정수표단속법의 공소시효는 7년으로, 8년 넘게 중국에 체류하여 공소를 제기하지 못했다면 시효가 완성되지만, '**형사처분을 면할 목적**'으로 국외체류를 한 경우에는 그 기간 동안 공소시효진행이 정지된다. 통상 범인이 외국에서 다른 범죄로 외국의 수감시설에 수감된 경우, 그 범행에 대한 법정형이 당해 범죄의 법정형보다 월등하게 높고, 실제 그 범죄로 인한 수감기간이 당해 범죄의 공소시효 기간보다도 현저하게 길어서 범인이 수감기간 중에 생활근거지가 있는 우리나라로 돌아오려고 했을 것이라는 사정이 있다면, 그 수감기간에는 '형사처분을 면할 목적'이 유지되지 않았다고 볼 여지가 있다. 그리고 그러한 목적이 유지되고 있었다는 점은 검사가 입증하여야 한다(대법원 2008. 12. 11. 선고 2008도4101 판결).

사안에서 甲은 우리나라에 가족을 그대로 둔 채 중국으로 출국하여 그곳에서 징역 14년의 형을 선고받고 8년 10개월 동안 중국의 수감시설에 수감되어 있다가 우리나라로 추방되어 공소가 제기되었는바, 부정수표단속법 위반죄의 법정형은 최고 징역 5년으로서 그 공소시효의 기간이 5년에 불과한 반면, 이 사건 공소제기는 범행종료일로부터 약 12년이 경과한 시점에 제기되고, 그 사이 피고인이 중국에 체류하면서 그곳 교도소에 수감되어 있었던 기간이 무려 8년 10개월이나 되는 점에 비추어 보면 甲에게 이 사건 범죄에 대한 '형사처분을 면할 목적'이 있다고 쉽게 단정할 수 없다(대법원 2008. 12. 11. 선고 2008도4101 판결).

제3장 공소제기의 효과

Ⅰ. 소송계속의 효과

[101] 甲을 구속수사하라는 지휘를 받은 사법경찰관 P는 사촌동생인 甲에게 전화를 하여 빨리 도망가도록 종용하였다. 검사 S는 P를 직무유기죄로 불구속기소하였다. S는 P를 범인도피죄로 다시 기소할 수 있는가? (2013년 2회 변호사시험)

P가 甲에게 전화를 하여 빨리 도망가도록 종용한 것은 직무유기죄와 범인도피죄의 구성요건을 동시에 충족시킨다. 공소가 제기된 사건에 대하여 다시 공소가 제기된 경우는 이중기소로서 법원은 공소기각의 판결을 선고하여야 한다 (제327조 제3호). 동일한 사건에 대하여 다시 공소가 제기되었는지 여부는 공소사실의 동일성 여부에 따라 판단한다. 공소사실을 그 기초가 되는 사회적 사실로 환원하여 그러한 사실에 다소 차이가 있어도 기본적인 점에서 동일하면 동일성을 인정하는 **기본적 사실관계동일설**에 따르면, P가 甲의 도망을 종용한 행위는 법률적으로 직무유기죄와 범인도피죄를 구성하나 동일한 일시, 장소에서 동일한 방법으로 발생한 하나의 사건으로 공소사실의 동일성이 인정된다. 따라서 검사는 P를 다시 범인도피죄로 기소하는 것은 이중기소로서 적법하지 않다.

[102] 甲은 무전음주취식을 하였다는 취지의 상습사기의 공소사실(①)로 기소되어 약식명령이 발령되고 그 약식명령이 형식상 확정되었으나, 이에 대한 甲의 정

식재판청구권 회복청구가 받아들여져서 A법원에서 정식재판절차가 개시되었다. 甲은 또다시 무전음주취식의 상습사기범행을 하였다는 공소사실(②)로 약식기소되어 약식명령이 발령되었는데 검사의 청구로 정식재판절차가 B법원에서 개시되었다. B법원에서 甲이 무전음주취식한 범죄사실(③)을 공소사실에 추가하는 공소장변경이 이루어졌다. B법원이 甲에게 유죄의 판결을 선고하자, 甲은 항소하였다. 항소심은 어떠한 판단을 하여야 하는가?

상습범에 있어서 공소제기의 효력은 공소가 제기된 범죄사실과 동일성이 인정되는 범죄사실 전체에 미치며, 공소제기의 효력이 미치는 시적 범위는 **사실심리의 가능성이 있는 최후의 시점인 판결선고시**를 기준으로 한다. 검사가 일단 상습사기죄로 공소제기한 후 그 공소의 효력이 미치는 위 기준시까지의 사기행위의 일부를 별개의 독립된 상습사기죄로 공소제기를 하는 것은 비록 그 공소사실이 먼저 공소제기를 한 상습사기의 범행 이후에 이루어진 사기 범행을 내용으로 한 것일지라도 공소가 제기된 동일사건에 대한 이중기소에 해당되어 허용될 수 없다(대법원 2001. 7. 24. 선고 2001도2196 판결 참조).

사안에서 ① 범죄사실에 대하여 약식명령이 발령되어 형식적으로 확정되고 그 후 甲이 ②+③ 공소사실로 상습사기로 기소되었지만, 종전의 약식명령에 대하여 정식재판청구권 회복의 결정이 내려졌기 때문에 ②+③ 공소제기는 이중기소에 해당한다(대법원 2004. 8. 20. 선고 2004도3331 판결). 따라서 법원은 이 사건에 대하여 공소기각의 판결을 선고하여야 한다(제327조 제3호).

II. 객관적 효력 범위: 일죄의 일부기소

[103] 경찰관 P는 불법체류자인 甲의 신병을 출입국관리사무소에 인계하지 않고 훈방하면서 甲의 인적 사항조차 기재하지 않아 직무유기죄와 허위공문서작성 및 행사죄를 범하였다. 검사가 P에 대해 직무유기죄로만 기소했다면 이는 적법한가?

하나의 행위가 부작위범인 직무유기죄와 작위범인 허위공문서작성·행사죄의 구성요건을 동시에 충족하는 경우 공소제기권자는 재량에 의하여 작위범인 허위공문서작성·행사죄로 공소를 제기하지 않고 부작위범인 직무유기죄로만 공소를 제기할 수도 있다(대법원 1999. 11. 26. 선고 99도1904 판결 참조). 검사가 甲의 행위를 허위공문서작성·행사죄로 기소하지 않고 직무유기죄로만 공소를 제기한 것은 적법하며, 법원은 그 공소범위 내에서 甲을 직무유기죄로 인정하여 처벌할 수 있다(대법원 2008. 2. 14. 선고 2005도4202 판결).

[104] 검사 S는 甲이 범하였다는 혐의가 있는 포괄적 일죄의 관계에 있는 제1사건, 제2사건, 제3사건을 모두 밝혀 냈고 증거도 충분함에도 불구하고 제1사건은 기소하지 아니한 채 나머지 사건들만 기소하였다. 이는 적법한가? (2015년 3차 모의시험)

포괄일죄의 전부에 대한 혐의가 밝혀졌음에도 불구하고 검사가 그 일부만 기소하는 일죄의 일부기소가 적법한지 문제된다. 일죄의 일부기소의 적법성에 관하여는, 검사가 공소권의 주체이므로 공소제기는 검사의 재량에 속하고, 일부기소는 부당하더라도 적법하다는 **적극설**, 일부기소를 허용하는 것은 실체적 진실을 무시하고 검사의 자의를 허용할 우려가 있고 공소불가분의 원칙에 의하여 일부만을 기소하더라도 1개의 범죄사실 전부에 미친다는 것은 일부기소를 인정하지 않는다는 것을 이유로 단순일죄는 물론 과형상 일죄의 경우에도 일부기소는 허용되지 않는다는 **소극설**, 일부기소는 원칙적으로 허용되지 않지만 검사가 수개의 범죄사실 중 일부의 범죄사실이나 적용법조 또는 하나의 범죄사실 중 부분사실이나 적용법조를 예비적·택일적으로 공소장에 기재하여 일부기소의 의사를 명시한 경우에는 소송경제의 측면을 고려하여 예외적으로 일부기소가 허용된다는 **절충설**이 대립하고 있다. 기소편의주의하에서 공소권의 행사는 기본적으로 검사의 권한에 속하므로, 소추재량권의 한계를 일탈하여 공소권남용으로 인정되지 않는 한 일부기소 자체를 부적법하다고 할 수는 없다는 점에서 적극설(허용설)이 타당하다. **판례**도 하나의 행위가 부작위범인 직무유기죄와 작위범인 범인도피죄의 구성요건을 동시에 충족하는 경우 공소제기 권자는 재량에 의하여 작위범인 범인도피죄로 공소를 제기하지 않고 부작위범 인 직무유기죄로만 공소를 제기할 수도 있다는 입장이다(대법원 1999. 11. 26. 선 고 99도1904 판결).

사안에서 검사가 제1사건을 제외하고 제2사건 및 제3사건만 기소한 것은 적 법하다.

[105] 甲과 동거하지 않는 甲의 사촌누나 A는 고소기간을 도과하여 甲을 야간 주거침입절도죄로 고소하였다. 검사 S는 A의 고소와 달리 甲을 주거침입죄로만 공소제기하였다. 법원은 어떠한 판단을 하여야 하는가? (2014년 사법시험)

동거하지 않는 친족 간의 야간주거침입절도죄(형법 제330조)는 친족상도례가 적용되어 피해자의 고소가 있어야 공소를 제기할 수 있는 상대적 친고죄이다 (형법 제344조, 제328조 제2항). 일죄의 일부에 대한 공소제기는 검사의 소추재량 에 비추어 위법하다고는 할 수 없으나, 사안에서 A는 고소기간이 도과되어 고 소를 하였으므로 친고죄에서 유효한 고소가 없는 상태에서 친고죄의 일부를 비친고죄로 공소제기하는 것이 적법한 공소제기인지 문제된다. 구법하의 **판례** 는 친고죄인 강간죄의 범행수단으로 저질러진 폭행이나 협박을 따로 떼어 공 소제기를 하는 것은 강간죄를 **친고죄로 규정한 취지**에 반하기 때문에 공소제 기의 절차가 법률에 위반되어 무효인 경우로서 공소기각의 판결을 해야 한다 고 판시한 바 있다(대법원 2002. 5. 16. 선고 2002도51 전원합의체 판결 참조).

친고죄에 대해 소송조건이 충족되지 않은 경우 그 전부에 대해 친고죄로 규 정한 취지와 고소불가분의 원칙에 반하는 공소제기라는 점을 고려하면, 친고죄 의 일부에 해당하는 죄를 따로 떼어 공소를 제기하는 것은 공소제기의 절차가 법률의 규정에 위반하여 무효인 때에 해당되므로 판결로써 공소기각을 하는 것이 타당하다(대법원 1996. 9. 24. 선고 96도2151 판결 참조). 따라서 법원은 공소기 각의 판결을 선고하여야 한다.

III. 심판대상과 공소장변경

[106] 현실적 심판대상과 잠재적 심판대상의 개념을 설명하시오.

현실적 심판대상이란 '공소장에 기재된 공소사실'(제298조 제1항)을 말하며, 잠재적 심판대상이란 공소사실과 동일성이 인정되는 사실을 말한다. 잠재적 심판대상은 공소장변경절차에 의하여 현실적 심판대상이 된다.

[107] 사건의 단일성과 사건의 동일성의 개념을 설명하시오.

(1) <u>사건의 단일성</u>: 사건의 단일성이란 사건이 1개, 즉 '하나의 사건'이라는 의미이다. 사건의 단일성은 일정한 시점을 기준으로 범죄사실의 단복을 결정하는 문제(**객관적 자기동일성**)이다. 사건의 단일성은 피고인의 단일성과 범죄사실의 단일성을 포함한다. 예컨대, 공동피고인으로 심리를 받는 경우에는 각 피고인마다 하나의 사건이 되며, 범죄사실의 수개이면 관련사건으로 병합심리하는 경우라도 수개의 사건이 존재한다.

　사건의 단일성은 형법상 죄수론을 기초로 하지만, 소송의 절차적 특성과 합목적성을 고려하면서 소송법의 지도원리와 목적에 따라 판단한다. 형법상 죄수론에 따를 때 1죄에 해당하는 경우는 사건의 단일성이 인정되지만, 예외적으로 실체법상 수죄에 해당하는 경우라도 소송법상 하나의 '사건'이 될 수 있다. 상상적 경합도 하나의 사건이 될 수 있고, 수죄에 해당하는 실체적 경합이 역사적 사실로서 하나로 인정될 경우, 택일관계(특수절도와 장물운반) 내지 수단·목적관계에서 행해진 경우도 하나의 사건이 될 수 있다.

(2) <u>사건의 동일성</u>: 사건의 동일성이란 시간의 경과에 따라 발생하는 사실관계의 증감변동에도 불구하고 그 사실이 동질성을 유지하는가의 문제(**시간적 자기동일성**)이다.

사건의 동일성이란 공소사실과 추후에 변경된 사실이라는 시점을 달리하는 수개의 사실을 비교할 때 동일한 것으로 볼 수 있는가라는 문제이다. 공소사실의 동일성이란 협의의 동일성과 단일성을 전제로 하는 개념이다.

동일성의 평가를 법적 관점에서 할 것인지, 사실적 관점에서 할 것인지에 대해 학설이 대립하고 있으나 판례와 다수설은 기본적 사실관계동일설의 입장이다.

> **[108] 공소사실의 동일성을 판단하는 기준으로 통설과 판례의 입장인 '기본적 사실관계동일설'과 그 밖의 학설을 설명하시오.**

(1) 기본적 사실관계동일설: 기본적 사실관계동일설은 공소사실을 그 기초가 되는 사회적 사실로 환원하여 그러한 사실에 다소 차이가 있어도 기본적인 점에서 동일하면 동일성을 인정해야 한다는 견해이다. 판례는 두 죄의 기본적 사실관계가 동일한가의 여부는 그 규범적 요소를 전적으로 배제한 채 순수하게 사회적, 전법률적인 관점에서만 파악할 수는 없고, 그 자연적, 사회적 사실관계나 피고인의 행위가 동일한 것인가 외에 그 규범적 요소도 기본적 사실관계 동일성의 실질적 내용의 일부를 이루는 것이라고 보고 있다(대법원 1994. 3. 22. 선고 93도2080 전원합의체 판결).

(2) 그 밖의 학설: ① 죄질동일설은 공소사실은 자연적 사실이 아니라 일정한 죄명, 즉 구성요건의 유형적 본질에 의한 사실관계의 파악이므로 죄질의 동일성이 인정되어야 공소사실의 동일성을 인정할 수 있다는 견해이다. ② 구성요건공통설은 A사실이 甲구성요건에 해당하고 B사실이 乙구성요건에 해당하는 경우에 B사실이 甲구성요건에도 상당 정도 부합할 때에는 공소사실의 동일성을 인정할 수 있다는 견해로서 죄질동일설보다 규범적 평가를 완화하는 것이다. ③ 소인공통설은 공소사실의 동일성은 소인과 소인의 비교에서 오는 사실상의 문제이므로 소인의 기본적인 부분을 공통으로 할 때에 공소사실의 동일성이 인정된다는 견해이다.

[109] 공소장변경의 필요성과 필요성 판단기준을 설명하시오.

(1) <u>공소장변경의 필요성</u>: 공소장변경의 필요성이란 공소사실과 적용법조에 변경이 생긴 경우 어느 한도까지 공소장변경절차를 요하느냐라는 문제이다. 공소장변경제도의 취지인 피고인의 방어권 보장과 소송경제를 조화시키는 영역이 된다. 공소장변경이 가능하더라도 공소사실의 사소한 변경까지 언제나 공소장변경절차를 거치게 한다면 이는 심리의 지연을 초래하고 소송경제에도 반하기 때문에, 명문규정은 없지만 피고인의 방어권 행사에 지장을 초래하지 않는 범위 내에서 법원이 직권으로 공소사실과 다른 사실을 인정할 수 있도록 할 필요가 있다는 고려에서 나온 것이다.

(2) <u>공소장변경의 필요성 판단기준</u>: 공소사실의 사실적 측면을 중시하여, 법률구성에 영향이 없더라도 공소장에 기재된 사실과 실질적으로 다른 사실을 인정할 때에는 공소장변경이 필요하다고 보는 **사실기재설**의 입장이 통설과 판례의 입장이다. 피고인의 방어권 행사에 실질적인 불이익을 초래할 염려가 없는 경우에는 법원이 공소장변경절차 없이 일부 다른 사실을 인정하거나 적용법조를 달리할 수 있다는 의미에서 **실질적 불이익설**이라고도 한다.

> 그 밖에 과거 학설로 동일벌조설과 법률구성설이 있다. ① 동일벌조설은 구체적 사실관계가 다른 경우에도 그 처벌규정이나 구성요건에 변경이 없는 한 공소장변경 없이 공소장에 기재된 사실과 다른 사실을 인정할 수 있다는 견해를 말하며(적용되는 구성요건이 동일한가를 기준으로 함), ② 법률구성설은 구체적 사실관계가 다르더라도 그 법률구성 전반에 변화가 없는 한 공소장변경 없이 공소장에 기재된 사실과 다른 사실을 인정할 수 있다는 견해이다(특별구성요건의 동일성 여부를 넘어 적용법조를 포함한 범죄사실의 법률적 구성 전반에 걸쳐 동일성 판단).

[110] 甲은 타인 명의의 예금계좌로 돈을 송금하게 하고 절취한 현금인출카드로 인출한 혐의로 사기죄로 기소되었으나, 신용카드절취사실이 인정되지 않게 되자, 검사가 甲의 행위는 현금인출카드 절취 사실과 무관하게 사기가 인정된다고 주장하는 경우에 법원은 공소장변경 없이 사기사실을 인정할 수 있는가?

법원이 공소장의 변경 없이 직권으로 공소장에 기재된 공소사실과 다른 범죄사실을 인정하기 위해서는 공소사실의 동일성이 인정되는 범위 내이어야 할 뿐만 아니라 피고인의 방어권 행사에 실질적 불이익을 초래할 염려가 없어야 한다(대법원 1999. 4. 9. 선고 98도667 판결 등). 절취한 신용카드를 사용한 사기의 공소사실과 검사 주장사실은 그 범죄행위의 내용 내지 태양이 서로 달라 이에 대응할 피고인의 방어행위 역시 달라질 수밖에 없어, 공소장 변경 없이 검사 주장과 같은 범죄사실을 인정하는 경우에는 피고인의 방어권 행사에 실질적인 불이익을 초래할 염려가 있고, 따라서 법원은 공소장변경 없이 사기사실만 인정할 수 없다(대법원 2003. 7. 25. 선고 2003도2252 판결).

[111] 법원이 공소장변경 없이 다른 사실을 인정할 수 있는 경우에 이 사실을 의무가 인정되어 반드시 유죄판결을 해야 하는가?

이에 관하여 의무설, 재량설(다수설), 예외적 의무설 등이 있다. 판례는 종래 재량설로 일관했으나 다른 사실을 인정하지 않음으로써 처벌하지 않게 되면 "형사소송의 목적에 비추어 현저히 정의와 형평에 반하는 것으로 인정되는 경우가 아닌 한 법원이 직권으로 그 범죄사실을 인정하지 아니하였다고 하여 위법한 것이라고까지는 볼 수 없다."고 하여 법원의 예외적 의무를 인정하는 경향을 보이고 있다(대법원 1990. 10. 26. 선고 90도1229 판결; 대법원 1999. 11. 9. 선고 99도3674 판결). 공소장변경이란 본래 공소사실과 다른 사실을 인정할 수 있도록 하기 위한 제도이고, 피고인의 방어권 행사에 실질적 불이익을 초래하지 않는다면 변경절차 없이도 다른 사실을 인정하는 것이 정의와 형평의 관점에 부합한다는 점을 고려하면, 원칙적으로 공소사실과 다른 사실을 인정해야 하고 오히려 예외적으로 재량이 인정된다고 보아야 할 것이다(예외적 재량설 내지 의무설).

[112] 형사소송법 제298조 제2항은 "법원은 심리의 경과에 비추어 상당하다고 인정할 때에는 공소사실 또는 적용법조의 추가 또는 변경을 요구하여야 한다."고 규정하고 있다. 이러한 법원의 공소장요구는 법원의 재량인가 아니면 의무인가?

법원의 공소장요구가 법원의 권한인가 아니면 의무인지에 관하여 의무설, 재량설, 예외적 의무설이 있으나 **재량설**이 다수설이며, **판례**도 "법원이 검사에게 공소장 변경을 요구할 것인지 여부는 재량에 속하는 것이므로, 법원이 검사에게 공소장의 변경을 요구하지 아니하였다고 하여 위법하다고 할 수 없다."라고 하여 재량설의 입장을 취하고 있다(대법원 1999. 12. 24. 선고 99도3003 판결 등).

[113] 법원이 형사소송법 제298조 제2항에 따라 검사에게 공소장변경요구를 한 경우에는 어떤 효력이 발생하는가?

공소장변경요구만으로 공소장이 변경되는 **형성적 효력**이 발생하지는 않는다(통설). 공소장변경요구가 있으면 공소장변경의 효과를 의제하는 규정이 없고, 공소장변경을 신청할 수 있는 권한은 검사에게 있기 때문이다. 공소장변경요구가 있는 경우에 검사가 이에 복종할 의무가 있는지에 대해 **명령적 효력설과 권고적 효력설**이 대립하고 있다. ① 명령적 효력설은 법원의 공소장변경요구는 법원의 소송지휘권에 의한 결정으로서 검사에게 복종의무가 있으므로 이에 따라야 한다는 견해이고, ② 권고적 효력설은 공소장변경을 강제할 방법이 없으므로 권고적 효력에 그치고 검사에게 복종의무가 있는 것은 아니라는 견해이다.

[114] 검사 S는 甲을 2008. 3. 5. 피해자 V의 자취방에서 V를 구타하다가 사망에 이르게 했다는 공소사실로 기소하였다. S가 기존의 공소사실에 대해 乙과 공동하여 위 범행하였다는 취지로 내용을 변경함과 동시에 (1) 2008. 2. 중순경 V를 폭행하여 V 명의의 B은행 직불카드를 빼앗은 후 비밀번호를 알아내고 현금자동지급기에서 현금 50만 원을 인출하여 유흥비로 사용하였다는 범죄사실을 추가하는 내용으로 공소장변경을 신청하였다. 법원은 이에 대해 어떠한 조치를 취하여야 하는가? (2015년 4회 변호사시험)

검사는 법원의 허가를 얻어 공소장에 기재한 공소사실 또는 적용법조의 추가·철회 또는 변경을 할 수 있으며, 이 경우에 법원은 공소사실의 동일성을 해하지 아니하는 한도에서 허가하여야 한다(제298조 제1항). S가 변경과 추가를 신청한 범죄사실이 공소장에 기재된 공소사실과 동일성이 인정된다면 법원은 S의 공소장변경신청을 허가해야만 한다. 통설과 판례에 따르면, 공소사실의 동일성 여부는 공소사실을 그 기초가 되는 사회적 사실로 환원하여 그러한 사실에 다소 차이가 있어도 기본적인 점에서 동일한가라는 기준에 의해 판단한다(**기본적 사실관계동일설**). ① 사안에서 변경을 신청한 공소사실은 상해치사의 단독정범을 공동정범으로 변경하는 것으로서 2008. 3. 5.이라는 동일한 시간, 장소에서 발생한 사건으로 기본적 사실관계의 동일성이 인정된다. 따라서 검사의 이 부분 공소장변경신청은 적법하고, 법원은 공소장변경을 허가하여야 한다.
② 그러나 (1) 부분 공소사실은 다른 일시, 장소, 방법으로 범해진 사건으로 최초의 공소장에 기재된 상해치사죄의 공소사실과 기본적 사실관계의 동일성이 인정되지 않는다. S의 (1) 부분 공소장변경신청은 부적법하며, 법원은 이에 대한 공소장변경을 허가할 수 없다.

[115] 甲은 도박 등으로 벌금 300만 원의 약식명령을 발령받고, 정식재판을 청구하면서 폭력행위 등 처벌에 관한 법률 위반(집단·흉기 등 상해)로 서울중앙지방법원에서 재판 중인 자신의 사건과 병합심리를 요구하여 두 사건은 병합되었다.

검사는 甲에 대한 도박을 상습도박으로 그 죄명과 적용법조, 범죄사실을 변경하는 공소장변경을 하고자 한다. 그 가부와 논거는? (2014년 3회 변호사시험)

정식재판의 청구가 적법한 때에는 공판절차에 의하여 심판하여야 한다(제455조 제3항). 따라서 약식명령에 대한 정식재판절차에서도 공소사실의 동일성이 인정되는 한 공소장변경은 허용된다. 기본적 사실관계동일설에 따르면, 동일한 일시, 장소에서 동일한 방법으로 이루어진 도박죄를 상습도박죄로 변경하는 것은 공소사실의 동일성이 인정되는 범위 내에 있으므로 법원은 공소장변경을 허가하여야 한다. 설령, 상습도박죄(3년 이하의 징역 또는 2천만 원 이하의 벌금)로 공소사실이 변경됨으로써 징역형이 선고될 수 있다고 하더라도 형종상향의 금지 원칙이 적용될 수 있으므로 공소장변경을 불허할 수 있는 것은 아니다(대법원 2013. 2. 28. 선고 2011도14986 판결 참조).

[116] 甲은 공갈죄를 범하였다. 甲은 공갈을 쳐서 처벌받은 전과가 많았음이 밝혀졌다.

(1) 검사가 甲을 상습범이라고 판단하면서도 단순히 공갈죄로 기소할 수 있는가?

(2) 공갈죄로 기소된 甲에게 상습성이 있다고 판단을 내린 법원이 취할 조치는?

(3) 상습공갈죄로 기소된 甲에게 상습성이 없다고 판단한 법원이 할 수 있는 조치는? (2017년 1차 모의시험)

(1) 형사소송법 제247조는 검사는 「형법」 제51조의 사항을 참작하여 공소를 제기하지 아니할 수 있다고 규정하여 기소편의주의를 채택하고 있다. 검사는 기소편의주의에 따라 수사결과 범죄의 객관적 혐의가 충분히 인정되고 소송조건을 갖춘 경우에도 검사의 재량으로 불기소처분을 할 수 있다. 한편, 범죄사실의 일부에 대한 공소는 그 효력이 전부에 미친다(제248조 제2항).

검사가 甲을 공갈죄의 상습범이라고 판단하면서도 단순 공갈죄로 기소한 것은 기소편의주의에 따라 적법하다. 다만, 그 공소제기의 효력은 상습공갈죄 전부에 미친다.

(2) 검사가 단순 공갈죄로 기소하였으나 법원이 甲에게 공갈죄의 상습성이 인정된다고 판단한 경우 법원이 취할 조치가 문제된다. ① 법원은 공소장에 기재된 사실과 다른 사실을 인정하려면 원칙적으로 공소장변경절차를 거쳐야 한다(제298조). 다만, 피고인의 방어권 행사에 실질적인 불이익을 초래할 염려가 없는 경우에는 법원이 공소장변경절차 없이 일부 다른 사실을 인정하거나 적용법조를 달리한다고 할지라도 불고불리의 원칙에 위배되는 것은 아니다. 방어권 행사에 있어서 실질적인 불이익 여부는 그 공소사실의 기본적 동일성이라는 요소 외에도 법정형 및 처단형의 경중, 그러한 경중의 차이에 따라 피고인이 자신의 방어에 들일 노력·시간·비용에 관한 판단을 달리할 가능성이 뚜렷한지 여부 등의 여러 요소를 종합하여 판단하여야 한다(대법원 2007. 12. 27. 선고 2007도4749 판결 참조). 사안에서 상습공갈죄의 법정형은 공갈죄의 법정형에 2분의 1까지 가중되는바, 비록 그 공소사실에 변경이 없더라도 이러한 적용법조의 변경은 피고인의 방어권 행사에 실질적인 불이익을 초래한다. 따라서 법원은 공소장변경 없이는 형이 더 무거운 상습공갈죄로 처단할 수 없다. ② 형사소송법 제298조 제2항은 법원은 심리의 경과에 비추어 상당하다고 인정할 때에는 공소사실 또는 적용법조의 추가 또는 변경을 요구하여야 한다고 규정하고 있다. 법원의 공소장요구가 법원의 권한인가 아니면 의무인지에 관하여는 의무설, 재량설, 예외적 의무설이 있으나 재량설이 다수설이며, **판례**도 "법원이 검사에게 공소장 변경을 요구할 것인지 여부는 재량에 속하는 것이므로, 법원이 검사에게 공소장의 변경을 요구하지 아니하였다고 하여 위법하다고 할 수 없다."라고 하여 **재량설**의 입장을 취하고 있다(대법원 1999. 12. 24. 선고 99도3003 판결 등). 판례와 다수설에 따르면, 법원은 공소장변경요구 여부를 재량으로 결정할 수 있고, 공소장변경을 요구하지 않았다고 하여 위법한 것은 아니다.

(3) 법원은 공소장에 기재된 사실과 다른 사실을 인정하려면 원칙적으로 공소장변경절차를 거쳐야 하지만(제298조), 피고인의 방어권 행사에 실질적인 불이익을 초래할 염려가 없는 경우에는 법원이 공소장변경절차 없이 일부 다른

사실을 인정하거나 적용법조를 달리한다고 할지라도 불고불리의 원칙에 위배되는 것은 아니다. 한편, 법원이 공소장변경 없이 다른 사실을 인정할 수 있는 경우에 이를 인정할 의무가 인정되는지 여부에 관하여는, 의무설, 재량설(다수설), 예외적 의무설 등이 있으나, 판례는 종래 재량설로 일관했으나 다른 사실을 인정하지 않음으로써 처벌하지 않게 되면 "형사소송의 목적에 비추어 현저히 정의와 형평에 반하는 것으로 인정되는 경우가 아닌 한 법원이 직권으로 그 범죄사실을 인정하지 아니하였다고 하여 위법한 것이라고까지는 볼 수 없다."고 하여 법원이 예외적 의무를 인정하는 경향을 보이고 있다(대법원 1990. 10. 26. 선고 90도1229 판결).

상습공갈죄로 기소된 甲에게 공소장변경 없이 공갈죄를 인정하는 것은 甲의 방어권 행사에 실질적인 불이익을 초래하지 않으므로, 법원은 공갈죄를 인정할 수 있다.

[117] 검사는 甲의 특수절도사건을 먼저 기소하고 포괄일죄인 상습특수절도사건을 추가기소하였으나 심리과정에서 기소된 범죄사실이 모두 포괄일죄로서 특정범죄가중처벌등에관한법률(절도)위반의 일죄를 구성하는 것으로 밝혀진 경우에 법원이 취할 조치는?

검사는 원칙적으로 포괄일죄 전체를 상습범행으로 변경하고 그 죄명과 적용법조도 이에 맞추어 변경하는 공소장변경 신청을 하고 추가기소한 사건에 대하여는 공소취소를 하는 것이 형사소송법의 규정에 충실한 방법이다.

그러나 단순일죄의 범죄사실이 추가 기소된 포괄일죄를 구성하는 행위의 일부임이 밝혀진 경우라면, 전후에 기소된 각 범죄사실 전부를 포괄일죄로 처벌할 것을 신청하는 취지가 추가기소에 포함되었다고 볼 수 있어 공소사실을 추가하는 공소장변경과 절차상 차이 이외에 그 실질에 있어서 별 차이가 없으므로, 검사의 석명에 의하여 추가기소의 공소장의 제출은 포괄일죄를 구성하는 행위로서 먼저 기소된 공소장에 누락된 것을 추가 보충하고 죄명과 적용법조를 포괄일죄의 죄명과 적용법조로 변경하는 취지의 것으로서 1개의 죄에 대하여 중복하여 공소를 제기한 것이 아님이 분명하여진 경우에는 위의 추가기소에 의하여 공소장변경이 이루어진 것으로 보아 전후에 기소된 범죄사실 전부에 대하여 실체판단을 하여야 하고 추가기소에 대하여 공소기각판결을 할 필요가 없다(대법원 1996. 10. 11. 선고 96도1698 판결).

> **[118]** 甲은 乙에게 '5,000만 원을 주지 않으면 부정채용으로 경찰에 고발하겠다.'는 문자를 일주일 동안 수십 차례 보냈다. 문자를 받고 겁을 먹은 乙은 甲에게 5,000만 원을 이체하였다. 검사는 이 범죄사실에 대해 甲을 공갈죄로 기소하였다. 만약 제1심 공판 진행 중에 乙이 甲의 문자 내용에 겁을 먹은 것이 아니라 甲을 불쌍하게 여겨 5,000만 원을 이체한 것으로 밝혀졌다면 법원이 취해야 할 조치는? (2020년 9회 변호사시험)

甲은 乙에게 겁을 먹게 할 정도의 해악을 고지하여 乙로부터 5,000만 원을 교부받았으므로 검사는 甲을 공갈죄로 기소하였다. 그러나 공판 진행 중 乙이 겁을 먹지 않고 5,000만 원을 교부하였으므로 해악의 고지와 재물의 처분 사이에 인과관계가 부정되어 甲은 공갈미수에 그쳤다. 이 경우 법원은 (1) 공소장변경 절차 없이 甲에게 공갈미수죄를 인정할 수 있는지, 그리고 공갈미수죄를 인정하는 것이 법원의 의무에 해당하는지, (2) 한편, 검사에게 공갈미수죄로의 공소장변경을 요구할 의무가 있는지가 문제된다.

(1) ① 법원은 공소사실의 동일성이 인정되는 범위 내에서 공소가 제기된 범죄사실에 포함된 보다 가벼운 범죄사실이 인정되는 경우에 심리의 경과에 비추어 피고인의 방어권행사에 실질적인 불이익을 초래할 염려가 없다고 인정되는 때에는 공소장이 변경되지 않더라도 직권으로 공소장에 기재된 공소사실과 다른 범죄사실을 인정할 수 있다. 공갈죄에 관하여 심리·판단하는 과정에서 공갈미수도 심리·판단하게 되므로 법원이 공소장변경 없이 공갈미수를 인정하더라도 甲에게 실질적인 불이익을 초래할 염려가 없으므로, 법원은 공소장변경 없이 甲에게 공갈미수죄를 인정할 수 있다.

② 다만, 이와 같이 **축소사실**이 인정되는 경우 법원이 반드시 유죄판결을 해

야 하는가에 관하여는, 의무설, 재량설(다수설), 예외적 의무설 등이 있으나, 판례는 종래 재량설로 일관했으나 다른 사실을 인정하지 않음으로써 처벌하지 않게 되면 "형사소송의 목적에 비추어 현저히 정의와 형평에 반하는 것으로 인정되는 경우가 아닌 한 법원이 직권으로 그 범죄사실을 인정하지 아니하였다고 하여 위법한 것이라고까지는 볼 수 없다."고 하여 법원의 예외적 의무를 인정하는 경향을 보이고 있다(대법원 1990. 10. 26. 선고 90도1229 판결; 대법원 1999. 11. 9. 선고 99도3674 판결). 공소장변경이란 본래 공소사실과 다른 사실을 인정할 수 있도록 하기 위한 제도이고, 피고인의 방어권 행사에 실질적 불이익을 초래하지 않는다면 변경절차 없이도 다른 사실을 인정하는 것이 정의와 형평의 관점에 부합한다는 점을 고려하면, 원칙적으로 공소사실과 다른 사실을 인정해야 하고 오히려 예외적으로 재량이 인정된다고 보아야 할 것이다(예외적 재량설 내지 의무설). 사안에서 甲을 공갈미수죄로 처벌하지 않는 것은 현저히 정의와 형평에 반하는 것으로 인정되므로, 법원은 공소장변경 절차가 없더라도 甲에게 공갈미수죄를 인정하여야 한다.

(2) 형사소송법 제298조 제2항은 법원은 심리의 경과에 비추어 상당하다고 인정할 때에는 공소사실 또는 적용법조의 추가 또는 변경을 요구하여야 한다고 규정하고 있다. 법원의 공소장요구가 법원의 권한인지 아니면 의무인지에 관하여 의무설, 재량설, 예외적 의무설이 있으나 재량설이 다수설이며, 판례도 "법원이 검사에게 공소장 변경을 요구할 것인지 여부는 재량에 속하는 것이므로, 법원이 검사에게 공소장의 변경을 요구하지 아니하였다고 하여 위법하다고 할 수 없다."라고 하여 재량설의 입장을 취하고 있다(대법원 1999. 12. 24. 선고 99도3003 판결 등). 판례와 다수설에 따르면, 법원은 공소장변경요구 여부를 재량으로 결정할 수 있고, 공소장변경을 요구할 의무는 없다.

[119] 甲을 구속수사하라는 지휘를 받은 사법경찰관 P는 사촌동생인 甲에게 전화를 하여 빨리 도망가도록 종용하였다. 검사 S는 P를 직무유기죄로 불구속기소하였다. 법원은 P에 대한 공소사실을 심리하던 중 P의 공소사실은 범인도피죄에 해당한다고 판단하였으나, S에게 공소장 변경을 요구하지 않고 P에게 징역 6월을

선고하였다. 법원이 S에게 공소장 변경을 요구하지 않고 유죄판결을 한 것은 적법한가? (2013년 2회 변호사시험)

법원이 공소장변경 없이 다른 사실을 인정할 수 있는 경우에 이를 인정할 의무가 인정되는지에 관하여는, 의무설, 재량설(다수설), 예외적 의무설 등이 있으나, 판례는 종래 재량설로 일관했으나 다른 사실을 인정하지 않음으로써 처벌하지 않게 되면 "형사소송의 목적에 비추어 **현저히 정의와 형평에 반하는 것으로 인정되는 경우**가 아닌 한 법원이 직권으로 그 범죄사실을 인정하지 아니하였다고 하여 위법한 것이라고까지는 볼 수 없다."고 하여 법원의 예외적 의무를 인정하는 경향을 보이고 있다(대법원 1990. 10. 26. 선고 90도1229 판결; 대법원 1999. 11. 9. 선고 99도3674 판결). 공소장변경이란 본래 공소사실과 다른 사실을 인정할 수 있도록 하기 위한 제도이고, 피고인의 방어권 행사에 실질적 불이익을 초래하지 않는다면 공소장변경절차 없이도 다른 사실을 인정하는 것이 정의와 형평의 관점에 부합한다는 점을 고려하면, 원칙적으로 공소사실과 다른 사실을 인정해야 하고 오히려 예외적으로 재량이 인정된다고 보아야 할 것이다(예외적 재량설 내지 의무설). 법원에 공소장변경절차 없이 P에 대해 범인도피죄로 유죄판결을 한 것은 적법하다.

> [120] 甲은 A의 집에 들어가 A 소유의 현금 1억 원을 가지고 나오다가 예정보다 일찍 귀가하던 A와 마주치자, 체포를 면탈하기 위하여 A의 복부를 때려 넘어뜨려 3주의 치료를 요하는 상처를 입힌 사실로 기소되었다. 그러나 제1심 법원은 A가 입은 상처가 치료를 하지 않고도 일상생활을 하는 데 지장이 없고 자연 치유될 수 있다고 판단하여 검사에게 공소장변경을 요구하였으나 검사가 불응하자 위 공소사실 전부를 무죄로 선고하였다. 법원의 무죄판결은 적법한가? (2015년 2차 모의시험)

(1) 법원이 강도상해의 공소사실을 준강도의 공소사실로 인정하는 것은 심리의 경과에 비추어 피고인의 방어권 행사에 실질적인 불이익을 초래할 염려

가 없는 경우에 해당하므로, 법원은 공소장변경절차 없이 준강도의 사실을 인정할 수 있다.

(2) 공소장변경요구만으로 공소장이 변경되는 형성적 효력이 발생하지는 않는다(통설). 공소장변경요구가 있는 경우 공소장변경의 효과를 의제하는 규정이 없고, 공소장변경을 신청할 수 있는 권한은 검사에게 있기 때문이다. 따라서 법원의 심판대상이 준강도의 사실로 변경된 것은 아니며 법원이 준강도의 사실에 대해 유죄판결을 할 수는 없다.

(3) 법원이 검사의 공소장변경신청이 없더라도 준강도의 사실을 인정할 수 있는지, 그리고 이를 인정할 수 있다면 준강도의 사실에 대하여 유죄의 판결을 해야 할 의무가 있는지 문제된다. ① 강도상해의 공소사실에 대해 상해의 점이 인정되지 않아 준강도로 인정되는 경우는 피고인의 방어권 행사에 실질적인 불이익을 초래할 염려가 없는 경우로 볼 수 있으므로 법원은 준강도의 사실을 인정할 수 있다. ② 다만, 준강도의 사실을 인정해야 할 의무가 인정되는지에 관하여는, 의무설, 재량설(다수설), 예외적 의무설 등이 있으나, 판례는 종래 재량설로 일관했으나 다른 사실을 인정하지 않음으로써 처벌하지 않게 되면 "형사소송의 목적에 비추어 현저히 정의와 형평에 반하는 것으로 인정되는 경우가 아닌 한 법원이 직권으로 그 범죄사실을 인정하지 아니하였다고 하여 위법한 것이라고까지는 볼 수 없다."고 하여 법원의 예외적 의무를 인정하는 경향을 보이고 있다(대법원 1990. 10. 26. 선고 90도1229 판결; 대법원 1999. 11. 9. 선고 99도3674 판결).

공소장변경이란 본래 공소사실과 다른 사실을 인정할 수 있도록 하기 위한 제도이고, 피고인의 방어권 행사에 실질적 불이익을 초래하지 않는다면 공소장변경절차 없이도 다른 사실을 인정하는 것이 정의와 형평의 관점에 부합한다는 점을 고려하면, 원칙적으로 공소사실과 다른 사실을 인정해야 하고 오히려 예외적으로 재량이 인정된다고 보아야 할 것이다(예외적 재량설 내지 의무설). 법원은 공소장변경이 없더라도 준강도의 사실을 인정하여 유죄의 판결을 선고할 의무가 있으므로 제1심 법원이 공소사실 전부를 무죄로 선고한 것은 위법하다.

[121] 甲은 乙에 대한 폭행치상의 범죄사실로 기소되어 제1심 법원에서 유죄를 선고받고 항소하였다. 그러나 항소심은 상해의 점은 인정되지 않는다고 판단하고 있다. 항소심은 직권으로 甲에게 폭행죄로만 유죄를 선고할 수 있는가? (2018년 7회 변호사시험)

폭행치상죄로 기소된 범죄사실을 폭행죄의 범죄사실로 인정하기 위해 공소장변경을 요하는지가 문제된다. 법원은 공소사실의 동일성이 인정되는 범위 내에서 공소가 제기된 범죄사실에 포함된 보다 가벼운 범죄사실이 인정되는 경우에 심리의 경과에 비추어 피고인의 방어권행사에 실질적인 불이익을 초래할 염려가 없다고 인정되는 때에는 공소장이 변경되지 않았더라도 직권으로 공소장에 기재된 공소사실과 다른 범죄사실을 인정할 수 있다(대법원 1999. 11. 9. 선고 99도3674 판결). 폭행치상죄의 공소사실과 폭행죄의 사실은 동일한 일시, 장소, 방법에 의하여 발생한 사건으로 공소사실의 동일성이 인정되고, 폭행죄의 사실은 공소가 제기된 폭행치상죄의 범죄사실에 포함된 보다 가벼운 범죄사실이므로, 사안에서 법원이 폭행죄의 범죄사실을 인정하기 위해서는 공소장변경 절차를 거칠 필요가 없다. 따라서 항소심은 직권으로 甲에게 폭행죄로만 유죄를 선고할 수 있다.

[122] 항소심에서 검사가 甲에 대한 공소사실을 단독판사 관할사건인 폭행치상에서 합의부 관할사건인 상해치사로 공소장변경을 신청하는 경우 법원이 취해야 할 조치를 논하시오. (2016년 1차 모의시험)

공소사실의 동일성이 인정되는 한 법원은 검사의 공소장변경신청을 허가하여야 한다(형소법 제298조 제1항). 기본적 사실관계동일설에 따르면, 폭행치사죄로 기소되었으나, 동일한 일시, 장소에서 동일한 방법으로 이루어진 행위를 상해치사죄로 공소장을 변경하는 것은 공소사실의 동일성 범위 내에 속한다. 항소심에서 공소장변경이 가능한지에 관하여, 항소심을 사후심으로 이해하는 견해는 이를 부정할 수 있겠으나, 항소심은 속심으로 항소심의 사후심적 구조는 소송경제를 위한 것에 불과하므로, 항소심에서도 공소장변경은 허용된다. 판례도 "현행법상 형사항소심의 구조가 오로지 사후심으로서의 성격만을 가지고 있는 것은 아니므로 항소심에서도 공소장의 변경을 할 수 있다."는 입장이다 (대법원 1986. 7. 8. 선고 86도621 판결).

항소심에서 공소장변경에 의하여 단독판사의 관할사건이 합의부 관할사건으로 된 경우에는 지방법원본원 합의부가 그대로 항소법원으로 심리를 진행하는 방안, 항소법원이 원심을 파기하고 제1심 관할권 있는 지방법원합의부로 이송하는 방안 등이 있을 수 있으나, 판례는 항소심에서 변경된 위 합의부 관할사건에 대한 관할권이 있는 법원은 고등법원이라고 보아야 하므로, 법원은 사건을 **관할권이 있는 고등법원에 이송**하여야 한다는 입장이다(대법원 1997. 12. 12. 선고 97도2463 판결).

항소심 법원은 검사의 공소장변경신청을 허가하고, 사건을 관할권이 있는 고등법원에 이송하여야 한다.

공판절차

제3편

제1장 공판절차의 기본이론

Ⅰ. 제척 · 기피

[123] 약식명령을 발령한 판사가 피고인에 대한 정식재판청구사건과 다른 사건을 병합심리하는 경우 항소이유가 되는가? (2014년 3회 변호사시험)

약식절차와 피고인의 정식재판청구에 의하여 개시된 제1심 공판절차는 동일한 심급 내에서 서로 절차만 달리할 뿐이므로, 약식명령이 제1심 공판절차의 전심재판에 해당하는 것은 아니다. 따라서 약식명령을 발부한 법관이 정식재판절차의 제1심 판결에 관여하였다고 하여 형사소송법 제17조 제7호에 정한 "법관이 사건에 관하여 전심재판 또는 그 기초되는 조사, 심리에 관여한 때"에 해당하여 제척의 원인이 되지는 않는다(대법원 2002. 4. 12. 선고 2002도944 판결).

약식명령을 발령한 판사가 피고인에 대한 정식재판청구사건과 다른 사건을 병합심리하는 경우는 제척원인이 되지 않으므로 항소이유(형소법 제361조의5 제7호. 법률상 그 재판에 관여하지 못할 판사가 그 사건의 심판에 관여한 때)가 되지 않는다.

[124] 약식명령을 발령한 판사가 항소심 공판에 관여하였으나, 판결절차에는 관여하지 않은 경우 '법관이 사건에 관하여 전심재판에 관여'한 제척원인이 되는가?

약식절차와 제1심 공판절차는 동일한 심급 내에서 서로 절차만 달리할 뿐이므로, 약식명령이 제1심 공판절차의 전심재판에 해당하는 것은 아니나(대법원 2002. 4. 12. 선고 2002도944 판결), 약식명령을 한 판사가 그 정식재판 절차의 항소심판결에 관여한 때에는 제17조 제7호의 제척의 원인이 된다(대법원 2011. 4. 28. 선고 2011도17 판결). 다만, 제척되는 재판은 불복이 신청된 당해 사건의 판결절차를 말하는 것이므로 약식명령을 발부한 판사가 항소심인 공판에는 관여하였으나 판결에는 관여하지 않은 때에는 전심재판에 관하여 법관이 불복이 신청된 당해 사건의 재판에 관여하였다고 할 수 없다(대법원 1985. 4. 23. 선고 85도281 판결).

약식명령을 발령한 판사가 항소심 공판에는 관여하였으나 항소심의 판결절차에 관여하지 않는 때에는 형사소송법 제17조 제7호의 제척원인에 해당하지 않는다.

[125] 항소심 합의부원으로 참여한 법관이 수사단계에서 증거보전절차에 관여한 것은 제척사유에 해당하는가? (2016년 3차 모의시험)

법관이 사건에 관하여 전심재판의 기초되는 조사·심리에 관여한 때에는 직무집행에서 제척되는바(제17조 제7호), 항소심 합의부원으로 참여한 법관이 수사단계에서 증거보전절차에 관여한 것이 전심재판의 '기초가 되는 조사·심리에 관여한 때'에 해당하는지 문제된다.

증거보전은 종국재판이 아니므로 '전심재판'은 아니지만, **실체형성**과 관련하여 그 기초가 되는 조사·심리에 관여한 경우로 보아야 하므로 구속영장을 발부하거나 구속적부심에 관여한 경우 등과는 달리 제척사유에 해당한다는 것이 **다수설**이나, **판례**는 '그 기초되는 조사·심리'를 좁게 해석하여 형사소송법 제184조에 의한 증인신문을 한 법관은 형사소송법 제17조 제7호에 이른바 전심재판 또는 그 기초되는 조사, 심리에 관여한 법관이라고 할 수 없다고 하여 소극적인 태도를 취하고 있다(대법원 1971. 7. 6. 선고 71도974 판결).

판례의 입장에 따르면, 수사단계에서 증거보전절차에 관여한 법관이 항소심 합의부원으로 참여하더라도 제척사유가 되는 것은 아니다.

[126] 선거관리위원장으로서 공직선거법위반혐의사실에 대하여 수사기관에 수사의뢰를 한 법관이 당해 형사피고사건의 재판을 하는 경우 형사소송법 제17조 제6호 또는 제7호의 제척원인에 해당하는가?

선거관리위원장은 형사소송법 제197조나 사법경찰관리의 직무를 행할 자와 그 직무범위에 관한 법률에 사법경찰관의 직무를 행할 자로 규정되어 있지 아니하고 그 밖에 달리 사법경찰관에 해당한다고 볼 근거가 없으므로 선거관리위원장으로서 공직선거법위반혐의사실에 대하여 수사기관에 수사의뢰를 한 법관이 당해 형사피고사건의 재판을 하는 경우 그것이 적절하다고는 볼 수 없으나 형사소송법 제17조 제6호의 제척원인인 "법관이 사건에 관하여 사법경찰관의 직무를 행한 때"에 해당하지 않는다.

형사소송법 제17조 제7호의 제척원인인 "법관이 사건에 관하여 그 기초되는 조사에 관여한 때"는 전심재판의 내용 형성에 사용될 자료의 수집·조사에 관여하여 그 결과가 전심재판의 사실인정 자료로 쓰여진 경우를 말하므로 법관이 선거관리위원장으로서 공직선거법위반혐의사실에 대하여 수사기관에 수사의뢰를 하고, 그 후 당해 형사피고사건의 항소심 재판을 하는 경우 역시 적절하지는 않으나 위 제척원인인 법관이 사건에 관하여 그 기초되는 조사에 관여한 때에 해당하지 않는다(대법원 1999. 4. 13. 선고 99도155 판결).

[127] 통역인이 사건에 관하여 증인으로 증언한 후 다른 증인의 진술을 통역한 경우 그 통역인이 통역한 증인신문조서는 증거능력이 인정되는가?

형사소송법 제17조 제4호는 법관이 사건에 관하여 증인, 감정인, 피해자의 대리인으로 된 때에는 직무집행에서 제척된다고 규정하고 있고, 위 규정은 형사소송법 제25조 제1항에 의하여 통역인에게 준용되므로, 통역인이 사건에 관하여 증인으로 증언한 때에는 직무집행에서 제척된다.

따라서 제척사유가 있는 통역인이 통역한 증인에 대한 증인신문조서는 유죄

인정의 증거로 사용할 수 없다(대법원 2011. 4. 14. 선고 2010도13583 판결).

[128] 통역인이 사실혼 배우자인 증인의 진술을 통역한 경우 형사소송법 제17조 제2호의 제척사유에 해당하는가?

형사소송법 제17조 제2호는 법관이 피고인 또는 피해자의 친족 또는 친족관계가 있었던 자인 때에는 직무집행에서 제척된다고 규정하고 있고, 위 규정은 형사소송법 제25조 제1항에 의하여 통역인에게 준용되나, 사실혼관계에 있는 사람은 민법 소정의 친족이라고 할 수 없어 형사소송법 제17조 제2호에서 말하는 친족에 해당하지 않으므로, 통역인이 증인의 사실혼 배우자라고 하여도 형사소송법 제25조 제1항, 제17조 제2호 소정의 제척사유가 있다고 할 수 없다 (대법원 2011. 4. 14. 선고 2010도13583 판결).

[129] 재판장이 변호인이 신청한 증인에 대한 증인신문사항 미제출을 이유로 그 증인채택결정을 취소한 경우 (또는 피고인에게 공판기일에게 어김없이 출석할 것을 촉구한 경우나 검사의 피고인에 대한 공소장변경허가신청을 불허한 경우) 형사소송법 제18조 제2호가 규정한 '법관이 불공평한 재판을 할 염려가 있는 때'에 해당하는가?

형사소송법 제18조 제1항 제2호 소정의 '법관이 불공정한 재판을 할 염려가 있는 때'는 당사자가 불공평한 재판이 될지도 모른다고 추측할 만한 주관적인 사정이 있는 때를 말하는 것이 아니라, **통상인의 판단으로서 법관과 사건과의 관계상 불공평한 재판을 할 것이라는 의혹을 갖는 것이 합리적이라고 인정할 만한 객관적인 사정**이 있는 때를 의미한다.

따라서 재판장이 변호인 신청 증인에 대한 채택결정을 취소한 경우(또는 피고인에게 공판기일에게 어김없이 출석할 것을 촉구한 경우, 검사의 피고인에 대한 공소장변경허가신청을 불허한 경우)는 '법관이 불공평한 재판을 할 염려가 있는 때'에 해당하지 않는다(대법원 2001. 3. 21. 자 2001모2 결정).

[130] 기피신청을 받은 법관이 소송진행을 정지하지 않고 증거결정 및 증거조사 등의 소송행위를 하고 유죄의 판결을 선고한 경우 그 판결은 적법한가?

기피신청이 있는 때에는 형사소송법 제20조 제1항의 경우(기피신청이 소송의 지연을 목적으로 함이 명백하거나 제19조 제1항의 규정에 위배된 때)를 제외하고는 소송진행을 정지하여야 하며, 단 급속을 요하는 경우는 예외적으로 소송진행을 정지하지 않을 수 있다(제22조). 기피신청을 받은 법관이 형사소송법 제22조에 위반하여 본안의 소송절차를 정지하지 않은 채 그대로 소송을 진행하여서 한 소송행위는 그 효력이 없고, 그 후 그 기피신청에 대한 기각결정이 확정되었다고 하더라도 마찬가지이다(대법원 2012. 10. 11. 선고 2012도8544 판결).

형사소송법 제20조 제1항의 사유나 급속을 요하는 예외적인 사유(구속기간의 만료가 임박한 경우 또는 판결만을 선고하는 경우)가 없음에도 불구하고, 기피신청을 받은 법관이 증거결정 및 증거조사를 한 것은 형사소송법 제22조에 위반하여 본안의 소송절차를 정지하지 않은 채 그대로 소송을 진행하여서 한 소송행위로 모두 효력이 없다. 따라서 당해 판결은 적법한 증거조사를 거치지 않은 증거에 의하여 선고된 판결로서 위법하다.

> 항소심이 별도로 증거조사절차를 거치는 등의 조치를 취하지 아니한 채 제1심 법원이 실시한 증거조사 결과를 원용하여 유죄를 인정한 제1심 판결을 그대로 유지한 경우에도 항소심판결에는 기피신청을 받은 법관이 소송진행의 정지 중에 한 소송행위의 효력에 관한 법리를 오해하여 증거결정 및 증거조사의 유효성에 관한 판단을 그르침으로써 판결에 영향을 미친 위법이 있다.

II. 법원의 관할

[131] 형사소송법 제4조에 의하여 지방법원 본원에 제1심 토지관할이 인정되지 않더라도, 지방법원 지원에 제1심 토지관할이 인정되면 당연히 지방법원 본원에도 제1심 토지관할이 인정되는가?

제1심 형사사건에 관하여 지방법원 본원과 지방법원 지원은 소송법상 별개의 법원이자 각각 일정한 토지관할 구역을 나누어 가지는 대등한 관계에 있으므로, 지방법원 본원과 지방법원 지원 사이의 관할의 분배도 지방법원 내부의 사법행정사무로서 행해진 지방법원 본원과 그 지원 사이의 단순한 사무분배에 그치는 것이 아니라 소송법상 토지관할의 분배에 해당한다.

따라서 형사소송법 제4조에 의하여 지방법원 본원에 제1심 토지관할이 인정된다고 볼 특별한 사정이 없는 한, 지방법원 지원에 제1심 토지관할이 인정된다는 사정만으로 당연히 지방법원 본원에도 제1심 토지관할이 인정되지는 않는다(대법원 2015. 10. 15. 선고 2015도1803 판결).

[132] 사물관할을 달리하는 여러 개의 관련사건이 각각 합의부와 단독판사에 계속된 경우 합의부가 결정으로 단독판사에 속한 사건을 병합하여 심리할 수 있는가?
(2016년 2차 모의시험)

사물관할을 달리하는 여러 개의 관련사건이 각각 합의부와 단독판사에 계속된 때에는 합의부는 결정으로 단독판사에 속한 사건을 병합하여 심리할 수 있다(제10조). 1인이 범한 수죄는 관련사건이므로(제11조 제1호), 지방법원 합의부는 결정으로 피고인에 대한 ① 합의부 계속사건과 ② 단독판사 계속사건(예컨대, 특수절도죄)을 병합하여 심리할 수 있다.

[133] 항소심에서 공소장변경에 의하여 단독판사의 관할사건이 합의부 관할사건으로 된 경우 항소심 법원이 취하여야 할 조치는? (2012년 2회 변호사시험)

항소심에서 공소장변경에 의하여 단독판사의 관할사건이 합의부 관할사건으로 된 경우에는 지방법원본원 합의부가 그대로 항소법원으로 심리를 진행하는 방안, 항소법원이 원심을 파기하고 제1심 관할권 있는 지방법원합의부로 이송하는 방안 등이 있을 수 있으나, **판례**에 따르면, 항소심에서 변경된 위 합의부 관할사건에 대한 관할권이 있는 법원은 고등법원이라고 보아야 하므로, 법원은 사건을 관할권이 있는 법원에 이송하여야 한다(대법원 1997. 12. 12. 선고 97도2463 판결).

> 단독판사 관할 사건의 항소심에서 치료감호가 청구된 경우에도 치료감호사건의 관할법원인 고등법원으로 이송하여야 한다(대법원 2009. 11. 12. 선고 2009도6946, 2009감도24 판결). 다만, 공소장변경으로 인해 합의사건이 단독사건으로 변경된 경우는 신중한 실체심리를 위해 관할변경에도 불구하고 사건을 이송하지 않는다(대법원 2013. 4. 25. 선고 2013도1658 판결).

[134] 형사소송법 제6조가 규정한 '공통되는 직근상급법원'의 판단 기준은?
(예컨대, 수원지법 성남지원 단독판사와 서울중앙지법 단독판사에 계속된 사건의 병합심리를 결정하는 상급법원)

형사소송법 제6조는 "토지관할이 다른 여러 개의 관련사건이 각각 다른 법원에 계속된 때에는 공통되는 바로 위의 상급법원은 검사나 피고인의 신청에 의하여 결정으로 한 개 법원으로 하여금 병합심리하게 할 수 있다."고 규정하고 있다.

사물관할은 같지만 토지관할이 다른 여러 개의 제1심 법원(지원을 포함한다)들에 관련 사건이 계속된 경우 형사소송법 제6조에서 말하는 '공통되는 바로 위의 상급법원'은 사물관할 기준이 아닌 관할구역 구분을 기준으로 정하여야 한다.

따라서 토지관할을 달리하는 수개의 제1심 법원들에 관련 사건이 계속된 경우에 그 소속 고등법원이 같은 경우에는 그 고등법원이, 그 소속 고등법원이 다른 경우에는 대법원이 위 제1심 법원들의 공통되는 직근상급법원으로서 위 조항에 의한 토지관할 병합심리 신청사건의 관할법원이 된다(대법원 2006. 12. 5. 자 2006초기335 전원합의체 결정).

III. 검사

[135] 피의자와 피해자 관계에 있는 검사가 피의자를 수사한 것은 위법한가?
(2014년 3차 모의시험)

명문규정이 없는 검사에게도 형사소송법 제17조·제18조의 제척·기피에 관한 규정을 적용할 수 있는지에 관하여 견해의 대립이 있다. 검사동일체의 원칙, 검사는 피고인과 대립하는 당사자라는 이유로 그 적용이 인정되지 않는다는 **소극설**, 피고인 보호와 공정한 검찰권 확립을 위해 검사의 교체가 사실상 필요하다는 **적극설**의 입장이 있으나, **판례**는 범죄의 피해자인 검사가 그 사건의 수사에 관여하거나, 압수·수색영장의 집행에 참여한 검사가 다시 수사에 관여하였다는 이유만으로 바로 그 수사가 위법하다거나 그에 따른 참고인이나 피의자의 진술에 임의성이 없다고 볼 수는 없다(대법원 2013. 9. 12. 선고 2011도 12918 판결)고 하여 소극적인 태도를 취하고 있다.

판례에 따르면, 피의자와 피해자의 관계에 있는 검사가 피의자를 수사하였더라도 위법수사에 해당하지는 않으며, 검사가 피의자에 대해 작성한 피의자신문조서는 피해자의 지위에 있는 검사가 작성하였다는 이유만으로 그 증거능력이 부정되지 않는다.

[136] 검사가 상사인 검사장의 결재를 받지 아니하고 한 공소제기의 효력은?

검사는 단독제기관으로서 인적·물적 독립이 보장되어야 하므로 검사에 대한 상사의 지휘·감독관계는 내부적 효력을 가지는 데 지나지 않는다. 소속 상급자의 지휘·감독은 적법한 명령을 전제로 하며 검사에게는 지휘감독의 적법성 내지 정당성에 대한 이의제기권이 있다. 따라서 검사는 법과 정의에 비추어 상관의 명령과 다른 처분을 할 수 있으며, 소속 상급자가 이를 임의로 취소·변경하는 것은 허용되지 않는다.

검사가 상사의 명령에 위반하거나, 상사의 의사에 반하여 결재를 받지 아니하고 공소를 제기한 경우(또는 불기소처분을 한 경우)에는 그 처분의 효력에는 영향이 없다.

IV. 피고인

[137] 제1심 법원 공판 중 피고인의 성명이 乙이 아니라 甲이라고 밝혀진 경우, 검사와 법원이 취하여야 할 조치는? (2017년 6회 변호사시험; 2019년 1차 모의시험)

① <u>검사의 조치</u>: 검사는 공소장의 인적 사항의 기재를 정정하여 피고인의 표시를 바로 잡아야 한다. 이는 피고인의 표시상의 착오를 정정하는 것이지 공소장을 변경하는 것이 아니므로, 형사소송법 제298조에 따른 공소장변경의 절차를 밟을 필요는 없고 법원의 허가도 필요하지 않다.

② <u>법원의 조치</u>: ㉮ 검사가 공소장의 피고인 표시를 정정하여 바로잡은 경우에는 처음부터 모용자에 대한 공소의 제기가 있었고 피모용자에 대한 공소의 제기가 있었던 것은 아니므로, 법원은 모용자에 대하여 심리하고 재판을 하면 된다. ㉯ 검사가 피고인의 표시를 정정하여 그 모용관계를 바로 잡지 아니한 경우에

는 ⊙ 외형상 피모용자 명의로 공소가 제기된 것으로 되어 있고, 이는 공소제기의 방식이 형사소송법 제254조의 규정에 위반하여, 무효이므로 법원은 공소기각의 판결을 선고하여야 한다. ⊙ 피모용자가 약식명령에 대하여 정식재판의 청구를 하여 피모용자를 상대로 심리를 하는 과정에서 성명모용 사실이 발각되어 검사가 공소장을 정정하는 등 사실상의 소송계속이 발생하고 형식상 또는 외관상 피고인의 지위를 갖게 된 경우에는 법원으로서는 피모용자에게 적법한 공소의 제기가 없었음을 밝혀 주는 의미에서 형사소송법 제327조 제2호를 **유추적용**하여 공소기각의 판결을 함으로써 피모용자의 불안정한 지위를 명확히 해소해 주어야 한다(대법원 1993. 1. 19. 선고 92도2554 판결).

[138] 공소장에 甲으로 표시되어 기소되었으나 甲의 동생 乙이 공판정에 출석하여 허위 자백한 경우 피고인의 특정 방법 및 법원이 공판절차 진행 정도에 따라 취해야 할 조치는? (2019년 3차 모의시험)

(1) 피고인의 특정: 검사는 공소장에 甲을 피고인으로 제대로 기재하였으나 甲 대신 甲의 동생 乙이 甲인 것처럼 위장출석한 경우 피고인을 누구로 할지에 관하여는, 검사의 의사를 기준으로 하는 의사설, 공소장에 기재된 피고인을 기준으로 하는 표시설, 피고인으로 행위한 자를 기준으로 하는 행위설, 표시설에 따르면서 검사의 의사나 피고인의 행위를 고려하는 **실질적 표시설**이 있다. 절차의 형식적 확실성을 유지하는 차원에서 실질적 표시설이 타당하다. 검사가 공소장에 기재한 甲이 소추대상이므로 실질적 피고인이 되고(표시설 내지 의사설 기준), 공판정에 출석한 위장출석자인 乙은 형식적 피고인이 된다(행위설의 입장).

(2) 법원이 취해야 할 조치
① 공판심리 중 드러난 경우: ㉮ 인정신문 단계에서 위장출석이 밝혀진 경우에는 위장출석자인 乙을 퇴정시켜 소송절차에서 배제하고(사건에 대한 실질심리가 행하여지지 않았기 때문에 형식적 피고인에 대하여 형식재판을 통한 배제가 불필요함), 실질적 피고인을 소환하여 절차를 진행하여야 한다. ㉯ 사실심리 단계에서 위장

출석이 밝혀진 경우에는 형식적 피고인에게도 사실상 소송계속이 발생하였으므로 형식적 소송조건의 흠결을 이유로 공소기각의 판결을 선고하고(제327조 제2호), 실질적 피고인을 소환하여 공판절차를 진행하여야 한다.

② 판결확정 후 드러난 경우: 법원이 위장출석사실을 알지 못한 채 유죄판결이 확정되면 그 효력은 '위장출석한' 형식적 피고인에 대해서 미치며, 실질적 피고인을 소환하여 공판절차를 다시 진행하여야 한다. 형식적 피고인에 대한 잘못된 판결의 시정방법으로는, 비상상고설(형식적 소송조건의 흠결을 간과한 위법을 바로잡는다는 의미)과 재심설(유죄의 선고를 받은 자에 대하여 무죄를 인정할 명백한 증거가 새로 발견된 때(제420조 제5호)의 개념을 유추적용하여 재심에 의한다는 의미)이 대립하고 있으나, 피고인 보호차원에서 **재심설**이 타당하다.

V. 진술거부권

[139] 검사는 甲을 참고인으로 소환하여 진술거부권을 고지하지 않고 실질적으로 피의자신문사항에 해당하는 내용을 조사하고 참고인진술조서를 작성하였다. 위 조서의 증거능력은 인정되는가?

형사소송법 제244조의3 제1항은 검사 또는 사법경찰관은 피의자를 신문하기 전에 진술거부권을 알려주어야 한다고 규정하고 있다. 피의자의 진술거부권은 헌법이 보장하는 형사상 자기에 불리한 진술을 강요당하지 않는 자기부죄거부의 권리에 터잡은 것이므로 수사기관이 피의자를 신문함에 있어서 피의자에게 미리 진술거부권을 고지하지 않은 때에는 그 피의자의 진술은 위법하게 수립된 증거로서 진술의 임의성이 인정되는 경우라도 증거능력이 부인된다(대법원 1992. 6. 23. 선고 92도682 판결).

피의자의 진술을 녹취 내지 기재한 서류 또는 문서가 수사기관에서의 조사과정에서 작성된 것이라면, 그것이 '진술조서, 진술서, 자술서'라는 형식을 취하였다고 하더라도 그 실질은 피의자신문조서에 해당한다(대법원 2011. 11. 10.

선고 2010도8294 판결). 사안에서 검사가 甲을 조사하기 이전에 진술거부권을 고지하지 않은 이상 甲의 진술에 임의성이 인정되더라도 위 피의자신문조서의 증거능력은 인정되지 않는다.

[140] 사법경찰관 P는 현행범인으로 체포된 피의자 甲에게 진술거부권을 고지하지 않은 채 甲의 A에 대한 추가 날치기범행 진술을 듣고 A의 가방을 甲의 주거에서 증거물로 확보하였다. 甲이 40여 일이 지나 변호인과 함께 출석하여 법정에서 진술거부권을 고지받고 날치기범행을 임의로 자백한 경우 위 자백은 증거능력이 인정되는가?

수사기관이 헌법과 형사소송법이 정한 절차에 따르지 아니하고 수집한 증거는 물론, 이를 기초로 하여 획득한 2차적 증거 역시 유죄 인정의 증거로 삼을 수 없는 것이 원칙이다. 다만, 수사기관의 절차 위반 행위가 적법절차의 실질적인 내용을 침해하는 경우에 해당하지 아니하고, 오히려 그 증거의 증거능력을 배제하는 것이 적법절차의 원칙과 실체적 진실 규명의 조화를 도모하고, 이를 통하여 형사 사법 정의를 실현하려 한 취지에 반하는 결과를 초래하는 것으로 평가되는 예외적인 경우라면, 법원은 그 증거를 유죄 인정의 증거로 사용할 수 있다. 2차적 증거의 증거능력 인정 여부를 최종적으로 판단할 때에는 먼저 절차에 따르지 아니한 1차적 증거 수집과 관련된 모든 사정들과 1차적 증거를 기초로 하여 다시 2차적 증거를 수집하는 과정에서 추가로 발생한 모든 사정들을 주로 인과관계 희석 또는 단절 여부를 중심으로 전체적·종합적으로 고려하여야 한다(대법원 2007. 11. 15. 선고 2007도3061 전원합의체 판결).

사안에서 甲의 법정자백은 수사기관이 진술거부권을 고지하지 않은 상태에서 임의로 이루어진 피의자의 자백을 기초로 수집한 2차적 증거에 해당한다. 그러나 甲의 제1심 법정 자백은 최초 자백 이후 약 40여 일이 지난 후 공개된 법정에서 변호인의 충분한 조력을 받으면서 진술거부권을 고지받는 등 적법한 절차를 통해 임의로 이루어진 사정 등을 전체적·종합적으로 고려해 볼 때, 이를 유죄 인정의 증거로 사용할 수 있는 경우에 해당한다(대법원 2009. 3. 12. 선고

2008도11437 판결).

A의 법정에서의 진술은 A가 피해자로서 범행일로부터 무려 7개월 이상 지난 시점에서 법원의 적법한 소환에 따라 자발적으로 공개된 법정에 출석하여 위증의 벌을 경고받고 선서한 후 자신이 직접 경험한 사실을 임의로 진술한 사정 등을 고려해 볼 때, 이 역시 유죄 인정의 증거로 사용할 수 있는 경우에 해당한다(대법원 2009. 3. 12. 선고 2008도11437 판결).

[141] 피고인 甲이 증거관계가 명백함에도 공판정에서 진술거부권을 행사하면서 범죄사실을 끝까지 부인하자 제1심 법원은 甲의 이러한 태도를 가중적 양형조건으로 삼아 형을 선고하였다. 제1심 법원 형선고의 적법성 여부를 논하시오.
(2018년 3차 모의시험)

진술거부권 행사 사실을 가중적 양형조건으로 삼을 수 있는지에 관하여는, 피고인은 진술의무가 없다는 이유로 이를 부정하는 **부정설**, 자백을 통한 개정의 전을 표시한 자와 진술거부권을 행사한 자를 동일시할 수 없다는 **긍정설**, 예외적으로 가중적 양형조건으로 삼을 수 있다는 **절충설**이 대립한다. **판례**는 모든 국민은 형사상 자기에게 불리한 진술을 강요당하지 아니할 권리가 보장되어 있으므로(헌법 제12조 제2항), 형사소송절차에서 피고인은 방어권에 기하여 범죄사실에 대하여 진술을 거부하거나 거짓 진술을 할 수 있고, 이 경우 범죄사실을 단순히 부인하고 있는 것이 죄를 반성하거나 후회하고 있지 않다는 인격적 비난요소로 보아 가중적 양형의 조건으로 삼는 것은 결과적으로 피고인에게 자백을 강요하는 것이 되어 허용될 수 없지만, 그러한 태도나 행위가 피고인에게 보장된 방어권 행사의 범위를 넘어 객관적이고 명백한 증거가 있음에도 진실의 발견을 적극적으로 숨기거나 법원을 오도하려는 시도에 기인한 경우에는 가중적 양형의 조건으로 참작될 수 있다(대법원 2001. 3. 9. 선고 2001도192 판결)는 입장이다.

판례의 입장에 따르면, 사안에서 甲이 자신에게 보장된 방어권 행사의 범위를 넘어 객관적이고 명백한 증거가 있음에도 불구하고 진실의 발견을 적극적으로 숨기거나 법원을 오도하려는 시도에 기인한 경우라면 甲의 태도를 가중적 양형의 조건으로 참작할 수 있으므로 제1심 법원의 형선고는 적법하다.

> **[142]** 피조사자에 대한 진술거부권 고지 규정이 신설되기 전의 구 공직선거법 시행 당시 선거관리위원회 위원·직원이 선거범죄 조사와 관련하여 관계자에게 질문을 하면서 미리 진술거부권을 고지하지 않았다면 그 조사절차는 위법한가? 그 과정에서 작성·수집된 선거관리위원회 문답서의 증거능력은 인정되는가?

구 공직선거법(2013. 8. 13. 법률 제12111호로 개정되기 전의 것)은 제272조의2에서 선거범죄 조사와 관련하여 선거관리위원회 위원·직원이 관계자에게 질문·조사를 할 수 있다고 규정하면서도 진술거부권의 고지에 관하여는 별도의 규정을 두지 않았고, 수사기관의 피의자에 대한 진술거부권 고지를 규정한 형사소송법 제244조의3 제1항이 구 공직선거법상 선거관리위원회 위원·직원의 조사절차에 당연히 유추적용된다고 볼 수도 없다. 결국 구 공직선거법 시행 당시 선거관리위원회 위원·직원이 선거범죄 조사와 관련하여 관계자에게 질문을 하면서 미리 진술거부권을 고지하지 않았다고 하여 단지 그러한 이유만으로 그 조사절차가 위법하다거나 그 과정에서 작성·수집된 선거관리위원회 문답서의 증거능력이 당연히 부정된다고 할 수는 없다(대법원 2014. 1. 16. 선고 2013도5441 판결). 한편 2013. 8. 13. 법률 제12111호로 개정된 공직선거법은 제272조의2 제7항을 신설하여 선거관리위원회의 조사절차에서 피조사자에게 진술거부권을 고지하도록 하는 규정을 마련하고 있다.

VI. 변호인

[143] 변호인선임신고서를 제출하지 않은 변호인이 변호인 명의로 재항고장을 제출한 경우 재항고로서의 효력이 있는가?

형사소송법 제32조 제1항은 변호인의 선임은 심급마다 변호인과 연명날인한 서면으로 제출하여야 한다고 규정하고 있다. 변호인선임신고서를 제출하지 않은 변호인이 변호인 명의로 재항고장을 제출한 경우, 그 재항고장은 적법·유효한 재항고로서의 효력이 없다(대법원 2005. 1. 20. 자 2003모429 결정 등 참조). 따라서 재항고법원은 재항고가 법률상의 방식에 위배된 것이므로 기각결정을 하여야 한다(대법원 2017. 7. 27. 자 2017모1377 결정).

> 변호인선임신고서를 제출하지 아니한 변호인이 변호인 명의로 정식재판청구서만 제출하고, 형사소송법 제453조 제1항이 정하는 정식재판청구기간 경과 후에 비로소 변호인선임신고서를 제출한 경우에는 변호인 명의로 제출한 정식재판청구서는 적법·유효한 정식재판청구로서의 효력이 없다(대법원 2005. 1. 20. 자 2003모429 결정).

[144] 甲과 乙이 상호 상해를 가하였다는 공소사실로 기소되고 변호사 V가 甲과 乙의 국선변호인으로 선정된 후 제1심 공판이 진행되어 甲과 乙에게 유죄의 판결이 선고된 경우 甲은 V가 乙의 변호인이기도 하였다는 점을 항소이유로 삼을 수 있는가?

헌법상 보장되는 '변호인의 조력을 받을 권리'는 변호인의 '충분한 조력'을 받을 권리를 의미하므로, 피고인에게 국선변호인의 조력을 받을 권리를 보장하여야 할 국가의 의무에는 피고인이 국선변호인의 실질적 조력을 받을 수 있도록 할 의무가 포함된다(대법원 2012. 2. 16. 자 2009모1044 전원합의체 결정 등 참조). 공소사실 기재 자체로 보아 어느 피고인에 대한 유리한 변론이 다른 피고인에 대하여는 불리한 결과를 초래하는 경우 공동피고인들 사이에 그 이해가 상반된다. 이해가 상반된 피고인들의 국선변호인으로 선정된 변호사는 이해가 상반된 피고인들 모두에게 유리한 변론을 하기 어렵다. 이로 인하여 다른 피고인은 국선변호인의 실질적 조력을 받을 수 없게 되었다고 보아야 하고, 따라서 위와 같은 국선변호인 선정은 국선변호인의 조력을 받을 피고인의 권리를 침해하는 것으로 판결에 영향을 미친 법령위반이 인정되어 적법한 항소이유가 된다(대법원 2015. 12. 23. 선고 2015도9951 판결).

[145] 피고인과 국선변호인이 모두 법정기간 내에 항소이유서를 제출하지 않았으나, 국선변호인이 항소이유서를 제출하지 아니한 데 대하여 피고인에게 귀책사유가 없는 경우 항소심 법원이 취하여야 할 조치는?

헌법상 보장되는 '변호인의 조력을 받을 권리'는 변호인의 **충분한 조력**을 받을 권리를 의미하므로, 피고인에게 국선변호인의 조력을 받을 권리를 보장하여야 할 국가의 의무에는 피고인이 국선변호인의 실질적 조력을 받을 수 있도록 할 의무가 포함된다. 항소법원은 종전 국선변호인의 선정을 취소하고 새로운 국선변호인을 선정하여 다시 소송기록접수통지를 함으로써 새로운 국선변호인으로 하여금 그 통지를 받은 때로부터 형사소송법 제361조의3 제1항의 기간 내에 피고인을 위하여 항소이유서를 제출하도록 하여야 한다(대법원 2012. 2. 16. 자 2009모1044 전원합의체 결정).

[146] 체포된 甲이 변호인의 접견을 신청하였으나 수사기관이 접견신청일로부터 상당한 기간이 경과하도록 접견을 허용하지 않은 경우 (또는 구금장소를 임의적으로 변경한 경우) 이에 대한 구제방법은? (2018년 1차 모의시험)

체포된 피의자의 변호인과의 접견교통권은 신체구속을 당한 피고인이나 피의자의 인권보장과 방어준비를 위하여 필수불가결한 권리이므로, 법령에 의한 제한이 없는 한 수사기관의 처분은 물론 법원의 결정으로도 이를 제한할 수 없다. 甲의 변호인과의 접견이 접견신청일로부터 상당한 기간이 경과하도록 허용되지 않고 있는 것은 접견불허처분이 있는 것과 동일시되므로(대법원 1990. 2. 13. 자 89모37 결정) 甲은 형사소송법 제417조에 의해 준항고가 가능하다.

> 접견신청일이 경과하도록 접견이 이루어지지 아니한 것은 실질적으로 접견불허가처분이 있는 것과 동일시 된다(대법원 1991. 3. 28. 자 91모24 결정). 따라서 접견신청일이 경과하도록 접견이 이루어지지 않은 것은 실질직으로 접견불허처분이 있는 것으로 보아야 하며, 이는 형사소송법상 재항고이유가 되는 위법사유가 된다. 사실상의 구금장소의 임의적 변경은 피의자의 방어권이나 접견교통권의 행사에 중대한 장애를 초래하므로 위법하다(대법원 1996. 5. 15. 자 95모94 결정).

[147] 임의동행의 형식으로 수사기관에 연행된 피의자에게도 변호인 또는 변호인이 되려는 자와의 접견교통권이 인정되는가?

변호인의 조력을 받을 권리를 실질적으로 보장하기 위하여는 변호인과의 접견교통권의 인정이 당연한 전제가 되므로, 임의동행의 형식으로 수사기관에 연행된 피의자에게도 변호인 또는 변호인이 되려는 자와의 접견교통권은 당연히 인정되며, **임의동행**의 형식으로 연행된 **피내사자**의 경우에도 마찬가지이다(대법원 1996. 6. 3. 자 96모18 결정).

[148] 변호인의 접견교통권은 아직 변호인으로 선임되지 않았으나 '변호인이 되려는 자'도 행사할 수 있는가?

변호인의 접견교통권은 '변호인이 되려는 자'도 행사할 수 있다(제34조). 여기서 '변호인이 되려는 자'란 변호인이 되려는 의사를 표시한 자가 객관적으로 변호인이 될 가능성이 인정되는 경우이다. 수사기관은 변호인이 되려는 자의 접견교통권을 제한할 수 없다(대법원 2017. 3. 9. 선고 2013도16162 판결).

[149] 피의자는 변호인의 접견교통신청을 거부할 수 있는가?

변호인의 접견교통권은 피의자 등이 변호인의 조력을 받을 권리를 실현하기 위한 것으로서, 피의자 등이 헌법 제12조 제4항에서 보장한 기본권의 의미와 범위를 정확히 이해하면서도 이성적 판단에 따라 자발적으로 그 권리를 포기한 경우까지 피의자 등의 의사에 반하여 변호인의 접견이 강제될 수 있는 것은 아니다. 따라서 피의자는 변호인이 접견교통 신청을 하였더라도 이를 거부 또는 포기할 수 있다. 다만, 피의자 등이 헌법 제12조 제4항에서 보장한 기본권의 의미와 범위를 정확히 이해하면서도 이성적 판단에 따라 자발적으로 그 권리를 포기하였다는 것에 대해서는 이를 주장하는 사람이 증명할 책임이 있다(대법원 2018. 12. 27. 선고 2016다266736 판결).

제2장 **공판절차**

Ⅰ. 공판절차의 기본원칙

[150] 제1심 법원 합의부 배석판사 R1은 피고인 甲에 대한 재판이 많이 길어지
자 재판 도중 잠깐 졸았으며, 다른 배석 판사 R2는 피해자에 대한 증인신문절차
가 이루어지는 동안 졸았다. 제1심 법원이 甲에게 유죄의 판결을 선고한 경우 甲
이 항소이유로 주장할 수 있는 내용은?

공판절차의 기본원칙으로 구두주의와 직접주의가 있다. **구두주의**는 판결의
기초가 되는 소송자료는 구두로 - 한국어로 - 제출·설명되고 법원은 당사자
의 구두에 의한 공격·방어를 기초로 심증을 형성하여야 한다는 원칙을 말한다
(제275조의3). **직접(심리)주의**는 수소법원이 직접 증거조사를 해야 하며, 원칙적
으로 수탁판사, 수임판사 등에게도 맡길 수 없다는 형식적 직접(심리)주의(판사
등에 의한 출석에 의한 개정(제275조), 판사의 경질에 의한 공판절차 갱신(제301조), 증거
의 소송관계인에 의한 개별적 지시·설명(제291조) 등)와 법원이 사실의 원천으로부터
직접 알아내야 한다는 원칙, 즉 대체증거를 이용할 수 없다는 실질적 직접(심리)
주의(대체증거금지, 인증의 서증에 대한 우선, 피고인신문·증인신문·감정인신문, 전문법칙
(제310조의2) 등)를 내용으로 한다.

甲은 일상생활 경험상 길고 어려운 심리 중에 R1이 잠깐 졸은 것을 절차위
반으로 보기는 어렵지만, R2가 증인신문절차가 진행되는 동안 졸음으로써 소
송절차의 절차의 본질적 부분을 따라가지 못한 것은 구두주의와 직접주의에

관한 소송법을 위반함으로써 판결에 영향을 미친 법령위반(제361조의5 제1호)에 해당하여 항소이유가 될 수 있다고 주장할 수 있다.

> **[151]** 제1심에서 피고인에 대하여 무죄판결이 선고되자 검사가 항소한 후, 검사가 항소심 공판기일에 증인으로 신청하여 신문할 수 있는 사람을 특별한 사정 없이 다른 사건을 수사하는 과정에서 미리 수사기관에 소환하여 진술조서나 피의자신문조서를 작성하였다면, 피고인이 이를 증거로 함에 동의하지 않는 경우에도 이를 증거로 사용할 수 있는가?

형사소송법은 피고사건에 대한 실체심리가 공개된 법정에서 검사와 피고인 양 당사자의 공격·방어활동에 의하여 행해져야 한다는 당사자주의와 공판중심주의 원칙, 공소사실의 인정은 법관의 면전에서 직접 조사한 증거만을 기초로 해야 한다는 직접심리주의와 증거재판주의 원칙을 기본원칙으로 채택하고 있다. 이에 따라 공소가 제기된 후에는 그 사건에 관한 형사절차의 모든 권한이 사건을 주재하는 수소법원에 속하게 되며, 수사의 대상이던 피의자는 검사와 대등한 당사자인 피고인의 지위에서 방어권을 행사하게 된다. 제1심에서 피고인에 대하여 무죄판결이 선고되어 검사가 항소한 후, 수사기관이 항소심 공판기일에 증인으로 신청하여 신문할 수 있는 사람을 특별한 사정 없이 미리 수사기관에 소환하여 작성한 진술조서나 피의자신문조서는 피고인이 증거로 삼는 데 동의하지 않는 한 증거능력이 없다. 참고인 등이 나중에 법정에 증인으로 출석하여 위 진술조서 등의 진정성립을 인정하고 피고인 측에 반대신문의 기회가 부여된다 하더라도 위 진술조서 등의 증거능력을 인정할 수 없음은 마찬가지이다(대법원 2019. 11. 28. 선고 2013도6825 판결).

> **[152]** 제1심 법원의 재판장은 제3회 공판기일에 甲의 폭행, 강제추행의 공소사실에 대해 피해자 V를 증인으로 신문함에 있어서 V가 甲의 면전에서 충분한 진술을 할 수 없다고 인정하여 甲의 퇴정을 명하고 증인신문을 진행하였다. 당시 甲

에게는 변호인이 선임되어 있지 아니하여 변호인 또는 甲이 증인신문과정에 전혀 참여할 수 없었다. 재판장은 증인신문에서 甲의 퇴정을 명하기 전에 미리 甲으로부터 신문사항을 제출받아 퇴정한 甲을 대신하여 증인신문을 행하기는 하였으나, 증인신문이 모두 종료한 후에 甲을 입정하게 하고 법원사무관이 진술의 요지를 고지하여 준 다음 바로 신문절차를 종결하였다. 제1심 법원 재판장이 제4회 공판기일에 甲에게 공판조서(증인신문조서)에 의하여 증인신문 결과 등을 고지하자, 甲은 '변경할 점과 이의할 점이 없다.'고 진술하였다. V의 법정진술은 甲에 대한 유죄의 증거로 사용할 수 있는가?

형사소송법 제297조는 피고인에 대한 일시퇴정과 입정 후 진술요지의 고지를 규정하고 있다. 그러나 판례는 "형사소송법 제297조의 규정에 따라 재판장은 증인이 피고인의 면전에서 충분한 진술을 할 수 없다고 인정한 때에는 피고인을 퇴정하게 하고 증인신문을 진행함으로써 피고인의 직접적인 증인 대면을 제한할 수 있지만, 이러한 경우에도 피고인의 반대신문권을 배제하는 것은 허용될 수 없지만, 피고인이 책문권 포기 의사를 명시함으로써 실질적인 반대신문의 기회를 부여받지 못한 하자가 치유된다."는 입장을 취하고 있다(대법원 2010. 1. 14. 선고 2009도9344 판결).

사안에서 변호인이 없는 피고인 甲을 일시 퇴정하게 하고 증인신문을 한 다음 甲에게 실질적인 반대신문권의 기회를 부여하지 아니한 채 이루어진 증인 V의 법정진술은 위법한 증거로서 증거능력이 없다고 볼 여지가 있다. 그러나 제4회 공판기일에서 재판장이 증인신문 결과 등을 위 공판조서에 의하여 고지하였는데 甲이 '변경할 점과 이의할 점이 없다.'고 진술하여 책문권 포기 의사를 명시함으로써 실질적인 반대신문의 기회를 부여받지 못한 하자가 치유되었다고 할 수 있으므로, 증인 V의 법정진술이 위법한 증거라고 볼 수는 없고, 따라서 V의 법정진술은 甲에 대한 유죄의 증거로 사용할 수 있다.

II. 증거개시

[153] 폭력행위등처벌에관한법률위반(단체등의구성·활동)죄로 기소된 甲의 변호인 V는 제1심 공판절차에서 과거 수원지검 평택지청이 'XX파'의 범죄단체 여부를 수사한 후 A에게 행한 불기소결정서의 인증등본 송부촉탁을 신청하였다. 이에 법원은 평택지청에 문서송부촉탁을 하였으나, 평택지청은 "수사기관의 내부문서로 소송기록에 해당하지 않음"이라는 이유로 그 송부요구 내지 변호인의 열람·지정을 거절하였다. 결국, 甲과 V가 위 불기소결정서를 열람하지 못한 상태에서 제1심 법원은 甲의 폭력행위 등 처벌에 관한 법률위반 혐의에 대하여 유죄판결을 선고하였다. V는 이 유죄판결에 대하여 변호인의 열람·지정이 거부된 부분을 다투어 항소하고자 한다. V가 주장할 수 있는 항소이유를 서술하시오.

법원이 송부요구한 서류에 대하여 변호인 등이 열람·지정할 수 있도록 한 것은 피고인의 방어권과 변호인의 변론권 행사를 위한 것으로서 실질적인 당사자 대등을 확보하고 피고인의 신속·공정한 재판을 받을 권리를 위한 것이므로 형사소송규칙 제132조의4의 '정당한 이유'는 엄격하게 제한하여 해석하여야 하며, 이를 거부하기 위해서는 형사소송법 제266조의3의 구체적인 사유에 준하는 사유가 있어야 한다(대법원 2012. 5. 24. 선고 2012도1284 판결).

검찰청이 보관하고 있는 불기소결정서는 형사피의자에 대한 수사의 종결을 위한 검사의 처분 결과와 이유를 기재한 서류로서 그 작성 목적이나 성격 등에 비추어 수사기관 내부의 의사결정과정 또는 검토과정에 있는 사항에 관한 문서도 아니고 그 공개로 수사에 관한 직무의 수행을 현저하게 곤란하게 하는 것도 아니므로 변호인의 열람·지정에 의한 공개의 대상이 된다(대법원 2012. 5. 24. 선고 2012도1284 판결).

변호인이 송부요구한 불기소결정서는 피고인의 무죄를 뒷받침할 수 있거나 적어도 법관의 유·무죄에 대한 심증을 달리할 만한 상당한 가능성이 있는 '**중요증거**'에 해당하는 데도 검찰이 그 공개를 거부하는 것은 피고인의 신속·공정한 재판을 받을 권리와 변호인의 조력을 받을 권리를 중대하게 침해하는 것이다. 따라서 법원이 송부요구된 서류의 내용을 가능한 범위에서 밝혀 본다면 그 서류가 제출되면 **유·무죄의 판단에 영향을 미칠 상당한 개연성**이 인정되는 데도 불구하고 유죄판결을 한 것은 **공소사실이 합리적 의심의 여지없이 증명되지 않았음**에도 유죄판결을 한 법령위반(제307조 제2항)이 인정된다(대법원 2012. 5. 24. 선고 2012도1284 판결).

[154] 실무상 수사기록과 증거기록은 어떠한 차이가 있는가?

수사기록이란 넓은 의미에서 수사과정에서 작성된 서면이나 서류 등을 말한다(제244조의4 제1항). 그런데 형사소송법 제266조의3은 검사가 보관하고 있는 서류, 즉 '공소제기된 사건에 관한 서류 또는 물건의 목록과 공소사실의 인정 또는 양형에 영향을 미칠 수 있는 서류' 가운데 1호 내지 4호의 서류에 대해 열람·등사 또는 서면의 교부를 신청할 수 있다고 규정하고 있는데, 실무에서는 그 가운데 1호와 2호에 해당하는 경우를 증거기록이라고 부르고, 그 외에 (주로) 제3호에 해당하는 경우, 즉 증거기록인 서면 또는 서류의 증명력과 관련된 서류 등을 (협의의) 수사기록이라고 부른다.

수사과정에 대해서는 모두 수사기록에 편철하여야 하며(제244조의4 제1항), 검사는 공소를 제기할 때 이 가운데 증거로 제출할 부분만 추려서 증거기록으로 편철하고 이에 대한 증거목록을 작성하고, 넓은 의미의 수사기록 가운데 증거로 제출되지 않는 부분만이 협의의 수사기록으로 남게 된다.

그러나 검사는 서류 등의 목록에 대하여는 열람 또는 등사를 거부할 수 없으므로(제266조의3 제5항) 증거기록은 물론 수사기록에 대해서도 열람·등사를 거부할 수 없다. 한편 공판이 개시되면 증거조사절차에서 검사는 증거를 신청하면서 증거기록과 함께 증거목록을 제출하게 된다.

III. 소송관계인의 출석

[155] 검사는 甲을 절도죄와 주거침입죄로 기소하였다. 제1심 법원은 소송촉진 등에 관한 특례법에 따라 甲이 불출석한 상태에서 심리를 진행하여 벌금 500만 원을 선고하였다. 이에 대하여 검사만 양형부당으로 항소하자, 제2심 법원은 형사소송법 제365조에 따라 甲이 불출석한 상태에서 심리를 진행한 후 제1심 판결을 파기하면서 징역 1년을 선고하였다. 공소장 부본 등을 송달받지 못하여 공소가 제기된 사실조차 알지 못하고 있었기 때문에 제1심 심리와 제2심 심리에 불출석한데 귀책사유가 없었던 甲은 제2심 판결에 의한 형 집행으로 검거되었다.

(1) 甲은 소송촉진 등에 관한 특례법 제23조의2에 따라 항소심 법원에 재심을 청구하였다. 항소심 법원은 재심개시의 결정을 하여야 하는가?

(2) 甲은 재심을 청구하지 않고 상고권회복에 의한 상고를 제기하였다. 甲의 상고이유는 인정될 수 있는가?

(3) 대법원은 귀책사유 없이 제1심 및 제2심 심리에 불출석하였던 甲으로 하여금 사실심 재판결과를 그대로 받아들이도록 하는 것은 피고인의 공정한 재판을 받을 권리 및 방어권을 본질적으로 침해한다는 취지로 원심판결을 파기환송하였다. 환송 후 원심법원은 어떠한 조치를 취하여야 하는가?

(1) 재심개시의 결정을 하여야 하는지 여부: 甲이 소송촉진법의 특례 규정에 따라 진행된 제1심과 항소심의 공판절차에 귀책사유 없이 출석할 수 없었던 경우, 소송촉진법 제23조의2의 규정을 유추적용하여 항소심 판결에 대하여 재심청구를 할 수 있는지가 문제된다. 법원이 곧바로 명문의 규정에 어긋나게 해석하거나 입법자의 의사를 추론하여 새로운 규범을 창설하여서는 안 된다는 견해도 있으나(대법원 2015. 6. 25. 선고 2014도17252 전원합의체판결 반대의견), **판례**는 소송촉진법 제23조의2 제1항의 내용 및 입법 취지, 헌법 및 형사소송법에서 정한 피고인의 공정한 재판을 받을 권리 및 방어권의 내용, 적법절차를 선

언한 헌법 정신, 귀책사유 없이 불출식한 상태에서 제1심과 항소심에서 유죄판결을 받은 피고인의 공정한 재판을 받을 권리를 실질적으로 보호할 필요성 등의 여러 사정들을 종합하여 보면, 특례 규정에 따라 진행된 제1심과 항소심의 공판절차에 귀책사유 없이 출석할 수 없었던 경우에는, 재심 규정을 유추 적용하여 피고인은 재심 규정이 정한 기간 내에 항소심 법원에 유죄판결에 대한 재심을 청구할 수 있다는 입장이다(대법원 2015. 6. 25. 선고 2014도17252 전원합의체판결 다수의견). 판례의 입장에 따르면, 항소심 법원은 재심개시의 결정을 하여야 힌다.

(2) 상고이유의 인정 여부: 甲이 재심을 청구하지 않고 상고권회복에 의한 상고를 제기하여 위 사유를 상고이유로 주장한다면, 이는 형사소송법 제383조 제3호에서 상고이유로 정한 원심판결에 '**재심청구의 사유**가 있는 때'에 해당한다고 볼 수 있으므로 원심판결에 대한 파기사유가 될 수 있다.

(3) 환송 후 원심이 취하여야 할 조치: 귀책사유 없이 제1심 및 제2심 심리에 불출석하였던 피고인으로 하여금 사실심 재판결과를 그대로 받아들이도록 하는 것은 피고인의 공정한 재판을 받을 권리 및 방어권을 본질적으로 침해한다는 취지에 따라 파기된 사건을 환송받아 다시 항소심 절차를 진행하는 원심으로서는 피고인의 귀책사유 없이 특례 규정에 의하여 제1심이 진행되었다는 파기환송 판결 취지에 따라, 제1심 판결에 형사소송법 제361조의5 제13호의 항소이유('재심청구의 사유가 있는 때')에 해당하는 재심 규정에 의한 재심청구의 사유가 있어 직권 파기 사유에 해당한다고 보고, 다시 공소장 부본 등을 송달하는 등 **새로 소송절차를 진행**한 다음 새로운 심리 결과에 따라 다시 판결을 하여야 한다(대법원 2015. 6. 25. 선고 2014도17252 전원합의체 판결).

---

[156] 공무원 甲은 5천만 원의 뇌물을 수수하였다는 혐의로 기소되었다. 甲은 제1심 공판절차에서 '검사의 기소는 정권이 바뀌어 자신을 퇴직시키려고 하는 현 정권의 갑질'이라고 주장하며 재판거부의 의사를 밝히고 퇴정하자, 甲의 변호인도 이에 동조하여 퇴정하였다. 제1심 재판장은 甲과 변호인 없이 재판하겠다고 고지

하고 검사가 제출한 서증을 모두 증거로 채택한 다음 증거조사를 실시하여 마친 후 다음 공판기일에 甲에게 유죄의 판결을 선고하였다. 위 판결의 적법성을 논하시오.

피고인이 공판기일에 출석하지 아니한 때에는 특별한 규정이 없으면 개정하지 못하며(제276조), 판례에 따르면, 피고인은 재판정의 허가 없이 퇴정하지 못한다(제281조 제1항). 피고인이 재판거부의 의사를 표시하고 재판장의 허가 없이 퇴정하고 변호인마저 이에 동조하여 퇴정해 버린 것은 모두 피고인 측의 방어권의 남용 내지 변호권의 포기로 볼 수 있기 때문에 수소법원은 형사소송법 제330조에 의하여 피고인이나 변호인의 재정 없이도 심리판결할 수 있다(대법원 1991. 6. 28. 선고 91도865 판결). 또한 공판심리는 사실심리와 증거조사가 행해지게 마련인데 이와 같이 피고인과 변호인들이 출석하지 않은 상태에서 증거조사를 할 수밖에 없는 경우에는 형사소송법 제318조 제2항의 규정상 피고인의 진의와는 관계없이 형사소송법 제318조 제1항의 동의가 있는 것으로 간주된다(대법원 1991. 6. 28. 선고 91도865 판결). 그러나 형사소송법 제330조는 '피고인의 진술 없이 판결할 수 있다.'고 규정하고 있을 뿐이고, 판결의 전제가 되는 사실심리, 즉 증거조사나 최종변론과 같은 절차는 피고인의 출석 없이 재판할 수 없고, 따라서 증거동의도 의제되지 않는다는 견해도 유력하다.

판례에 따르면, 법원이 甲이 임의퇴정하고 甲의 변호인도 퇴정한 후 증거조사를 실시하고 이 증거를 기초로 유죄의 판결을 선고하였더라도 적법하다.

[157] 제1심 법원의 제5회 공판기일에 검사는 ① 乙을 특수강도치상의 공동정범인 甲의 범죄사실에 대한 증인으로 신문할 것을 신청하였고, 재판장은 이를 허가하였다. 甲의 사선변호인 A는 이러한 공판진행이 부당하다고 강력하게 항의하였으나 받아들여지지 않자, "이러한 재판에는 참여할 수 없다."고 하면서 퇴정하였다. 재판장은 甲이 법정에 있는 상황에서 증인으로 출석한 피해자의 충분한 진술이 이루어지지 않을 것이라 판단하여 ② 甲을 퇴정하도록 한 후 피해자에 대한 증인신문을 진행한 후 당해심리를 종결하였다. 제6회 공판기일에 법원의 공판진

행에 불만을 품은 甲과 A가 출석하지 않자, 법원은 ③ 다른 사건으로 재정 중인 B를 국선변호인으로 선정한 후 甲과 A에게 이러한 사실을 통지하였다. 제7회 공판기일에 B와 甲이 출석하였고, 재판장이 乙에 대한 증인신문 결과를 공판조서(증인신문조서)에 의하여 고지한 후 "변경할 점과 이의할 점이 있는가?"라고 질문하였으나 甲은 진술을 거부하였고 B 또한 별다른 말을 하지 않았다. 제1심 법원은 甲과 乙에게 유죄를 선고하였고, 甲과 乙은 항소하였다. 항소심에서 甲이 밑줄 친 ①~③ 부분을 위법이라고 주장하는 경우, 각 주장의 논거를 제시하시오.

(2013년 1차 모의시험)

① 부분에 대한 주장: 공범인 공동피고인의 증인적격을 인정하여 증인으로 신문할 수 있는지 여부에 관하여, 병합심리 중인 공동피고인은 증인적격이 없으며 변론을 분리하면 증인적격을 인정할 수 있다는 **부정설**, 변론분리와 무관하게 공동피고인의 증인적격을 인정할 수 있다는 **긍정설**, 피고사건과 실질적 관련이 없는 자인 공범 아닌 공동피고인만 변론분리와 무관하게 증인적격이 인정된다는 **절충설**(다수설)이 있으나, **판례**는 "공범인 공동피고인은 당해 소송절차에서는 피고인의 지위에 있으므로 다른 공동피고인에 대한 공소사실에 관하여 증인이 될 수 없으나, 소송절차가 분리되어 피고인의 지위에서 벗어나게 되면 다른 공동피고인에 대한 증인이 될 수 있다."는 입장이다(대법원 2008. 6. 26. 선고 2008도3300 판결; 대법원 2012. 3. 29. 선고 2009도11249 판결).

공범인 공동피고인은 증인적격이 없지만 단순히 병합심리를 받을 뿐인 공범 아닌 공동피고인은 증인으로 신문할 수 있다는 **절충설**이 타당하다. 진술거부권을 가지는 공범인 공동피고인을 변론분리라는 형식적·기교적 소송기술에 의해 증인으로 지위를 전환시켜 증언의무를 부담시키는 것은 우회적인 자백강요의 우려가 있고, 피고인의 지위가 증인으로 전환되더라도 증언거부권을 가질 수 있다고 하지만 증언거부권을 진술거부권과 같은 차원의 권리라고 보기 어렵기 때문이다. 공범인 공동피고인의 진술은 다른 공동피고인의 공소사실에 대하여도 증거능력이 있으므로 구태여 증인으로 신문할 필요도 없다.

판례의 입장에 따르더라도, 공범인 공동피고인의 증인적격을 인정하기 위해서는 변론이 분리되어야만 하는데, 사안에서 소송의 절차가 분리되었다는 사정이 없으므로, 乙은 甲의 사건에 대한 증인이 될 수 없다. 따라서 乙에 대한 증인신문을 재판장이 허가한 것은 위법하다.

② <u>부분에 대한 주장</u>: 형사소송법 제297조 제1항은 재판장은 증인 또는 감정인이 피고인 또는 어떤 재정인의 면전에서 충분한 진술을 할 수 없다고 인정한 때에는 그를 퇴정하게 하고 진술하게 할 수 있다. 피고인이 다른 피고인의 면전에서 충분한 진술을 할 수 없다고 한 때에도 같다고 규정하고, 동조 제2항은 전항의 규정에 의하여 피고인을 퇴정하게 한 경우에 증인, 감정인 또는 공동피고인의 진술이 종료한 때에는 퇴정한 피고인을 입정하게 한 후 법원사무관등으로 하여금 진술의 요지를 고지하여야 한다고 규정하고 있다. 그러나 대법원은 "형사소송법 제297조의 규정에 따라 재판장은 증인이 피고인의 면전에서 충분한 진술을 할 수 없다고 인정한 때에는 피고인을 퇴정하게 하고 증인신문을 진행함으로써 피고인의 직접적인 증인 대면을 제한할 수 있지만, 이러한 경우에도 피고인의 반대신문권을 배제하는 것은 허용될 수 없다."(대법원 2010. 1. 14. 선고 2009도9344 판결)고 판시하여, 형사소송법 제297조에 의해 피고인의 반대신문권이 침해되지 않도록 하기 위하여 반대신문권의 보장을 추가적인 요건으로 요구하고 있다.

사안에서 재판장은 피고인인 甲을 퇴정시키고 피해자에 대한 증인신문을 진행한 후 甲을 입정하게 한 후 진술의 요지를 고지하지 않았을 뿐만 아니라 甲에게 피해자에 대한 반대신문의 기회를 부여하지 않고 당해 심리를 종결하였기 때문에 甲의 반대신문권을 침해하여 위법하다.

③ <u>부분에 대한 주장</u>: 甲은 특수강도치상죄(형법 제337조 무기 또는 7년 이상의 징역)로 기소되어 심리 중에 있으므로 필요적 변호사건에 해당한다(제33조 제1항 제6호). 필요적 변호사건에 대해서는 변호인 없이 개정하지 못하고(제282조 본문), 변호인이 출석하지 아니한 때에는 법원은 직권으로 변호인을 선정하여야 하며(제283조), 이러한 경우 법원은 재정 중인 변호사 및 법원의 관할구역 안에 사무소를 둔 변호사 등을 국선변호인으로 선정할 수 있다(규칙 제19조 제1항, 제14조 제1항).

㉮ 필요적 변호사건에 재정 중인 변호사인 B를 국선변호인으로 선정하게 되면, 그 국선변호인의 변론은 형식적인 것에 그치고 실질적인 변호가 이루어질 수 없다. 이는 피고인의 방어권이 보장되는 공정한 재판과 헌법상 변호인의 충분한 조력을 받을 권리를 침해할 우려가 있다. 따라서 甲의 사선변호인이 출석하지 않자 재정 변호사를 국선변호인으로 선정한 것은 피고인의 방어권을 침해한 것으로서 위법하다.

㉯ 판례는 퇴정한 후 입정한 피고인의 반대신문권을 배제하는 것은 허용될 수 없지만, 피고인이 책문권 포기 의사를 명시힘으로써 실질직인 반대신문의 기회를 부여받지 못한 하자가 치유된다."는 입장을 취하고 있지만(대법원 2010. 1. 14. 선고 2009도9344 판결), 피고인의 반대신문권은 피고인의 방어권 행사를 위한 본질적인 권리이므로 반대신문의 기회가 없었다는 사정에 대한 하자의 치유를 인정하는 것은 타당하지 않다.

Ⅳ. 증거조사

[158] 실무상 증거조사절차는 어떠한 과정을 거쳐 이루어지는가?

재판이 시작되어 증거조사절차가 개시되면 검사는 증거를 신청하며 증거목록을 제출한다(검찰사건사무규칙 제176조 제3항). 법원은 검사가 제출한 증거들에 대하여 본래의 증거조사를 실시하기 전에 먼저 증거결정의 단계를 거친다. 법령을 위반하여 신청된 증거나 위법수집증거배제법칙 혹은 전문법칙 등에 따라 증거능력을 부여받을 수 없는 증거는 기각결정되어 증거조사의 대상으로 채택될 수 없다. 법원은 검사가 신청한 증거들에 대하여 채택 여부에 관한 결정을 함에 있어서 그 증거능력 유무에 관한 피고인 측의 의견을 구한다(형사소송규칙 제134조 제2항). 피고인은 증거기록에 대한 열람·등사를 통해 검사가 신청한 증거들의 내용을 검토하였을 터이므로 증거로 함에 동의하는지 여부에 관한 의견을 밝힐 수 있다. 피고인 측의 증거기록 검토가 미진한 경우 통상 1기일 정도(약 2주)의 검토시간이 허용된다. 이러한 피고인 측의 증거동의 여부에 관한 의견은 증거목록의 '증거의견'란 중 '내용'란에 ○, ×와 같은 기호로 기재된다.

여기서 피고인 측이 동의한 증거는 위법수집증거배제법칙에 따라 증거능력이 상실되는 등 특별한 경우가 아니라면 채택결정 되어 증거로 사용할 수 있게 된다(제318조 제1항). 법원은 검사로부터 이러한 증거를 제출받아 증거조사를 실시한다. 피고인 측의 증거동의의 의사표시는 증거조사가 완료되기 전까지 취소 또는 철회할 수 있고, 검사가 제출한 증거에 관하여 피고인 측의 의견이 증거목록에 기재된 경우 그 증거목록의 기재는 공판조서의 일부로서 명백한 오기가 아닌 이상 절대적인 증명력을 가지게 된다(대법원 2015. 8. 27. 선고 2015도3467 판결).

반면 피고인 측이 부동의한 증거의 경우 검사는 이를 법원에 제출하기에 앞서 그 증거능력이 있음을 입증해야 한다. 가령 검사가 증거로 신청한 피해자 진술조서에 대하여 피고인 측이 증거부동의한 경우 검사는 해당 피해자를 증인으로 신청하여 신문함으로써 그 실질적 진정성립을 증명하는 등 형사소송법 제312조 제4항에 규정된 요건들을 모두 입증해야 한다. 이러한 입증에 성공한 후에만 증거로 채택될 수 있고, 해당 증거를 법원에 제출하여 증거조사를 받게 할 수 있다. 하지만 증거능력 부여를 위한 입증에 실패하면 기각결정을 받게 되므로 해당 증거는 법원에 제출할 수 없고 증거조사도 이루어지지 않게 된다.

실무에서는 증거가 채택결정 될 때마다 따로따로 제출받지 않는 경우가 대부분이다. 부동의된 증거들에 대한 검사의 입증활동이 모두 끝나고 신청된 증거들에 대한 법원의 증거결정이 완료된 후 기각된 증거들을 제외한 채택된 증거들을 일괄하여 제출받아 증거조사하는 것이 통상적이다. 채택 여부에 관한 법원의 결정은 증거목록의 '증거결정' 중 '내용'란에 ○, ×와 같은 기호로 기재된다.

한편 전문법칙에 따라 증거능력을 부여받지 못하는 증거도 탄핵증거로서는 사용할 수 있는데(제318조의2 제1항), 탄핵증거는 엄격한 증거조사를 거쳐야 할 필요는 없더라도 탄핵증거로서의 증거조사는 필요하므로 증명력을 다투고자 하는 증거의 어느 부분에 의하여 진술의 어느 부분을 다투려고 한다는 것을 사전에 상대방에게 알려야 한다(대법원 2005. 8. 19. 선고 2005도2617 판결).

V. 증인신문

[159] A는 살인사건을 목격할 당시 만 4세 6개월 남짓, 제1심에서의 증언 당시는 만 6세 11개월 남짓의 피해자이다. A의 증언능력 인정 여부를 판단하는 기준은 무엇인가?

증인의 **증언능력**은 증인 자신이 과거에 경험한 사실을 그 기억에 따라 공술할 수 있는 정신적인 능력을 의미한다. 유아의 증언능력에 관해서도 그 유무는 단지 공술자의 연령만에 의할 것이 아니라 그의 지적 수준에 따라 개별적이고 구체적으로 결정되어야 함은 물론 공술의 태도 및 내용 등을 구체적으로 검토하고, 경험한 과거의 사실이 공술자의 이해력, 판단력 등에 의하여 변식될 수 있는 범위 내에 속하는가의 여부도 충분히 고려하여 판단하여야 한다(대법원 1999. 11. 26. 선고 99도3786 판결 등).

[160] 甲에 대한 제1심 공판절차에서 A가 증인으로 출석하였다. 법원은 비교적 나이가 어린 A가 직장상사인 甲의 면전에서는 심리적인 부담으로 충분히 진술할 수 없다고 판단하였다. (1) 법원이 취할 수 있는 조치들과 그에 따른 절차를 설명하시오. (2) 법원은 형사소송법 제165조의2 제3호의 요건이 충족될 경우 甲뿐만 아니라 甲의 변호인도 차폐시설 등을 설치하는 방식으로 증인신문을 할 수 있는가?

(1) 피고인 퇴정 후 진술하게 하는 방법: 법원은 피고인 甲을 퇴정하게 하고 증인 A로 하여금 진술하게 할 수 있다(제297조 제1항). 이 경우 증인인 A의 진술이 종료한 때에는 피고인 甲을 입정하게 한 후 법원사무관등으로 하여금 증인인 A의 진술의 요지를 고지하게 하여야 하며(제297조 제2항), 이러한 경우에도 피고인의 반대신문권을 배제하는 것은 허용될 수 없다. 만일, 피고인을 일시 퇴정하게 하고 증인신문을 한 다음 피고인에게 실질적인 반대신문권의 기회를 부여하지 아니한 채 이루어진 증인 A의 법정진술은 위법한 증거로서 증거능력이

없다고 볼 여지가 있다(대법원 2010. 1. 14. 선고 2009도9344 판결).

(2) 중계시설을 통한 신문 또는 차폐시설 등을 설치한 후 신문: 법원은 검사와 피고인 또는 변호인의 의견을 들어 비디오 등 중계장치에 의한 중계시설을 통하여 신문하거나 차폐시설 등을 설치하고 신문할 수 있다(제165조의2). 이 경우 법원은 형사소송법 제165조의2 제3호의 요건이 충족될 경우 피고인뿐만 아니라 검사, 변호인, 방청인 등에 대하여도 차폐시설 등을 설치하는 방식으로 증인신문을 할 수 있으며, 이는 형사소송규칙 제84조의9에서 피고인과 증인 사이의 차폐시설 설치만을 규정하고 있다고 하여 달리 볼 것이 아니다. 다만 이렇게 되면 피고인과 변호인 모두 증인이 증언하는 모습이나 태도 등을 관찰할 수 없게 되어 그 한도에서 반대신문권이 제한될 수 있으므로, 변호인에 대한 차폐시설의 설치는, 특정범죄신고자 등 보호법 제7조에 따라 범죄신고자 등이나 친족 등이 보복을 당할 우려가 있다고 인정되어 조서 등에 인적사항을 기재하지 아니한 범죄신고자 등을 증인으로 신문하는 경우와 같이, 이미 인적사항에 관하여 비밀조치가 취해진 증인이 변호인을 대면하여 진술함으로써 자신의 신분이 노출되는 것에 대하여 심한 심리적인 부담을 느끼는 등의 특별한 사정이 있는 경우에 예외적으로 허용될 수 있을 뿐이다. 이 경우에도 피고인 측의 반대신문의 기회가 충분히 보장되어야 한다(대법원 2013. 7. 26. 선고 2013도2511 판결).

> **[161]** 甲은 공판정에서 '공범 아닌 공동피고인'의 관계에 있는 상피고인 乙의 공소사실을 인정할 수 있는 진술을 하였다. 이 법정진술이 증거로 사용될 수 있는 요건은?

공범 아닌 공동피고인은 다른 공동피고인과 병합심리로 상피고인이 되었을 뿐 다른 공동피고인에 대한 관계에서는 증인에 불과하므로, 공범 아닌 공동피고인 관계에 있는 甲의 법정진술을 乙의 공소사실을 인정하는 유죄의 증거로 사용하기 위해서는 甲의 진술은 甲에 대한 증인신문절차에 의하여 획득된 진술(증언)이어야 한다(대법원 1978. 3. 27. 선고 78도1031 판결).

[162] 甲은 공판정에서 '공범인 공동피고인'의 관계에 있는 상피고인 乙의 공소사실을 인정할 수 있는 진술을 하였다. 이 법정진술이 증거로 사용될 수 있는 요건은?

공범인 공동피고인의 공판정에서의 자백이 나른 공동피고인에 대한 유죄의 증거로 사용될 수 있는지에 관하여는, 공동피고인의 자백도 법관 앞에서 행해지는 것이고 다른 공동피고인은 반대신문권을 행사할 수 있으므로 증거능력을 인정할 수 있다는 **적극설**, 피고인이 공동피고인에 대해 반대신문을 해도 공동피고인이 진술을 거부하면 반대신문권의 보장이 무의미하게 되고, 공동피고인의 자백은 증언과 달리 선서에 의해 그 진실성이 담보되지 않기 때문에 변론을 분리하여 신문하지 않은 한 증거로 사용할 수 없다는 **소극설**, 현행법상 피고인 신문절차에서 피고인이 다른 공동피고인에 대하여 반대신문을 할 수 있는 권리가 법적으로 보장되어 있지 않고, 사실상 반대신문의 기회가 주어지더라도 공동피고인이 진술거부권을 행사하면 반대신문이 사실상 의미가 없게 된다는 점에서 피고인이 공동피고인에 대해 **공판정에서 충분히 반대신문을 하였거나 반대신문의 기회가 주어진 경우에 한해** 공동피고인의 자백에 대해 증거능력을 인정할 수 있다는 **절충설**이 대립하고 있다. **판례**는 "공동피고인의 자백은 이에 대한 피고인의 반대신문권이 보장되어 있어 증인으로 신문한 경우와 다를 바 없으므로 **독립한 증거능력**이 있다."(대법원 1985. 6. 25. 선고 85도691 판결)고 하여, 반대신문권의 보장을 '조건'으로 하지 않고 이미 반대신문권이 보장되어 있다는 '전제' 아래 적극설을 취하고 있다. 공범들 사이에 이해관계가 상반되는 공동피고인이 자백한 경우에도 반대신문권이 보장되어 있다는 전제 아래 **독립한 증거능력**을 인정하는 것이 판례의 입장이다(대법원 2006. 5. 11. 선고 2006도1944 판결).

판례의 태도에 따르면, 甲의 법정진술은 乙에 대한 유죄의 증거로 사용될 수 있으며, 절충설에 따르면, 乙이 甲에 대해 충분히 반대신문을 하였거나 반대신문의 기회가 주어진 경우에 한해 甲의 법정진술을 乙에 대한 유죄의 증거로 사용할 수 있다.

[163] 甲, 乙, 丙은 특수절도죄의 공범으로 병합기소되어 재판을 받던 중 검사는 甲을 乙, 丙에 대한 증인으로 신문하려고 한다. 법원은 甲을 증인으로 신문할 수 있는가? 甲이 乙, 丙의 사건에 대한 증인으로 소환된 경우, 甲은 증언을 거부할 수 있는가? (2013년 2회 변호사시험)

① 증인신문 가능 여부: 소송의 주체로서 진술거부권을 가지는 피고인은 증인적격이 없으나, 공범인 공동피고인이 다른 피고인에 대한 증인적격을 가지는지 문제된다. 공범인 공동피고인의 증인적격을 인정하여 증인으로 신문할 수 있는지 여부에 관하여, 병합심리 중인 공동피고인은 증인적격이 없으며 변론을 분리하면 증인적격을 인정할 수 있다는 **부정설**, 변론분리와 무관하게 공동피고인의 증인적격을 인정할 수 있다는 **긍정설**, 피고사건과 실질적 관련이 없는 자인 공범 아닌 공동피고인만 변론분리와 무관하게 증인적격이 인정된다는 **절충설** (다수설)이 있으나, **판례**는 "공범인 공동피고인은 당해 소송절차에서는 피고인의 지위에 있으므로 다른 공동피고인에 대한 공소사실에 관하여 증인이 될 수 없으나, 소송절차가 분리되어 피고인의 지위에서 벗어나게 되면 다른 공동피고인에 대한 증인이 될 수 있다."는 입장이다(대법원 2008. 6. 26. 선고 2008도3300 판결; 대법원 2012. 3. 29. 선고 2009도11249 판결).

다수설인 절충설에 따르면, 甲사안에서 甲은 乙, 丙과 공모하여 특수절도의 범행을 공동으로 범했다는 점에서 甲의 피고사건은 乙, 丙의 피고사건과 실질적인 관계가 있고, 공동피고인 甲, 乙, 丙 상호 간에 이해관계가 상반되는 경우이므로, 甲을 乙, 丙의 사건에 대한 증인으로 증인신문하는 것은 허용되지 않으나, 판례의 입장에 따르면, 법원은 甲과 乙, 丙의 피고사건의 소송절차를 분리한 후에는 甲을 증인으로 신문할 수 있다.

② 증언거부권 행사 가능 여부: 형사소송법 제148조는 "누구든지 자기나 일정한 관계에 있는 자가 형사소추 또는 공소제기를 당하거나 유죄판결을 받을 사실이 드러날 염려가 있는 증언을 거부할 수 있다."고 규정하고 있다. 사안에서 甲은 乙, 丙과 특수절도의 범행을 범하였으므로, 스스로의 증언에 의해 자신의

유죄를 인정하게 될 가능성이 있으므로 증언거부권을 행사할 수 있다.

---

[164] 甲은 조카 乙의 머리를 과도의 칼자루 부분으로 때렸다. 甲이 공판정에서 범행을 부인하자 乙이 다음 공판기일에 증인으로 소환되었다. 재판장은 乙이 甲의 조카라는 사실을 간과하고 증언거부권을 고지하지 아니하였으나 乙은 선서하고 증언을 하였다. 乙은 당시 자신도 술에 취하여 상황이 잘 기억나지 않았음에도 불구하고 평소 자신을 상습적으로 폭행하던 甲이 다시 교도소로 갔으면 좋겠다고 생각하고 "甲이 당시 과도로 내 머리를 때린 사실이 있다."고 진술하였다. 乙의 공판정 증언의 증거능력 유무에 대해 논하시오. (2014년 2차 모의시험)

증인이 형사소송법 제148조, 제149조에 해당하는 경우에는 재판장은 신문 전에 증언을 거부할 수 있음을 설명하여야 한다(제160조). 乙은 甲의 조카로서 형사소송법 제148조 제1호 소정의 친족관계가 있는 자에 해당함에도 불구하고 재판장은 乙에게 증언거부권을 고지함이 없이 증인신문을 하였는바, 乙의 증언의 증거능력이 문제된다.

판례는 위증죄의 성립과 관련하여 "증인신문절차에서 법률에 규정된 증인 보호를 위한 규정이 지켜진 것으로 인정되지 않은 경우에는 증인이 허위의 진술을 하였다고 하더라도 위증죄의 구성요건인 '법률에 의하여 선서한 증인'에 해당하지 아니한다고 보아 이를 위증죄로 처벌할 수 없는 것이 원칙이며", 다만, "당해 사건에서 **증인 보호에 사실상 장애가 초래**되었다고 볼 수 없는 경우에까지 예외 없이 위증죄의 성립을 부정할 것은 아니라(는)" 태도를 취하고 있다(대법원 2010. 1. 21. 선고 2008도942 전원합의체 판결). 판례의 이러한 입장에 비추어 볼 때, 재판장이 증인에게 증언거부권을 고지하지 않은 경우에는 원칙적으로 그 증언의 증거능력을 부정하여야 하나, 증언거부권의 불고지로 인하여 당해 사건에서 증인 보호에 사실상 장애가 초래되었다고 볼 수 없는 경우에는 그 증언의 증거능력이 인정된다고 볼 수 있다(다수설).

사안에서 乙은 술에 취하여 상황이 잘 기억나지 않았음에도 甲이 다시 교도소로 갔으면 좋겠다고 생각하고 위증을 하였는바, 乙이 증언거부권을 고지 받았더라도 동일한 허위진술을 하였을 것으로 인정되므로, 乙이 증언거부권을 고지받지 아니하였더라도 이로 인하여 丙의 증언거부권이 사실상 침해당한 것으로 평가할 수 없어, 위 증언의 증거능력은 인정된다(대법원 2010. 2. 25. 선고 2007도6273 판결 참조).

한편, 위증교사 사건에서 15세인 소년에게 선서를 받고 증인신문을 하면서, 증인이 피고인과 위증죄의 공범으로 형사소추를 받을 우려가 있음에도 불구하고 증언거부권을 고지하지 않은 채 이루어진 증언의 증거능력을 인정한 1950년대의 판례(대법원 1957. 3. 8. 선고 4290형상23 판결)가 있다. 그러나 위 판례를 근거로 증언거부권을 고지하지 않은 채 이루어진 증언이라도 그 증거능력을 인정하는 것이 판례의 입장이라고 보기에는 무리가 있다.

[165] 乙은 자신에 대한 유죄판결이 확정된 후, 공범인 자신의 父인 甲에 대한 재판의 증인으로 소환되었다. 乙은 증언거부권을 행사할 수 있는가? (2014년 1차 모의시험)

① 자기의 형사책임을 이유로 하는 증언거부권 행사: "누구든지 자기가 형사소추 또는 공소제기를 당하거나 유죄판결을 받을 사실이 발로될 염려 있는 증언을 거부할 수 있다."는 형사소송법 제148조의 증언거부권은 헌법 제12조 제2항에 정한 불이익 진술의 강요금지 원칙을 구체화한 자기부죄거부특권에 관한 것으로서, 이미 유죄의 확정판결을 받은 경우에는 헌법 제13조 제1항에 정한 일사부재리의 원칙에 의해 다시 처벌받지 아니하므로 자신에 대한 유죄판결이 확정된 증인은 공범에 대한 피고사건에서 증언을 거부할 수 없고, 설령 증인이 자신에 대한 형사사건에서 시종일관 그 범행을 부인하였다 하더라도 그러한 사정만으로 증인이 진실대로 진술할 것을 기대할 수 있는 가능성이 없는 경우에 해당한다고 할 수 없으므로 허위의 진술에 대하여 위증죄의 성립을 부정할 수 없다(대법원 2011. 11. 24. 선고 2011도11994 판결). 따라서 乙은 이미 유죄의 확정판결을 받은 자이므로 증언거부권이 인정되지 않는다.

② 근친자의 형사책임을 이유로 하는 증언거부권 행사: 형사소송법 제148조 제1호는 친족이거나 친족이었던 사람이 형사소추 또는 공소제기를 당하거나 유죄판결을 받을 사실이 드러날 염려가 있는 증언을 거부할 수 있다고 규정하고 있다. 이는 **신분관계에 기한 정의**를 고려하여 진실한 증언을 기대할 수 없는 경우 증언거부권을 인정한 것이므로, 乙이 이미 유죄의 확정판결을 받았다고 하여도 친족관계를 이유로 하는 증언거부권은 행사할 수 있다.

VI. 간이공판절차

> **[166]** 甲은 제1심 법원에서 검사와 변호인의 각 신문 당시 공소사실을 인정하여 자백하였다. 제1심 법원은 간이공판절차에 의하여 심판할 것을 결정하고, 甲이 검사가 제출한 증거들에 대하여 이의를 제기하지 않자 상당하다고 인정하는 방법으로 증거조사를 하고 甲에게 유죄의 판결을 선고하였다. 甲은 항소한 후 항소심에서 제1심에서 자백했던 범행을 부인하였다. 항소심은 제1심 법원에서 증거로 했던 증거에 대해 다시 증거조사를 하여야 하는가?

甲이 제1심 법원에서 공소사실에 대하여 자백하여 제1심 법원이 간이공판절차에 의하여 심판할 것을 결정하고, 이에 따라 제1심 법원이 검사가 제출한 증거들을 증거로 함에 피고인 또는 변호인의 이의가 없어 형사소송법 제318조의3의 규정에 따라 증거능력이 있다고 보고 상당하다고 인정하는 방법으로 증거조사를 한 이상, 甲이 항소심에 이르러 범행을 부인하였다고 하더라도 제1심 법원에서 증거로 할 수 있었던 증거는 항소법원에서도 증거로 할 수 있는 것이므로 제1심 법원에서 이미 증거능력이 있었던 증거는 항소심에서도 증거능력이 그대로 유지되어 심판의 기초가 될 수 있고 다시 증거조사를 할 필요가 없다(대법원 2005. 3. 11. 선고 2004도8313 판결).

VII. 국민참여재판

[167] 甲은 유흥주점에서 술을 마시다가 우발적으로 강도상해를 범하여 강도상해죄로 기소되었다. 다음 물음에 답하시오.

(1) 공소장 부본이 甲에게 송달된 후 7일이 경과하고도 甲이 국민참여재판을 원하는 의사확인서를 제출하지 않았으나, 그 후 공판준비절차가 진행되지 않은 상태에서 제1회 공판기일이 열리기 전에 자신의 변호인과 상의하여 국민참여재판을 신청하였다. 이 경우 법원이 甲의 국민참여재판 신청을 받아들일 수 있는지 여부를 논하시오.

(2) 이 사건을 국민참여재판으로 진행한 제1심 재판부가 피해자를 비롯한 다수의 사건 관련자들에 대해 증인신문을 한 후, 만장일치로 한 배심원의 무죄평결이 재판부의 심증에 부합하자 甲에게 무죄를 선고하였으나, 항소심 재판부가 피해자에 대하여만 다시 증인신문을 실시한 다음 제1심의 판단을 뒤집어 유죄로 인정하였다면, 이에 대한 당부를 논하시오.

(3) 이 사건을 심판한 제1심 법원은 공소장 부본 송달일로부터 7일이 경과하기 전에 제1회 공판기일을 진행하면서 甲에게 국민참여재판 신청 의사를 확인하지 않고, 甲이 공판기일 전날 구치소장에게 제출한 국민참여재판 신청서가 공판기일이 진행된 후에 법원에 접수되었으나 신청에 대해 배제결정도 하지 않은 채 통상의 공판절차로 재판을 진행하였다. 제1심 법원이 유죄의 판결을 선고하자, 검사는 양형부당, 甲은 사실오인 또는 법리오해, 양형부당을 항소이유로 주장하면서 항소하였다. 항소심법원은 통상의 공판절차에 따라 항소심 재판을 진행한 다음, 甲과 검사의 항소이유는 모두 이유 없다는 이유로 항소기각의 판결을 선고하였다. 甲의 변호인은 사실오인, 법리오해, 양형부당을 상고이유로 상고하였다. 이에 대한 대법원의 예상되는 판단을 그 이유와 주문으로 나누어 서술하시오.

(1) <u>법원이 甲의 국민참여재판 신청을 받아들일 수 있는지 여부</u>: 법원조직법 제32조 제1항에 따른 합의부 관할 사건은 국민참여재판의 대상사건이 되며, 강도상해죄는 무기 또는 징역 7년 이상의 징역에 처하므로 국민참여재판의 대상사건이 된다. 국민참여재판법 제8조 제1항 전단은 법원은 대상사건의 피고인에 대하여 국민참여재판을 원하는지 여부에 관한 의사를 서면 등의 방법으로 반드시 확인하여야 한다고 규정하고, 동소 제2항 선단은 피고인은 공소장 부본을 송달받은 날부터 7일 이내에 국민참여재판을 원하는지 여부에 관한 의사가 기재된 서면을 제출하여야 한다고 규정하고 있으며, 동조 제3항은 피고인이 제2항의 서면을 제출하지 아니한 때에는 국민참여재판을 원하지 아니하는 것으로 본다고 규정하고 있으며, 동조 제4항은 공판준비기일이 종결되거나 제1회 공판기일이 열린 이후에는 종전의 의사를 바꿀 수 없다고 규정하고 있다. **판례**는 국민참여재판의 대상사건에 해당하는 한 피고인은 원칙적으로 국민참여재판을 받을 권리를 가진다는 이유로 "공소장 부본을 송달받은 날부터 7일 이내에 의사확인서를 제출하지 아니한 피고인도 제1회 공판기일이 열리기 전까지는 국민참여재판 신청을 할 수 있고 법원은 그 의사를 확인하여 국민참여재판으로 진행할 수 있다."는 입장이다(대법원 2009. 10. 23. 자 2009모1032 결정).

甲은 공소장 부본을 송달받은 후 7일이 경과하고도 국민참여재판을 원하는 의사확인서를 제출하지 않았으나, 그 후 공판준비절차가 진행되지 않은 상태에서 제1회 공판기일이 열리기 전에 국민참여재판을 신청하였으므로 법원은 甲의 신청을 받아들일 수 있다.

(2) <u>항소심 판결의 당부</u>: **실질적 직접심리주의**의 취지에 비추어 보면 제1심 증인이 한 진술의 신빙성 유무에 대한 제1심의 판단을 그대로 유지하는 것이 현저히 부당하다는 등의 예외적인 경우가 아니면, 항소심은 제1심 증인 진술의 신빙성 유무에 대한 판단이 항소심의 판단과 다르다는 이유로 제심의 판단을 함부로 뒤집어서는 안 된다(대법원 2006. 11. 24. 선고 2006도4994 판결).

사법의 민주적 정당성과 신뢰를 높이기 위해 도입된 **국민참여재판의 형식**으로 진행된 형사공판절차에서 배심원이 증인신문 등 사실심리의 전 과정에 함께 참여한 후 증인이 한 진술의 신빙성 등 증거의 취사와 사실의 인정에 관하여 만장일치의 의견으로 내린 무죄의 평결이 재판부의 심증에 부합하여 그대로 채택된 경우라면, 이러한 절차를 거쳐 이루어진 증거의 취사 및 사실의 인정에 관한 제1심의 판단은 실질적 직접심리주의 및 공판중심주의의 취지와 정신에 비추어 항소심에서의 새로운 증거조사를 통해 그에 명백히 반대되는 충분하고도 납득할 만한 현저한 사정이 나타나지 않는 한 한층 더 존중될 필요가 있다(대법원 2010. 3. 25. 선고 2009도14065 판결).

그럼에도 불구하고 항소심이 피해자에 대하여만 다시 증인신문을 실시한 다음 제1심의 판단을 뒤집어 유죄로 인정한 것은 실질적 직접심리주의와 공판중심주의의 원칙 아래 국민참여재판의 형식으로 이루어진 형사공판절차를 통해 제1심이 한 증거의 취사와 사실의 인정을 합리적 근거 없이 뒤집음으로써 공판중심주의와 실질적 직접심리주의의 원칙을 위반하고 그 결과 범죄사실의 인정은 합리적인 의심이 없는 정도의 증명에 이르러야 한다고 하는 증거재판주의에 관한 법리를 오해한 위법이 있다.

(3) 대법원의 예상되는 판단의 이유 및 그 주문

① **판단이유**: 피고인이 법원에 국민참여재판을 신청하였음에도 불구하고 법원이 이에 대한 배제결정도 하지 않은 채 통상의 공판절차로 재판을 진행하는 것은 피고인의 국민참여재판을 받을 권리 및 법원의 배제결정에 대한 항고권 등의 중대한 절차적 권리를 침해한 것으로서 위법하다. 국민참여재판제도의 도입취지나 배제결정에 대한 즉시항고권을 보장한 취지 등에 비추어 이와 같이 위법한 공판절차에서 이루어진 소송행위는 무효라고 보아야 할 것이므로, 결국 제1심 판결은 소송절차가 법령에 위반하여 판결에 영향을 미친 위법을 범한 것으로서 파기를 면할 수 없다(대법원 2011. 9. 8. 선고 2011도7106 판결; 대법원 2012. 4. 26. 선고 2012도1225 판결). 이러한 제1심 법원의 소송절차상의 하자는 직권조사사유에 해당하므로, 원심법원으로서는 비록 피고인이 이러한 점을 항소사유로 삼고 있지 않다 하더라도 이를 살펴 직권으로 제1심 판결을 파기하였어야 함에도 불구하고 원심법원은 이러한 제1심 판결의 위법에 대하여 아무런 심리, 판단을 하지 아니한 채 피고인의 항소를 기각하였으므로, 이러한 원심법원의 판단에도 국민참여재판을 받을 권리 및 소송절차상의 하자에 관한 법리

를 오해하여 판결에 영향을 미친 위법이 있다.

② 주문: 형사소송법 제391조, 제396조를 적용하여, 원심판결과 제1심 판결을 모두 파기하고 사건을 제1심 법원에 환송한다(대법원 2011. 9. 8. 선고 2011도7106 판결; 대법원 2012. 4. 26. 선고 2012도1225 판결).

제3장 **증 거**

• 제1절 증명의 일반이론 •

Ⅰ. 증거의 의의와 종류

[168] 甲의 강도살인 피고사건에서 현장을 목격한 증인으로 나온 W는 "甲이 A를 과도로 찌르고 그가 가지고 있던 지갑을 빼앗아 현장에서 도주했다."고 진술하였고, 검사는 W의 시력진단서를 증거로 제출하였다. 한편 검찰 측 증인으로 출석한 X(상점 점원)는 "甲이 범행 전날 과도를 우리 가게에서 구입하였다."고 진술하였고, Y는 "甲이 A와 말다툼을 하는 것을 보았다."고 진술하였다. 또한 경찰이 피고인으로부터 압수한 지갑은 A의 것임이 드러났다.

　이 사례에서 직접증거, 간접증거, 인적 증거, 물적 증거, 실질증거, 보조증거에 해당하는 것은 각각 어느 것인가?

　직접증거는 요증사실을 직접 증명하는 데 사용되는 증거이다. 목격자 W의 증언은 강도사실이라는 요증사실을 직접 증명하는 데 사용되는 직접증거이다. **간접증거**(정황증거)는 요증사실을 간접적으로 추론하게 하는 사실, 즉 간접사실을 증명하는 데 사용하는 증거이다. 과도를 구입했다는 X의 증언, 甲과 A가 말다툼을 했다는 Y의 증언은 甲과 A의 소원한 관계를 보여주는 간접증거이며, 甲이 가지고 있던 피해자 A의 지갑도 간접증거에 해당한다.

　인적 증거는 사람의 진술내용이 증거로 되는 경우를 말하며, 구술증거라고도

한다. W, X, Y의 증언은 그 진술내용이 증거로 사용되는 인적 증거에 해당한다. **물적 증거**는 물건의 존재나 상태(형상)가 증거로 되는 증거로, 증거물(물증)이라고도 한다. 피해자 A의 지갑은 물적 증거에 해당한다.

실질증거는 주요사실의 존부를 직접 또는 간접으로 증명하기 위해 사용되는 증거를 말하며, 직접증거와 간접증거, 인적 증거와 물적 증거를 포함한다. W, X, Y의 증언, 피해자 A의 지갑은 실질증거에 해당한다. **보조증거**는 실질증거의 증명력에 영향력을 미치기 위해 사용되는 증거를 말하며, 증강증거(보강증거 포함)와 탄핵증기를 포함한디. 검사가 제출한 W에 대힌 시력진단시는 목격자인 W의 증언이 신빙성이 있다는 사실을 뒷받침하는 보조증거에 해당한다.

[169] 의사 甲은 자기 처 A에게 상해를 가하여 사망에 이르게 하였다는 사실로 공소제기되었다. 그러나 甲은 공소사실을 부인하고 있다. 검사는 부검결과(시신의 강직도 등이 기재되어 있는 감정서)를 증거로 제출하였다. 이를 증거로 A의 사망 시간을 입증하는 자료로 사용하거나 A의 사망 당시 甲이 집에 있었다는 사실을 입증하는 자료로 사용할 수 있는가?

피고인 甲이 공소사실을 부인하자 검사가 제출한 부검결과를 기재한 감정서는 '**간접증거**'로 사용할 수 있으므로, 부검결과가 사망 시간을 추정케 하거나 사망 시각에 甲이 집에 있었다는 사실을 추정케 할 수 있으나, 이것만으로 상해치사의 사실이 증명되는 것은 아니다.

II. 증거능력과 증명력

[170] 증거능력과 증명력의 개념을 설명하시오.

증거능력이란 증거가 엄격한 증명의 자료로 사용될 수 있는 법률상의 자격을 말한다. 증거능력은 증거의 허용성(admissibility)에 관한 문제이다. 증거능력은 법률이 정한 형식적 기준에 따라 증거로서 사용될 수 있는 자격으로서 소극적 의미를 지닌다. 현행법상 증거능력이 제한되는 증거로 대표적인 경우로는 임의성 없는 자백, 위법수집증거, 전문증거 등이 있다. 증명력이란 증거가 심증형성의 자료로 사용될 수 있는 실질적 가치를 의미한다. 증거의 증명력은 법관의 자유판단의 대상이 된다(자유심증주의, 제308조).

증명력은 논리적으로 증거능력이 인정될 것을 전제로 한다. 그러나 증거능력 판단에 증거의 증명력이 관련을 맺는 경우도 있을 수 있다.

[171] 일정한 유형의 증거들의 증거능력을 부정하는 실질적인 이유는 무엇인가?

증거능력제도는 영미법에서 유래한 제도이다. 대륙법계 국가에서도 영국의 증거능력제도를 인식하였지만, 이를 받아들이지 않고 자유심증주의를 채택하였다. 영국에서 증거능력제도는 처음에는 증명력의 문제로 다루어지던 신용성이 의심되는 유형의 증거들이 배심원에게 제시될 수 없는 증거로 취급되면서 발전하게 되었다. 일정한 유형의 증거들의 증거능력을 부정하는 근거에 관하여는 법률문외한인 배심원에 대한 불신에서 비롯되었다는 견해(배심원불신 가설)가 영미법에서 전통적인 입장이나, 근자에는 18세기 말 형사절차에서 **형사변호인의 역할이 증대**되면서 증거능력제도가 전개되었다는 견해도 유력하다(John H. Langbein 저/조기영 역, 증거법의 역사적 기초, 형사법연구 제28권 제2호(2016. 6), 231면 이하 참조). 증거능력제도는 배심재판뿐만 아니라 직업법관에 의한 재판에서도 동일한 의미를 지닌다. 증거능력제도는 검사의 무분별한 증거수집·제출을 통제하고, 검사의 편견과 최량증거 제출의무 위반으로부터 법관과 배심원을 보호하는 기능을 지닌다(조기영, 증거능력과 직업법관, 비교형사법연구 제19권 제3호(2017. 10), 89면 이하 참조).

[172] 피고인 甲의 살인피고사건에서 甲이 수사절차에서 범행을 자백한 내용을 기재한 사법경찰관이 작성한 피의자신문조서가 증거로 제출되자, 甲과 변호인이 이를 증거로 함에 동의하였다. 법원은 위 피의자신문조서, 甲의 공판정 자백과 함께 甲이 범행 시각에 범행 장소와 가까운 편의점에서 물품을 구입하였다는 사실을 입증하는 자료인 신용카드 결제내역 정보 정도만으로 유죄를 인정할 수 있는가?

① 피의자신문조서: 조서 자체가 아니라 조서에 기재된 진술내용이 甲이 살인 범행에 대한 직접증거가 될 수 있다. 피의자신문조서에 기재된 내용은 진술증거이며 물적 증거가 아니다. 형사소송법 제312조 제3항의 요건이 충족된 때에는 증거능력이 인정된다.

② 증거동의: 피의자신문조서에 대한 피고인 측의 증거동의(제318조 제1항)가 있으므로 증거의 내용이 진실하다는 의미가 아닌 증거가 진실하게 만들어졌다는 의미에서의 진정성을 전제로 하여 증거능력이 인정된다.

③ 신용카드결제내역 정보: 甲이 범행 시간에 범행 장소 근처에 있었다는 사실 (간접사실)을 증명하는 간접증거로서 요증사실을 추인케 한다.

④ 유죄 인정 여부: 이들 증거만으로 살인의 유죄사실을 인정할 수 있는가는 증명력의 문제이다. 甲의 자백(피의자신문조서)의 경우 ― 비록 법정에서 자백한 경우라 하더라도 ― 형사소송법 제310조에 따라 보강증거가 필요하다. 신용카드 결제내역 정보는 甲의 자백에 대한 증거가 될 수 있다. 다만 이것만으로 유죄인정이 가능한가는 법관의 자유판단에 따른다(제308조).

III. 증명의 방법 및 정도

[173] 엄격한 증명과 자유로운 증명을 설명하시오.

엄격한 증명이란 '법률상 증거능력'이 있고 '적법한 증거조사'를 거친 증거에 의해 증명하는 것을 말한다. 주요사실, 즉 형벌권의 존부 및 범위와 관련된 사실은 엄격한 증명의 대상이 된다. **자유로운 증명**이란 증거능력이 없는 증거에 의한 증명이 가능하고 '상당한 방법'으로 증거조사를 거치면 증명이 가능한 경우를 말한다. 요증사실에 대해 모두 엄격한 증명을 요구하게 되면 소송의 지연이나 입증의 곤란을 초래하게 되므로, 공소범죄사실을 비롯한 주요사실이 아닌 경우에는 자유로운 증명만으로 족하다.

[174] 엄격한 증명의 대상이 되는 사실을 설명하시오.

주요사실, 즉 형벌권의 존부 및 범위와 관련된 사실은 엄격한 증명의 대상이 된다. ① **공소범죄사실**, 즉 범죄의 성립과 관련된 사실로서, 공소장에 기재된 구체적 사실은 엄격한 증명이 필요하다. 구성요건해당사실, 위법성과 책임의 기초가 되는 사실이 엄격한 증명의 대상이 되며, 처벌조건(예컨대 친족상도례와 범인은닉죄, 증거인멸죄에 있어서 일정한 친족관계의 존재, 파산범죄에 있어서 파산선고의 확정 등)은 범죄성립요건은 아니지만 형벌권의 존부에 영향을 미치는 사유로서 엄격한 증명의 대상이 된다.

② **형벌권의 범위와 관련된 사실**, 즉 ㉮ 법률상 형의 가중·감면의 이유되는 사실(누범가중사유로서 전과나 상습범 가중사유로서 상습성, 법률상 형의 감경 또는 감면의 이유되는 심신미약 또는 장애미수, 중지미수, 불능미수, 자수 및 자복 등)이 엄격한 증명의 대상이 되며, ㉯ 몰수나 추징도 부가형으로서 형벌의 일종이므로 몰수·추징에 관한 사실도 엄격한 증명의 대상이 된다. 다만 판례와 일부 학설은 몰수·추징에 관한 사실은 범죄구성요건 사실에 관한 것이 아니라는 이유로 자유

로운 증명으로 족하다고 한다.

[175] 자유로운 증명의 대상이 되는 사실을 설명하시오.

공소범죄사실을 비롯한 주요사실이 아닌 사실은 자유로운 증명의 대상이 된다. ① **정상관계사실**과 ② **소송법적 사실**이 여기에 해당한다.

[176] 절도사건 공판에서 피고인 측이 제출한 아래 서면에 대해 어떤 증명이 필요한가?

(1) 피고인의 모친이 작성했던 "피고인은 공소장 기재의 범행 일시에 집에서 나와 함께 저녁밥을 먹고 있었다."는 진술서

(2) "피고인은 '조사받을 때 조사관에게 구타당했다.'고 말했다."는 구치소 내 같은 방실을 사용하는 수용자의 진술서

(3) 피해자가 작성한 "관대한 처분을 바랍니다."라는 탄원서

(1) <u>모친의 진술서</u>: '모친의 진술서'는 피고인의 알리바이에 관한 것으로서 증거능력이 있어야 하고 적법한 증거조사를 거쳐야 한다. 다만 알리바이 증명(반증)을 공소사실을 탄핵하는 증거처럼 증거능력이 없는 증거로도 가능하다는 견해도 있다. 이 견해는 알리바이 입증은 상당한 증거조사로 족하다고 보게 된다.

피고인이 범행 일시에 범행 장소에 있었다는 것은 공소사실로서 검사가 입증해야 하므로(적극적 정황(간접)증거＝범인성에 대한 실질적 거증책임이 피고인에게 있지 않음), 그러한 증거에 의한 입증의 정도에 따라 반증인 알리바이의 입증의 정도도 달라진다. 전자가 약한 경우라면 후자도 약할 수 있고, 전자가 강하다면 후자도 강할 필요가 있다(적극적인 유죄입증의 정도와의 상관관계에 따라 알리바이입증의 정도도 정해진다).

일반적으로 피고인은 알리바이를 단순히 '주장'하는 것만으로는 부족하고, 이를 뒷받침하는 사실이 필요하다(주장과 입증의 구별). 사안에서는 모친의 알리바이 입증에 해당하는 진술을 기재한 진술서가 제출되었으므로 甲의 알리바이에 관한 어느 정도의 개연성, 甲이 현장에 있지 않았을지도 모른다는 합리적인 의심을 생기게 한 것이다. 따라서 검사는 이러한 의심을 해소시킬 만한 다른 정황증거를 제시하지 못하는 한 제307조 제2항에 따라 범인성은 입증되지 않고, 따라서 유죄판결을 할 수 없게 된다.

(2) <u>구치소 내 수용자의 진술서</u>: 실체법적 사실이 아니라 소송절차와 관련된 사실은 자유로운 증명으로 족하다. 소송조건의 존부, 절차진행의 적법성 등은 피고인 보호와 직접 관련이 없다는 이유이다. 따라서 증거능력이 있는 증거에 의할 필요는 없고(예컨대 조사받은 후 구타사실을 들은 제3자의 진술 등), 피의자가 '조사실에서 구타당했다.'는 내용의 진술을 들었다는 구치소 동료 수용자의 진술을 기재한 서면은 진술의 임의성에 관한 증거로 사용이 가능하다. 다만 증거서류로서 필요한 낭독 등의 증거조사를 거쳐야 할 것이다(대법원 2014. 12. 11. 선고 2012도15405 판결 참조).

(3) <u>피해자의 탄원서</u>: 정상(관계)사실이란 피고인의 경력, 성격, 환경, 범죄 후의 정황 등 양형의 자료가 되는 사실로서, 예컨대 누범전과나 상습범가중의 사유가 되는 전과는 법률상 형의 가중사유로서 엄격한 증명을 요하지만, 나머지 전과사실은 양형자료에 그치므로 이에 대해서는 결심 이후에 송부되는 전과조회서에 따라 인정해도 무방하다. 그러나 일부 학설은 피고인에게 불리한 사정은 엄격한 증명을 요하지만 유리한 사정은 상당한 증명으로 족하다는 견해도 있다. 어떤 입장에 따르든지 탄원서는 피고인측이 제출하는 양형에 유리한 정상사실로서 자유로운 증명으로 족하게 된다. 따라서 탄원서 자체가 증거능력이 인정될 필요는 없다.

[177] 불요증사실을 설명하시오.

불요증사실이란 증명의 대상이 되는 사실 자체의 성격에 비추어 별도의 증명을 요하지 않는 사실을 말한다. 재판의 기초가 되는 사실은 원칙적으로 모두 요증사실이므로 불요증사실은 예외적으로만 인정된다. 불요증사실에는 공지의 사실과 추정된 사실이 있다. ① **공지의 사실**이란 일반인에게 널리 알려진 사실, 즉 보통의 지식과 경험을 가진 사람이라면 이미 알고 있거나 직·간접으로 쉽게 알 수 있어서 누구나 의심하지 않는 사실을 의미한다. 공지의 사실이라도 반증은 허용되며, 반증이 된 경우에는 이미 공지의 사실에서 제외된다. 공지의 사실은 ② **법원에 현저한 사실**과 구별된다. 법원에 현저한 사실이란 법원이 직무상 명백히 알고 있는 사실(예컨대 법원이 이전에 판단하였던 사건의 결과 등)로서, 공지의 사실과는 달리 일반인이 알 수 없으면 증명이 필요하다. ③ **추정된 사실**이란 전제사실로부터 다른 사실을 추론하여 인정하는 것이 논리적으로 합리적인 경우를 말한다. 예컨대 구성요건해당성이 인정되면 위법성 및 책임은 추정된다. 사실상 추정된 사실은 별도로 증명을 요하지 않으나, 추정된 사실을 다투는 경우에는 추정이 깨지게 되므로 별도의 증거를 통해 증명이 필요하다. 추정된 사실은 **법률상 추정**과 구별된다. 법률상 추정이란 전제사실이 증명되면 다른 사실이 증명된 것으로 인정하도록 법률에 규정되어 있는 경우를 말한다.

[178] 법원에 현저한 사실이란 무엇인가? 법원에 현저한 사실은 수소법원을 구성하는 모든 법관 사이에 만장일치로 인정되어야 하는가?

법원에 현저한 사실이란 "법관이 자신의 직무활동과 관련하여 경험으로 알고 있는 것"을 말한다. 법관이 이러한 사실을 반드시 자신의 활동을 통하여 알게 될 것을 요하지는 않으며, 다른 법관이나 법원이 알고 있는 사실을 판결문을 읽거나 개인적으로 전달받을 수도 있다. 예를 들면, 특정 단체가 반국가단체라는 사실은 법원에 현저한 사실일 수 있다.

형사재판에서 주요사실인 공소범죄사실에 대해서는 유죄판결을 받을 수 있는 정도로 충분한 증명이 이루어져야 한다. 형사소송법 제307조 제2항은 "범죄사실의 인정은 **합리적인 의심이 없는 정도의 증명**에 이르러야 한다."는 기준을 제시하고 있다. 이러한 정도의 증명에 이르지 못한 때에는 피고인의 이익으로 판단하여 무죄의 판결을 선고하여야 한다(in dubio pro reo 원칙).

Ⅳ. 거증책임

[180] 거증책임을 설명하시오.

거증책임이란 법원의 심리와 증거조사를 거친 후 종국적으로 사실이 증명되지 않은 경우에 불이익한 판단을 받게 되는 일방당사자의 법적 지위 또는 그 위험부담을 말한다. 실무상으로는 증명책임, 입증책임이라는 개념을 사용하기도 한다. 거증책임을 실질적 거증책임이라고 부르며, 입증의 부담을 의미하는 형식적 거증책임과 구별하고 있다. ① **실질적 거증책임**은 소송종결시에 존재하는 위험부담으로서 소송의 개시부터 종결시까지 고정되어 있으며, 소송의 진행에 따라 일방에서 타방으로 이전되지 않는다. ② **형식적 거증책임**은 소송의 전개과정에서 어떤 사실이 증명되지 않으면 자기에게 불이익한 판단을 받을 가능성이 있는 당사자가 그 불이익을 면하기 위하여 당해 사실을 증명할 증거를 제출할 부담을 말한다. 입증의 부담 또는 증거제출책임이라고도 한다.

형법 제310조의 법적 성격을 ① 거증책임의 전환으로 보는 견해, 또는 ② 위법성조각사유로 보는 견해에 따를 때, 거증책임의 소재와 증명의 방법 및 정도는 각각 어떻게 달라지는지 설명하시오.

① 거증책임전환설: 형법 제310조는 "형법 제307조 제1항의 행위가 진실한 사실로서 오로지 공공의 이익에 관한 때에는 처벌하지 아니한다."고 규정하고 있다. 이를 거증책임의 전환규정으로 보는 견해에 따르면, 해당 행위가 진실한 사실로서 오로지 공공의 이익에 관한 때에 해당한다는 점을 행위자인 피고인이 증명하여야 하나, 그 증명은 자유로운 증명으로 족하며, 그 증명의 정도와 방법이 완화된다. 즉, **판례**에 따르면, "그 증명은 유죄의 인정에 있어 요구되는 것과 같이 법관으로 하여금 의심할 여지가 없을 정도의 확신을 가지게 하는 증명력을 가진 엄격한 증거에 의하여야 하는 것은 아니라고 할 것이므로, 이때에는 전문증거에 대한 증거능력의 제한을 규정한 형사소송법 제310조의2는 적용될 여지가 없다."(대법원 1996. 10. 25. 선고 95도1473 판결).

② 위법성조각사유설: 형법 제310조를 특수한 위법성조각사유로 보는 견해에 따르면, 위법성조각사유에 해당하는지가 문제가 된 때에는 사실상 추정되었던 위법성조각사유 부존재에 대해 검사가 거증책임을 지며, 증명의 일반원리에 따라 검사가 엄격한 증명을 통해 합리적 의심의 여지없는 증명을 하여야 한다.

[182] 검사는 살인죄의 구성요건 해당사실에 대해 입증하고, 그 사실에 대해 법관도 합리적인 의심을 넘는 정도의 심증을 얻은 상태이다. 다음 각각의 경우에 법원은 유죄판결을 할 수 있는가?

(1) 정당방위의 진위가 불분명한 상태인 경우

(2) 피고인이 정당방위의 구체적 주장을 하고, 정당방위의 존재를 의심케 하는 일응의 증거를 제출한 경우

(3) 피고인은 구체적 주장을 하지 않았지만, 검사의 모두진술이나 입증과정에서
정당방위의 존재를 의심케 하는 사정이 판명된 경우

(1)의 경우: 검사가 정당방위의 부존재를 입증해야 함에도 그 진위가 불분명하
다면 실질적 거증책임에 따라 법원은 무죄판결을 해야 한다.

(2)의 경우: 피고인은 정당방위 주장을 위해 법관의 합리적 의심을 일으키게 하
는 일응의 증거를 제출하였으므로, 이를 통해 합리적인 의심이 없을 정도로 증
명되지 않았으므로, 제307조 제2항에 따라 유죄판결을 할 수 없다.

(3)의 경우: 피고인의 구체적 주장이 없으면, 일응 살인죄의 위법성이 추정되지
만, 그런 주장이 없더라도 범죄의 성립을 조각하는 사실의 존재를 의심케 하는
사정이 존재하면, 검사의 입장에서는 이러한 의심을 불식시키는 입증의 부담을
지게 되고, 검사가 이러한 입증을 부담하지 못하면 결국 무죄추정의 법리에 따
라 유죄판결을 할 수 없다.

• 제 2 절 증거능력 •

제 1 위법수집증거배제법칙

[183] 위법수집증거배제법칙이란 무엇인가? 이를 인정하는 근거는 무엇인가?

① 개념: 위법수집증거배제법칙이란 헌법과 형사소송법이 정한 절차에 따르지
아니하고 수집된 증거는 기본적 인권 보장을 위해 마련된 적법한 절차에 따르
지 않은 것으로서 원칙적으로 유죄 인정의 증거로 삼을 수 없다는 원칙이다.
헌법과 형사소송법이 정한 절차에 따르지 아니하고 수집한 증거는 물론 이를

기초로 하여 획득한 2차적 증거 역시 기본적 인권 보장을 위해 마련된 적법한 절차에 따르지 않은 것으로서 원칙적으로 유죄 인정의 증거로 삼을 수 없다 (대법원 2007. 11. 15. 선고 2007도3061 전원합의체 판결). 형사소송법 제308조의2는 "적법한 절차에 따르지 아니하고 수집한 증거는 증거로 할 수 없다."고 하여 이 원칙을 명문화하고 있다.

② 인정근거: 수사기관의 강제처분인 압수수색은 그 과정에서 관련자들의 권리 나 법익을 침해할 가능성이 적지 않으므로 엄격히 헌법과 형사소송법이 정한 절차를 준수하여 이루어져야 한다. 헌법과 형사소송법이 정한 **절차 조항에 따 르지 않는 수사기관의 압수수색을 억제하고 재발을 방지하는 가장 효과적이고 확실한 대응책**은 이를 통하여 수집한 증거는 물론 이를 기초로 하여 획득한 2차적 증거를 유죄 인정의 증거로 삼을 수 없도록 하는 것이다(대법원 2007. 11. 15. 선고 2007도3061 전원합의체 판결).

[184] 헌법과 형사소송법이 정한 절차에 따르지 아니하고 수집한 증거가 예외적 으로 증거능력이 인정될 수 있는 경우는 언제인가?

수사기관의 절차 위반 행위가 ① **적법절차의 실질적 내용**을 침해하지 않고 증거능력을 부정하는 것이 ② **형사사법 정의를 실현하려 한 취지**에 반하는 결 과를 초래하는 것으로 평가되는 **예외적인 경우**에만 그 증거를 유죄 인정의 증 거로 사용할 수 있다. 적법한 절차에 따르지 아니하고 수집된 증거를 기초로 하여 획득된 **2차적 증거**의 경우에도 위와 같은 예외적인 경우에는 유죄 인정 의 증거로 사용할 수 있다(대법원 2007. 11. 15. 선고 2007도3061 전원합의체 판결).

먼저 절차에 따르지 아니한 **1차적 증거수집과 관련된 모든 사정들**, 즉 절차 조항의 취지와 그 위반의 내용 및 정도, 구체적인 위반 경위와 회피 가능성, 절차 조항이 보호하고자 하는 권리 또는 법익의 성질과 침해 정도 및 피고인과의 관련성, 절차위반 행위와 증거수집 사이의 인과관계 등 관련성의 정도, 수사기관의 인식과 의도 등을 살피는 것은 물론 나아가 **1차적 증거를 기초로 하여 다시 2차적 증거를 수집하는 과정에서 추가로 발생한 모든 사정들**까지 구체적인 사안에 따라 주로 **인과관계 희석 또는 단절 여부**를 중심으로 **전체적·종합적**으로 고려하여야 한다(대법원 2009. 3. 12. 선고 2008도11437 판결 참조).

① 절차 위반이 의도적이고 기술적인 증거확보의 방법으로 이용되지 않는 등 수사기관이 **의도적으로 영장주의의 정신을 회피하는 방법**으로 증거를 확보한 것이 아니라고 볼 만한 사정, ② 그 이후 이루어진 수사 절차가 적법하게 진행된 사정, ③ 피고인이 석방되었다거나 변호인으로부터 충분한 조력을 받은 가운데 상당한 시간이 경과하였음에도 다시 자발적으로 계속하여 동일한 내용의 자백을 하였다는 사정, ④ 다른 독립된 제3자의 행위나 자료 등도 물적 증거나 증인의 증언 등이 2차적 증거 수집의 기초가 되었다는 사정은 통상 2차적 증거의 증거능력을 인정할 만한 정황에 속한다.

반면, 2차적 증거인 피고인의 검찰 진술과 법정 진술이 **위법수집증거**인 전자장보 출력물을 **직접 제시받고** 한 것이거나, 적어도 위법수집증거인 전자정보 출력물의 내용을 **전제로 한 신문에 답변**한 것으로 볼 수 있으며, 피고인이 당시 당해 전자정보 출력물이 위법수집증거에 해당할 수 있다는 점을 고지받거나 그러한 내용의 법적 조언을 받지 못한 경우에는 위법수집증거의 2차적 증거로서 인과관계가 희석 또는 단절되지 않는다.

[187] 구체적으로 2차적 증거의 증거능력을 예외적으로 인정할 만한 정황에 관해 밝히고 있는 주요 판례들에는 어떤 것들이 있는가?

(1) 대법원 2009. 3. 12. 선고 2008도11437 판결
「진술거부권을 고지하지 않은 것이 단지 수사기관의 실수일 뿐 피의자의 자백을 이끌어내기 위한 의도적이고 기술적인 증거확보의 방법으로 이용되지 않았고, **그 이후** 이루어진 신문에서는 진술거부권을 고지하여 잘못이 시정되는 등 **수사 절차가 적법하게 진행되었다**는 사정, 최초 자백 이후 구금되었던 피고인이 석방되었다거나 변호인으로부터 충분한 조력을 받은 가운데 **상당한 시간이 경과하였음에도 다시 자발적으로 계속하여 동일한 내용의 자백을 하였다**는 사정, 최초 자백 외에도 **다른 독립된 제3자의 행위나 자료 등도 물적 증거나 증인의 증언 등 2차적 증거 수집의 기초가 되었다**는 사정, 증인이 그의 독립적인 판단에 의해 형사소송법이 정한 절차에 따라 소환을 받고 임의로 출석하여 증언하였다는 사정 등은 통상 2차적 증거의 증거능력을 인정할만한 정황에 속한다.」

(2) 대법원 2009. 4. 23. 선고 2009도526 판결
「피고인에 대한 구속영장의 집행 당시 구속영장이 사전에 제시된 바 없다면, 이는 헌법 및 형사소송법이 정한 절차를 위반한 구속집행이고, 그와 같은 구속중에 수집한 피고인의 진술증거인 피고인에 대한 검사 작성의 제3회 내지 제6회의 피의자신문조서와 피고인의 법정진술은 예외적인 경우가 아닌 한 유죄인정의 증거로 삼을 수 없는 것이 원칙이다. … 피고인의 제1심 법정진술은, 앞서든 법리나 위 인정 사실에 나타난 다음에서 드는 각 사정을 전체적·종합적으로 고려해 볼 때, 이를 유죄 인정의 증거로 사용할 수 있는 경우에 해당한다. 즉, 피고인은 **구속적부심사의 심문 당시 구속영장을 제시받은**

바 있어 그 이후에는 구속영장에 기재된 범죄사실에 대하여 숙지하고 있었던 것으로 보이고, 구속 이후 원심에 이르기까지 구속적부심사와 보석의 청구를 통하여 사전에 구속영장을 제시받지 못한 구속집행절차의 위법성만을 다투었을 뿐 그 **구속 중 이루어진 피고인의 진술증거인 피고인에 대한 검사 작성의 피의자신문조서와 법정에서의 피고인 진술의 임의성이나 신빙성에 대하여는 전혀 다투지 아니하였으며**, 구속 이후 피고인에 대한 검사 작성의 제4회, 제6회 피의자신문조서의 작성시에는 이 사건 공소사실 중 일부만을 시인하는 태도를 보이다가, 오히려 **변호인과 충분히 상의를 한 제1심 법정 이후에는 이 사건 공소사실 전부에 대하여 자백하는 것으로 태도를 바꾼 후 원심에 이르기까지 그 자백을 번복하고 있지 아니하였다.」**

(3) 대법원 2013. 3. 28. 선고 2012도13607 판결

「수사기관이 법관의 영장에 의하지 아니하고 매출전표의 거래명의자에 관한 정보를 획득한 경우 이에 터잡아 수집한 2차적 증거들, 예컨대 피의자의 자백이나 범죄 피해에 대한 제3자의 진술 등이 유죄 인정의 증거로 사용될 수 있는지 역시 위와 같은 법리에 의하여 판단되어야 할 것인데, **수사기관이 의도적으로 영장주의의 정신을 회피하는 방법**으로 증거를 확보한 것이 아니라고 볼 만한 사정, 위와 같은 정보에 기초하여 범인으로 특정되어 체포되었던 **피의자가 석방된 후 상당한 시간이 경과하였음에도 다시 동일한 내용의 자백을 하였다거나 그 범행의 피해품을 수사기관에 임의로 제출하였다**는 사정, 2차적 증거 수집이 체포 상태에서 이루어진 자백 등으로부터 **독립된 제3자의 진술에 의하여 이루어진 사정** 등은 통상 2차적 증거의 증거능력을 인정할 만한 정황에 속한다고 볼 수 있을 것이다.」

(4) 대법원 2013. 3. 14. 선고 2012도13611 판결

「설령 수사기관의 연행이 위법한 체포에 해당하고 그에 이은 제1차 채뇨에 의한 증거 수집이 위법하다고 하더라도, 피고인은 **이후 법관이 발부한 구속영장에 의하여 적법하게 구금되었고 법관이 발부한 압수영장에 의하여 2차 채뇨 및 채모 절차가 적법하게 이루어진** 이상, 그와 같은 2차적 증거 수집이 위법한 체포·구금절차에 의하여 형성된 상태를 직접 이용하여 행하여진 것으로는 쉽사리 평가할 수 없으므로, 이와 같은 사정은 체포과정에서의 절차적 위법과 2차적 증거 수집 사이의 인과관계를 희석하게 할 만한 정황에 속한다고 할 것이다.」

(5) 대법원 2014. 1. 16. 선고 2013도7101 판결

「이 사건 녹음파일의 증거능력이 부정되는 이상, 이에 터잡아 수집한 2차적 증거인 피고인들의 검찰 진술 또한 그 증거능력이 배제되어야 하는 것으로서 증거로 쓸 수 없다고 판단하는 한편, **피고인들의 법정진술과 참고인 공소외 14 등의 수사기관 및 법정 진술에 대해서는, 공개된 법정에서 진술거부권을 고지받고 변호인의 충분한 조력을 받은 상태에서 자발적으로 이루어진 것이고 수사기관이 의도적으로 그 영장주의의 취지를 회피하려고 시도한 것은 아니라는 사정** 등을 종합하여 그 증거능력이 인정된다고 판단하였다.

기록에 의하면, 위 피고인들의 제1심 법정진술의 경우에는 그 **증거능력이 부정되어야 할 이 사건 녹음파일을 제시받거나 그 대화 내용을 전제로 한 신문에 답변한 내용**이 일부 포함되어 있으므로, 그와 같은 진술과 이 사건 녹음파일 수집 과정에서의 절차적 위법과의 사이에는 여전히 직접적 인과관계가 있다고 볼 여지가 있어, 원심이 이 부분 진술까지 그 증거능력이 있다고 단정한 데에는 부적절한 점이 없지 아니하다. 그러나 이를 제외한 나머지 증거들의 증거능력에 대한 원심의 위와 같은 판단은 정당한 것으로 수긍할 수 있(다).」

(6) 대법원 2017. 11. 14. 선고 2017도3449 판결

「1차 압수영장으로 압수한 증거물은 1차 압수영장 발부의 사유가 된 범죄 혐의사실과 관련이 없으므로, 이에 대한 1차 압수영장의 집행행위는 위법하여 1차 압수영장으로 압수한 증거물을 유죄 인정의 증거로 사용할 수 없지만, 이에 터잡은 2차적 증거는 최초의 절차 위반행위와 2차적 증거 수집 사이에 인과관계가 희석되거나 단절되었다는 등의 이유로 증거능력이 인정된다.

(가) 2차 압수영장으로 압수한 서류와 장부

수사기관이 1차 압수영장에 기하여 서류와 장부를 압수·수색하면서 서류 등의 제목이나 개략적 내용만으로 혐의사실과 무관하다고 단정하기 어려웠고, **의도적으로 영장주의 원칙을 회피하려는 의도**를 가지고 서류 등을 수집하지는 않았다. 1차 압수 당시 위 서류가 포함된 **압수목록을 피압수자에게 교부**하였고, 검사는 위와 같은 **압수경위를 밝히면서 2차 압수영장을 청구하여 발부받았다. 검사는 **2차 압수영장의 취지에 따라** 포럼 사무실에서 피고인 2가 참여한 가운데 서류 등을 위 피고인에게 반환하였다가 다시 압수하였고, 압수목록도 위 피고인에게 교부하였다.

(나) 공소외 1의 전자우편 출력물

공소외 1은 전자우편에 대한 확인과 위 자료출력에 대하여 **자발적으로 동의**하고 전자우편계정에 관한 정보를 수사기관에 알려주었다.

(다) 피고인들의 검찰과 법정 진술, 참고인들의 검찰과 법정 진술 가운데 원심
　　이 특정한 부분

위 증거들은 증거능력이 인정되는 **다른 증거물을 바탕으로 수집되거나 수집될 수 있었다.**

다만, 증인의 법정에서의 증언이 증거능력이 부정되어야 할 출력물을 제시받거나 그 내용에 관하여 답변한 내용이 일부 포함되어 있는 경우에는 이 부분 진술의 증거능력은 부정된다.」

(7) 대법원 2018. 4. 26. 선고 2018도2624 판결

「위법수집증거로서 증거능력이 인정되지 않는 전자정보에 터잡아 수집한 2차적 증거인 피고인의 **검찰 진술과 법정 진술이 당해 전자정보 출력물을 직접 제시받고 한 것과 같거나,** 적어도 **당해 전자정보 출력물의 내용을 전제로 한 신문에 답변한 것**으로 볼 수 있거나, 피고인이 당시 당해 전자정보 출력물이 위법수집증거에 해당할 수 있다는 점을 고지받거나 그러한 내용의 법적 조언을 받지 못한 경우에는 위법수집증거의 2차적 증거로서 인과관계가 희석 또는 단절되지 않는다.」

> **[188]** 사법경찰관 P는 백화점 절도 사건을 수사하면서 피의자 甲의 쇼핑백에 남겨진 신용카드 매출전표를 발견하고 피의자의 신원을 확인하기 위해 법관의 영장 없이 금융회사 등으로부터 신용카드 매출전표 거래명의자 정보를 획득하여, 甲의 주거로 가서 甲을 절도혐의로 긴급체포한 다음, 현장에서 새 구두를 발견하였고, 피의자신문을 통해 그 구두가 백화점에서 절취한 것이라는 자백을 받아 내고 甲으로부터 그 구두를 임의제출받는 한편, 다른 여죄에 대해서도 자백을 얻어 냈다.

상습절도로 불구속기소된 甲은 법정에서 범행을 자백하였다. 甲의 법정자백과 절
도 피해자들의 진술서 등을 유죄의 증거로 사용할 수 있는가?

　　피의자 신원확인을 위해 금융기관으로부터 영장없이 거래명의자 정보를 획
득하였다면, 이는 영장주의 위반으로 위법수집증거에 해당한다. 다만 당해 정
보를 토대로 피의자의 주거에 가서 긴급체포한 것이나 피의자신문을 통해 피
의사실과 여죄사실에 대해 자백을 얻어낸 것은 2차적 증거로서 그 증거능력을
별도로 판단할 필요가 있다.
　　그 기준은 적법절차의 실질적 내용을 침해했는지 여부이다. 법원이 2차적 증
거의 증거능력 인정 여부를 최종적으로 판단할 때에는 먼저 절차에 따르지 아
니한 1차적 증거 수집과 관련된 모든 사정들, 즉 ① 절차 조항의 취지와 그 위
반의 내용 및 정도, 구체적인 위반 경위와 회피가능성, 절차 조항이 보호하고
자 하는 권리 또는 법익의 성질과 침해 정도 및 피고인과의 관련성, 절차 위반
행위와 증거수집 사이의 인과관계 등 관련성의 정도, 수사기관의 인식과 의도
등을 살피는 것은 물론, 나아가 1차적 증거를 기초로 하여 ② 다시 2차적 증거
를 수집하는 과정에서 추가로 발생한 모든 사정들까지 구체적인 사안에 따라
주로 인과관계 희석 또는 단절 여부를 중심으로 전체적·종합적으로 고려하여
야 한다.
　　사안에서 ① 수사기관이 **의도적으로 영장주의의 정신을 회피하는 방법으로
증거를 확보한 것이 아니라고 볼 만한 사정**, ② 위와 같은 정보에 기초하여 범
인으로 특정되어 체포되었던 **피의자가 석방된 후 상당한 시간이 경과하고도
법정에서 다시 동일한 내용의 자백을 하였다는** 점, ③ 2차적 증거 수집이 체포
상태에서 이루어진 자백 등으로부터 **독립된 제3자의 진술에 의하여 이루어진
사정** 등은 통상 2차적 증거의 증거능력을 인정할 만한 정황에 속한다고 볼 수
있다(대법원 2013. 3. 28. 선고 2012도13607 판결 참고). 甲의 법정자백과 절도 피해
자들의 진술서 등은 甲에 대한 유죄의 증거로 사용할 수 있다.

[189] 사법경찰관 P는 살인혐의가 있는 甲에 대한 수사과정에서 영장없이 甲의 변호사 V의 사무실을 수색하여 甲이 V에게 보낸 편지를 압수하였다. 그 편지에는 甲이 V에게 자신의 범행을 자백하는 내용과 사체 및 살인흉기의 은닉장소 등이 적혀 있었다. 이 편지는 공소사실을 증명하기 위한 증거로 사용할 수 있는가?

P가 편지에 적힌 장소를 수색하여 사체와 흉기를 발견했다면, 거기서 채취한 甲의 지문을 증거로 사용할 수 있는가?

(1) P는 압수·수색영장없이 V의 사무실을 수색하여 편지를 압수하였으므로 그 증거수집은 위법하다(제215조). 위법한 절차에 의하여 압수한 물건을 사용할 수 있는가에 대해 형사소송법 제308조의2는 적법절차에 위반하여 수집한 증거는 증거능력이 없다고 규정하고 있으나, 어떤 경우가 적법절차 위반인가가 문제된다.

사안에서 영장주의는 변호인 V의 권리 및 피의자 甲과 V사이의 신뢰관계를 보호하고 V의 효율적인 변호를 보장하는 데에 목적이 있다. 변호인 V와 피의자 甲간의 '자유로운 왕래', 즉 접견교통권(제34조)은 기본권의 본질적 영역에 속하고, 이러한 영역을 침해하여 수집한 증거는 아무리 살인과 같은 중대한 범죄의 실체적 진실을 발견하기 위한 것이라 하더라도 정당화될 수 없다. 따라서 위 편지는 증거로 사용할 수 없다.

(2) 2차적 증거의 경우, 이익교량을 통한 가치평가에 의하여 해결하면 족하다는 입장에 따르는 경우 권리보호에 대한 개인의 이익과 형사소추에 대한 공공의 이익 간의 교량이 증거사용금지의 판단기준이 되므로, 전자가 후자보다 우위에 있는 때에는 법치국가의 원리의 견지에서 증거사용이 금지된다고 할 수 있다. 형사소추에 대한 이익보다 우위에 있는 권리, 예컨대 자기부죄금지의 권리에 대한 침해가 있거나 비례성의 원칙과 같은 헌법상의 기본원칙에 대한 침해가 있는 때에는 증거사용이 금지되지만, 그 이외의 경우에는 범죄의 중대성이나 개인의 권리에 대한 침해의 정도, 위법성의 정도 등과 같은 교량요소를 종합적으로 고려하여 어느 이익이 우위에 있는가를 사안별로 검토·판단하여야 한다. 사례의 경우 영장주의의 위반으로 인하여 변호인 V의 권리,

피의자 甲과 V 사이의 신뢰관계뿐만이 아니라 기본권의 본질적 영역에 속한다고 할 수 있는 피의자의 접견교통권도 침해되었다. 따라서 아무리 살인과 같은 중대한 범죄에 대한 국가형벌권의 실현에 대한 이익이 크다 하더라도 甲의 편지는 물론 이를 통하여 수집한 2차적 증거도 증거로 사용할 수 없다고 보아야한다.

[190] 사인이 위법한 절차에 따라 수집한 증거도 증거능력이 부정되는가?

사인이 위법하게 수집한 증거에 대해서도 위법수집증거배제법칙이 그대로 적용되는지에 관하여, 위법수사의 억제라는 측면이 무의미한 사인의 경우에는 수사기관이 사인을 교사한 경우를 제외하고는 위법수집증거배제법칙을 적용할 필요 없이 증명력의 문제로 다루면 족하다는 **부정설**, 국가의 기본권 보호의무는 사인에 의한 침해의 경우에도 긍정해야 하고, 사인이 수집한 증거라도 국가가 사용한다는 점에서 배제법칙을 적용해야 한다는 **긍정설**, 기본권의 핵심영역에 해당하거나(**권리영역(범위)설**), 실체적 진실발견이라는 공익과 침해된 기본권에 대한 개인의 사익을 교량한 결과 후자가 우선하는 경우에 한해 이를 침해하는 것을 금지할 필요가 있다는 **이익형량(교량)설** 등의 절충설이 있으나, 판례는 국민의 사생활 영역에 관계된 모든 증거의 제출이 곧바로 금지되는 것으로 볼 수는 없고, 효과적인 형사소추 및 형사소송에서의 진실발견이라는 공익과 개인의 사생활의 보호이익을 비교형량하여 그 허용 여부를 결정하여야 한다고 하여(대법원 1997. 9. 30. 선고 97도1230 판결) 이익형량설에 따라 개별적으로 판단하는 입장을 취하고 있다.

[191] 위법수집증거는 증거동의의 대상이 되는가?

형사소송법상 영장주의 원칙을 위반하여 수집되거나 그에 기초한 증거로서 그 절차 위반행위가 적법절차의 실질적인 내용을 침해하는 정도에 해당하는 증거는 피고인이나 변호인의 증거동의가 있다고 하더라도 유죄의 증거로 사용할 수 없다(대법원 2011. 4. 28. 선고 2009도2109 판결).

---

[192] 사법경찰관 P는 경찰서 주변 식당으로 甲을 데리고 가 비망록에 '구청직원 접대' 부분을 지적하면서, "접대를 한 구청직원이 누구이고, 왜 접대를 한 것이냐? 앞으로 내가 잘 챙겨 주겠다."는 등으로 설득하였다. 당시 진술거부권의 고지는 없었다. 더 이상 버틸 수 없다고 생각한 甲은 "사실은 사건 브로커 乙에게 3,000만 원을 주어 구청직원에게 대부업에 대한 행정단속 등에 편의를 봐 달라는 부탁을 하고 돈을 전달하게 했는데, 돈을 주었는지는 모르겠다."고 진술하였다. 검찰에서 甲은 경찰에서 한 진술과 같이 모두 자백하였다. 검찰에서의 피의자 신문과정에서는 진술거부권이 적법하게 고지되었고, 변호인이 참여한 상태에서 조사가 이루어졌다. 乙의 변호인은 甲의 자백이 위법하게 수집한 것으로 증거능력이 없다고 주장한다. 경찰과 검찰에서 한 자백을 나누어 그 주장의 당부를 논하시오.
(2012년 1회 변호사시험)

---

① **경찰에서의 자백이 위법수집증거인지 여부:** 모든 국민은 형사상 자기에게 불리한 진술을 강요당하지 아니하며(헌법 제12조 제2항), 수사기관은 피의자를 신문하기 전에 미리 진술거부권을 고지하여야 한다(형소법 제244조의3). P는 甲에게 진술거부권을 고지하지 아니하였는바, 피의자의 진술거부권은 헌법이 보장하는 형사상 자기에 불리한 진술을 강요당하지 않는 자기부죄거부의 권리에 터잡은 것이므로 수사기관이 피의자를 신문함에 있어서 피의자에게 미리 진술거부권을 고지하지 않은 때에는 그 피의자의 진술은 위법하게 수립된 증거로서 진술의 임의성이 인정되는 경우라도 증거능력이 부인되어야 한다(대법원 1992. 6. 23. 선고 92도682 판결). 甲의 경찰에서의 자백은 위법수집증거로서 증거능력이 없으므로, 乙의 변호인의 주장은 타당하다.

② **검찰에서의 자백이 위법수집증거인지 여부:** 위법하게 수집된 증거를 기초로 하여 획득한 2차적 증거도 유죄 인정의 증거로 삼을 수 없다. 다만, 적법절차

에 따르지 아니한 1차 증거 수집과 2차적 증거 수집 사이의 **인과관계 희석 또는 단절** 여부를 중심으로 **2차적 증거 수집과 관련된 모든 사정**을 전체적·종합적으로 고려하여 예외적인 경우에는 2차적 증거를 유죄 인정의 증거로 사용할 수 있다(대법원 2007. 11. 15. 선고 2007도3061 전원합의체 판결). 경찰이 진술거부권을 고지하지 않고 획득한 甲의 자백과 동일한 내용의 검찰에서의 자백은 위법하게 수집된 증거를 기초로 하여 획득한 2차적 증거로서 원칙적으로 유죄 인정의 증거로 삼을 수 없으나, 검찰에서의 자백은 적법하게 진술거부권이 고지되고 변호인이 참여한 상태에서 이루어졌다는 점에서 경찰에서의 자백과 인과관계가 희석 또는 단절되었다고 볼 수 있으므로 위법수집증거에 해당하지 않는다. 변호인의 주장은 타당하지 않다.

[193] 경찰관 P는 甲을 위법하게 체포하여 유치한 상태에서 절도 범행에 관한 자백을 받고 압수수색영장을 발부받아 甲의 집에 보관되어 있던 도품을 압수하였다. 압수된 도품은 증거능력이 있는가? (2018년 1차 모의시험)

헌법과 형사소송법이 정한 절차에 따르지 아니하고 수집된 증거는 기본적 인권 보장을 위해 마련된 적법한 절차에 따르지 않은 것으로서 원칙적으로 유죄 인정의 증거로 삼을 수 없다. 또한 위법하게 수집된 증거를 기초로 하여 획득한 2차적 증거도 유죄 인정의 증거로 삼을 수 없다. 다만, 적법절차에 따르지 아니한 1차 증거 수집과 2차적 증거 수집 사이의 인과관계 희석 또는 단절 여부를 중심으로 2차적 증거 수집과 관련된 모든 사정을 전체적·종합적으로 고려하여 예외적인 경우에는 2차적 증거를 유죄 인정의 증거로 사용할 수 있다(대법원 2007. 11. 15. 선고 2007도3061 전원합의체 판결).

사안에서 도품은 위법수집증거인 자백을 1차 증거로 하여 획득된 2차적 증거로서 예외적으로 증거능력이 인정될 사정이 보이지 않으므로 증거능력이 없다.

[194] 강간미수 혐의로 쫓기게 된 甲은 친구 乙에게 범행의 사정을 이야기하면서, 자신의 차는 발각될 위험이 있으니 자신의 차를 숨겨 주고 대신 乙의 차를 빌려 달라고 부탁하였다. 乙은 甲의 부탁을 들어주었다. 검사는 乙을 피의자로 조사하면서 실수로 진술거부권을 고지하지 않았다. 하지만 乙은 위 범죄사실을 모두 임의로 진술하였고, 다음 날 자진출석하여 자백하면서 자신이 보관하던 甲의 자동차도 임의제출하였다. 검사가 작성한 乙에 대한 피의자신문조서와 乙이 제출한 甲의 자동차의 증거능력을 논하시오. (2018년 3차 모의시험)

① <u>피의자신문조서의 증거능력</u>: 모든 국민은 형사상 자기에게 불리한 진술을 강요당하지 아니하며(헌법 제12조 제2항), 수사기관은 피의자를 신문하기 전에 미리 진술거부권을 고지하여야 한다(형소법 제244조의3). 검사가 乙에게 진술거부권을 고지하지 아니하였는바, 피의자의 진술거부권은 헌법이 보장하는 형사상 자기에 불리한 진술을 강요당하지 않는 자기부죄거부의 권리에 터잡은 것이므로 수사기관이 피의자를 신문함에 있어서 피의자에게 미리 **진술거부권**을 고지하지 않은 때에는 그 피의자의 진술은 위법하게 수립된 증거로서 진술의 임의성이 인정되는 경우라도 증거능력이 부인되어야 한다(대법원 1992. 6. 23. 선고 92도682 판결). 위 조서는 증거능력이 부정된다.

② <u>자동차의 증거능력</u>: 乙은 진술거부권을 고지 받지 아니한 상태에서 범죄사실을 모두 진술하였는바, 다음 날 자진출석하여 자백하면서 甲의 자동차를 임의제출한 것이 위법수집증거의 2차적 증거로서 증거능력이 인정될 수 있는지 여부가 문제된다.

적법한 절차에 따르지 아니한 위법행위를 기초로 하여 증거가 수집된 경우에는 당해 증거뿐 아니라 그에 터잡아 획득한 2차적 증거의 증거능력도 부정된다. 다만 위법수집증거배제의 원칙은 수사과정의 위법행위를 억지함으로써 국민의 기본적 인권을 보장하기 위한 것이므로 적법절차에 위배되는 행위의 영향이 차단되거나 소멸되었다고 볼 수 있는 상태에서 수집한 증거는 그 증거능력을 인정하더라도 적법절차의 실질적 내용에 대한 침해가 일어나지는 않으므로 그 증거능력을 인정할 수 있다. 따라서 증거수집 과정에서 이루어진 적법절차 위반행위의 내용과 경위 및 그 관련 사정을 종합하여 볼 때 당초의 **적법절차 위반행위와 증거수집 행위의 중간에 그 행위의 위법 요소가 제거 내지 배제되었다고 볼 만한 다른 사정**이 개입됨으로써 인과관계가 단절된 것으로 평가할 수 있는 예외적인 경우에는 이를 유죄 인정의 증거로 사용할 수 있다(대법원 2013. 3. 14. 선고 2010도2094 판결).

사안에서 乙이 피의자 조사 다음 날 자진출석하여 자백하면서 보관하던 자동차를 임의제출한 것이므로 진술거부권을 고지받지 아니하고 이루어진 진술과는 인과관계가 희석 또는 단절되었다고 볼 수 있고, 보관자의 임의제출물은 형사소송법 제218조에 의하여 영장없이 압수할 수 있으므로 위 자동차의 증거능력은 인정된다.

---

[195] 사법경찰관 P는 甲에게 압수수색영장 기재 혐의사실의 주요 부분을 요약해서 고지하면서 영장 첫 페이지와 甲에 관한 범죄사실이 기재된 부분을 보여주었으나, 甲이 영장의 나머지 부분을 넘겨서 확인하려고 하자 뒤로 넘기지 못하게 하였다. P는 압수한 甲의 휴대전화에 저장된 전자정보를 탐색하여 통화내역, 문자메시지 등을 출력하였다. P는 甲의 휴대전화에 저장된 전자정보를 탐색·출력하는 과정에서 甲에게 참여권을 보장해 주지 않았고, 압수된 전자정보의 목록을 작성·교부하지도 않았으며, 영장에 기재된 바를 위배하여 압수한 날부터 10일을 초과하여 휴대전화를 반환하였다. P와 검사 S는 위와 같이 압수한 '동향보고'라는 서류와 甲의 휴대전화 출력물을 제시한 상태에서 甲에 대한 피의자신문조서를 작성하였다. '동향보고'와 휴대전화 출력물은 증거능력이 인정되는가? P와 S가 작성한 피의자신문조서는 증거능력이 인정되는가?

① '동향보고'와 휴대전화 출력물의 증거능력: P가 압수수색영장의 피압수자인 甲에게 영장을 제시하면서 표지에 해당하는 첫 페이지와 甲의 혐의사실이 기재된 부분만을 보여주고, 영장의 내용 중 압수·수색·검증할 물건, 압수·수색·검증할 장소, 압수·수색·검증을 필요로 하는 사유, 압수 대상 및 방법의 제한 등

필요적 기재 사항 및 그와 일체를 이루는 부분을 확인하지 못하게 한 것은 영장을 집행할 때 피압수자인 甲에게 그 내용을 충분히 알 수 있도록 제시한 것이 아니다. 따라서 P가 행한 甲에 대한 영장 제시는 형사소송법 제219조, 제118조에 따른 적법한 압수·수색영장의 제시라고 볼 수 없고, 이 영장에 따라 압수된 이 사건 동향보고 서류, 甲의 휴대전화는 위법수집증거에 해당한다. 한편, P는 위법하게 압수한 甲의 휴대전화에 저장된 출력물을 출력하여 증거를 수집하는 과정에서 피의자이자 피압수자인 甲에게 참여권을 보장하지 않았고, 압수된 전자정보에 대한 목록을 작성하여 교부하지도 않았으며, 휴대전화를 10일 내에 반환하라는 영장에 기재된 제한을 위반하였다. 따라서 甲의 휴대전화 출력물은 전자정보 저장매체로서 휴대전화의 압수가 적법하지 아니할 뿐만 아니라 전자정보의 압수·수색이라는 면에서도 위법수집증거에 해당한다. 따라서 '동향보고 서류'와 甲의 휴대전화 출력물은 적법한 절차에 따르지 아니하고 수집된 증거로서 증거능력이 없고, 예외적으로 그 증거능력을 인정할 만한 사정도 보이지 않는다.

② 피의자신문조서의 증거능력: 위와 같은 위법수집증거의 2차적 증거인 P 또는 S가 작성한 조서는 최초의 절차적 위법과 인과관계가 희석 또는 단절되었다고 볼 수 없어 그 증거능력을 인정할 수 없다(대법원 2017. 9. 21. 선고 2015도 12400 판결).

[196] 판사 R이 발부한 압수수색검증영장에는 피의자의 성명, 죄명, 압수할 물건, 수색할 장소, 신체, 물건, 발부 연월일, 유효기간과 그 기간을 경과하면 집행에 착수하지 못하며 영장을 반환하여야 한다는 취지, 압수·수색의 사유가 기재되어 있고, 수기로 '이 영장은 일출 전 또는 일몰 후에도 집행할 수 있다.'고 기재된 부분에 날인이 있으며, 별지와 사이에 간인이 있었으나, 판사의 서명날인란에는 서명만 있고 그 옆에 날인이 없었다. 경찰관 P는 위 영장에 따라 인천국제공항에서 甲 소유의 노트북 복제본을 적법한 절차에 따라 압수하였다. P는 노트북 복제본에서 甲의 업무상배임과 관련된 전자정보 파일 출력물을 제시한 상태에서 乙에 대한 부정경쟁방지법 위반(영업비밀누설 등) 혐의에 관한 피의자신문조서를 작성

하였다. 검사 S는 甲의 변호인이 참여한 가운데 위 파일 출력물을 제시한 상태에서 甲에 대하여 피의자신문조서를 작성하였다. S가 작성한 甲에 대한 피의자신문조서는 위법수집증거인가?

압수수색영장의 법관 서명날인란에 서명만 있고 날인이 없어 적법하게 발부되었다고 볼 수 없는 영장에 따라 압수한 파일 출력물(1차적 증거)과 이에 기초하여 획득한 피의자신문조서, 파일 출력물에 기초하여 획득한 2차적 증거인 S가 작성한 피의자신문조서는 유죄 인정의 증거로 사용할 수 있는 경우에 해당한다. 압수수색검증영장에는 판사의 날인만이 없을 뿐 야간집행을 허가하는 판사의 수기와 날인, 그 아래 서명날인란에 판사 서명, 영장 앞면과 별지 사이에 판사의 간인이 있으므로, 판사의 의사에 기초하여 진정하게 영장이 발부되었다는 점은 외관상 분명하고, 수사기관으로서는 **영장이 적법하게 발부되었다고 신뢰할 만한 합리적인 근거가 있었고**, **의도적으로 적법절차의 실질적인 내용을 침해한다거나 영장주의를 회피할 의도**를 가지고 이 사건 영장에 따른 압수·수색을 하였다고 보기 어렵기 때문이다(대법원 2019. 7. 11. 선고 2018도20504 판결).

P가 의도적으로 적법절차의 실질적인 내용을 침해한다거나 영장주의를 회피할 의도를 가지고 영장에 따른 압수수색을 한 것은 아니며, 또한 甲 소유의 노트북 복제본 압수는 적법하게 이루어졌으므로 파일출력물은 물론 이에 기초하여 획득한 S 작성에 甲에 대한 피의자신문조서는 위법수집증거가 아니다.

[197] 검사 S가 甲의 업무상배임 및 배임수재에 관한 피의사실로 발부받은 압수수색영장 집행 중 甲이 ○○아파트의 공금 2,000만 원을 자신의 중고자동차 구입에 사용한 사실을 추정케 하는 입출금 전표를 우연히 발견하고 이를 압수하였으나 그 후 甲에게 환부한 후 다시 제출받은 경우, 위 입출금전표를 甲의 범행을 입증하기 위한 증거로 사용할 수 있는 요건은 무엇인가? (2017년 6회 변호사시험)

위 입출금전표는 영장 발부의 사유로 된 업무상배임 및 배임수재에 관한 甲

의 범죄 혐의사실과 무관한 별개의 증거이므로 위 전표에 대한 압수는 **별건압수로서** 위법수집증거에 해당하여 원칙적으로 유죄 인정의 증거로 사용할 수 없다. 다만, 수사기관이 별개의 증거를 피압수자 등에게 환부하고 후에 이를 임의제출받아 다시 압수하였다면 그 증거를 압수한 최초의 절차 위반행위와 최종적인 증거수집 사이의 인과관계가 단절되었다고 평가할 수 있는 사정이 될 수 있으며, 그 제출의 임의성이 있다는 점에 관하여는 검사가 합리적 의심을 배제할 수 있을 정도로 증명하여야 한다(대법원 2016. 3. 10. 선고 2013도11233 판결). 위 전표의 압수는 별건압수로서 위법수집증거에 해당하여 원칙적으로 증거로 사용할 수 없으나, 검사가 인과관계를 단절시키는 환부 후 제출의 임의성에 관하여 합리적 의심을 배제할 수 있도록 입증한 때에는 유죄 인정의 증거로 사용할 수 있다.

[198] 甲에 대한 수사를 개시한 경찰관 P는 甲과 乙이 친하다는 사실을 알고 乙을 찾아낸 후 甲에게 휴대폰으로 전화를 걸게 하여 甲이 A에 대해 범한 범행을 물어보고 자수를 권유하도록 하면서 둘 사이의 통화내용을 乙의 동의하에 녹음하였다. 이후 甲은 체포되어 기소되었다.

(1) 甲과 乙의 대화를 녹음한 녹음테이프의 증거능력은?

(2) A의 母 M은 甲이 범행을 부인하고 있다는 말을 전해 듣고 사설탐정을 시켜 甲이 체류하는 모텔을 찾아낸 후 甲 몰래 그 모텔 방을 뒤져 甲의 A에 대한 강도범행에 사용된 증거물인 수면제를 확보하여 이를 P에게 제출하였다면, 이 증거물의 증거능력은? (2015년 2차 모의시험)

(1) <u>녹음테이프의 증거능력</u>: 통신비밀보호법 제3조는 통신비밀보호법과 형사소송법 또는 군사법원법의 규정에 의하지 아니하고는 우편물의 검열·전기통신의 감청 또는 통신사실확인자료의 제공을 하거나 공개되지 아니한 타인 간의 대화를 녹음 또는 청취하지 못한다고 규정하고 있다. 통비법 제3조의 규정에 위반하여, 불법검열에 의하여 취득한 우편물이나 그 내용 및 불법감청에 의하여

취득한 우편물이나 그 내용 및 불법감청에 의하여 지득 또는 채록된 전기통신의 내용은 재판 또는 징계절차에서 증거로 사용할 수 없다(통비법 제4조). 전기통신의 감청이란 송신인과 수신인이 아닌 제3자가 당사자의 동의를 받지 않고 전자장치 등을 이용하여 통신의 내용을 지득 또는 채록하는 등의 행위를 말하며, 전기통신의 당사자 일방이 상대방과의 통화내용을 녹음하는 것은 '감청' 자체에 해당하지 않는다(대법원 2008. 10. 23. 선고 2008도1237 판결). 그러나 제3자의 경우는 설령 **전화통화 당사자 일방의 동의**를 받고 그 통화내용을 녹음하였다 하더라도 그 상대방의 동의가 없었던 이상, 사생활 및 **통신의 불가침**을 국민의 기본권의 하나로 선언하고 있는 헌법규정과 통신비밀의 보호와 통신의 자유신장을 목적으로 제정된 통신비밀보호법의 취지에 비추어 이는 법 제3조 제1항 위반이 된다(대법원 2002. 10. 8. 선고 2002도123 판결).

사안에서 P는 乙의 동의를 얻었을 뿐 상대방인 甲의 동의를 얻은 바 없으므로 위 녹음테이프는 통비법 제4조 및 제14조에 따라 유죄의 증거로 사용할 수 없다. 위 녹음테이프는 위법수집증거이므로, 甲과 乙이 이를 증거로 사용할 수 있음에 동의하였다고 하더라도 증거능력이 인정되지 않는다.

(2) **수면제의 증거능력**: 사설탐정이 甲이 점유하는 방실에 침입하여(형법 제319조) 증거를 수집하였는바, 사인이 위법하게 수집한 증거에 대해서도 위법수집증거배제법칙이 그대로 적용되는지 문제된다. 위법수사의 억제라는 측면이 무의미한 사인의 경우에는 수사기관이 사인을 교사한 경우를 제외하고는 위법수집증거배제법칙을 적용할 필요 없이 증명력의 문제로 다루면 족하다는 **부정설**, 국가의 기본권 보호의무는 사인에 의한 침해의 경우에도 긍정해야 하고, 사인이 수집한 증거라도 국가가 사용한다는 점에서 배제법칙을 적용해야 한다는 **긍정설**, 기본권의 핵심영역에 해당하거나(**권리영역(범위)설**), 실체적 진실발견이라는 공익과 침해된 기본권에 대한 개인의 사익을 교량한 결과 후자가 우선하는 경우에 한해 이를 침해하는 것을 금지할 필요가 있다는 **이익형량(교량)설** 등의 절충설이 있으나, 판례는 국민의 사생활 영역에 관계된 모든 증거의 제출이 곧바로 금지되는 것으로 볼 수는 없고, 효과적인 형사소추 및 형사소송에서의 진실발견이라는 공익과 개인의 사생활의 보호이익을 비교형량하여 그 허용 여부를

결정하여야 한다고 하여(대법원 1997. 9. 30. 선고 97도1230 판결) 이익형량설에 따라 개별적으로 판단하는 입장을 취하고 있다.

판례의 입장에 따르면, 위 수면제는 甲에 대한 형사소추를 위하여 반드시 필요한 증거로 보이므로, 공익의 실현을 위하여는 이를 범죄의 증거로 제출하는 것이 허용되어야 하고, 이로 말미암아 甲의 사생활의 비밀을 침해하는 결과를 초래한다 하더라도 이는 甲이 수인하여야 할 기본권의 제한에 해당된다. 수면제가 위법하게 수집된 증거가 아닌 이상 형사소송법 제318조 제1항에 의한 증거동의의 대상이 될 수 있다.

[199] 유죄판결을 받아 징역형이 집행 중이던 甲은 출소 이후 乙을 위협하여 돈을 뜯어낼 생각으로 교도소에서 자신이 알고 있는 乙의 뇌물제공과 관련한 사실을 비망록에 기록한 후 이를 교도관에 맡겨 놓았다. 그런데 교도관은 甲이 맡긴 비망록을 甲의 동의 없이 사법경찰관 P에게 임의로 제출하였고, P는 이를 영장없이 압수하였다. 이후 乙이 체포되어 기소된 경우 이 비망록은 乙의 공소사실을 입증하기 위한 증거로 사용할 수 있는가? (2017년 3차 모의시험)

형사소송법 제218조는 "검사 또는 사법경찰관은 피의자, 기타인의 유류한 물건이나 소유자, 소지자 또는 보관자가 임의로 제출한 물건을 영장없이 압수할 수 있다."라고 규정하고 있고, 같은 법 제219조에 의하여 준용되는 제111조 제1항은 "공무원 또는 공무원이었던 자가 소지 또는 보관하는 물건에 관하여는 본인 또는 그 해당공무소가 직무상의 비밀에 관한 것임을 신고한 때에는 그 소속공무소 또는 당해감독관공서의 승낙 없이는 압수하지 못한다."고 규정하고 있으며, 같은 조 제2항은 "소속공무소 또는 당해감독관공서는 국가의 중대한 이익을 해하는 경우를 제외하고는 승낙을 거부하지 못한다."고 규정하고 있을 뿐이고, 달리 형사소송법 및 기타 법령상 교도관이 그 직무상 위탁을 받아 소지 또는 보관하는 물건으로서 재소자가 작성한 비망록을 수사기관이 수사 목적으로 압수하는 절차에 관하여 특별한 절차적 제한을 두고 있지 않다. 교도관이 재소자가 맡긴 비망록을 수사기관에 **임의로 제출**하였다면 그 비망록의 증거사용에 대하여도 재소자의 사생활의 비밀 기타 인격적 법익이 침해되는 등의 특별한 사정이 없는 한 반드시 그 재소자의 동의를 받아야 하는 것은 아니다. 따라서 수사기관이 교도관으로부터 보관하고 있던 피고인의 비망록을 뇌물수수 등의 증거자료로 임의로 제출받아 이를 압수한 경우, 그 압수절차가 피고인의 승낙 및 영장없이 행하여졌다고 하더라도 이에 적법절차를 위반한 위법이 있다고 할 수 없다(대법원 2008. 5. 15. 선고 2008도1097 판결).

사안에서 비망록은 교도관이 甲이 맡긴 것을 수사기관에 임의로 제출한 경우로 특별한 사정이 없는 한 甲의 동의를 받지 않고 제출하였더라도 적법절차를 위반한 위법이 없어 증거능력이 인정된다. 따라서 위 비망록은 乙의 공소사실을 입증하기 위한 증거로 사용할 수 있다.

---

[200] 사법경찰관 P는 귀금속 절도 사건 이후 귀금속을 처분하는 자를 잡기 위해 잠복하던 중 몇 군데 귀금속 가게를 들락날락거리며 가방을 열어 보여주면서 나머지 귀금속을 팔기 위해 귀금속 상가를 배회하고 있는 甲의 행동을 수상히 여기고, 甲을 정지시켜 경찰관 신분증을 제시한 후 甲에게 가방에 든 물건이 무엇이냐고 질문을 하였으나 甲은 질문에 대답하지 않았다. 이에 P는 甲의 가방을 만져보다 가방 속에 귀금속과 같은 것이 손에 잡혀 甲에게 가방을 열 것을 요구하였으나 甲이 이를 거절하자, 甲의 가방 속에 손을 넣어 그 안에서 도난당한 귀금속을 발견하였다. P는 甲에게 미란다 원칙을 고지하고 현행범으로 체포하면서 귀금속을 압수하였다. P는 경찰서로 甲을 바로 연행한 후 즉시 귀금속에 대하여 압수·수색영장을 신청하였고, 검사 S는 압수·수색영장을 청구하였다. P가 압수한 귀금속의 증거능력을 논하시오. (2015년 1차 모의시험)

경찰관은 불심검문 대상자에게 질문을 할 때에 그 사람이 흉기를 가지고 있는지를 조사할 수 있다(경직법 제3조 제3항). 흉기 이외의 일반소지품에 대한 검사가 허용되는지에 관하여는, 불심검문의 실효성을 유지하기 위하여 제한적으로 허용된다는 견해도 있으나, 흉기 이외의 일반소지품에 대해서는 법적 근거가 없으므로 상대방의 동의 없는 독자적인 검사는 허용되지 않는다고 보아야

한다. P가 위법한 소지품검사에 의하여 甲이 범인임을 확인하고 현행범인으로 체포한 것이 적법한 체포에 해당하는지 문제된다. 헌법과 형사소송법이 정한 적법한 절차의 잠탈을 막기 위하여 위법한 선행행위에 기한 후행행위는 위법하다고 보아야 한다. 판례도 위법한 긴급체포에 의해 유치된 상태에서 작성된 피의자신문조서의 증거능력을 부정하면서 선행행위와 후행행위 사이에 별다른 요건을 요구하지 않은 바 있고(대법원 2002. 6. 11. 선고 2000도5701 판결), 또한 사법경찰관이 피고인을 수사관서까지 동행한 것이 사실상의 강제연행, 즉 불법체포에 해당하고, 불법 체포로부터 6시간 상당이 경과한 후에 이루어진 긴급체포 또한 위법하다(대법원 2006. 7. 6. 선고 2005도6810 판결)고 판시하여 마찬가지의 입장을 취하고 있는 것으로 보인다. 따라서 P의 甲에 대한 현행범인 체포는 위법하다고 보아야 한다.

사안에서 P가 甲이 소지하고 있는 귀금속을 압수한 것은 형사소송법 제216조 제2항 제1호에 따른 현행범인 체포현장에서의 압수수색에 해당한다. 동조에 의한 긴급압수수색은 체포가 적법할 것을 전제로 한다(대법원 2009. 12. 24. 선고 2009도11401 판결). 따라서 위법한 현행범인 체포에 수반하여 이루어진 위 귀금속은 적법한 절차에 따르지 아니하고 수집한 위법수집증거에 해당하여, 그 증거능력이 부전된다.

제 2 자백배제법칙

[201] 형사소송법 제309조는 "피고인의 자백이 고문, 폭행, 협박, 신체구속의 부당한 장기화 또는 기망 기타의 방법으로 임의로 진술한 것이 아니라고 의심할 만한 이유가 있는 때에는 이를 유죄의 증거로 하지 못한다."고 규정하고 있다(자백배제법칙). 판례는 자백배제법칙이 인정되는 이유 내지 근거를 어떻게 이해하고 있는가?

임의성 없는 진술의 증거능력을 부정하는 취지는 허위진술을 유발 또는 강요할 위험성이 있는 상태하에서 행하여진 진술은 그 자체가 실체적 진실에 부합하지 아니하여 오판을 일으킬 소지가 있을 뿐만 아니라 그 진위를 떠나서 진술자의 기본적 인권을 침해하는 위법·부당한 압박이 가하여지는 것을 사전에 막기 위한 것이다(대법원 2012. 11. 29. 선고 2010도3029 판결).

[202] 자백의 임의성에 다툼이 있을 때에는 누가 그 임의성의 의문점을 없애는 증명을 하여야 하는가?

임의성에 다툼이 있을 때에는 그 임의성을 의심할 만한 합리적이고 구체적인 사실을 피고인이 증명할 것이 아니고 검사가 그 임의성의 의문점을 없애는 증명을 하여야 하며, 검사가 그 임의성의 의문점을 없애는 증명을 하지 못한 경우에는 그 진술증거는 증거능력이 부정된다(대법원 2006. 1. 26. 선고 2004도517 판결 등 참조).

[203] 경찰관의 가혹행위 등으로 자백을 한 피의자가 검사 앞에서 또는 법정에서도 동일한 내용의 자백을 한 경우 검사 또는 법원이 진술을 강요한 사실이 없더라도 임의성 없는 자백이라고 할 수 있는가?

피의자가 수사기관에서 가혹행위 등으로 인하여 임의성 없는 자백을 하고 그 후 검사 앞에서나 또는 법정에서도 임의성 없는 심리상태가 계속되어 동일한 내용의 자백을 하였다면 검사 앞에서의 자백 또는 법정에서의 자백도 임의성 없는 자백이라고 보아야 한다(대법원 2004. 7. 8. 선고 2002도4469 판결; 대법원 2011. 10. 27. 선고 2009도1603 판결 등 참조)(임의성의 **연쇄효과** 또는 계속적 효과).

임의성을 의심할 만한 사유와 피고인의 자백 사이에 인과관계가 존재하여야
하는지에 관하여는, 자백의 임의성은 인과관계의 요건이므로 임의성이 문제된
사유와 자백 간의 인과관계가 필요하며 인과관계가 인정되지 않는 경우에는
자백의 증거능력이 인정된다는 **'적극설'**, 일단 임의성을 의심할 만한 사정이
존재하기만 하면 인과관계의 존부와 관계없이 자백을 증거로 사용할 수 없다는
'소극설'(다수설)이 대립하고 있다. **판례**는 "피고인의 자백이 임의성이 없다고
의심할 만한 사유가 있는 때에 해당한다 할지라도 그 임의성이 없다고 의심하
게 된 사유들과 피고인의 자백과의 사이에 인과관계가 존재하지 않은 것이 명
백한 때에는 그 자백은 임의성이 있는 것으로 인정된다."고 판시하면서, 다만
"임의성이 없다고 의심할 만한 이유가 있는 자백은 그 인과관계의 존재가 추정
되는 것이므로 이를 유죄의 증거로 하려면 적극적으로 그 인과관계가 존재하
지 아니하는 것이 인정되어야 할 것"(대법원 1984. 4. 27. 선고 84도2252 판결)이라
고 하여, 인과관계의 존재가 요구되며, 다만, 인과관계는 추정된다는 입장이다.

① **거증책임의 소재**: 자백의 임의성에 다툼이 있을 때에는 그 임의성을 의심할
만한 합리적이고 구체적인 사실을 피고인이 증명할 것이 아니고 검사가 그 임
의성의 의문점을 없애는 증명을 하여야 하며, 검사가 그 임의성의 의문점을 없
애는 증명을 하지 못한 경우에는 그 진술증거는 증거능력이 부정된다(대법원
2012. 11. 29. 선고 2010도3029 판결).

② <u>임의성의 증명방법</u>: 피고인의 검찰 진술의 임의성의 유무가 다투어지는 경우에는 법원은 구체적인 사건에 따라 증거조사의 방법이나 증거능력의 제한을 받지 아니하고 제반 사정을 종합 참작하여 적당하다고 인정되는 방법에 의하여 자유로운 증명으로 그 임의성 유무를 판단하면 된다(대법원 2001. 2. 9. 선고 2000도1216 판결).

---

[206] 甲은 뇌물수수혐의로 2020. 7. 18. 08:10경 검찰청에 연행되어 같은 달 19. 24:00경까지 약 40시간 동안 계속 조사를 받았다. 같은 달 19. 검사 S1에 의하여 제1회 피의자신문조서가 작성될 때에는 甲은 뇌물수수혐의를 부인하였다. 같은 날 교체된 수사검사 S2가 "사안이 무겁지 아니하고 취업할 처지도 아니니 유죄판결을 받더라도 집행유예의 형이 선고될 것인데 범행을 부인하여 고생을 할 것이 아니라 속히 귀가하는 것이 좋지 않겠느냐고 말하자" 甲은 그때까지 부인하였던 공소사실을 모두 자백하였고, 제2회 피의자신문조서가 작성되었다. 같은 날 S1 의하여 제3회 피의자신문조서가 작성될 때에도 甲은 자백하였다.

(1) 위 자백의 증거능력을 논하시오.

(2) 만일, 甲이 처음에는 혐의를 부인하였으나, S2가 뇌물 전달 사실이 기재된 乙의 비망록을 보여주자 甲이 사실을 더 이상 부인할 수 없어 자백하였다고 주장하고 있다. S2의 주장이 사실일 경우 甲의 자백에 임의성이 인정되는지를 논하시오.

---

(1) <u>자백의 증거능력</u>: 피고인의 자백이 고문, 폭행, 협박, 신체구속의 부당한 장기화 또는 기망 기타의 방법으로 임의로 진술한 것이 아니라고 의심할 만한 이유가 있는 때에는 이를 유죄의 증거로 하지 못한다(제309조).

사안에서 동일한 피의자에 대하여 하루 동안에 3회의 피의자신문조서가 작성된 것과 뚜렷한 이유 없이 같은 날 중간에 검사가 교체되었다가 다시 원래의 담당검사에 의하여 수사가 진행된 것은 지극히 이례적이고, 처음에는 뇌물수수 혐의를 부인하던 甲이 약 40시간 동안 잠을 자지 못하여 몹시 지친 상태에서

S2가 '빨리 끝내고 속히 귀가하는 것이 좋지 않겠느냐고' 회유에 의하여 자백하였다는 점에서, 甲의 자백은 자유로운 의사에 의하여 임의로 되었다기보다는 검사 2명이 약 40시간 동안 잠을 재우지 아니한 채 교대로 신문을 하면서 회유한 끝에 받아 낸 것이라는 의심이 있으므로, 위 조서에 기재된 甲의 자백은 임의로 진술한 것이 아니라고 의심할 만한 이유가 있는 때에 해당하여 그 증거능력이 부정된다고 보아야 한다(대법원 1997. 6. 27. 선고 95도1964 판결 참조).

(2) <u>인과관계의 문제</u>: 임의성을 의심할 만한 사유와 피고인의 자백 사이에 인과관계가 존재하여야 하는지에 관하여는, 자백의 임의성은 인과관계의 요건이므로 임의성이 문제된 사유와 자백 간의 인과관계가 필요하며 인과관계가 인정되지 않는 경우에는 자백의 증거능력이 인정된다는 '**적극설**', 일단 임의성을 의심할 만한 사정이 존재하기만 하면 인과관계의 존부와 관계없이 자백을 증거로 사용할 수 없다는 '**소극설**'(다수설)이 대립하고 있으나, **판례**는 "피고인의 자백이 임의성이 없다고 의심할 만한 사유가 있는 때에 해당한다 할지라도 그 임의성이 없다고 의심하게 된 사유들과 피고인의 자백과의 사이에 인과관계가 존재하지 않은 것이 명백한 때에는 그 자백은 임의성이 있는 것으로 인정된다."고 판시하면서, 다만 "임의성이 없다고 의심할 만한 이유가 있는 자백은 그 인과관계의 존재가 추정되는 것이므로 이를 유죄의 증거로 하려면 적극적으로 그 인과관계가 존재하지 아니하는 것이 인정되어야 할 것"(대법원 1984. 4. 27. 선고 84도2252 판결)이라고 하여, 인과관계가 존재하여야 하며 **인과관계는 추정**된다는 입장이다.

다수설에 따르면, 잠안재우기 수사와 회유 등 임의성이 의심되는 사정이 있으므로 피고인의 자백과의 인관관계 유무를 떠나 甲의 자백은 임의성이 없는 것으로 판단되나, 판례의 입장에 따르면, 甲이 乙의 비망록을 보고 더 이상 부인할 수 없어 자백하였으므로 임의성이 의심되는 사정들과 甲의 자백 사이에는 인과관계가 없다고 판단되어 甲의 자백의 임의성이 인정될 수 있다.

[207] 甲과 乙은 공모하여 다른 사람의 물건을 훔친 혐의로 검사 S의 조사를 받고 있다. S는 甲을 조사하면서 "乙은 이미 자백했다. 초범이라면 기소유예도 가능하니 솔직히 사실을 말하는 편이 낫다."고 말했고, 이에 甲은 더 침묵해도 소용이 없다고 생각하고, S의 말을 믿고 기소유예를 기대하며 절도사실에 대해 자백했고, 결국 甲과 乙 모두 합동절도로 기소되었다. 그러나 재판 과정에서 乙의 자백은 甲이 자백한 후에 이루어졌음이 드러났다.

(1) 법원은 甲의 절도사실에 대한 S 작성의 피의자신문조서를 증거로 할 수 있는가? 甲이 이 조서에 대해 공판정에서 동의한 경우는 어떠한가?

(2) 乙이 양 손에 수갑을 찬 채 진술을 강요당했다고 주장하면서 자백의 임의성을 다투는 경우 누가 어떤 방법으로 입증하여야 하는가?

(1) 피의자신문조서는 조서 자체의 증거능력 이전에 조서에 기재된 자백의 증거능력이 문제되며, 이 사안에서 자백하는 과정에서 검사가 (처분 가능한) 기소유예라는 경한 처분을 약속했다는 점에서 약속에 의한 자백에 해당할 수도 있으나, 자백에도 불구하고 甲이 기소되었다는 점에서 지켜지지 않은 약속으로서 약속에 의한 경우라고 보기 어렵다. 사안에서 공범인 乙이 자백하지 않았음에도 乙이 자백했다고 기망한 점, 그리고 기소유예처분을 약속하고도 실제로 기소한 점에서 전체적으로 형사소송법 제309조가 명시한 '기망'에 의한 자백에 해당한다고 보아야 한다(대법원 1985. 12. 10. 선고 85도2182 판결 참조).

임의성을 의심케 하는 사유로서 기망과 자백 사이의 인과관계를 요하는지에 대해 학설의 다툼이 있으나, 긍정설의 입장에 따르더라도 이 사안에서는 인과관계가 긍정되므로 결론에 있어서 차이는 없다. 다만 수사기관이 기망을 하고 피의자가 자백을 하면 양자 사이에 인과관계는 추정된다고 보아야 한다. 따라서 甲의 자백은 임의성이 의심되는 자백으로서 증거로 사용할 수 없다.

한편 임의성 없는 자백의 경우에는 피의자가 공판정에서 이를 증거로 함에 동의한 경우라도 이를 증거로 할 수 없다는 것이 통설의 입장이며, 판례도 참고인진술조서에 대해 같은 입장을 표명한 바 있다.

(2) 공소범죄사실에 대해서는 검사가 거증책임을 지지만 소송법적 사실은 그것을 주장하는 당사자가 거증책임을 진다. 진술을 강요당했다는 것은 피고인의 주장이지만, 이는 당해 진술이 기재된 피의자신문조서의 내용을 다투는 것이므로, 여기서 피의자신문조서를 증거조사 청구한 검사가 당해 조서에 기재된 자백에 임의성을 의심할 만한 사유가 존재하지 않는다는 점에 대해서도 거증책임을 지게 된다. 즉, 공판절차에서 피고인이 구체적인 주장을 통해 임의성을 다투는 경우에도 검사는 임의성이 있다는 점에 대한 **거증책임**을 지게 된다. 다만, 자백의 임의성은 **소송법적 사실**로서 자유로운 증명으로 족하므로, 증거능력이 있는 증거에 의할 것을 요하지 않고 상당한 증거조사를 거쳐야 한다. 법원은 구체적인 사건에 따라 피고인의 학력, 경력, 직업, 사회적 지위, 지능 정도, 진술의 내용, 피의자신문조서의 경우 그 조서의 형식 등 제반 사정을 참작하여 자유로운 심증으로 위 진술이 임의로 된 것인지의 여부를 판단한다.

> **[208]** 검사는 丙을 신문하는 과정에서 수사에 협조하면 관대하게 처벌받도록 해 주겠다고 약속한 다음 丙으로부터 甲·乙과의 공범관계에 관한 진술을 듣고 이를 조서에 기재하였다. 이 조서는 적법한 절차에 따라 수집한 증거라고 할 수 있는가?
> (2016년 2차 모의시험)

피고인의 자백이 고문, 폭행, 협박, 신체구속의 부당한 장기화 또는 기망 기타의 방법으로 임의로 진술한 것이 아니라고 의심할 만한 이유가 있는 때에는 이를 유죄의 증거로 하지 못한다(제309조). 수사기관의 일정한 '**약속**'은 '기타의 방법'으로 임의성을 의심할 만한 이유가 될 수 있다. 자백하겠다고 한 약속이 검사의 강요나 위계에 의하여 이루어졌다던가 또는 불기소나 경한 죄의 소추 등 이익과 **교환조건**으로 된 것이라고 인정되지 않는 때에는 약속하에 이루어진 자백을 곧 임의성이 없는 자백이라고 단정할 수는 없다(대법원 1983. 9. 13. 선고 83도712 판결).

사안에서 수사에 협조하면 관대하게 처벌받도록 해 주겠다는 약속이 불기소나 경한 죄의 소추 등 이익과 교환조건으로 인정된다면, 丙의 자백은 임의성이 의심되는 자백이라고 할 수 있지만, 그렇지 않은 경우에는 임의성이 없는 자백이라고 단정할 수는 없다.

> **[209]** 공동상해미수죄 기소의견으로 검찰에 송치된 丙을 신문한 검사가 "만약 수사에 협조하고 자백하면 당신(丙)은 처벌받지 않도록 하겠다."라고 하자, 丙은 검사의 말을 믿고 범행일체를 자백하였고 검사는 이를 조서로 작성한 후, 甲, 乙, 丙 모두를 공범으로 기소하였다. 丙이 그 후 공판기일에서 범행을 뉘우치고 자백한 경우 丙에 대한 피의자신문조서와 법정자백을 각각 甲, 乙, 丙의 유죄의 인정의 증거로 사용할 수 있는가? (2020년 9회 변호사시험)

① <u>丙에 대한 피의자신문조서를 丙 자신 및 공범에 대한 증거로 사용할 수 있는지 여부</u>: 피고인의 자백이 고문, 폭행, 협박, 신체구속의 부당한 장기화 또는 기망 기타의 방법으로 임의로 진술한 것이 아니라고 의심할 만한 이유가 있는 때에는 이를 유죄의 증거로 하지 못한다(제309조). 자백배제법칙은 허위진술을 유발 또는 강요할 위험성이 있는 상태하에서 행하여진 진술은 그 자체가 실체적 진실에 부합하지 아니하여 오판을 일으킬 소지가 있을 뿐만 아니라 그 진위를 떠나서 진술자의 기본적 인권을 침해하는 위법·부당한 압박이 가하여지는 것을 사전에 막기 위해 인정되는 것이다(대법원 2012. 11. 29. 선고 2010도3029 판결). 사안에서 검사는 丙을 "만약 수사에 협조하고 자백하면 처벌받지 않도록 하겠다."고 기망(후에 기소되었음)한 후 자백을 받아 피의자신문조서를 작성하였다. 피의자신문조서에 기재된 丙의 자백은 기망에 의하여 이루어진 것으로서 임의성에 의심할 만한 이유가 있으므로 그 증거능력이 부정된다. 따라서 위 조서는 丙 자신은 물론 공범인 공동피고인인 甲, 乙에 대한 유죄의 증거로 사용할 수 없다.

② <u>丙의 법정자백을 丙 자신 및 공범들에 대한 증거로 사용할 수 있는지 여부</u>: ㉮ 피고인이 수사기관에서 가혹행위 등으로 인하여 임의성 없는 자백을 하고 그 후 법정에서도 임의성 없는 심리상태가 계속되어 동일한 내용의 자백을 하

였다면 법정에서의 자백도 임의성 없는 자백이라고 보아야 한다(대법원 2004. 7. 8. 선고 2002도4469 판결; 대법원 2011. 10. 27. 선고 2009도1603 판결 등 참조). 사안에서 검사 앞에서의 丙의 자백은 임의성이 의심되는 상태에서 이루어진 것이지만, 그 후 공판기일에서 법정자백은 범행을 뉘우치고 행한 것이므로 형사소송법 제309조에 의해 그 증거능력이 부정되지는 않는다. 또한 甲에 대한 피의자신문조서가 위법수집증거에 해당하더라도, 이를 기초로 하여 획득한 2차적 증거인 甲의 법정자백은 인과관계의 희석 또는 단절이 인정되어 증거능력이 인정된다.

　㈎ ㉠ 피고인의 공판정에서의 자백은 당연히 증거능력이 인정된다. 다만, 피고인의 자백이 그 피고인에게 불이익한 유일의 증거인 때에는 이를 유죄의 증거로 할 수 없을 뿐이다(제310조). 丙의 법정자백은 丙 자신에 대한 유죄 인정의 증거로 사용될 수 있다. ㉡ 공범인 공동피고인의 공판정에서의 자백이 다른 공동피고인에 대한 유죄의 증거로 사용될 수 있는지에 관하여는, 공동피고인의 자백도 법관 앞에서 행해지는 것이고 다른 공동피고인은 반대신문권을 행사할 수 있으므로 증거능력을 인정할 수 있다는 **적극설**, 피고인이 공동피고인에 대해 반대신문을 해도 공동피고인이 진술을 거부하면 반대신문권의 보장이 무의미하게 되고, 공동피고인의 자백은 증언과 달리 선서에 의해 그 진실성이 담보되지 않기 때문에 변론을 분리하여 신문하지 않은 한 증거로 사용할 수 없다는 **소극설**, 현행법상 피고인신문절차에서 피고인이 다른 공동피고인에 대하여 반대신문을 할 수 있는 권리가 법적으로 보장되어 있지 않고, 사실상 반대신문의 기회가 주어지더라도 공동피고인이 진술거부권을 행사하면 반대신문이 사실상 의미가 없게 된다는 점에서 피고인이 공동피고인에 대해 **공판정에서 충분히 반대신문을 하였거나 반대신문의 기회가 주어진 경우에 한해** 공동피고인의 자백에 대해 증거능력을 인정할 수 있다는 **절충설**이 대립하고 있다. **판례**는 "공동피고인의 자백은 이에 대한 피고인의 반대신문권이 보장되어 있어 증인으로 신문한 경우와 다를 바 없으므로 **독립한 증거능력**이 있다."(대법원 1985. 6. 25. 선고 85도691 판결)고 하여, 반대신문권의 보장을 '조건'으로 하지 않고 이미 반대신문권이 보장되어 있다는 '전제' 아래 적극설을 취한다. 공범들 사이에 이해관계가 상반되는 공동피고인이 자백한 경우에도 반대신문권이 보장되어 있

다는 전제 아래 독립한 증거능력을 인정한다(대법원 2006. 5. 11. 선고 2006도1944 판결).

다수설인 절충설에 따르면, 丙의 법정자백은 공범인 공동피고인인 甲과 乙이 공판정에서 충분히 반대신문을 하였거나 이들에게 반대신문의 기회가 주어진 경우에 한해 증거능력이 인정됨에 반하여, 판례에 따르면, 丙의 자백은 공범인 공동피고인인 甲, 乙의 반대신문권이 보장되어 있으므로 이들에 대한 유죄의 증거로 사용할 수 있다.

제3 전문법칙

Ⅰ. 전문법칙 일반이론

1. 전문증거의 의의

[210] 형사소송법은 전문증거를 어떻게 정의하고 있는가?

형사소송법 제310조의2(전문증거와 증거능력의 제한)는 "제311조 내지 제316에 규정한 것 외에는 공판준비 또는 공판기일에서의 진술에 대신하여 진술을 기재한 서류나 공판준비 또는 공판기일외에서의 타인의 진술을 내용으로 하는 진술은 이를 증거로 할 수 없다."고 규정하고 있다. 전문증거란 요증사실을 직접 체험한 자의 진술을 내용으로 하는 타인의 진술이나 진술을 기재한 서면을 말한다.

형사소송법상 전문증거는 ① **전문서류**(진술기재서류)와 ② **전문진술**로 나누어진다. 양자 모두 공판기일 외에서의 진술을 증거로 사용하는 경우라는 점은 마찬가지이다.

[211] 진술이란 무엇인가?

증거란 사실인정을 위한 정보원이라고 할 수 있다. 어떤 증거가 전문증거인
지 여부는 그 정보의 사용목적에 의해 좌우된다. 진술증거와 비진술증거의 구
별은 전문법칙을 이해하는 데 전제가 된다. 이를 위해서는 먼저 '**진술**'의 의미
를 이해하여야 한다.

진술이란 **사람이 어떤 사실의 존부에 관한 정보를 전달하는 언어적 표현**을
말한다. 예컨대, 피해자 V가 지구대 경찰관 P에게 버스 정류장에서 핸드백 날
치기를 당했다고 말한 경우, 이는 진술에 해당한다. 반면, P가 V에게 범인의
인상착의에 관해 질문을 했다면, 이는 상대방인 V의 진술을 파악하기 위한 질
문으로서 사실의 존부를 말하는 것은 아니므로 진술에 해당하지 않는다.

진술자가 정보를 전달하는 상대는 특정인뿐만 아니라 **자기 자신**(일기장)일 수
도 있고 **불특정 다수**(웹사이트 게시)일 수도 있다.

진술은 정언명제의 형태에 국한되는 것은 아니다. 예컨대, '이 상점 앞에 주
차된 빨간색 자동차는 누구의 차인가?'라는 질문은 암묵적으로 '상점 앞에 빨
간색 차가 주차되어 있다.'는 사실을 전달하는 진술에 해당한다.

[212] 2020년 10월 7일 아침 형사소송법 수강생 A는 B를 만나 B에게 '안녕 하세요'라고 인사했고, B는 A에게 '안녕하세요. 늦잠을 자서 아침을 못 먹었습니 다.'고 말하였다. A와 B의 발언은 진술인가?

A의 발언은 **의례적인 행동**(인사말)으로 진술이 아니다. 그러나 B의 발언은
일정한 사실(늦잠을 잤고 아침을 못 먹었다)의 존재를 전달하기 위한 표현이므로
진술에 해당한다.

[213] A는 전주고속터미널에서 매표소 직원에게 '서울고속터미널로 가는 우등고속 승차권을 주세요'라고 말하고 승차권을 구입하였다. A의 발언은 진술인가?

A의 발언은 **승차권 구입을 위한 행동**에 해당하며, 사실의 존부를 전달하는 표현이 아니므로 진술이 아니다. 다만, 이러한 발언을 내심의 희망 내지 계획을 말하는 진술로 이해할 수도 있다. 그러나 승차권을 판매하는 상대방에게는 A가 내심에 어떤 생각을 가지고 있었는지는 문제가 되지 아니하므로, 이러한 발언을 사실의 존부를 전달하는 표현으로 볼 필요는 없다.

[214] 진술에는 어떤 종류의 것들이 있는가?

진술은 크게 3가지 종류로 나눌 수 있다. ① 음성에 의한 표현인 '**음성언어**', ② 문자에 의한 표현인 '**서면**', ③ 일정 사실의 존부를 전달하기 위한 목적으로 언어 대신 이루어지는 '**비언어적 행동**'(unverbal conduct)이 바로 그것이다. 예컨대, 목격자 W가 경찰관 P로부터 '당신이 그때 보았던 사람이 이 중에 있으면 지목해 주세요'라는 말을 듣고, 甲을 손으로 가리켰다면 W의 이러한 행위는 '저 사람을 보았다.'라는 음성언어와 같은 기능을 가지므로 진술에 해당한다. 법정에서 변호인이 피고인 甲에게 '그 당시 당신의 자세는 어떠했는지 보여주세요'라고 말하자 甲이 일정 자세를 재현한 경우에도 이 행동은 진술에 해당한다.

인간의 행동이 일정 사실의 존재를 추측케 하는 근거가 되더라도 사실의 전달을 의도하고 행하여지지 아니한 때에는 진술이 아니다. W가 지하철 사당역에서 에스컬레이터를 타고 올라가는데 사람들이 에스컬레이터를 뛰어 올라가는 것을 보고 승강장에 지하철이 들어오고 있다고 생각한 경우, 에스컬레이터 위를 뛰어 올라간 사람들의 행동은 진술이 아니다. 마찬가지로, W가 커피숍 안에서 차를 마시고 있는데 지나가던 사람들이 우산을 펴는 것을 보고 비가 내리는 줄 안 경우, 사람들의 우산을 펴는 행동은 진술이 아니다. 반면, A와 B가

C를 보게 되면 우산을 펴기로 합의한 후에 B가 C의 집 앞에 서 있다가 C가 나타나자 우산을 편 때에는 이러한 행동은 진술에 해당한다.

[215] 사법경찰관 P는 甲이 V를 살해했다는 혐의를 가지고 있다. 甲은 P로부터 조사를 받으면서 자백을 하였다. P는 甲에게 이 마네킹을 V라고 생각하고 당신이 V에게 한 행위를 그대로 보여줄 것을 요구하였다. 甲이 마네킹의 목을 양손으로 누르는 동작을 하였고, P는 이 장면을 비디오로 촬영하였다. 이 비디오는 甲의 진술을 기록한 것인가?

甲은 언어로 설명하는 대신 범행을 재연하는 행동을 보여주었다. 이러한 행동은 진술이므로 이를 촬영한 비디오는 甲의 진술을 기록한 것이다.

[216] 형사재판에서 진술은 필수적인 증거이다. 그러나 진술은 특유한 위험성을 지니고 있다. 진술의 필요성과 위험성을 설명하시오.

목격자의 증언, 감정인의 진술, 피고인의 자백도 진술에 해당한다. 형사재판에서 진술을 사용하지 않고서는 사실을 인정하는 것은 사실상 불가능하다. 진술은 모든 사건에서 중요한 증거가 된다. 흉기나 장물 등 물적 증거도 그 관련성을 확인하기 위해서는 진술이 필요하다.

그러나 동시에 진술을 증거로 사용하는 데는 특유의 위험성이 있다. 이는 진술이 생성되는 과정을 검토해 보면 분명해진다. 사람은 지각을 통하여 사실을 **관찰**한다. 그 사실을 **기억**하고, 후에 외부로부터 어떤 자극이 있으면 이에 대하여 그 기억을 **서술**하게 된다. 그러나 진술을 하게 되는 인간의 관찰에는 종종 오류가 있어, 실제와 다르게 보고 듣게 된다. 인간의 기억은 많은 경우 시간의 흐름에 따라 희미해지고, 그 내용의 변용이 이루어지게 된다. 특히 인간이 사실을 말하는 경우 정직하지 않을 수 있으며, 여러 가지 동기로 인하여 허위의 진술을 하게 될 수 있다. 그럼에도 불구하고 사람들은 '저 사람이 그렇게 이야기하였으므로 진실일 것이다.'라고 쉽게 생각하게 된다. 이로부터 잘못된 사실을 인정할 우려가 발생하게 된다. 사실인정자가 잘못된 진술을 신뢰하는 것이 오판의 주요 원인이 된다는 점은 독일이나 미국 등 세계 각국에서 인정되고 있다.

전문법칙이 진술을 사실인정의 자료로 사용하는 경우 특별한 규칙을 설정하는 것은 이러한 진술의 위험성 때문이다.

[217] 진술증거란 무엇인가?

형사소송법 제310조의2는 "공판준비 또는 공판기일에서의 진술에 대신하여 … 이를 증거로 할 수 없다."고 규정하고 있다. 증인 W가 공판정에서 검사의 신문에 대하여 '나는 피고인 甲이 V를 칼로 찌르는 것을 보았다.'라고 증언한 경우, 검사의 기대는 법관과 배심원이 직관적으로 다음과 같은 추론을 할 것이라는 점이다. W는 甲의 범행을 목격하였다고 진술하였다. → W는 甲의 본건 범행을 목격하였을 것이다. → 甲이 범인일 것이다. 여기에는 W가 ○○라고 말하였으므로, ○○라는 사실은 존재했던 것이라는 추론이 작동하고 있다. 마찬가지로 공판정에서 甲이 '확실히 내가 V를 칼로 찔렀다.'고 자백한 경우, 사실인정자는 피고인 甲이 범행을 인정하고 있으므로 甲이 범인일 것이라는 추론을 하게 되는 경우가 많다. 이와 같이 공판기일에서의 진술을 증거로 사용하는 목적은 그 **진술한 내용 그대로 사실의 존부를 추인**하기 위한 것이다.

이와 같이 사용되는 증거를 '**진술증거**'라고 한다. 즉, 진술한 내용 그대로 사실의 존부를 추인하기 위하여 사용되는 증거가 '진술증거'이다.

한편, 진술을 증거로 사용하는 경우 항상 '진술증거'로서 사용되는 것만은 아니다. 따라서 증거가 되는 진술이 곧 진술증거가 되는 것은 아니다. 진술이 증거로 사용되더라도 '진술증거'로 사용되지 않으면 '**비진술증거**'에 해당한다.

[218] 피고인 甲은 V에게 X회사가 곧 획기적인 신상품을 발표할 것이므로 주가가 급등할 것이 확실하다고 속여 주식구입 자금으로 1억 원을 편취하였다는 사기

죄로 기소되었다. 검사는 甲이 V에게 송신한 이메일을 촬영한 사진을 증거로 신청하였다. 이메일에는 'X회사의 간부 중에 내가 아는 사람이 있습니다. 그 사람으로부터 X회사가 곧 획기적인 게임을 발표할 것이라는 정보를 얻었습니다. 이 경우 주가가 급등할 것이 틀림없습니다. 지금 주식을 구입할 것을 권유합니다.'라고 쓰여 있었다. 위 이메일은 진술인가?, 진술증거인가?

위 이메일은 'X회사가 곧 획기적인 게임 프로그램을 발표한다.'라는 사실의 존재를 전달하고 있다는 점에서 甲의 진술에 해당한다. 그러나 검사는 여기서 X회사가 획기적인 게임을 발표를 앞두고 있다는 것을 추론할 것을 기대하고 있지 않다. 따라서 진술증거는 아니다.

진술의 위험성이 문제될 수 있는 상황은 그 진술이 '진술증거'로 이용되는 경우이다. 즉, 사실인정자가 어떤 진술이 실제는 불확실한 진술임에도 불구하고 진실을 정확히 말하는 진술로 받아들임으로써, 그 진술 그대로의 내용을 사실로 추인하는 데에서 사실오인이 발생한다. 진술증거는 진술된 내용인 사실에 대해서는 **직접증거**에 해당한다. 직접증거란 **어떤 정보가 신뢰할 수 있다는 점을 가정하는 경우 요증사실의 존부가 논리필연적으로 확정되는 증거**를 의미한다. 직접증거인 진술은 신용성이 인정되기 쉽다. 비록 진술자가 공판정에서 진술을 한 경우 진술의 신뢰성을 직접 확인할 수 없음에도 불구하고 그 증명력을 과대평가할 우려가 있는 것이다.

"공판준비 또는 공판기일에서의 진술에 대신하여 … 이를 증거로 할 수 없다."는 형사소송법 제310조의2는 어떤 증거가 진술증거로 사용되는 경우를 규정한 것으로 이해할 수 있다. 법정 외 진술이 전문증거가 되는 것은 그 진술이 진술증거로 사용되는 경우에 한한다. 따라서 전문증거는 **법정 외 진술이 진술증거로 이용되는 증거**라고 정의할 수 있다. 공판기일 외에서 생성된 진술을 그 진술내용 그대로의 사실의 존부를 추인하기 위하여 사용되는 것이 전문증거이다.

어떤 진술이 진술증거인지 여부는 그 진술이라는 정보가 무엇을 추인하는가에 의해 결정된다. 여기서 '**요증사실**'이라는 개념이 중요하다.

[219] 입증취지와 요증사실의 개념을 설명하시오. 이 두 개념은 동일한 의미를 지니는가?

일반적으로 전문증거인지 여부는 입증취지 내지 요증사실과의 관계에 의해 결정된다고 설명되고 있지만, 이 자체는 정확한 설명은 아니다.

입증취지와 요증사실은 특정 증거에 의해 명확하게 하고자 하는 사실을 의미한다. 이 두 개념은 상호 호환성이 있으며, 입증취지가 곧 요증사실인 경우도 있다. 그러나 엄밀한 의미에서는 두 용어는 서로 다른 내용을 포함하고 있다.

먼저, **입증취지**는 증거조사를 신청한 당사자가 제시하는 증거신청의 목적을 의미한다. 형사소송규칙 제132조의2 제1항은 "검사, 피고인 또는 변호인이 증거신청을 함에 있어서는 그 증거와 증명하고자 하는 사실과의 관계를 구체적으로 명시하여야 한다."고 규정하고 있다. 여기서 '**증명하고자 하는 사실**'이 입증취지에 해당한다.

반면, **요증사실**은 사실인정자가 그 증거로부터 추인하는 사실을 의미한다.

입증취지와 요증사실은 구별된다. 먼저, 입증취지보다 요증사실이 보다 구체화된 사실인 경우가 많다. 입증취지는 '현장상황', '피해상황', '범행의 목격상황' 등 상당히 추상적인 경우가 많으며, 요증사실은 '피고인이 피해자의 복부를 칼로 찔렀다는 사실' 등 구체적인 사실이다. 요증사실이라는 개념을 사용하는 경우 진술증거는 진술내용 그대로 사실의 존부를 요증사실로 하는 증거방법이라고 표현할 수 있다. 진술내용에 따른 사실의 존부가 요증사실이라면 그 진술은 진술증거에 해당하고, 요증사실이 그 이외의 것이면 비진술증거에 해당한다. 법정 외 진술은 요증사실에 따라 전문증거이기도 하고 전문증거가 아니기도 하다.

[220] 피고인 甲은 자신이 발행하는 신문에 X시의 시장 A가 시의 직원을 채용하면서 뇌물을 받았다는 사실을 적시한 기사를 게재하였다. A는 甲을 명예훼손으로 고소하였고, 검사는 甲을 기소하였다. 甲의 변호인은 신문기사로 적시된 사실

W1의 증언 중 밑줄 친 부분이 전문증거인지 여부는 요증사실에 따라 달라진다. 변호인이 위 증언으로부터 기사의 내용이 진실하다는 것이 인정될 것을 기대한다면, W2의 발언은 진술증거로서 전문증거에 해당한다. 반면, 요증사실이 변호인이 위 증언에 의해 甲이 기사로 적시한 사실을 진실한 것이라고 믿을 만한 이유가 있어 A시장의 수뢰의혹에 대해 취재를 시작하게 되었다는 것이라면 W2의 발언은 진술증거가 아니며, 전문증거가 아니다. 여기서 어떠한 경우에도 W1의 증언은 진술증거라는 점에는 변함이 없다. 이를 전제로 W1의 증언 중에 현출된 W2의 발언이 진술증거(진술내용 그대로 사실의 존부를 추인케 하는 증거)인지 여부는 W1의 증언이 전문진술이 되는지 여부에 의해 결정되는 구조를 취하게 된다. 즉, W2의 발언 그대로 사실을 인정하려고 한다면 이는 전문증거이며, 甲이 W2의 발언을 전해 듣고 그것이 사실이라고 믿게 되었으며 A시장에 대해 취재를 시작하게 되었다는 사실을 인정하려고 한다면 이는 비전문증거이다.

[221] 요증사실과의 관계에 따라 진술이 진술증거, 즉 전문증거인지 여부가 판단된다. 요증사실을 확정하는 방법에는 크게 (1) 입증취지에서 요증사실을 확정할 수 있는 경우와 (2) 사건의 쟁점에 비추어 요증사실을 상정하여야 하는 경우가 있다. (1) 입증취로부터 요증사실을 확정하는 방법을 설명하시오.

법정 외 진술을 내용으로 하는 증거가 전문증거인지 여부를 판단하기 위해서는 요증사실을 상정할 수밖에 없다. 요증사실을 상정하기 위한 단서가 되는 것이 입증취지이다. 형사소송에서는 입증취지에 구속되지 않는다고 말하지만, 증거능력의 유무가 입증취지에 의해 달라지는 경우에는 원칙으로 **증거신청자인 당사자가 제시하는 입증취지**를 기준으로 증거능력의 유무를 판단하여야 한다. 증거신청인이 제시한 입증취지 그대로를 요증사실로 이해할 수 있는 경우가 있다. 예컨대, 마약소지사건에서 검사가 '압수물이 대마라는 점'을 입증취지로 하여 감정서에 대한 증거조사를 신청하였다면, 피고인으로부터 압수한 증거물의 화학적 성분이 대마에 해당하는지 여부가 요증사실이 된다.

입증취지가 추상적인 경우 요증사실을 구체화시킬 필요가 있다. 또한 신문을 받는 증인은 다양한 사실에 대하여 답변을 하게 되므로, 엄밀하게 말하면, 증인이 행하는 답변 하나마다 각각의 요증사실이 발생한다고 할 수 있다.

---

[222] 검사는 甲을 A에 대한 강도의 공소사실로 기소하였다. 검사가 '피해상황'이라는 입증취지로 A의 진술조서에 대한 증거조사를 신청하였다. 다음 물음에 답하시오.

(1) 위 진술조서의 요증사실은 무엇인가?

(2) 변호인이 A에 대한 진술조서에 대해 증거부동의하였다. 검사는 동일한 입증취지로 A에 대한 증인신문을 신청하였고 법원은 이를 허용하였다. 공판기일에 A는 "피고인은 나의 가슴에 칼을 들이대면서 '나는 살인 전과 3범이다. 죽고 싶지 않으면 돈을 내놓아라'고 말하였다."라고 증언하였다. 이 증언의 요증사실은 무엇인가? 위 증언은 전문증거인가?

---

(1) 검사가 A에 대한 진술조서로 증명하고자 하는 요증사실은 A가 진술한 그대로의 강도 피해를 당하였는지 여부이다.

(2) 변호인이 A의 증언에 의해 증명하고자 하는 요증사실은 甲이 A에 대해 강도범행의 수단으로 위와 같은 협박을 하였다는 것이다. 甲이 자신의 전과를 밝힌 발언은 진술에 해당한다. 그러나 甲에게 살인의 전과가 있는지 여부는 요

증사실이 아니다. 따라서 A의 증언에 현출된 甲의 발언은 진술증거가 아니며, 따라서 A의 증언은 전문증거가 아니다.

[223] 피고인 甲은 A의 주거에 침입하여 강도범행을 한 공소사실로 기소되었다. 검사는 '현장상황'을 입증취지로 하여 사법경찰관 P가 작성한 실황조사서에 대한 증거신청을 하였다. 위 실황조사서의 요증사실은 무엇인가?

개괄적으로 보면 요증사실은 A의 주거의 상황이지만, **P가 관찰하여 실황조사서에 기재된 그대로의 사실이 요증사실**에 해당한다. 구체적으로는 방의 구조가 도면 그대로인지 여부, 현관 출입문 열쇠가 손괴되어 있는지 여부, 도면에 표시된 대로 현관문에서 거실까지의 족적이 계속되어 있는지 여부 등이 요증사실이 된다.

[224] 사건의 쟁점에 비추어 요증사실을 상정해야 하는 경우를 설명하시오.

증거신청인이 표시한 입증취지만으로는 요증사실이 무엇인지를 알 수 없는 경우에는 당해 **사건의 쟁점**을 고려하여 증거신청인이 그 증거로부터 무엇을 추론하기를 기대하는가를 상정하여 요증사실을 특정할 수밖에 없다.

[225] 피고인 甲은 자기 집에 대마 5그램을 소지하고 있었다는 공소사실로 기소되었다. 甲의 집에서 압수된 백색분말가루가 대마인지 여부가 증명되어야 한다. 그러나 甲은 위 백색분말가루는 자신이 보관하고 있던 것이 아니며, 누군가가 자기 집에 몰래 놓고 간 물건이라고 주장하고 있다. 검사는 甲의 애인인 W의 일기장을 증거로 신청하였다. 입증취지는 'W가 ○년 ○월 ○일에 甲의 집에서 대마를 발견하고 甲과 대화를 나눈 상황'이라고 할 수 있다. W의 위 날짜에 해당하는 일기장 부분에는 "甲의 서랍을 열다가 백색분말이 들어 있는 비닐을 보았다. 甲은

그 비닐을 나에게서 빼앗으며, '이것은 피곤할 때 사용하기 위해 가지고 있는 대마이다. 누구에게도 말하지 말라'고 말했다. 나는 무서웠다."라고 기재되어 있다. 위 일기장의 요증사실은 무엇인가?

사안에서 甲이 자신의 집에 대마를 가지고 있었다는 객관적 사실은 명백하다. 쟁점은 甲이 대마를 스스로 소지하고 있었는지 여부이다. W가 백색분말가루를 발견했을 때 '甲이 이것을 자신이 소지하고 있는 대마라고 말했다.'는 사실이 중요하므로, 이것이 제1단계의 요증사실이 된다. 甲은 위 대마를 스스로 소지하고 있었다는 사실이 제2단계의 요증사실이 된다.

2. 전문증거와 전문법칙

[226] 전문증거란 무엇인가? 전문증거에는 어떠한 종류가 있는가?

전문증거는 법정 외 진술증거로서 진술내용 그대로의 사실의 존부를 추인케 하는 근거로 이용되는 증거를 말한다. 간단하게 표현하면, 전문증거란 법정 외 진술로서 그 진술내용의 진실성이 문제되는 증거를 말한다.

형사소송법 제310조의2가 원칙적으로 증거능력을 제한하고 있는 전문증거에는 전문진술과 전문서류가 있다. (1) **전문진술**은 제3자가 구두로 원진술자의 진술을 전달하는 형태의 전문증거이고, (2) **전문서류**는 서류의 형태로 원진술자의 진술을 전달하는 전문증거이다. 전문서류에는 ① 진술자 자신이 서면에 기재하는 **진술서**와 ② 제3자가 진술자의 진술을 듣고 서면에 기재하는 **진술기재서**가 있다. 진술서의 표제 명칭은 불문하며, 일기장, 수첩, 이메일 등과 같이 표제가 없는 문서도 진술서에 해당한다. 컴퓨터 프로그램으로 작성한 전자정보도 진술서에 해당한다. 진술기재서의 전형적인 예는 수사기관이 작성한 진술조서이다.

진술서와 진술기재서의 구별은 전문법칙의 예외인정의 요건과 관련한 중요한 의미가 있다. 형사소송법 제313조 제1항에 의하면 진술기재서의 증거능력이 인정되기 위해서는 원진술자의 서명 또는 날인이 있어야 한다. 진술기재서는 원진술자의 진술이 있고, 제3자가 이 진술을 기재하는 이중의 진술과정이 있기 때문에 엄밀히 말하면 재전문증거에 해당한다. 그럼에도 불구하고 진술서와 진술기재서를 진술서와 마찬가지로 단순 전문증거로 취급하는 조건으로 원진술자의 서명 또는 날인을 요구하는 것이다.

진술이 녹음 또는 녹화된 녹음테이프나 영상녹화물도 전문증거에 해당하는 것으로 이해된다. 형사소송법 제313조 제1항은 진술내용이 포함된 문자·사진·영상 등 정보도 전문증거에 해당할 수 있음을 전제로 하고 있다. 녹음테이프나 비디오테이프, 영상녹화물에 기록된 진술이 진술내용 그대로의 사실의 존부를 추인케 하는 경우에는 법정 외에서 생성된 진술증거로서 진술서나 진술기재서와 마찬가지로 전문증거에 해당한다.

> **[227]** A는 甲으로부터 강제추행의 피해를 당하였다고 경찰에 신고하였다. 사법경찰관 P는 A가 범죄로 인한 피해에 관하여 진술하는 상황을 비디오테이프로 녹화하였다. 검사는 甲을 기소하고, '피해상황'이라는 입증취지로 위 비디오테이프를 증거로 신청하였다. 위 증거는 전문증거인가?

비디오테이프라는 매체는 법정 외 진술을 기록한 것이고, 요증사실은 A는 A가 말한 그대로 피해를 입었다는 것이다. 위 매체가 기록하고 있는 정보는 법정 외 진술증거이므로 전문증거에 해당한다. 이 경우 증거조사 방법은 기계를 이용하여 녹화된 내용을 재생하는 것이다(규칙 제134조의8). 따라서 진술기재서와 마찬가지로 재전문증거가 아니고, 원진술자의 서명 또는 날인은 예외적 증거능력 인정의 요건으로 불필요하다는 것이 판례(대법원 2008. 12. 24. 선고 2008도9414 판결 등)와 통설의 입장이다. 따라서 전문증거로 법정에 현출되는 증거에는 전문진술, 전문서류, 녹음 내지 녹화된 진술의 3가지 종류가 있다고 말할 수 있다.

[228] 증거서류와 증거물인 서면은 구분된다. 증거서류는 전문증거이고, 증거물인 서면은 비전문증거인가?

전문증거인지 여부는 증거서류인가 증거물인 서면인가의 구분에 필연적으로 연결되지 않는다. 형사소송법은 증거서류와 증거물인 서면을 구별하여, 전자는 낭독 후자는 제시 및 낭독이라는 증거조사방법의 차이를 인정하고 있다. 증거서류는 통상 그 존재 자체가 다투어지지 않는 서면이고 증거물인 서면은 존재 자체가 제시에 의하여 입증되어야 하는 서면으로 이해되고 있다. 수사기관이 작성한 진술조서는 **증거서류**이고, 협박편지는 **증거물인 서면**의 전형적인 예에 해당한다. 진술조서도 탄핵증거로서 자기모순진술을 내용으로 하는 경우에는 진술증거가 아니므로 비전문증거에 해당하고, 반대로 증거물인 서면도 그 내용이 진술증거로 사용되는 경우에는 전문증거에 해당한다.

[229] 甲은 A로부터 빌린 돈을 갚지 않기 위해 A를 살해하였다는 강도살인죄의 공소사실로 기소되었다. 甲은 공소사실을 부인하고 있으며, A에 대한 채무의 존재도 부인하고 있다. 검사는 A가 생전에 작성한 일기장을 증거로 제출하였다. 그 일기장에는 '甲에게 3,000만 원을 빌려주었는데 갚고 있지 않다. 생활이 곤궁하여 힘들다.'라고 기재되어 있다. 위 일기장은 전문증거인가? 위 일기장에 대한 증거조사방법은?

사건의 쟁점으로부터 추론할 수 있는 일기장의 요증사실은 甲이 A에게 채무가 있고, 그 반환을 지체하고 있었다는 것이다. 따라서 위 일기장은 생전의 A가 작성한 전문서류이며, 전문증거에 해당한다. 전문법칙의 예외가 인정되어 위 일기장이 증거로 채택된 때에는 위 일기장은 증거물은 서면이므로 제시 및 낭독에 의해 증거조사를 하여야 한다.

[230] 기계적 기록 비전문의 원칙이란 무엇인가?

사진, 비디오, 녹음 등 기계를 이용하여 정보를 기록한 경우 전문증거의 개념과의 관계가 문제된다. 사진이나 비디오, 녹음기록은 인간이 지각하고 기억한 정보가 아니고 **기계가 기록하여 재생하는 정보**이다. 따라서 진술증거가 아니므로 전문증거가 아니라고 보는 것이 일반적인 견해이다(신양균/조기영, 형사소송법, 2020, 802면).

[231] 甲은 공원 근처 광장에서 폭력사태를 지휘하였다는 공소사실로 기소되었다. 검사는 성명불상자가 이 상황을 촬영한 사진 10장을 증거로 신청하였다. 이 사진에는 다수인이 상호 폭행을 하는 장면이 촬영되어 있다. 변호인은 이 사진에 대하여 증거부동의하였다. 이 사진은 전문증거인가?

이러한 종류의 사진을 **현장사진**이라고 부른다. 사진의 촬영, 현상, 인화의 과정은 진술이 아니므로 사진은 전문증거가 아니라는 것이 통설의 입장이다. 현장사진은 말 그대로 현장이라는 상황을 촬영한 것이므로 그 자체는 비진술증거에 해당한다. 판례도 현장사진은 전문증거가 아니라고 보고 있다. 다만, 사진도 촬영의 각도나 인화의 방법, 디지털 사진의 경우에는 가공에 의한 잘못된 정보를 전달할 우려가 있으므로, 이러한 의문이 있는 경우에는 상당한 방법에 의하여 그 정확성을 증명하여야 한다. 판례는 채증사진 파일의 원촬영자가 누구인지 불분명하고 디지털 증거의 무결성을 위한 어떤 조치도 취하지 않은 현장사진의 증거능력을 부정한 바 있다(대법원 2017. 4. 24. 선고 2017도1691 판결의 원심판결 참조).

[232] 甲은 변제의 의사가 없음에도 불구하고 A에게 '한 달 후에 공사대금을 받으면 변제하겠으니 3,000만 원을 빌려 달라'고 말하여 위 돈을 교부받은 후 변

제하지 않았다는 공소사실로 기소되었다. **甲은 공사대금을 받게 될 것이라고 말한 적이 없으며 편취의 의사가 없다고 주장하고 있다. 검사는 A가 甲이 돈을 빌릴 때 한 내용을 녹음한 테이프의 내용을 복사한 CD를 증거로 신청하였다. 위 CD는 전문증거인가?**

사기죄의 구성요건과 甲의 주장을 고려할 때 위 CD의 요증사실은 甲이 A에게 공소사실대로의 내용을 말하면서 돈을 빌렸는지 여부이다. 또한 녹음과 재생 과정은 기계에 의한 정보전달이므로 진술에 해당하지 않는다. 따라서 CD는 진술증거가 아니므로, 전문증거에 해당하지 않는다.

[233] 법정 외 진술만을 전문법칙의 규율대상으로 하는 이유는 무엇인가? 법정 진술과 법정 외 진술은 어떤 차이가 있는가?

전문법칙은 **진술증거의 위험성**을 고려한 증거법칙이다. 그러나 법정에서의 진술에도 진술증거로서의 위험성은 마찬가지로 존재한다. 그럼에도 불구하고 법정 외 진술만을 전문법칙의 대상으로 하는 이유가 무엇인지 문제된다.

법정진술과 법정 외 진술은 4가지 차이점이 있다. 첫째, 법정진술은 사실인정자의 면전에서 이루어지므로, 사실인정자가 **진술자의 태도**를 직접 관찰할 수 있다. 그러나 법정 외 진술은 진술자의 태도를 직접 관찰하는 것이 불가능하다. 둘째, 법정진술은 진술자가 어떠한 질문에 대하여 어떠한 표현으로 답변을 하는지 사실인정자가 지켜볼 수 있다. 즉, **진술의 형성과정**을 알 수 있다. 예컨대, 유도신문에 대한 답변인지 여부나 진술자 측이 적극적으로 진술하는 부분과의 차이를 인식할 수 있다. 반면, 법정 외 진술의 경우는 진술의 형성과정을 알기가 어렵다. 전형적인 법정 외 진술인 진술조서는 일정한 방식과 독자적 문체로 작성되는데, 이러한 진술조서로부터 수사관이 참고인과 어떠한 대화를 나누었고 어떠한 내용을 그 결과로 진술조서에 정리하였는지 알 수가 없다.

셋째, 전형적인 법정진술인 증언이나 감정은 **선서**에 의해 이루어진다. 반면,

법정 외 진술은 이러한 선서가 없어 위증죄 처벌에 의한 신실성을 담보할 수 없다. 다만, 이러한 비교는 항상 성립하는 것은 아니다. 공동피고인의 진술은 선서를 전제로 하지 않으며, 법정 외 진술이라도 증거보전절차에 의한 증인신문과 같이 선서 후 증언이 이루어지는 경우가 있다. 넷째, 법정진술에 대해서는 불리한 진술의 상대방은 **반대신문**을 할 수 있다. 이를 통해 진술의 신빙성에 의문을 제기할 수 있다. 사실인정자는 반대신문을 통하여 나타난 정보와 상대방의 태도 등도 고려하여 진술의 신빙성을 평가할 수 있다. 반면, 법정 외 진술은 진술자가 진술시 법정에 있는 것이 아니므로 사실인정자 앞에서 반대신문이 이루어지지 않는다. 법정진술에 대하여는 사실인정자가 진술자에게 신문을 할 수 있으나, 법정 외 진술은 신문이 불가능하다.

이와 같은 4가지 측면에서 법정 외 진술은 법정진술에 비하여 그 신뢰성을 음미할 수 있는 수단이 적다. 위 4가지 중 첫째, 둘째의 문제점은 법정 외 진술도 비디오 촬영 등을 통해 어느 정도 정보를 보충할 수 있지만, 비디오는 일정 시각에서 장면을 촬영한 것이고 사실인정자 면전에서 진술한 경우에 비해 정보에 한계가 있어 잘못된 인상을 제공할 가능성이 있다. 넷째 문제, 즉 반대신문의 가능 여부가 법정진술과 법정 외 진술의 결정적 차이를 가져온다. 예컨대, 공판정에 출석한 원진술자가 아닌 증인은 ① 당신은 피고인이 피해자를 폭행하는 장면을 목격한 사실이 있는가, ② 당신이 목격했다는 위치에서는 범행 장소를 제대로 볼 수 없지 않은가, ③ 당시 야간이었는데 당신은 야맹증이 있지 않은가, ④ 당신은 최근 피고인과 다투어 피고인에 대해 좋지 않은 감정이 있지 않은가라는 식으로 피고인 측이 다양한 반대신문을 계속하더라도 '**나는 원진술자로부터 그렇게 들었다.**'라는 진술만 반복할 뿐이므로, **실질적**이고 **효과적인 반대신문**이 이루어질 수 없다.

법정 외 진술은 이와 같은 한계가 있으므로 사실인정자가 신용성을 평가할 때 오류에 빠지기 쉬운 정보이다. 이러한 이유로 법정 외 진술을 원칙적으로 증거로 사용하지 못하도록 하는 증거법칙이 전문법칙이다.

[234] 전문증거의 위험성은 무엇인가?

　일반적으로 진술증거는 **지각**(Perception) → **기억**(Memory) → **신실성**(Sincerity) → **진술**(Narration)의 과정을 거쳐 법관에게 도달하는데, 각 단계에서 오류가 개입되기 쉽다. 이를 막기 위해 ① 증인에게 선서·진실의무를 부과하고, ② 법정에서 법관이 진술의 태도와 모습을 관찰하도록 하고 있으며, 가장 유효한 검증 수단으로 ③ 당사자의 반대신문을 인정한다. 전문증거는 법정 외의 진술을 내용으로 하므로 반대신문을 할 기회가 없고, 그 정확성이 보장되지 않아, 이를 증거로 해서 사실을 인정하면 오류가 있을 수 있기 때문에 원칙적으로 그 증거능력을 부정하는 것이다.

[235] 甲(남성)은 A를 상해하였다는 공소사실로 기소되었다. 甲은 공소사실을 부인하고 있다. 법정에 출석한 甲은 금발염색을 하고 있다. 검사 측 증인 W1은 "'W2가 A를 구타한 범인은 금발염색을 한 남성이었다.'라고 나에게 말하였다." 라고 증언하였다. 이에 대해 변호인은 '이의있습니다. 전문진술입니다.'라고 진술하였다. W1의 증언을 증거로 사용할 수 없는 실질적 이유는 다음 중 무엇인가?

① 자연적 관련성이 없기 때문이다.

② W2가 W1에게 실제로 그러한 말을 하였는지 여부를 직접 W2에게 확실히 확인할 수 없기 때문이다.

③ W2가 W1에게 그러한 말을 하였더라도 그 발언의 신뢰성을 W2 자신에게 확인하는 것이 불가능하기 때문이다.

　③이 전문법칙이 인정되는 실질적인 이유이다. W1과 W2의 진술이 모두 정확하다면 이러한 정보는 甲이 범인이라는 점에 대한 정황증거가 되므로, 위 증언은 자연적 관련성이 인정된다. 전문법칙을 인정하는 이유를 ②로 이해하는

것은 오해이다. 분명히 W1의 증언이 W2의 발언을 정확해 재현하는지 여부에 대해서는 의문의 여지가 있다. 최악의 경우 W1은 W2로부터 듣지도 않은 이야기를 지어내어 허위의 진술을 할 수도 있다. 그러나 이러한 문제는 증언 일반이 가지고 있는 위험성에 해당한다. 목격자증언의 경우에도 증인이 자신의 체험을 정확하게 진술하지 않을 위험성은 있다. 그렇기 때문에 반대신문을 통하여 신뢰성을 음미할 필요가 있으며, 법정에서 W1에 대한 반대신문이 가능하다. 마찬가지로 W1이 W2로부터 실제 그와 같은 이야기를 들었는지 여부에 대해서는 W1에게 반대신문을 할 수 있다.

전문진술에 특유한 위험성은 ③의 문제점, 즉 **원진술자의 진술의 신빙성을 원진술자에게 확인할 수 없다는 점**에 있다. W1이 진실을 이야기했다고 가정하더라도, 원진술자인 W2가 진실을 말하였는지 여부에 대해 W2에 대한 반대신문을 통하여 음미할 수 없기 때문에 전문진술의 증거능력을 금지하는 것이다.

②와 ③의 의미의 차이를 이해하는 것은 전문법칙을 이해하기 위해 중요하다. 형사소송법이 전문서류를 금지하는 것도 전문서류의 성립에 의문이 있다는 점에 있지 않다. 진정하게 성립한 서면이라고 가정하더라도, 서면의 내용을 이루는 진술이 정확한지 여부에 대하여 원진술자에게 확인할 수 없기 때문이다.

한편, 전문법칙은 진술증거에 내재된 위험을 수반하는 모든 증거를 대상으로 하는 법칙이 아니다. 진술증거와 동일한 성질의 위험을 가지고 있더라도 법정 외 진술이 아닌 경우에는 전문법칙의 대상이 되지 않는 사례가 있다.

[236] 5세의 아동 A가 2020. 10. 3. 오후부터 행방불명이 되었다. 모친 M이 경찰에 신고하였지만 경찰은 A를 찾을 수 없었다. 다음 날인 10. 4. A는 무사히 귀가하였다. A는 M에게 "어제 자동차로 알지 못하는 아저씨의 집에 갔었다. 아침에 밥을 먹고 아저씨의 자동차를 타고 집 앞에서 내렸다."라고 말하였다. 2020. 10. 7. M은 공원 놀이터에서 놀고 있는 A를 지켜보고 있었다. 60세 전후의 남성 甲이 나타나자, 모래놀이를 하고 있던 A는 甲을 보고 황급히 M에게 달려와 M의 품에 안겼다. M이 A에게 "저 아저씨를 아느냐"라고 묻자 A는 아무런 대답도 하지 않았다. 甲이 A를 자동차에 태워 가는 것을 보았다는 W의 목격

진술에 의해 검사는 甲을 A에 대한 미성년자약취죄의 공소사실로 기소하였다. 甲은 공소사실을 부인하고 있다. 공판절차에서 M은 위와 같은 A의 말과 행동을 증언하였다. M의 증언은 전문진술인가?

M이 10. 4. A로부터 들은 대화 내용의 요증사실은 A가 10. 3. 알지 못하는 아저씨의 집에 자동차로 실려 갔다는 것이다. A의 법정 외 진술을 진술증거로 사용하는 것은 전문진술에 해당한다. 10. 7. M이 공원 놀이터에서 경험한 내용에 대한 진술의 요증사실은 그 당시 M은 알지 못하는 인물을 A는 알아보았고, 또한 공포심을 가졌다는 점이다. 이것은 甲이 A를 약취하였다는 점에 대한 정황증거가 된다. 이 진술 부분은 A의 진술을 포함하고 있지 아니하므로 전문진술이 아니다.

사안에서 A는 甲을 다른 사람으로 잘못 알아보았을 수 있다. 또한 甲이 나타나자 A가 M의 품에 안긴 행동을 한 이유로 여러 가지가 있을 수 있으므로, A의 행동은 다의적이다. 즉, 여기에도 A의 지각, 기억의 오류 위험성이 있고, 서술이나 표현의 해석에 다양한 가능성이 있다. 진술증거와 마찬가지의 위험성 내지 그 이상의 불확실성이 있을 수 있다. 그럼에도 불구하고 M의 증언에 표현된 A의 행동은 진술이 아니므로 전문법칙의 대상이 되지 않는다. 이와 같은 구별의 근거는 직접증거와 정황증거의 차이에 있다. 앞에서 기술한 바와 같이 진술증거는 **요증사실에 대한 직접증거**이므로 쉽게 신용할 수 있다. 이에 대하여 위 사례에서 A의 행동은 다의적이므로 우리가 그 다양성을 의식하면서 증명력을 평가하게 되므로, 증명력을 과대평가할 위험은 진술증거에 비하여 크지 않다.

[237] 전문법칙이란 무엇인가?

전문법칙이란 전문증거는 증거로 할 수 없다는 원칙을 말한다(Hearsay is no evidence). 진술증거는 공판중심주의에 따른 구두주의, 직접주의의 요청에 의하여 공판정에서 경험한 자가 직접 진술하는 형태로 제출하는 것이 원칙이다. 형사소송법 제310조의2는 "제311조 내지 제316조에 규정한 것 이외에는 공판준비 또는 공판기일에서의 진술에 대신하여 진술을 기재한 서류나 공판준비 또는 공판기일 외에서의 타인의 진술을 내용으로 하는 진술은 이를 증거로 할 수 없다."고 하여 전문의 형태로 제출하는 진술증거는 원칙적으로 허용되지 않는다는 취지를 명백히 하고 있다.

[238] 전문법칙을 인정하는 근거는 무엇인가?

전문법칙은 반대신문권 보장을 포함한 **신용성의 보장**이라는 측면과 **직접주의의 실현**이라는 측면을 함께 고려한 것이다. 학설로는, ① 반대신문권의 보장에 있다는 견해, ② (반대신문권의 보장을 포함한) 신용성의 결여에 있다는 견해, ③ 주된 근거는 반대신문보장이지만 직접주의 등 다른 근거도 부수적으로 인정하는 견해 등이 있다.

영미법에서는 ① 선서의 결여와 부정확한 전달의 위험, ② 원진술자의 공판정 불출석, ③ 반대신문(examination)의 결여, ④ 신용성(trustworthiness)의 결여 등을 전문법칙의 근거로 제시하지만 전문진술을 중심으로 전개된 연유로 반대신문의 결여에 주된 이유가 있다고 본다.

[239] 전문법칙과 직접주의는 어떠한 관계에 있는가?

직접주의란 사람의 진술을 증거로 사용하기 위해서는 법정에서 진술을 청취하여야 하며 서면에 의한 진술, 즉 진술을 대신하는 서면을 사용할 수 없다는 원칙을 말한다. 독일형사소송법은 직접주의를 엄격하게 유지하려고 노력하고 있다. 독일에서 직접주의는 19세기 규문주의로부터 탄핵주의로 이행하는 과정에서 확립되었다. 직접주의는 종래 규문주의하에서 서면에 기재된 진술을 기초로 사실인정을 하는 방식을 개혁하기 위하여 공판이전의 증거수집과 공판절차에서의 사실인정과정을 절연시키는 기능을 수행한다.

직접주의와 전문법칙은 전문서류의 이용을 금지한다는 점에서 상당한 유사성을 지니고 있다. 법정진술은 사실인정자가 진술의 태도나 진술의 형성과정을 직접 관찰할 수 있다는 장점이 있다는 부분도 양자에 공통된다. 또한 수사기관의 심증을 반영하고 있는 조서의 사용을 금지함으로써 수사단계에서의 혐의가 공판에 인계되는 것을 차단하는 기능도 공통된다.

다만, 전문법칙은 반대당사자에 의한 반대신문의 기회를 중시하는 **영미의 법리**임에 반하여, 직접주의는 실체진실발견을 중시하는 **대륙의 직권주의적 법리**이다. 전문진술은 영미법의 관심이 되었고, 전문서류는 대륙법의 주된 관심대상이다. 독일형사소송법에서는 전문서류는 금지되지만, **전문증언**은 직접주의에 위배되지 않는 것으로서 허용된다. 예컨대, 독일의 통설과 판례는 주로 마약범죄나 조직범죄 사건에서 위장수사관·정보원·비밀경찰로부터 전문진술을 들은 증인의 전문증언은 허용되는 증거방법이며 전문증인의 간접적 증언은 직접주의에 위반하지 않는다고 본다(Roxin/Schünemann, Strafverfahrensrecht(29. Aufl. 2017), S. 414-415). 다만, 전문증언은 유죄판결의 기초로 삼기 위해서는 '다른 중요한 관점에 의하여 보강'(증명력설)이 이루어져야 한다(BGHSt 17, 382, 385 f 등).

[240] 한국형사소송법은 대륙법계의 체계를 기초로 영미법계의 제도를 수용해 오는 역사적 전개과정을 보이고 있다. 이러한 연혁적 배경을 기초로 현행법상 전문법칙을 이해하는 관점에 대해 설명하시오.

현행법은 전문진술뿐만 아니라 전문서류도 전문법칙의 대상으로 하고 있고, 다른 한편 전문법칙이 도입되기 이전부터 전문서류의 사용을 일정한 요건하에서만 허용하고 있었던 점을 고려하면, 전문법칙은 피고인의 **반대신문권 보장**과 **직접주의**를 실현하기 위한 증거법칙(종합설)으로 이해할 수 있다. 전문법칙은 이를 통해 진술증거에 오류가 개입될 여지를 최소화하여 그 신용성을 담보하려는 취지도 있으나, 전문법칙에서 진술증거의 신용성 담보는 반대신문권 보장과 직접심리주의를 통해 이루어진다.

헌법재판소도 전문법칙은 '공개법정에서의 적법절차에 의한 공정한 재판을 받을 권리를 보장하기 위한 것'이라고 보고, 이를 위해 피고인의 반대신문권 보장과 직접심리주의 실현을 근거로 한 것이라고 보고 있다(헌법재판소 1994. 4. 28. 93헌바26 결정).

적법절차에 의한 공정한 재판을 받을 권리를 보장하는 증거법의 최상위 원칙은 진술증거는 원본증거(original evidence)를 사용하여야 한다는 **'최량증거의 법칙'**(Best Evidence Rule)이다. 최량증거의 법칙을 통해 대륙법계와 직접주의와 영미법계의 전문법칙을 통합적으로 이해할 수 있다. 전문법칙과 직접주의는 모두 사실인정의 오류를 방지하여 실체진실을 발견하는 것뿐만 아니라 사실인정 과정의 공정성을 담보하기 위한 증거법칙이기도 하다(상세한 내용은, 조기영, 증거 능력과 직업법관, 비교형사법연구 제19권 제3호(2017. 10), 89면 이하 참조).

[241] 전문법칙의 적용대상이 되는 진술증거는 어떠한 성격(전문증거성)을 지니는가?

형사소송법 제310조의2는 "제311조 내지 제316조에 규정한 것 이외에는 공판준비 또는 공판기일에서의 진술에 대신하여 진술을 기재한 서류나 공판준비 또는 공판기일 외에서의 타인의 진술을 내용으로 하는 진술은 이를 증거로 할 수 없다."고 하여, 진술기재서류나 타인의 진술을 내용으로 하는 진술을 증거로 할 수 없다고만 명시하고 있을 뿐, 구체적으로 요증사실과 관련하여 어떤 진술에 대해 전문법칙이 적용되는지에 대해서는 학설과 판례에 위임하고 있다.

진술의 존재 자체가 증거로 되거나 진술내용의 진실성과 무관한 경우에는 전문증거가 아니다. 전문증거란 법정 외에서 행해진 경험사실의 진술로서 그 진술의 내용의 진실성 여부를 입증하기 위한 목적으로 제출되는 증거이다. ① **진술증거**에만 전문법칙이 적용된다. 비진술증거에 대하여는 진술의 신용성 검토 및 반대신문이 불가능하고 의미가 없기 때문이다. 요증사실을 직접 체험한 자의 진술을 내용으로 하는 진술증거만이 전문법칙의 대상이 된다. ② 진술증거라 하더라도 그 속에 포함된 **진술내용의 진실성이 요증사실로 되는 경우**에만 전문증거가 된다. 어떤 진술이 기재된 서류가 그 내용의 진실성이 범죄사실에 대한 **직접증거**로 사용될 때는 전문증거가 되지만, 그와 같은 진술을 하였다는 것 자체 또는 진술의 진실성과 관계없는 간접사실에 대한 **정황증거**로 사용될 때는 반드시 전문증거가 되는 것이 아니다(대법원 2013. 6. 13. 선고 2012도16001 판결 등 참조). 그러나 어떠한 내용의 진술을 하였다는 사실 자체에 대한 정황증거로 사용될 것이라는 이유로 서류의 증거능력을 인정한 다음 그 사실을 다시 진술 내용이나 그 진실성을 증명하는 간접사실로 사용하는 경우에 그 서류는 전문증거에 해당한다. 서류가 그곳에 기재된 원진술의 내용인 사실을 증명하는 데 사용되어 원진술의 내용인 사실이 요증사실이 되기 때문이다(대법원 2019. 8. 29. 선고 2018도14303 전원합의체 판결).

[242] 전문법칙에 대한 예외를 인정하는 이유는 무엇인가? (예외인정의 필요성)

소송경제와 실체적 진실발견을 위해서이다. 증거로서 형식적인 자격이 없는 전문증거는 증거조사 이전에 증거결정을 통해 배제하는 것이 타당하지만, 전문법칙을 예외 없이 적용하게 되면, 신속한 재판실현이라는 소송경제와 실체적 진실에 합치하는 또 다른 면의 공정한 재판실현이라는 헌법적 요청에 반하는 결과가 초래될 수 있다(헌법재판소 2005. 12. 22. 2004헌바45 결정). 물론, 예외적으로 전문증거의 증거능력을 인정할 수 있는 전문증거의 신용성과 증거사용의 필요성에 대하여는 개별적인 검토가 필요하다.

[243] 예외적으로 전문증거의 증거능력을 인정하는 기준은 무엇인가? (예외인정의 기준)

영미법의 판례를 통해 형성된 대표적인 예외인정의 기준은 ① **신용성의 정황적 보장**과 ② **필요성**이다. 신용성의 정황적 보장이란 원진술이 공판정에서 법관의 면전에서 행하여지지 않았어도 그 진술의 진실성이 여러 정황에 의하여 보장되는 경우를 말한다. 진술 자체의 신용성이 아니라 '**진술이 이루어진**

구체적이고 외부적인 상황의 신용성'이 기준이 된다. 형사소송법 제312조 등에서도 '특히 신빙할 수 있는 상태하에서 행하여졌음이 증명된 때'라는 요건을 통해 신용성의 정황적 보장을 예외인정의 요건으로 명시하고 있다. 반대신문권의 보장 없이 신용성의 정황적 보장을 근거로 증거능력을 인정하려면, '굳이 반대신문의 기회 부여 여부가 문제되지 않을 정도로 진술이 이루어진 정황이 믿을 만하다고 인정할 수 있는 경우'라야 한다. 예컨대 형사소송법 제315조 제3호에 해당하는 '특히 신용할 만한 정황에 의하여 작성된 문서'가 여기에 해당한다.

필요성이란 요증사실에 대한 원진술자의 진술이 법관의 면전에서 직접 이루어질 수 없고 피고인에게 반대신문의 기회를 줄 수도 없으나, 달리 대체성 있는 증거를 구할 수 없어 이를 이용해야 할 부득이한 사정이 있는 경우를 말한다. 원진술자의 사망, 질병, 행방불명 등이 필요성이 인정될 수 있는 경우에 해당한다. 형사소송법 제314조는 '공판준비 또는 공판기일에 진술을 요하는 자가 사망·질병·외국거주·소재불명 그 밖에 이에 준하는 사유로 인하여 진술할 수 없는 때'에는 조서 및 그 밖의 서류 등을 증거로 할 수 있다고 명시함으로써 필요성을 예외의 요건으로 명시하고 있다.

전문법칙의 예외가 인정되기 위해서는 신용성의 정황적 보장과 필요성 양자가 모두 존재해야 하지만, 양자는 상호보완관계 내지 반비례관계에 있으므로 어느 하나의 기준을 높게 충족하는 경우에는 다른 하나의 기준은 낮은 경우라도 예외가 인정될 수 있다.

3. 전문증거와 비전문증거의 구별

[244] 전문증거와 비전문증거는 어떻게 구별할 수 있는가?

전문증거란 법정 외 진술로서 그 진술의 진실성이 문제되는 증거, 즉 진술 내용대로 요증사실을 인정할 수 있는지가 문제되는 진술증거이다. 따라서 일정한 언어적 표현이 있더라도 그 표현이 어떤 사실의 존부를 전달하는 ① '진술'이 아니거나, 일정 사실의 존부를 전달하는 진술이고 그 진술이 증거로 되는 경우라도 진술된 내용 그대로 사실을 인정하는 ② **'진술증거'가 아닌 경우**에는 전문증거가 아니다. 진술증거가 아닌 비진술증거는 전문법칙의 적용대상이 아니다.

한편, 진술증거에 해당하지만 정책적 이유에서 전문법칙의 대상에 제외하는 경우(③ **현재의 심리상태 진술**)도 비전문증거에 해당한다.

---

[245] 전문증거는 진술증거이다. 진술증거는 진술 내용 그대로 사실의 존부를 인정하는 증거이다. 따라서 '진술'이 아닌 증거 내지 정보는 전문증거가 아니다. '진술이 아닌 정보'에 해당하는 아래의 내용들을 설명하시오.

(1) 행동의 일부인 발언

(2) 지시, 명령, 부탁 등의 발언 내지 서면

(3) 의사표시로서의 발언 내지 서면

'진술이 아닌 정보', 즉 일정 사실의 존부를 전달하는 것이 아닌 발언이나 서면은 형사소송법 제310조의2가 규정한 '서류' 또는 '타인의 진술'에 해당하지 않으므로 전문증거가 아니다.

(1) 행동의 일부인 발언: 인사, 감사, 욕설 등 **정서적 의사표현을 위한 발언**은 일정 사실의 존부를 전달하기 위한 발언이 아니므로 진술이 아니다. 예컨대, A가 B에게 '병신 새끼'라고 소리치는 것은 상대방에게 욕설을 한 행동으로서 사실을 이야기하는 진술이 아니다.

(2) 지시, 명령, 부탁 등의 발언 내지 서면: 상대방에게 일정 사실의 존재를 알리는 것이 아니고 **지시, 명령, 부탁 등을 하는 발언이나 서류**는 진술이 아니므로 전문증거가 아니다. 이 경우도 행동으로서의 발언이라는 의미를 지닌다는 점에서 (1)과 마찬가지이다. 다만, 언어표현의 중심에 신체의 동작이 수반되지 않고 있다는 점에서 차이가 있다. 예컨대, 피해자가 강도범행 중 1인이 다른

공범에게 "땡칠아, 서재의 책상에서 현금을 찾아봐"라고 말하는 것을 들었다고 증언한 경우, 범인의 위 발언은 행동을 지시하는 것으로 진술이 아니다. 이 증언으로부터 범인 중 1인이 '땡칠이'라고 불리는 인물이라는 것을 추인하게 해주지만, 이는 전문증거가 아니다.

(3) 의사표시로서의 발언 내지 서면: 발언 내지 서면이 법률행위를 구성하는 의사표시인 경우에는 사실의 존부를 표현하는 진술이 아니므로 전문증거가 아니다. 계약서는 서면에 의한 당사자의 의사표시이므로 계약의 존재를 증명하는 목적과 관련해서는 진술증거가 아니다. 물론, 계약서 성립의 진정함이 인정되어야 한다.

처분문서와 보고문서의 구별은 비전문과 전문의 구별에 대응한다. 의사표시의 수단으로서의 서면, 즉 처분문서는 법적 행위의 존재를 증명하는 목적으로 하는 비전문증거이다. 상품에 부착된 가격표나 음식점의 메뉴판 등도 계약조건을 나타내는 처분문서의 일종으로 그 가격을 증명하기 위한 목적으로 사용되더라도 전문증거가 아니다.

> [246] X시 건축과 과장인 공무원 甲은 도로포장공사 입찰을 앞두고 건설업자 乙로부터 뇌물을 수수하였다는 공소사실로 기소되었다. 甲은 이를 부인하고 있다. 같은 건축과 직원 W는 검사 측 증인으로 출석하여 검사의 주신문에 대하여 다음과 같이 증언하였다. "위 도로포장공사 입찰 마감 직전에 시내의 음식점에서 甲과 식사를 하고 있는데 乙이 식사하고 있는 식당 내의 방 안으로 들어왔다. 乙은 甲을 보고 '이번 일 감사드립니다.'라고 말하면서 머리를 숙여 인사했다."라고 증언하였다. 변호인은 '이의 있습니다. 전문진술입니다.'라고 말하였다. 법원은 어떠한 판단을 하여야 하는가?

乙의 甲에 대한 발언은 감사를 표시하는 **행동의 일부**이고, 일정 사실의 존부를 서술하는 진술이 아니다. W의 증언은 전문진술에 해당하지 않으므로 변호인의 이의신청은 기각되어야 한다. 긴박한 상황에서 이루어지는 비명도 사실의 존부를 전달하기 위한 발언이 아니므로 인간의 행동의 일부로 볼 수 있다(대법원 2017. 3. 15. 선고 2016도19843 판결 참조).

[247] 甲과 乙은 공모한 후 乙이 A에게 전화를 걸어 A의 자식인 척하며 허위의 사실을 알려 현금을 편취하려다가 A가 이를 알아챔으로써 미수에 그쳤다는 사기미수의 공소사실로 기소되었다. 공판절차에서 甲은 자신은 乙의 범행에 관여하지 않았다고 주장하고 있다. 검사는 甲과 乙의 공모를 입증하기 위하여 乙의 집에서 압수한 문서를 증거로 신청하였다. 이 문서는 사람을 속이는 대화법 등 사기의 수법이 정리되어 있는 지침서라고 평가할 수 있다. 실제 乙은 A와 전화통화를 하면서 동일한 수법을 사용하였다. 여기에는 경찰에 체포되었을 경우 변명하는 방법도 지시되어 있었다. 감정서에 의하면 위 문서에서 甲의 지문이 검출되었다. 변호인은 위 문서에 대해 증거부동의하였다. 위 문서는 전문증거인가?

범죄수법을 지시하는 **지침서**는 사실의 존부를 서술하는 문서가 아니므로 진술서가 아니다. 따라서 비전문증거이다. 이 지침서가 乙의 집에서 발견되었고, 거기에서 甲의 지문이 발견되었다는 사실은 위 사기범행 계획에 甲이 가담하였다는 점, 즉 乙과 범행을 공모하였다는 정황증거가 된다.

[248] 甲은 야간에 동거하지 않는 삼촌 A의 집에 들어가 물건을 훔쳤다는 공소사실로 기소되었다. 공판절차에서 검사는 '피해자의 고소가 있다는 점'을 입증취지로 하여 A의 고소장을 증거로 제출하였다. 위 고소장은 전문증거인가?

고소의 존재가 요증사실인 경우 고소장은 **처분문서**이므로 비전문증거이다. 반면, 요증사실이 고소장에 기재된 내용대로 피해가 존재하는지 여부인 경우에는 위 고소장은 전문증거에 해당한다.

[249] 전문증거는 진술증거이다. 진술증거는 진술 내용 그대로 사실의 존부를 인정하는 증거이다. 따라서 '진술증거' 아닌 진술은 전문증거가 아니다. '진술증거 아닌 진술'에 해당하는 아래 내용들을 설명하시오.

(1) 주요사실이 되는 발언 내지 서면

(2) 간접사실이 되는 발언·서면

(3) 정신이상을 추인케 하는 진술

(4) 진술이 이를 들은 상대방에 대한 영향을 추인케 하는 진술

(5) 진술자의 인식을 추인케 하는 진술

(6) 보조사실로서의 법정외 진술

법정 외 진술이라도 요증사실에 비추어 비진술증거인 경우에는 '공판기일에서의 진술에 대신하여' 증거로 사용하는 것이 아니므로 전문증거가 아니다. 다음과 같은 유형이 있을 수 있다.

(1) **주요사실이 되는 발언 내지 서면**: 서류나 발언이 범죄행위를 구성하는 경우에는 그 존재 자체가 주요사실이 된다. 따라서 이러한 서류나 발언의 내용이 일정한 사실의 존부를 표현하고 있더라도 진술증거로서의 추론은 수반되지 않으므로 진술증거가 아니다. 명예훼손죄에서 사실을 적시한 신문기사, 공개된 장소에서 사실을 적시한 발언이 여기에 해당한다. 협박죄·공갈죄에서 협박을 위해 사용된 문서나 발언도 비진술증거이다(대법원 2008. 11. 13. 선고 2006도2556 판결). 강도죄에서 협박을 위한 발언, 사기죄에서 기망행위가 되는 서류 또는 발언, 허위공문서작성죄에서 허위문서, 위증죄에서 허위의 진술 등도 마찬가지로 비진술증거이다.

(2) **간접사실이 되는 발언·서면**: 일정 사실의 존부를 표현하는 진술이지만 그 존재 자체가 간접사실, 즉 정황증거가 되는 경우에도 비전문증거이다.

(3) **정신이상을 추인케 하는 진술**: 합리적으로 생각하는 사람이라면 진실이라고 생각할 수 없는 사실을 진실이라고 말하는 행위는 진술자의 정신이상을 추인케 하는 근거가 될 수 있다. 이러한 발언도 진술증거는 아니므로 비전문증거이다.

(4) **진술이 이를 들은 상대방에 대한 영향을 추인케 하는 진술**: 진술이 이를 듣거나 읽은 상대방에 대한 영향을 추인케 하는 근거로 사용되는 경우에는 진술증거가 아니므로 전문증거가 아니다.

(5) **진술자의 인식을 추인케 하는 진술**: 다른 증거에 의해 진실을 확인할 수 있는 사실 F를 甲이 진술하였다면, 통상 甲은 그 시점에 사실 F를 인식하였다고 추인할 수 있다. 甲이 사실 F를 암묵적으로 전제하고 발언한 경우도 마찬가지이다. 이와 같이 진술자의 인식을 추인케 하기 위한 증거로 사용되는 진술은 진술증거가 아닌 비전문증거이다.

(6) **보조사실로서의 법정 외 진술**: 법정에서 진술하는 자가 동일한 주제에 대한 법정 외에서도 진술한 적이 있는 경우 법정 외 진술의 존재 자체가 법정진술의 신용성에 관한 보조사실이 될 수가 있다. 이 경우도 비진술증거로 이용되므로 전문증거가 아니다. 예컨대, **자기모순진술**이 **탄핵증거**로 사용되는 경우가 여기에 해당한다. 동일 주제에 대해 동일인이 명백히 모순되는 진술을 한 경우에는 어느 하나의 진술은 반드시 사실에 반하는 것이므로 진술자의 신뢰성을 감쇄시킨다. 이러한 추론은 법정 외 진술이 정확하다는 기대를 전제로 하는 것이 아니므로 비전문증거에 해당한다.

> **[250]** 甲은 A를 곤경에 빠뜨리기 위해 A가 자신의 3살짜리 아들을 학대하고 그리하여 종종 상해를 입게 한다는 허위의 사실을 기재한 익명의 투서를 경찰서에 송부하였다. 수사 결과 이 투서는 甲이 발송한 것이고, 투서에 기재된 내용은 허위임이 판명되었다. 검사는 甲을 무고죄로 기소하였다. 검사는 위 투서에 대한 증거조사를 신청하였다. 위 투서는 전문증거인가?

위 투서는 무고죄의 실행행위를 구성하는 서면에 해당하므로 진술증거가 아니다. 투서의 요증사실은 투서에 기재된 대로 A가 자신의 아들을 학대하지 않았고, 그러한 내용의 서면이 경찰에 보관되어 있다는 점이다(주요사실을 구성하는 진술). 따라서 전문증거가 아니다.

[251] 甲과 乙은 공모하여 A를 살해하였다는 살인죄의 공동정범으로 기소되었다. 甲과 乙은 범행을 부인하고 있다. 검사는 乙이 실행행위자이고, 甲은 공모공동정범이라고 주장하고 있다. 공판기일에 검사 측 증인 丙은 "2020. 9. 15. 甲의 집에 모였을 때 甲이 乙에게 'A가 죽을 짓을 했다. 함께 A를 죽이자'라고 말하였다."고 증언하였다. 위 증언은 전문증거인가?

丙의 증언에 현출된 甲의 발언은 A를 살해하자는 모의에 해당하며, 사실의 존부를 전달하는 진술이 아니므로 비전문증거로 볼 수 있다(주요사실을 구성하는 진술). 한편, 甲의 공모행위는 죄가 되는 사실을 구성하는 주요사실로도 볼 수 있다.

[252] 甲은 중국 북경에서 인천공항으로 입국하던 중 세관검사에서 필로폰 1kg을 밀반입하려다가 적발되었다. 검사는 甲을 영리목적으로 필로폰을 수입하였다는 공소사실로 기소하였다. 甲은 위 필로폰은 중국의 거래처 직원 乙로부터 중국의 토산품을 한국의 친구에게 전달해 달라고 하여 보관한 것이지 그것이 필로폰인지를 몰랐다고 변명하면서 고의를 부인하고 있다. 검사는 피고인이 세관에 예치한 물건이 없다고 신고하였다는 것을 입증취지로 하여 세관에 '대리 반입·예치한 물건이 없다.'고 표시하고 甲의 서명이 기재된 '대한민국 세관신고서'를 증거로 제출하였다. 위 신고서는 전문증거인가?

위 신고서는 진술서이다. 그러나 요증사실은 甲이 예치한 물건이 없다는 것이 아니라 甲이 예치한 물건이 없다고 신고하였다는 점이다. 이러한 甲의 행동은 甲의 공판정에서의 진술의 신용성을 감쇄시키는 정황증거가 될 수 있다(간접사실이 되는 진술). 따라서 전문증거가 아닌 비전문증거이다.

[253] 甲은 2020. 9월에 자신의 모친 M을 살해했다는 존속살해죄의 공소사실로 기소되었다. 甲의 변호인은 甲이 정신분열증으로 인하여 망상에 지배되었으므로 심신상실에 해당한다고 주장하고 있다. 甲의 직장동료 W는 공판기일의 증인신문에서 "2020. 8. 甲이 나에게 '최근 모친이 매일 나에게 전파를 송신하여 머리가 혼란스럽고, 일을 할 수 없다. 무엇이라도 하지 않으면 안 된다.'라고 말하였다." "甲은 진지하게 걱정하는 모습이었다."라고 증언하였다. 이 증언은 전문진술인가?

W가 진술한 甲의 발언의 요증사실은 M이 甲에게 전파를 송신하여 방해하였다는 것이 아니고, 이러한 불합리한 사실을 진지하게 말하는 甲에게 망상이 있었다는 점이다(정신이상을 추인케 하는 진술). 이것은 비진술증거이므로 W의 증언은 전문진술에 해당하지 않는다.

[254] 甲은 자동차를 운전하던 중 횡단보도를 횡단하던 A(7세)를 치어 사망케하였다는 업무상 과실치사죄의 공소사실로 기소되었다. 공소장에 기재된 과실은 전방주시를 태만히 하였다는 것이다. 변호인은 甲은 녹색신호를 따라 진행하였는데 A가 신호를 무시하고 급히 도로로 뛰쳐나와 사고가 발생했으므로, 甲에게는 예견가능성이 없어 과실이 없다고 주장하고 있다. 검찰 측 증인 W1은 "甲의 자동차 조수석에는 W2가, 뒷좌석에는 내가 타고 있었다. 사고가 일어난 횡단보도 50미터 정도 이전에 이르렀을 때 W2가 '저기 아이가 뛰쳐나오고 있다. 위험하다.'라고 외쳤다."고 진술하였다.
변호인은 위 밑줄 친 부분에 대하여 '이의 있습니다. 전문진술입니다.'라고 진술하였다. 검사는 어떤 반론을 할 수 있는가? 법원은 어떤 결정을 하여야 하는가?

검사는 '이 증언의 요증사실은 W2의 발언에 의해 甲에게는 위험을 인식할 기회가 있었으므로 전문진술에 해당하지 않는다.'라고 반론할 수 있다(진술을 들은 상대방에 대한 영향을 추인케 하는 진술). 만일, 위 W2의 발언에 의해 자동차가 횡단보도 50미터 전방에 이르렀을 때에는 A가 도로로 뛰쳐나오지 않았다고 추인하는 것이라면 전문증거가 된다. 따라서 법원은 甲이 W2의 위와 같은 지적을 들었다는 점을 요증사실로 하는 한 그 증언을 증거로 하는 데 사용할 수 있다고 판단할 수 있다.

---

[255] 甲은 교제하고 있던 연인 A女를 구타하여 상해하였다는 공소사실로 기소되었다. 변호인은 공소사실을 인정하면서 甲의 동기에 관하여 다음과 같이 주장하였다. 甲은 친구 F로부터 A가 다른 남성 B와 친밀하게 지낸다는 내용이 기재된 편지를 받았다. 甲은 이에 대해 A에게 물었으며, A가 B와의 교제를 부정하였지만, 甲은 A의 설명을 신뢰하지 못하고 격분하여 A를 구타하였다. 변호인은 '甲이 F로부터 받은 편지의 존재와 내용'을 입증취지로 하여 위 편지에 대한 증거조사를 신청하였다. 검사는 이에 대해 부동의 의견을 진술하였다. 변호인은 어떠한 반론을 할 수 있는가?

변호인은 다음과 같이 반론할 수 있다. 이 편지의 요증사실은 F가 쓴 대로 V와 교제하고 있었다는 것이 아니다. 편지를 읽은 甲이 F의 이야기를 진실로 받아들이고 V에 대해 의심을 가지게 되어 폭행에 이르렀다는 것이 요증사실이다 (진술을 들은 상대방에 대한 영향을 추인케 하는 진술). 따라서 이것은 진술증거가 아니며 비전문증거이다. 이러한 사정은 범죄의 정상에 관한 정황증거로서 관련성이 있다.

---

[256] 피고인 甲은 5만 원권 위조지폐를 사용하였다는 위조통화행사죄로 기소되었다. 甲은 위 5만 원권은 乙의 심부름을 해 주고 받은 돈이며, 위조지폐인지를 몰랐다며 고의를 부인하고 있다. 검사 측 증인 W는 공판정에서 "사건 얼마 전 甲은 나에게 '乙로부터 5만 원권을 받았다. 잘 만들어져서 물건을 구매할 때 사용해도 별 문제가 없을 것 같다.'고 말했다."고 증언하였다. 위 진술은 전문진술인가?

검사가 위 증언에 의해 기대하는 것은 이러한 진술을 한 甲은 5만 원권 지폐

가 위조지폐라는 점을 인식하였다는 점에 대한 추론이다(**진술자의 인식을 추인케 하는 진술**). 이러한 甲의 발언은 진술증거가 아니므로 W의 증언은 전문진술이 아니다.

[257] 현재의 심리상태를 나타내는 진술이란 무엇인가?

진술자가 진술 당시 자신의 내면 상태를 나타내는 진술을 현재의 심리상태(then existing state of mind)를 나타내는 진술이라고 한다. 행동 계획, 동기, 의도, 호불호의 감정, 통증 등 신체감각 등을 나타내는 진술이 여기에 해당한다. 미국연방증거규칙(Federal Rule of Evidence) 제803조 제3항은 현재의 심리상태를 나타내는 진술은 진술자의 공판정에서의 진술불능을 요건으로 하지 않고 전문증거의 예외를 인정하고 있다. 이러한 진술은 외계에 대한 지각이나 기억의 과정이 없어 오류의 위험이 적으며, 내심의 상태라는 요증사실과의 관계에서도 직접적인 증거로서 유용성이 높다는 것을 이유로 한다.

[258] 甲은 A에 대한 강제추행치사죄로 기소되었다. 甲은 범행을 부인하고 있다. 검사측 증인 W는 법정에서 "사건이 일어나기 얼마 전 A와 이야기하는 도중 A는 '甲이 귀찮게 나를 자꾸 따라다녀서 정말 싫다.'고 말하였다."고 증언하였다. 이 증언은 현재의 심리상태를 나타내는 진술이론에 따를 경우 비전문증거에 해당하는가?

A의 발언은 甲을 혐오하고 있다는 기분을 나타내고 있다. 甲이 A에 대한 강간치사의 범인인지 여부와 관련한 요증사실은 甲이 A를 따라다녔는지 여부이다. 이 사실은 甲에게 범행동기가 있었다는 점을 추인케 하는 정황증거가 된다. 그러나 A는 **과거의 체험**을 진술하고 있으므로 현재의 심리상태 진술이론에 의하더라도 비전문증거인 것은 아니다.

[259] 甲은 사귀고 있던 A로부터 결혼을 거부당하자 분개하여 A를 살해하였다는 살인죄의 공소사실로 기소되었다. 甲은 범행을 부인하고 있다. 변호인 측 증인 W는 법정에서 "A가 살해되기 1주일 전에 A와 만나서 이야기한 적이 있다. 그때 A는 나에게 '甲과 결혼하고 싶다. 甲의 구혼을 기다리고 있다.'고 말하였다."라고 증언하였다. 이에 대해 검사는 '이의 있습니다. 전문진술입니다.'라고 말하였다. W의 증언에 현출된 A의 발언은 현재의 심리상태를 나타내는 진술인가?

甲과 결혼하고 싶다는 의사가 A에게 있다면 검사가 주장하는 살해 동기는 성립하지 않게 된다. 위 사례에서 A의 발언은 과거의 체험이 아니고, 甲과 결혼할 의사가 있다는 것이 요증사실이 되므로 A의 **현재의 심리상태를 나타내는** 진술이 된다.

[260] 다음 증거들에 전문법칙이 적용되는가?

(1) 공갈 및 감금 등의 피고사건에서 피해자 A가 피고인 甲으로부터 풀려난 날 남동생 B에게 도움을 요청하면서 보낸, 甲이 협박한 말을 포함하여 공갈 등 甲으로부터 피해를 입은 내용의 문자메시지를 촬영한 사진

(2) 국가보안법상 찬양·고무 피고사건에서 피고인이 소지한 컴퓨터 디스켓에 이적표현물을 저장, 보관하여 이를 압수한 경우, 이 컴퓨터 디스켓을 그 속에 담긴 문건의 내용이 이적표현물이라는 사실을 입증하기 위해 사용하는 경우와 이적표현물을 소지하고 있다는 사실을 입증하기 위해 사용하는 경우

(3) 알선수재 피고사건에서 증인 W가 피고인 甲으로부터 "2005. 8.경 건축허가 담당 공무원이 외국연수를 가니 사례비를 주어야 한다.", 2006. 2.경 "건축허가 담당 공무원이 4,000만 원을 요구하는데 사례비로 2,000만 원을 주어야 한다."는 말을 전화로 들었다는 취지로 법정에서 행한 진술

(1) 사안에서 증거방법은 사진이다. 이 자체는 A가 B에게 보낸 문자메시지

의 사본으로서의 성격을 가진다. 사본은 핸드폰에 저장된 문자메시지를 법정에 제출할 수 없거나 그 제출이 곤란한 사정이 있고, 그 사진의 영상이 휴대폰의 화면에 표시된 문자메시지와 정확하게 같다는 사실이 증명되어야 한다(대법원 2002. 10. 22. 선고 2000도5461 판결). 한편 이 사진에 촬영된 내용인 문자메시지는 협박 문자처럼 문자메시지 자체가 (공갈 등의 사실을 증명하는) 증거가 되는 것이 아니라, 요증사실(공갈 등)과 관련하여 메시지 내용의 진실성이 문제되는 전문 증거에 해당하므로 진술에 갈음하는 대체물로서 전문법칙이 적용된다. 판례도 이 사안에 대해 문자메시지의 내용을 촬영한 사진은 증거서류 중 피해지의 진 술서에 준하는 것으로 취급함이 상당할 것이라고 판시하였다(대법원 2010. 11. 25. 선고 2010도8735 판결).

(2) 컴퓨터 디스켓에 들어 있는 문건(전자정보)이 증거로 사용되는 경우 그 컴퓨터 디스켓(저장매체)은 진술을 기재한 매체가 다를 뿐 실질에 있어서는 피 고인 또는 피고인 아닌 자의 진술을 기재한 서류와 크게 다를 바 없으므로(제 313조 제1항 참조), 그 서류가 증거물인 서류인지 아니면 증거서류인지가 문제된 다. ① 서류의 내용이 이적표현물인지 여부가 문제되는 경우라면 이는 서류내 용의 진실성이 범죄사실에 대한 직접증거로 사용되는 경우로서 증거서류로서 전문증거에 해당하고 따라서 전문법칙이 적용된다. 그러나 ② 일정한 서류를 소지하고 있다는 사실 자체를 입증하기 위한 경우라면 이는 서류의 존재와 서 류의 내용 자체가 증거로 되는 경우로서 증거물인 서류라고 할 수 있다. 따라 서 이적표현물의 소지 자체가 증거로 되는 경우에는 전문증거가 아니므로 전 문법칙이 적용되지 않는다(대법원 1999. 9. 3. 선고 99도2317 판결 참고).

(3) 甲의 진술을 내용으로 하는 W의 법정진술이 증거로 된다는 점에서 형태 상 피고인의 진술을 내용으로 제3자의 진술로서 전문진술의 형태를 취하고 있 다. 그러나 사안에서 요증사실이 알선수재사실이라는 점을 고려하면, 공무원이 자신의 지위를 이용해서 다른 공무원의 직무 처리에 직간접으로 영향을 미치 는 진술을 하는 것을 제3자가 전화로 듣고 행하는 진술이므로, 알선수재의 내 용인 요증사실의 존재 자체가 증거로 되는 경우로서, W의 진술은 전문증거가 아니라 본래증거에 해당하고 따라서 전문법칙이 적용되지 않는다(대법원 2008. 11. 13. 선고 2008도8007 판결 참고).

대통령의 비선실세인 甲이 실질적으로 운영하는 미르와 케이스포츠 재단 설립을 위한 자금을 마련하도록 돕기 위해 대통령이 청와대 정책조정수석 乙을 통해 전경련과 기업체들에 출연을 하도록 기업별로 구체적인 출연금 액수를 지정하는 등 압력을 넣었다는 대통령의 직권남용 및 강요 피고사건에서 검사가 대통령의 직권남용 및 강요 사실을 입증하기 위해 乙이 대통령의 지시사항을 적은 업무수첩과 乙의 진술서를 증거로 제출하였다.

(1) 이들 증거를 대통령이 정책조정수석에게 지시를 하였다는 사실을 증명하기 위한 증거로 사용할 수 있는가?

(2) 대통령이 지시를 하였다는 사실 자체에 대한 정황증거로서 증거능력이 인정된 업무수첩 등을 그 기재내용인 직권남용 및 강요 사실을 인정하는 증거로 사용할 수 있는가?

(1) 먼저 업무수첩은 乙이 사무처리의 편의를 위하여 자신이 경험한 사실 등을 기재해 놓은 것에 불과하므로, 이 수첩이 전문증거에 해당하는 경우라도 '굳이 반대신문의 기회 부여가 문제되지 않을 정도로 고도의 신용성에 관한 정황적 보장이 있는 문서'라고 보기 어렵다. 따라서 형사소송법 제315조 제3호의 '기타 특히 신용할 만한 정황에 의하여 작성된 문서'에 해당하지 않는다. 위 업무수첩은 진술서로서 형사소송법 제313조 제1항의 요건을 충족한 경우에만 증거로 사용할 수 있다.

그러나 대통령의 진술(지시)이 있었다는 사실 자체를 증명하기 위해 업무수첩이나 乙의 진술(서)을 증거로 하는 경우에는 업무수첩에 기재된 내용과 乙의 진술서는 직권남용 등의 요증사실을 추인케 하는 간접사실에 대한 본래증거이므로 전문법칙이 적용될 여지가 없다.

(2) 직권남용 등의 요증사실을 추인케 하는 간접사실인 지시가 있었다는 사실을 증명하기 위한 정황증거(그 자체는 본래증거)로서 증거능력이 인정되는 증거인 업무수첩이나 진술서를 다시 지시한 내용(직권남용 등)이나 그 진실성을 증명하는 간접사실로 사용하는 경우 그 수첩이나 진술서는 전문증거에 해당한다.

따라서 업무수첩의 경우는 형사소송법 제313조 제1항에 따라 작성자인 乙의 진술을 통해 진정성립이 인정되고 특신상태에서 작성된 것이 인정되면 진술증거로 사용할 수 있다. 그러나 사안에서 당해 진술증거는 진술내용의 신용성이나 임의성을 담보할 구체적이고 외부적인 정황이 있다고 볼 수 없어 특신상태의 요건을 충족하지 못하므로 증거로 사용할 수 없다.

---

[262] 甲이 자신의 핸드폰에 '우당탕' 하는 소리와 '악' 하는 乙의 비명소리가 녹음된 파일을 복사·저장한 USB가 丙의 乙에 대한 상해 범죄사실에 대한 증거로 제출되었는데 丙의 변호인은 USB에 저장된 파일은 (1) 甲의 진술을 내용으로 하는 전문증거이므로 甲이 공판정에서 성립의 진정을 인정하지 않는 한 증거로 할 수 없으며, (2) 원본이 아닌 사본이어서 증거로 할 수 없다고 주장하고 있다. 丙의 변호인의 주장은 타당한가? (2018년 1차 모의시험)

---

(1) <u>전문증거로 진정성립이 요구되는지 여부</u>: 전문증거란 법정 외에서 행해진 경험사실의 진술로서 그 진술의 내용의 진실성 여부를 입증하기 위한 목적으로 제출되는 증거이다. 진술증거라 하더라도 그 속에 포함된 진술내용의 진실성이 요증사실로 되는 경우에만 전문증거가 된다(대법원 2008. 11. 13. 선고 2008도8007 판결). 진술의 존재 자체가 증거로 되거나 진술내용의 진실성과 무관한 경우에는 전문증거가 아니다. '우당탕' 하는 소리와 '악' 하는 乙의 비명소리는 경험적 사실에 해당하지 않으므로 전문증거가 아니다. 따라서 형사소송법 제313조가 적용되지 않으며, 乙에 의한 진정성립의 인정도 요구되지 않는다. 丙의 변호인의 주장은 부당하다.

(2) <u>사본의 증거능력 문제</u>: 녹음테이프는 그 성질상 작성자나 진술자의 서명 혹은 날인이 없을 뿐만 아니라, 녹음자의 의도나 특정한 기술에 의하여 그 내용이 편집, 조작될 위험성이 있음을 고려하여, 그 대화내용을 녹음한 원본이거나 혹은 원본으로부터 복사한 사본일 경우에는 복사과정에서 편집되는 등의 인위적 개작 없이 원본의 내용 그대로 복사된 사본임이 증명되어야만 하고, 그러한

증명이 없는 경우에는 쉽게 그 증거능력을 인정할 수 없다(대법원 2002. 6. 28. 선고 2001도6355 판결; 대법원 2005. 2. 18. 선고 2004도6323 판결 등). 사안에서 USB에 저장된 파일이 원본이 아니라 복사본이라고 해도 복사과정에서 편집되는 등의 인위적 개작 없이 원본의 내용 그대로 복사된 사본임이 증명된다면 증거능력이 인정된다.

---

[263] 甲은 분실된 C의 주민등록증을 스캔한 이미지 파일과 C 명의로 작성한 휴대폰 신규 가입신청서를 스캔한 이미지 파일을 휴대폰 대리점 직원 D에게 발송하였다. 甲이 법정에서 D에게 휴대폰을 개설해 달라고 한 적이 없다고 주장하자 검사는 甲이 휴대폰을 개설하기 위해 D와 통화한 녹음파일을 D로부터 적법하게 제출받아 증거로 제출하였다. 이 통화녹음파일은 D가 甲 몰래 녹음한 것으로서, "내가 C 본인이 맞다. 휴대폰을 개설해 달라."는 甲의 진술이 녹음되어 있다. 이 경우 녹음파일의 증거능력을 설명하시오. (2018년 2차 모의시험)

---

(1) <u>녹음파일이 위법수집증거인지 여부</u>: 통신비밀보호법 제3조는 통신비밀보호법과 형사소송법 또는 군사법원법의 규정에 의하지 아니하고는 우편물의 검열·전기통신의 감청 또는 통신사실확인자료의 제공을 하거나 공개되지 아니한 타인 간의 대화를 녹음 또는 청취하지 못한다고 규정하고 있다. 통비법 제3조의 규정에 위반하여, 불법검열에 의하여 취득한 우편물이나 그 내용 및 불법감청에 의하여 취득한 우편물이나 그 내용 및 불법감청에 의하여 지득 또는 채록된 전기통신의 내용은 재판 또는 징계절차에서 증거로 사용할 수 없다(통비법 제4조). 전기통신의 감청이란 송신인과 수신인이 아닌 제3자가 당사자의 동의를 받지 않고 전자장치 등을 이용하여 통신의 내용을 지득 또는 채록하는 등의 행위를 말하며, 전기통신의 당사자 일방이 상대방과의 통화내용을 녹음하는 것은 '감청' 자체에 해당하지 않는다(대법원 2008. 10. 23. 선고 2008도1237 판결).

사안에서 甲과 D의 대화는 통비법 제3조가 규정한 타인 간의 대화에 해당하지 않아 통비법위반이 아니므로 위법수집증거에 해당하지 않는다.

(2) <u>녹음파일에 녹음된 진술에 전문법칙이 적용되는지 여부</u>: 전문증거란 법정 외에서 행해진 경험사실의 진술로서 그 진술의 내용의 진실성 여부를 입증하기 위한 목적으로 제출되는 증거이다. 진술증거라 하더라도 그 속에 포함된 진술내용의 진실성이 요증사실로 되는 경우에만 전문증거가 된다(대법원 2008. 11. 13. 선고 2008도8007 판결). 진술의 존재 자체가 증거로 되거나 진술내용의 진실성과 무관한 경우에는 전문증거가 아니다.

사안에서 녹음된 "내가 본인이 맞다. 휴대폰을 개설해 달라."라는 진술내용은 요증사실인 甲의 문서죄를 실행하는 과정에서 이러한 진술의 존재 자체가 요증사실이므로 전문증거에 해당하지 않는다. 위 녹음파일의 진술내용에는 전문법칙이 적용되지 않으며, 위 진술은 사건과의 관련성이 인정되므로 그 증거능력이 인정된다.

4. 진술의 임의성

[264] 형사소송법 제317조는 진술증거가 증거능력을 가지기 위해서는 자백의 경우와 마찬가지로 임의성이 전제되어야 한다는 점을 규정하고 있다. 형사소송법 제317조와 제309조는 어떤 관계에 있는가?

모든 진술증거는 그 진술이 임의로 이루어진 경우에만 증거로 할 수 있다. 이에 따라 현행법상 피의자·피고인의 자백에는 제309조가 적용되고, **자백 이외의 일체의 진술증거**(법관면전조서나 진술 포함)에는 제317조에 의해 임의성이 요구된다는 것이 통설과 판례(대법원 2006. 1. 26. 선고 2004도517 판결 참조)이다.

[265] 검사는 甲의 혐의를 조사하기 위하여 별건으로 수감 중인 A를 약 1년 3개월의 기간 동안 270회 검찰청으로 소환하여 밤 늦은 시각 또는 그 다음 날 새벽까지 조사를 하였거나, 국외로 출국하여야 하는 상황에 놓여 있는 B를 심리

적으로 압박하여 조사하여 진술조서를 작성하였다. 甲은 이들 조서에 대하여 증거 동의하였다. A와 B에 대한 진술조서는 증거로 사용할 수 있는가?

진술하는 자가 피고인(피의자)이 아니라 피고사건의 참고인이라면 자백(제309조의 적용 문제)은 아니므로 진술로서의 임의성이 문제된다. 즉, 참고인인 A와 B의 진술을 기재한 진술조서(서류)는 그 작성과 내용인 진술이 임의로 되었다는 것이 증명되지 않으면 증거로 할 수 없다(제317조 제2항).

사안에서 심야조사, 철야신문 등으로 정상적인 진술을 할 수 없었을 가능성이 있고(진술의 자유 침해), 출국금지에 따른 심리적 압박감 속에서 진술을 한 측면이 있으며, 미국으로 출국하여야 하는 상황에 놓여 있는 자를 구속 또는 출국금지 조치의 지속 등을 수단으로 삼아 회유하거나 압박하여 조사를 하였고, 다른 사건으로 수감 중인 점을 이용해서 1년 3개월 동안 270회나 소환을 했다면, 참고인들은 심리적 압박감이나 정신적 강압상태하에서 진술을 한 것으로 의심되므로 이들에 대한 진술조서는 그 **임의성을 의심할 만한 사정**이 있다고 할 수 있다.

임의성이 없는 진술은 피고인이 이를 증거로 함에 동의하더라도 증거로 할 수 없다는 것이 학설과 판례의 입장이다. 따라서 A와 B에 대한 진술조서는 증거로 사용할 수 없다.

II. 전문서류에 대한 예외

1. 법원 또는 법관의 조서

[266] 甲이 공판절차에서 절도범행을 부인하자, 검사는 乙이 별건으로 기소된 종전 재판에서 甲과 공모하여 절도범행을 한 사실을 인정한 진술이 기재된 공판조서사본을 증거로 제출하였다. 甲은 이에 부동의하였다. 이 공판조서사본의 증거능력을 논하시오.

사본을 증거로 사용하기 위해서는 원본이 존재하거나 존재하였을 것, 원본제출이 불능 또는 곤란한 사정이 있을 것, 원본을 정확하게 전사하였을 것 등의 3가지 요건이 갖추어져야 한다(대법원 2002. 10. 22. 선고 2000도5461 판결). 공판조서원본은 존재할 것이고 그 원본을 제출하기는 곤란하므로 위 사본이 원본을 정확하게 전사하였다면 그 증거능력이 인정될 수 있다.

다른 피고사건에 대한 공판조서의 증거능력 인정요건에 관하여는 제311조說, 제315조 제3호說, 제313조說이 있으나, 판례와 다수설은 제315조 제3호의 '기타 특히 신용할 만한 정황에 의하여 작성된 문서'에 해당한다는 입장이다. 대법원은 다른 피고인에 대한 형사사건의 공판조서는 형사소송법 제315조 제3호에 정한 서류로서 당연히 증거능력이 인정된다고 판시해오고 있다(대법원 2005. 4. 28. 선고 2004도4428 판결). 판례와 다수설의 입장에 따를 때, 乙의 자백이 기재된 공판조서는 비록 甲이 공판정에서의 자백에 대하여 반대신문을 할 수 있는 기회가 없었더라도 형사소송법 제315조 제3호에 의해 증거능력이 인정된다.

2. 당연히 증거능력이 있는 서류(제315조)

> **[267]** 甲이 거주 중인 XX 주택이 대남공작조직의 공작아지트로 활용되고 있다는 대한민국 주중국 대사관 영사 A의 사실확인서는 형사소송법 제315조에 의해 증거능력이 인정되는가?

위 사실확인서(**영사증명서**)는 영사 A가 공무를 수행하는 과정에서 작성된 것이지만 그 목적이 공적인 증명에 있다기보다는 상급자 등에 대한 보고에 있는 것으로서 엄격한 증빙서류를 바탕으로 하여 작성된 것이라고 할 수 없으므로, 위 사실 확인 부분은 형사소송법 제315조 제1호에서 규정한 가족관계기록사항에 관한 증명서, 공정증서등본 기타 공무원 또는 외국공무원의 직무상 증명할 수 있는 사항에 관하여 작성한 문서라고 볼 수 없고, 또한 같은 조 제3호에서 규정한 기타 특히 신용할 만한 정황에 의하여 작성된 문서에 해당하여 당연히 증거능력이 있는 서류라고도 할 수 없다(대법원 2007. 12. 13. 선고 2007도7257 판결). 위 사실확인서는 형사소송법 제313조에 의해 증거능력이 인정될 수 있음은 별론으로 하고 형사소송법 제315조에 의해서는 그 증거능력이 인정되지 않는다.

> **[268]** 甲이 절취한 밀수업자 A의 가방 속에서 보석을 꺼내면서 USB 메모리를 발견하고 그 내용을 확인하니 A가 그동안 밀수입한 내역이 날짜별, 물건별로 상세히 기록되어 있었고, 甲은 A를 곤경에 빠뜨리려고 USB 메모리를 A의 인적 사항과 함께 경찰서에 우송하였다. A가 관세법위반죄로 기소되고, A가 계속 묵비하는 경우 증거로 제출된 USB 메모리의 증거능력에 대해 검토하시오. (2012년 3차 모의시험)

(1) 사안에서 USB 메모리는 甲이 절취한 후 경찰서에 우송한 것인바, 사인에 의한 위법수집증거에도 배제법칙이 적용되는지 문제된다. 이에 관하여는 위법수사의 억제라는 측면이 무의미한 사인의 경우에는 수사기관이 사인을 교사한 경우를 제외하고는 위법수집증거배제법칙을 적용할 필요 없이 증명력의 문제로 다루면 족하다는 **부정설**, 국가의 기본권 보호의무는 사인에 의한 침해의 경우에도 긍정해야 하고, 사인이 수집한 증거라도 국가가 사용한다는 점에서 배제법칙을 적용해야 한다는 **긍정설**, 기본권의 핵심영역에 해당하거나(**권리영역(범위)설**), 실체적 진실발견이라는 공익과 침해된 기본권에 대한 개인의 사익을 교량한 결과 후자가 우선하는 경우에 한해 이를 침해하는 것을 금지할 필요가 있다는 **이익형량(교량)설** 등의 절충설이 있으나, **판례**는 국민의 사생활 영역에 관계된 모든 증거의 제출이 곧바로 금지되는 것으로 볼 수는 없고, 효과적인 형사소추 및 형사소송에서의 진실발견이라는 공익과 개인의 사생활의 보호이익을 비교형량하여 그 허용 여부를 결정하여야 한다고 하여(대법원 1997. 9. 30. 선고 97도1230 판결) 이익형량설에 따라 개별적으로 판단하는 입장을 취하고 있다. 판례의 입장에 따르면, USB 메모리의 내용은 관세법위반에 대한 효과적인 형사소추 및 진실발견이라는 공익이 크고, 반면 메모리의 내용이 A의 사생활의 보호영역에 포함되는지도 의문이므로, 비록 甲이 절취한 위법수집증거라도

그 증거능력이 인정된다.

(2) USB 메모리에 기재된 내용은 기재 내용의 진실성이 문제되는 법정 외 진술이므로, 여기에는 전문법칙이 적용된다. ① 형사소송법 제313조 제1항 본문은 피고인이 아닌 자가 작성한 문자 등의 정보가 정보지장매체에 지장된 경우는 공판준비나 공판기일에서의 그 작성자의 진술에 의하여 그 성립의 진정함이 증명된 때에는 증거로 할 수 있다고 규정하고 있다. 사안에서 A는 계속 묵비하고 있어 메모리에 기재된 내용의 성립의 진정함은 인정되지 않는다. 다만, 피고인이 '묵비'하고 있는 경우에도 2016년 신설된 제313조 제2항이 규정한 '그 성립의 진정을 부인하는 경우'에 해당하는지에 관하여 견해의 대립이 있을 수 있으나, 동 조항의 상정하고 있는 '성립의 진정을 부인하는 경우'는 진술서의 작성자가 이를 사실상 부인하는 경우를 의미하고, 피고인이 진술거부권을 행사하고 있는 규범적 부인 상황은 여기에 해당하지 않는다고 보는 것이 타당하다. 따라서 USB 메모리는 형사소송법 제313조에 의해서는 그 증거능력이 인정되지 않는다.

② A의 USB 메모리는 A가 그동안 (불법적) 영업을 수행하면서 작성된 것으로 형사소송법 제315조 제2호가 규정한 '업무상 필요로 작성한 통상문서'로 증거능력이 긍정될 수 있는지 문제된다. 상업장부, 항해일지, 진료일지 또는 이와 유사한 금전출납부 등과 같이 범죄사실의 인정 여부와 상관없이 자기에게 맡겨진 사무를 처리한 내역을 그때그때 계속적, 기계적으로 기재한 문서는 사무처리 내역을 증명하기 위하여 존재하는 문서로서 형사소송법 제315조 제2호에 따라 당연히 증거능력이 인정된다(대법원 2019. 8. 29. 선고 2018도14303 전원합의체 판결 등). 사안에서 USB메모리에는 A가 그동안 밀수입한 내역이 날짜별, 물건별로 상세히 기록되어 있기에 형사소송법 제315조 제2호에 의해 증거능력이 인정된다.

[269] 甲과 丙이 회사의 금고에 보관되어 있는 메모리카드를 가지고 나오는 순간 경보장치가 작동하였고, 사설경비업체 직원 A와 B가 현장에 출동하였다. A가 甲과 丙의 뒤를 쫓는 사이 B는 회사 안의 상태를 점검하러 들어갔다가 금고문이

열린 것을 사진으로 촬영하고 이 사실을 업무일지에 기록해 두었다. B가 촬영한 사진과 업무일지가 검사에 의해 증거로 제출된 경우 그 증거능력은? (2012년 2차 모의시험)

(1) <u>사진의 증거능력</u>: B가 촬영한 사진은 금고문이 열린 상황을 촬영한 것으로 범행 당시 및 범행과 이어진 전후 상황을 촬영한 **현장사진**에 해당한다. 현장사진의 법적 성격에 관하여는, 진술증거설, 검증조서 유추적용설이 있지만, 현장사진은 말 그대로 현장이라는 상황을 촬영한 것이므로 그 자체는 **비진술증거**에 해당한다고 보아야 한다. 판례도 비진술증거설의 입장을 취하고 있는 것으로 보인다(대법원 1997. 9. 30. 선고 97도1230 판결). 따라서 위 사진은 비진술증거로서 전문법칙이 적용되지 않으며, 甲과 丙의 범행과의 관련성 있기 때문에 그 증거능력이 인정된다.

(2) <u>업무일지의 증거능력</u>: 형사소송법 제315조 제2호는 상업장부, 항해일지 기타 업무상 필요로 작성한 통상문서는 증거로 할 수 있다고 규정하고 있다. 상업장부, 항해일지, 진료일지 또는 이와 유사한 금전출납부 등과 같이 **범죄사실의 인정 여부와 상관없이 자기에게 맡겨진 사무를 처리한 내역을 그때그때 계속적, 기계적으로 기재한 문서**는 사무처리 내역을 증명하기 위하여 존재하는 문서로서 형사소송법 제315조 제2호에 따라 당연히 증거능력이 인정된다(대법원 2019. 8. 29. 선고 2018도14303 전원합의체 판결 등). 사안에서 B가 작성한 업무일지는 회사의 경비업무상황을 계속하여 기계적으로 기재한 것이므로 업무상 필요로 작성된 통상문서로서 그 증거능력이 인정된다.

[270] '구속 전 피의자심문'과정에서 甲이 피의사실에 대하여 자백한 내용이 심문조서에 기재되어 있다면 이 조서의 증거능력을 논하시오. (2018년 7회 변호사시험)

구속적부심은 구속된 피의자 또는 그 변호인 등의 청구로 수사기관과는 별개 독립의 기관인 법원에 의하여 행하여지는 것으로서 구속된 피의자에 대하여 피의사실과 구속사유 등을 알려 그에 대한 자유로운 변명의 기회를 주어 구속의 적부를 심사함으로써 피의자의 권리보호에 이바지하는 제도이다. 법원 또는 합의부원, 검사, 변호인, 청구인이 구속된 피의자를 심문하고 그에 대한 피의자의 진술 등을 기재한 구속적부심문조서는 형사소송법 제311조가 규정한 문서에는 해당하지 않으나, 특히 신용할 만한 정황에 의하여 작성된 문서라고 할 것이므로 특별한 사정이 없는 한, 피고인이 증거로 함에 부동의하더라도 형사소송법 **제315조 제3호**에 의하여 당연히 그 증거능력이 인정된다. 다만, 구속적부심문조서의 증명력은 다른 증거와 마찬가지로 법관의 자유판단에 맡겨져 있으나, 피의자는 구속적부심에서의 자백의 의미나 자백이 수사절차나 공판절차에서 가지는 중요성을 제대로 헤아리지 못한 나머지 허위자백을 하고라도 자유를 얻으려는 유혹을 받을 수가 있으므로, 법관은 구속적부심문조서의 자백의 기재에 관한 **증명력**을 평가함에 있어 이러한 점에 **각별히 유의**를 하여야 한다(대법원 2004. 1. 16. 선고 2003도5693 판결).

3. 피의자신문조서

[271] 검사가 작성한 피의자신문조서의 증거능력을 인정하기 위한 요건을 설명하시오.

형사소송법 제312조 제1항은 "검사가 피고인이 된 피의자의 진술을 기재한 조서는 적법한 절차와 방식에 따라 작성된 것으로서 피고인이 진술한 내용과 동일하게 기재되어 있음이 공판준비 또는 공판기일에서의 피고인의 진술에 의하여 인정되고, 그 조서에 기재된 진술이 특히 신빙할 수 있는 상태하에서 행하여졌음이 증명된 때에 한하여 증거로 할 수 있다."고 규정하고 있다. 검사 작성의 피의자신문조서가 증거능력이 인정되기 위해서는, ① 적법한 절차와 방식에 따라 작성되고, ② 실질적 진정성립이 인정되고, ③ 특별히 신빙할 수 있는 상태가 인정되어야 한다(제312조 제1항). 여기서 실질적 진정성립은 영상녹화물이나 그 밖의 객관적인 방법에 의하여 증명될 수도 있다(동조 제2항).

[272] 수사기관이 작성한 영상녹화물은 독립적인 증거능력이 인정되는가?

영상녹화물의 독립적인 증거능력 인정 여부에 관하여는 학설의 대립이 첨예하나, **판례**는 2007년 개정 형사소송법이 "수사기관에 의한 참고인 진술의 영상녹화를 새로 정하면서 그 용도를 참고인에 대한 진술조서의 실질적 진정성립을 증명하거나 참고인의 기억을 환기시키기 위한 것으로 한정하고 있는 현행 형사소송법의 규정 내용을 영상물에 수록된 성범죄 피해자의 진술에 대하여 독립적인 증거능력을 인정하고 있는 성폭법 제30조 제6항 또는 아청법 제26조 제6항의 규정과 대비하여 보면, 수사기관이 참고인을 조사하는 과정에서 형사소송법 제221조 제1항에 따라 작성한 영상녹화물은, 다른 법률에서 달리 규정하고 있는 등의 특별한 사정이 없는 한, 공소사실을 직접 증명할 수 있는 독립적인 증거로 사용될 수는 없다고 해석함이 타당하다."는 입장이다(대법원 2014. 7. 10. 선고 2012도5041 판결). 이러한 판례의 취지에 비추어 피의자에 대한 영상녹화물의 증거능력은 인정되지 않는다고 보아야 한다.

> **긍정설:** 증거능력을 부정하는 규정이 없는 한 모든 증거는 증거능력을 가지는데 영상녹화물의 증거능력을 부정하는 규정이 없다는 점, 제244조를 강행규정으로 보아 조서작성을 강제할 이유가 없다는 점, 영상녹화물은 진실발견에 유용한 과정적 증거방법이라는 점, 영상녹화물은 기록매체만 다를 뿐 공판정 외의 진술을 기재한 조서와 다를 바 없다는 점, 모든 사건의 영상녹화물을 상영하는 것이 아니므로 공판절차를 지연시키지 않고 오히려 공판중심주의를 보완할 수 있다는 점 등을 논거로 제시하고 있다.
>
> **부정설:** 영상녹화물의 독립적인 증거능력을 인정하던 형사소송법 개정안이 입법과정에서 삭제되었다는 점, 형사소송법의 문리해석상 진정성립의 대체증명이나 기억환기용으로만 사용 가능하다는 점, 법정이 영상녹화물의 상영장소화되고, 직접주의와 공판중심주의에 반한다는 점 등을 논거로 제시하고 있다.

[273] 검사 S는 甲을 긴급체포한 후 검찰수사관과 변호인 L을 참여시킨 상태에서 제1회 피의자신문조서를 작성하였으나 영상녹화를 하지는 않았다. S는 기소된 甲이 공판정에서 제1회 피의자신문조서의 실질적 진정성립을 부인하면서 증거로 함에 부동의하자 실질적 진정성립을 증명하기 위해 변호인 L을 증인으로 신청하였고, L은 甲이 진술한 대로 기재되어 있다고 증언하였다. 위 피의자신문조서의 증거능력을 논하시오. (2018년 2차 모의시험)

피고인의 변호인에게 증인적격이 인정되는지에 관하여, 이를 부정하는 명문 규정이 없고 실체적 진실발견과 피고인의 이익보호를 위해 변호인에 대한 증인신문이 필요한 경우가 있기에 변호인의 증인적격을 인정하여야 한다는 **긍정설**과 동일한 절차에서 변호인과 증인이라는 별개의 지위가 양립할 수 없고 변호인에게 피고인에게 이익이 되는 증언만을 강제하는 것은 타당하지 않으므로 변호인이 스스로 사임하거나 해임되지 않는 한 증인이 될 수 없다는 **부정설**이 대립하고 있다. 사안에서 L이 증언을 하였으므로 변호인의 증인적격을 인정하는 견해에 입각하여 절차를 진행한 것으로 볼 수 있다.

다만, 변호인의 증인적격 인정을 전제로 하여 변호인의 증언이 형사소송법 제312조 제2항이 규정하고 있는 '그 밖의 객관적인 방법'에 해당하는지 여부가 문제된다. 피의자의 조사과정에 참여한 조사자 등의 증언에 의해 실질적 진정성립이 인정될 수 있는지에 관하여는, '그 밖의 객관적인 방법'은 **과학적·기계적 방법**에만 제한되는 것이 아니며 원진술자인 피고인과 수사기관 이외의 객관적인 제3자의 행위를 의미한다는 이유로 변호인의 증언도 이에 해당한다는 **적극설**(다수설)과 그 밖의 객관적인 방법은 과학적·기계적 특성을 가지는 엄격한 객관적 형태의 증거방법으로 한정하여야 하므로 변호인의 증언 및 조사자나 제3자의 증언 등은 모두 증언자의 주관적 기억능력에 영향을 받기 때문에 객관적인 방법에 해당하지 않는다는 **소극설**이 대립하고 있다. **판례**는 "'그 밖의 객관적인 방법'이라 함은 영상녹화물에 준할 정도로 피고인의 진술을 과학적·기계적·객관적으로 재현해 낼 수 있는 방법만을 의미한다고 봄이 타당하고, 그 외에 조사관 또는 조사 과정에 참여한 통역인 등의 증언은 이에 해당한다고 볼 수 없다."는 입장이다(대법원 2016. 2. 18. 선고 2015도16586 판결). 판례의 입장에 따르면, 변호인의 증언은 피고인의 진술을 과학적·기계적·객관적으로 재현해 낼 수 있는 방법이라고 볼 수 없으므로 위 조서의 증거능력은 부정된다.

> **[274]** 甲이 제1심 공판과정에서 자신에 대한 검사 S 작성의 피의자신문조서에 기재된 내용이 자신이 진술한 내용대로 기재되어 있지 않을 뿐 아니라 기재된 내용도 사실과 다르다고 주장하는 경우, S의 면전에서 이루어진 甲의 진술을 증거로 사용하기 위해 S는 어떤 조치를 취할 수 있는가? (2014년 3차 모의시험)

(1) <u>영상녹화물에 의한 대체증명</u>: 검사 작성의 피신조서가 증거능력이 인정되기 위해서는, ① 적법한 절차와 방식에 따라 작성되고, ② 실질적 진정성립이 인정되고, ③ 특별히 신빙할 수 있는 상태가 인정되어야 한다(제312조 제1항). 사안에서 甲은 실질적 진정성립을 부정하고 있다. 피고인이 그 조서의 성립의 진정을 부인하는 경우에는 그 조서에 기재된 진술이 피고인이 진술한 내용과 동일하게 기재되어 있음이 영상녹화물이나 그 밖의 객관적인 방법에 의하여 증명되고, 그 조서에 기재된 진술이 특히 신빙할 수 있는 상태하에서 행하여졌음이 증명된 때에는 증거로 사용할 수 있다(동조 제2항). 따라서 S는 영상녹화물이나 그 밖의 객관적 방법에 의하여 실질적 진정성립을 증명하고, 특신상태를 증명하여 위 조서를 증거로 사용할 수 있다.

(2) <u>영상녹화물의 독립적인 증거 사용 여부</u>: 피의자에 대한 영상녹화물의 증거능력은 인정되지 않는다고 보아야 한다([272] 참조).

(3) <u>조사자증언의 활용(제316조 제1항)</u>: 피고인이 아닌 자(공소제기 전에 피고인을 피의자로 조사하였거나 그 조사에 참여하였던 자를 포함한다. 이하 이 조에서 같다)의 공판준비 또는 공판기일에서의 진술이 피고인의 진술을 그 내용으로 하는 것인 때에는 그 진술이 특히 신빙할 수 있는 상태하에서 행하여졌음이 증명된 때에 한하여 이를 증거로 할 수 있다(제316조 제1항). S는 자기 스스로 또는 甲의 조사과정에 참여했던 검찰수사관으로 하여금 甲의 수사과정에서의 진술에 대하

여 증언하거나 증언하도록 하고 그 진술이 특히 신빙할 수 있는 상태하에서 행하여졌음을 증명함으로써 甲의 진술을 증거로 사용할 수 있다.

[275] 사법경찰관이 甲에 대해 작성한 피의자신문조서는 甲과 공범관계에 있는 乙에 대한 유죄의 증거로 사용될 수 있는가?

공범에 대한 사경작성 피의자신문조서의 증거능력 인정 요건과 관련하여, 형사소송법 제312조 제4항은 명문으로 작성주체가 검사 또는 사경인지를 가리지 않고 있기에 동 조항을 적용하여야 한다는 견해, 제312조 제3항이 적용되나 당해 피고인이 내용인정을 하면 족하다는 견해가 있으나, **통설 및 판례**는 형사소송법 제312조 제3항의 요건을 충족하여야 한다는 입장이다. 판례는 "제312조 제3항은 검사 이외의 수사기관이 작성한 당해 피고인에 대한 피의자신문조서를 유죄의 증거로 하는 경우뿐만 아니라 검사 이외의 수사기관이 작성한 당해 피고인과 공범관계에 있는 다른 피고인이나 피의자에 대한 피의자신문조서를 당해 피고인에 대한 유죄의 증거로 채택할 경우에도 적용"된다고 판시한 바 있다(대법원 2010. 2. 25. 선고 2009도14409 판결 등). 판례와 통설에 따르면, 甲에 대한 사경작성 피의자신문조서에 기재된 내용이 공범관계에 있는 乙에 대한 유죄의 증거로 사용될 수 있기 위해서는 **乙과 공범관계에 있는 공소사실에 관한 부분**(대법원 2015. 10. 29. 선고 2014도5939 판결 참조)이 적법한 절차와 방식에 따라 작성된 것으로서 공판기일에 乙 또는 그 변호인이 이 그 내용을 인정하여야 한다(제312조 제3항). 여기서 내용인정이란 피의자신문조서의 기재내용이 진술내용 대로 기재되어 있다는 의미가 아니라 그와 같이 진술한 내용이 실제 사실과 부합한다는 것을 의미한다(대법원 1995. 5. 23. 선고 94도1735 판결).

[참고] 판례는 공범인 공동피고인의 진술조서라도 그 내용이 피고인과 공범 관계에 있는 공소사실에 관한 부분만 제312조 제3항이 적용되고, 그 외의 부분에 대해서는 특신상태를 요구함으로써 일반적인 진술조서와 마찬가지로 제312조 제4항이 적용되어야 한다는 입장이다(대법원 2015. 10. 29. 선고 2014도5939 판결).

[276] 甲은 절도범, 乙은 장물범으로 기소되어 병합심리 중에 있다. 사법경찰관 P가 乙에 대해 작성한 피의자신문조서가 甲에 대한 유죄의 증거로 사용되기 위한 요건을 설명하시오.

공범인 공동피고인에 대한 사법경찰관 작성의 피의자신문조서가 다른 공범에 대한 유죄의 증거로 되기 위해서는 형사소송법 제312조 제3항의 요건을 충족시켜야 하는 것과 달리, 공범이 아닌 공동피고인은 단순히 변론만 병합된 경우로서 그 일방에 대한 사법경찰관 작성의 피의자신문조서는 일반적인 진술조서와 마찬가지로 취급하여 제312조 제4항을 적용하여 증거능력을 판단한다. 판례도 "공동피고인인 **절도범**과 그 **장물범**은 서로 다른 공동피고인의 범죄사실에 관하여는 **증인의 지위**에 있다 할 것이므로, 피고인이 증거로 함에 동의한 바 없는 공동피고인에 대한 피의자신문조서는 공동피고인의 증언에 의하여 그 성립의 진정이 인정되지 아니하는 한 피고인의 공소 범죄사실을 인정하는 증거로 할 수 없다."는 입장이다(대법원 2006. 1. 12. 선고 2005도7601 판결 등). 따라서 乙에 대한 조서가 甲에 대한 유죄의 증거로 사용되기 위해서는, 형사소송법 제312조 제4항에 따라 적법한 절차와 방식에 따라 작성된 것으로서 그 조서가 사법경찰관 앞에서 진술한 내용과 동일하게 기재되어 있음이 원진술자인 乙의 공판준비 또는 공판기일에서의 진술이나 영상녹화물 또는 그 밖의 객관적인 방법에 의하여 증명되고, 피고인인 甲 또는 甲의 변호인이 공판준비 또는 공판기일에 그 기재 내용에 관하여 원진술자인 乙을 신문할 수 있었던 때에는 증거로 할 수 있으며, 또한 그 조서에 기재된 진술이 특히 신빙할 수 있는 상태하에서 행하여졌음이 증명되어야 한다.

[277] 수사 및 공판 단계에서 지속적으로 丙은 횡령죄의 범행을 인정하고 丁은 횡령교사죄의 범행을 부인하는 경우, 丙과 丁이 함께 기소된 공판정에서 丙에 대한 사법경찰관 작성의 피의자신문조서와 검사 작성의 피의자신문조서를 丁의 유죄를 인정하기 위한 증거로 사용할 수 있는가? (2020년 9회 변호사시험)

(1) **丙에 대한 사경작성 피신조서를 丁의 유죄 증거로 사용할 수 있는지 여부:**
[275] 설명 내용 참조

(2) **丙에 대한 검사작성 피신조서를 丁에 대한 유죄의 증거로 사용할 수 있는지 여부:** 공범인 공동피고인에 대한 검사작성 피의자신문조서의 증거능력의 인정 관련, 형사소송법 제312조 제1항의 '피고인이 된 피의자'에 공동피고인도 포함되므로 제312조 제1항을 적용하여야 한다는 견해(제312조 제1항說)도 있으나, **다수설**은 공범에 대한 검사작성 피의자신문조서는 제312조 제1항의 '피고인이 된 피의자'의 진술을 기재한 조서가 아니고 제312조 제4항의 '피고인이 아닌 자의 진술을 기재한 조서'에 해당하고, 또 공범자에 대한 반대신문의 기회를 보장할 필요성이 있으므로 제312조 제4항이 적용된다는 입장이다(**제312조 제4항설**). 한편, 판례는 2007년 형사소송법개정 이전 검사작성의 피의자신문조서는 당해 피의자가 진정성립 및 임의성을 인정한 때에는 공범에게도 증거능력이 인정된다고 판시하여 구법상의 제312조 제1항의 적용을 인정하였고(대법원 1990. 12. 26. 선고 90도2362 판결; 대법원 1998. 12. 22. 선고 98도2890 판결 등), 2007년 개정 이후 그 입장을 명확히 한 경우를 찾아보기 어려우나, 뇌물수사사건에서 뇌물공여자에 대한 검사작성 피의자신문조서가 뇌물수수자에 대한 증거로 사용되기 위해서는 형사소송법 제312조 제4항을 적용하여야 한다는 취지를 밝히고 있는 점에 비추어 볼 때(대법원 2014. 8. 26. 선고 2011도6035 판결), 판례의 입장도 제312조 제4항說을 취하고 있는 것으로 평가할 수 있다.

丙에 대한 검사작성의 피의자신문조서가 丁에 대한 유죄의 증거로 사용될 수 있기 위해서는, 형사소송법 제312조 제4항에 따라 적법한 절차와 방식에 따라 작성된 것으로서 그 조서가 검사 앞에서 진술한 내용과 동일하게 기재되어 있음이 원진술자인 丙의 공판준비 또는 공판기일에서의 진술이나 영상녹화물 또는 그 밖의 객관적인 방법에 의하여 증명되고, 피고인 丁 또는 丁의 변호인이 공판준비 또는 공판기일에 그 기재 내용에 관하여 원진술자인 乙을 신문할 수 있었던 때에는 증거로 할 수 있으며, 또한 그 조서에 기재된 진술이 특히 신빙할 수 있는 상태하에서 행하여졌음이 증명되어야 한다.

[278] 甲과 乙은 특수절도죄(합동절도)로 기소되었고, 甲은 공판정에서 범행을 부인하면서 검사작성의 피의자신문조서에 대하여 증거동의를 하지 않고 또한 진정성립을 인정하지 않고 있다.

(1) 乙에 대한 검사작성의 피의자신문조서를 甲의 유죄를 입증하기 위한 증거로 사용할 수 있는지를 검토하시오.

(2) 乙이 사망하여 진술할 수 없는 경우 乙에 대한 검사작성의 피의자신문조서를 甲의 유죄를 입증하기 위한 증거로 사용할 수 있는지를 검토하시오. (2019년 3차 모의시험)

(1) <u>乙에 대한 조서를 甲에 대한 증거로 사용할 수 있는지 여부</u>: 공범인 공동피고인에 대한 검사작성 피의자신문조서는 형사소송법 제312조 제4항에 따라 다른 공범인 공동피고인에 유죄의 증거가 될 수 있다는 것이 다수설의 입장이다. 따라서 乙에 대한 조서가 적법한 절차와 방식에 따라 작성된 것으로서 그 조서가 검사 앞에서 진술한 내용과 동일하게 기재되어 있음이 원진술자인 乙의 공판준비 또는 공판기일에서의 진술이나 영상녹화물 또는 그 밖의 객관적인 방법에 의하여 증명되고, 공범인 공동피고인인 甲 또는 甲의 변호인이 공판준비 또는 공판기일에 그 기재 내용에 관하여 원진술자인 乙을 신문할 수 있었던 때에는 증거로 할 수 있으며, 또한 그 조서에 기재된 진술이 특히 신빙할 수 있는 상태하에서 행하여졌음이 증명되어야 한다.

(2) <u>乙이 사망한 경우 乙에 대한 조서를 甲에 대한 증거로 사용할 수 있는지 여부</u>: 형사소송법 제314조는 "제312조 또는 제313조의 경우에 공판준비 또는 공판기일에 진술을 요하는 자가 사망·질병·외국거주·소재불명 그 밖에 이에 준하는 사유로 인하여 진술할 수 없는 때에는 그 조서 및 그 밖의 서류(피고인 또는 피고인 아닌 자가 작성하였거나 진술한 내용이 포함된 문자·사진·영상 등의 정보로서 컴퓨터용디스크, 그 밖에 이와 비슷한 정보저장매체에 저장된 것을 포함한다)를 증거로 할 수 있다. 다만, 그 진술 또는 작성이 특히 신빙할 수 있는 상태하에서 행하여졌음

이 증명된 때에 한한다."고 규정하고 있다. 사안에서 乙이 사망하여 진술을 할 수 없으므로 乙의 진술이 특히 신빙할 수 있는 상태하에서 행하여졌음이 증명된 때에는 위 조서는 甲에 대한 유죄의 증거로 사용할 수 있다.

여기서 그 진술 또는 작성이 특히 신빙할 수 있는 상태하에서 행하여졌음이 증명된 때란 단순히 그 진술이나 조서의 작성과정에 뚜렷한 절차적 위법이 보이지 않는다거나 진술의 임의성을 의심할 만한 구체적 사정이 없다는 것만으로는 부족하고, 이를 넘어 법정에서의 반대신문 등을 통한 검증을 굳이 거치지 않더라도 진술의 신빙성과 임의성을 충분히 담보할 수 있는 구체적이고 외부적인 정황이 있어 그에 기초하여 법원이 유죄의 심증을 형성하더라도 증거재판주의의 원칙에 어긋나지 않는다고 평가할 수 있는 정도에 이르러야 할 것을 의미한다(대법원 2014. 8. 26. 선고 2011도6035 판결).

---

[279] 공판과정에서 검사가 甲과 乙이 함께 행한 보이스피싱 범행에 대하여 甲의 자백진술이 기재된 사법경찰관 P 작성의 甲에 대한 피의자신문조서를 乙에 대한 유죄의 증거로 제출하였고 乙이 이를 증거로 함에 부동의하였는데 甲이 교통사고로 사망하였다면 위 피의자신문조서를 乙에 대한 유죄의 증거로 사용할 수 있는가?
(2019년 8회 변호사시험)

(1) 乙이 증거부동의한 공범 甲에 대한 사경작성 피신조서를 乙에 대한 증거로 사용할 수 있는지 여부: [278] (1) 설명 참조.

(2) 甲이 사망한 경우 甲에 대한 조서를 乙에 대한 증거로 사용할 수 있는지 여부: 형사소송법 제312조 제3항은 검사 이외의 수사기관이 작성한 당해 피고인에 대한 피의자신문조서를 유죄의 증거로 하는 경우뿐만 아니라 검사 이외의 수사기관이 작성한 당해 피고인과 공범관계에 있는 다른 피고인이나 피의자에 대한 피의자신문조서를 당해 피고인에 대한 유죄의 증거로 채택할 경우에도 적용되므로, 당해 피고인과 공범관계가 있는 다른 피의자에 대한 검사 이외의 수사기관 작성의 피의자신문조서는 그 피의자의 법정진술에 의하여 그 성립의

진정이 인정되더라도 **당해 피고인이 공판기일에서 그 조서의 내용을 부인하면 증거능력이 부정되므로 그 당연한 결과로** 그 피의자신문조서에 대하여는 사망 등 사유로 인하여 법정에서 진술할 수 없는 때에 예외적으로 증거능력을 인정하는 규정인 형사소송법 제314조가 적용되지 않는다(대법원 2004. 7. 15. 선고 2003도7185 전원합의체 판결). 사안에서 乙이 甲에 대한 사경작성 피의자신문조서에 증거부동의하여 그 내용을 부인하였으므로 위 조서에는 형사소송법 제314조가 적용되지 않는다. 결국, 甲에 대한 P 작성의 피의자신문조서는 乙에 대한 유죄의 증거로 사용할 수 없다.

> **[280]** 검사 S가 검찰수사관 T의 참여하에 甲과 乙에 대해 피의자신문을 실시하고 甲과 乙의 진술을 녹화하였는데, 乙은 공판정에서 자신에 대한 피의자신문조서의 진정성립을 부인하고 있다. 이 경우 법원은 乙의 진술을 녹화한 영상녹화물, 검찰수사관 T의 증언 그리고 사기범행 가담을 시인하는 甲의 법정진술을 乙에 대한 유죄의 증거로 사용할 수 있는가? (2014년 4회 변호사시험)

(1) <u>乙의 진술을 녹화한 영상녹화물의 증거능력</u>: [272] 설명 참조. 피의자에 대한 영상녹화물의 증거능력은 인정되지 않는다고 보아야 한다.

(2) <u>검찰수사관 T의 증언의 증거능력</u>: T의 증언은 공소제기 전에 피고인을 피의자로 조사하는 데 참여했던 피고인 아닌 자의 진술이 피고인의 진술을 내용으로 하는 경우이므로 형사소송법 제316조 제1항이 정한 바에 따라 피고인의 진술이 특히 신빙할 수 있는 상태하에서 행하여졌음이 증명된 때에는 乙에 대한 유죄의 증거로 사용할 수 있다.

(3) <u>甲의 법정진술의 증거능력</u>: 공범인 공동피고인의 공판정에서의 자백이 다른 공동피고인에 대한 유죄의 증거로 사용될 수 있는지에 관하여는, 공동피고인의 자백도 법관 앞에서 행해지는 것이고 다른 공동피고인은 반대신문권을 행사할 수 있으므로 증거능력을 인정할 수 있다는 **적극설**, 피고인이 공동피고인에 대해 반대신문을 해도 공동피고인이 진술을 거부하면 반대신문권의 보장이 무의

미하게 되고, 공동피고인의 자백은 증언과 달리 선서에 의해 그 진실성이 담보되지 않기 때문에 변론을 분리하여 신문하지 않은 한 증거로 사용할 수 없다는 **소극설**, 현행법상 피고인신문절차에서 피고인이 다른 공동피고인에 대하여 반대신문을 할 수 있는 권리가 법적으로 보장되어 있지 않고, 사실상 반대신문의 기회가 주어지더라도 공동피고인이 진술거부권을 행사하면 반대신문이 사실상 의미가 없게 된다는 점에서 피고인이 공동피고인에 대해 **공판정에서 충분히 반대신문을 하였거나 반대신문의 기회가 주어진 경우에 한해** 공동피고인의 자백에 대해 증거능력을 인정할 수 있다는 **절충설**이 대립하고 있다. **판례**는 "공동피고인의 자백은 이에 대한 피고인의 반대신문권이 보장되어 있어 증인으로 신문한 경우와 다를 바 없으므로 독립한 증거능력이 있다."(대법원 1985. 6. 25. 선고 85도691 판결)고 하여, 반대신문권의 보장을 '조건'으로 하지 않고 이미 반대신문권이 보장되어 있다는 '전제' 아래 적극설을 취하고 있다. 공범들 사이에 이해관계가 상반되는 공동피고인이 자백한 경우에도 반대신문권이 보장되어 있다는 전제 아래 **독립한 증거능력**을 인정하는 것이 판례의 입장이다(대법원 2006. 5. 11. 선고 2006도1944 판결). 절충설에 따르면, 乙이 甲에 대해 공판정에서 충분히 반대신문을 하였거나 반대신문의 기회가 주어진 경우에 한해 甲의 법정진술은 증거능력이 있으나, 판례에 따르면, 乙에게는 반대신문권이 보장되어 있으므로 甲의 진술은 乙에 대한 유죄의 증거로 사용할 수 있다.

[281] 검사는 甲에게 음주측정기로 측정할 당시 횡설수설하면서 비틀거렸다는 사실을 알려주면서 진술서 작성을 요구하여, "음주측정기로 측정할 당시 본인 甲이 횡설수설하면서 비틀거렸다."라는 내용의 진술서를 甲으로부터 작성받았다. 음주운전으로 공소제기된 甲은 위 진술서의 진정성립을 인정하느냐는 판사의 질문에 대해 진술거부권을 행사하였다. 이에 검사가 "위 진술서는 甲이 자필로 작성한 것이 맞다. 甲이 위 진술서를 작성하여 제출하면서 음주측정기로 측정할 당시 甲 본인이 술을 많이 마신 상태여서 횡설수설하면서 비틀거린 것이 사실이라고 말했다."라고 증언하였다. 위 진술서와 검사의 증언은 甲의 음주운전에 대한 증거로 사용할 수 있는가? (2019년 1차 모의시험)

(1) **진술서의 증거능력**: ① 피고인이 수사과정에서 작성한 진술서에는 형사소송법 제313조가 아닌 제312조 제1항 내지 제4항이 적용된다(제312조 제5항). 사안에서 검사가 요구하여 甲이 작성한 진술서에는 검사가 작성한 피의자신문조서에 관한 형사소송법 제312조 제1항 내지 제2항이 적용된다. 검사작성 피신조서는 적법한 절차와 방식에 따라 작성된 것으로서 피고인이 진술한 내용과 동일하게 기재되어 있음이 공판준비 또는 공판기일에서의 피고인의 진술에 의하여 인정되고, 그 조서에 기재된 진술이 특히 신빙할 수 있는 상태하에서 행하여졌음이 증명된 때에 한하여 증거로 할 수 있다. 사안에서 검사는 피의자신문사항에 관한 진술서를 요구하면서 진술거부권을 고지한 사정이 보이지 않는 등 위 조서는 적법한 절차와 방식에 따라 작성된 것이라고 보기 어렵다. 또한 甲이 위 조서에 대한 실질적 진정성립을 인정하고 있지 않는바, 검사의 증언이 그 밖의 객관적인 방법에 의한 증명에 해당하여 그 실질적 진정성립이 인정될 수 있는지 문제된다. 판례는 형사소송법 제312조 제2항에 규정된 '영상녹화물이나 그 밖의 객관적인 방법'은 형사소송법 및 형사소송규칙에 규정된 방식과 절차에 따라 제작된 영상녹화물 또는 그러한 영상녹화물에 준할 정도로 피고인의 진술을 과학적·기계적·객관적으로 재현해 낼 수 있는 방법만을 의미하고, 그 외에 조사관 또는 조사 과정에 참여한 통역인 등의 증언은 이에 해당한다고 볼 수 없다는 입장이다(대법원 2016. 2. 18. 선고 2015도16586 판결). 사안에서 검사의 증언은 오로지 검사의 주관적 기억 능력에 의존할 수밖에 없어 객관성이 보장되어 있다고 볼 수 없으므로 위 진술서의 증거능력은 부정된다.

② 甲의 진술거부권행사로 인해 진술서의 성립의 진정함이 증명되고 있지 않는바, 진술거부권의 행사가 형사소송 제314조가 규정한 '그 밖에 이에 준하는 사유'에 해당하여 그 증거능력이 인정될 수 있는지 문제된다. 판례는 현행 형사소송법 제314조의 문언과 개정 취지, 진술거부권 관련 규정의 내용 등에 비추어 보면, 피고인이 증거서류의 진정성립을 묻는 검사의 질문에 대하여 진술거부권을 행사하여 진술을 거부한 경우는 형사소송법 제314조의 '그 밖에 이에 준하는 사유로 인하여 진술할 수 없는 때'에 해당하지 않는다는 입장이다(대법원 2013. 6. 13. 선고 2012도16001 판결). 따라서 위 진술서는 형사소송법 제314조에 의해서도 증거능력인 인정받을 수 없다.

(2) <u>검사의 증언의 증거능력</u>: 피고인 甲을 피의자로 조사하였던 검사의 증언은 피고인인 甲의 진술을 내용으로 하고 있으므로 형사소송법 제316조 제1항에 따라 乙의 진술이 특히 신빙할 수 있는 상태하에서 행하여졌음이 증명된 때에 한하여 증거능력이 인정된다. 여기서 '그 진술이 특히 신빙할 수 있는 상태하에서 행하여진 때'란 그 진술을 하였다는 것에 허위개입의 여지가 거의 없고, 그 진술 내용의 신빙성이나 임의성을 담보할 구체적이고 외부적인 정황이 있는 경우를 말한다(대법원 2007. 7. 27. 선고 2007도3798 판결).

> **[282] 甲과 乙은 특수절도죄(합동절도)로 기소되어 병합심리 중에 있다. "2022. 1. 2." 검사 S가 작성한 甲에 대한 피의자신문조서가 乙에 대한 유죄의 증거로 사용되기 위한 요건을 설명하시오.**

2020. 2. 4. 개정 전 형사소송법 제312조 제1항은 "검사가 피고인이 된 피의자의 진술을 기재한 조서는 적법한 절차와 방식에 따라 작성된 것으로서 피고인이 진술한 내용과 동일하게 기재되어 있음이 공판준비 또는 공판기일에서의 피고인의 진술에 의하여 인정되고, 그 조서에 기재된 진술이 특히 신빙할 수 있는 상태하에서 행하여졌음이 증명된 때에 한하여 증거로 할 수 있다."고 규정하고 있었다. 2020. 2. 4. 개정된 형사소송법 제312조 제1항은 "검사가 작성한 피의자신문조서는 적법한 절차와 방식에 따라 작성된 것으로서 공판준비, 공판기일에 그 피의자였던 피고인 또는 변호인이 그 내용을 인정할 때에 한정하여 증거로 할 수 있다."고 규정하고 있다. 다만, 개정 형사소송법의 적용은 "공포 후 4년 내에 대통령령으로 정하는 시점부터 시행"하기로 되어 있다.

2020. 8. 7. 입법 예고된 「형사소송법·검찰청법 일부개정법률안의 시행일에 관한 규정 제정안」은 "형사소송법 일부개정법률은 2021년 1월 1일에 시행하되, 같은 법 제312조 제1항의 개정규정은 **2022년 1월 1일에 시행함**"이라고 밝히고 있다.

이와 같은 개정 형사소송법 제312조 제1항의 시행 시기 이후에 작성된 S의 피의자신문조서가 공범인 공동피고인에 대한 유죄의 증거로 사용되기 위한 요건은 구법에서와는 달리 사법경찰관이 작성한 피의자신문조서의 경우와 마찬가지로 해석하여야 한다. 2020년 개정법률 이전에는 공범이나 공동피고인은 '피고인 아닌 자'에 해당하므로 그들에 대해 작성한 조서에 대해서는 피고인의 반대신문권을 보장한다는 차원에서 제312조 제4항이 적용된다고 보는 견해가 다수설이었으나, 증거능력의 요건이 더욱 엄격해진 현행법하에서는 제312조 제1항을 적용하는 것이 타당하기 때문이다. 따라서 甲에 대한 검사작성 피신조서가 乙에 대한 유죄의 증거로 사용되기 위해서는, 적법한 절차와 방식에 따라 작성된 것으로서 공판준비, 공판기일에 乙 또는 그 변호인이 이 그 내용을 인정한 때에 한하여 증거로 할 수 있다(개정 형소법 제312조 제1항). 여기서 내용인정이란 피의자신문조서의 기재내용이 진술내용대로 기재되어 있다는 의미가 아니라 그와 같이 진술한 내용이 실제 사실과 부합한다는 것을 의미한다.

4. 진술조서

[283] 참고인진술조서의 증거능력 인정 요건은?

참고인진술조서는 ① 적법한 절차와 방식에 따라 작성된 것으로서 ② 그 조서가 검사 또는 사법경찰관 앞에서 진술한 내용과 동일하게 기재되어 있음이 원진술자의 공판준비 또는 공판기일에서의 진술이나 영상녹화물 또는 그 밖의 객관적인 방법에 의하여 증명되고, ③ 피고인 또는 변호인이 공판준비 또는 공판기일에 그 기재 내용에 관하여 원진술자를 신문할 수 있었어야 하며, ④ 그 조서에 기재된 진술이 특히 신빙할 수 있는 상태하에서 행하여졌음이 증명된 때에 한하여 증거능력이 인정된다(제312조 제4항).

[284] 乙은 검사로부터 피의자신문을 받는 과정에서 "甲이 자신에게 칼을 들이대고 억지로 성관계를 하려고 하였다."고 진술하였다. 이러한 진술이 담긴 검사작

성의 피의자신문조서는 甲의 해당 범죄에 대하여 유죄의 증거로 쓰일 수 있는가? (2015년 1차 모의시험)

甲에 대한 관계에서 乙은 피고인 아닌 자에 해당하므로 丙에 대한 피의자신문조서에 기재된 위 진술 부분이 유죄의 증거로 사용되기 위해서는 형사소송법 제312조 제4항의 요건을 갖추어야 한다. 따라서 ① 적법한 절차와 방식에 따라 작성된 것으로서 ② 그 조서가 검사 앞에서 진술한 내용과 동일하게 기재되어 있음이 원진술자의 공판준비 또는 공판기일에서의 진술이나 영상녹화물 또는 그 밖의 객관적인 방법에 의하여 증명되고, ③ 피고인 또는 변호인이 공판준비 또는 공판기일에 그 기재 내용에 관하여 원진술자를 신문할 수 있었어야 하며, ④ 그 조서에 기재된 진술이 특히 신빙할 수 있는 상태하에서 행하여졌음이 증명된 때에 한하여 증거능력이 인정된다.

[285] 검사는 甲이 공무원 乙에게 530만 원을 공여하였다는 내용을 진술을 담은 진술조서를 작성하였다. 제1심 공판기일에서 甲은 위 조서에 대한 성립의 진정을 인정하면서도 당시 乙에게 130만 원은 부산교도소에 영치하여 주고 400만 원은 공소외 2에게 전달해 달라고 부탁하면서 사례비 명목으로 100만 원을 준 사실이 있는가요라는 검사의 질문에 대하여 답변을 하지 아니하고, 이어 위 진술조서상의 진술내용을 탄핵하려는 변호인의 반대신문에 대하여도 아무런 답변을 하지 아니하였다. 위 조서의 증거능력은 인정되는가?

형사소송법 제312조 제4항 신설 이전 구법하에서 판례는 검사가 피의자 아닌 자의 진술을 기재한 조서에 대하여 그 원진술자가 공판기일에서 그 성립의 진정을 인정하면 그 조서는 증거능력이 있는 것이고, 원진술자가 공판기일에서 그 조서의 내용과 다른 진술을 하거나 변호인 또는 피고인의 반대신문에 대하여 아무런 답변을 하지 아니하였다 하여 곧 증거능력 자체를 부정할 사유가 되지는 않지만, 반대신문권의 보장은 형식적·절차적인 것이 아니라 실질적·효과적인 것이어야 하므로, 증인이 반대신문에 대하여 답변을 하지 아니함으로써 진술내용의 모순이나 불합리를 드러내는 것이 사실상 불가능하였다면, 그 사유가 피고인이나 변호인에게 책임있는 것이 아닌 한 그 진술증거는 법관의 올바른 심증형성의 기초가 될 만한 진정한 증거가치를 가진다고 보기 어려우므로, 이러한 증거를 채용하여 공소사실을 인정함에 있어서는 신중을 기하여야 한다는 입장이었다(대법원 2001. 9. 14. 선고 2001도1550 판결).

현행법상으로는 제312조 제4항이 '원진술자를 신문할 수 있었을 때'라고 볼수 있는지 여부에 따라 달라진다. 피고인측에 반대신문의 기회를 부여한 이상실제로 반대신문이 행하여졌을 것까지 요구하고 있지 않다고 보아야 한다는 **다수설**에 따르면 동 조항에 따라 증거능력이 인정되나, 반대신문권의 보장이 실질적이고 효과적이기 위해서는 반대신문을 통하여 원진술자의 진술을 탄핵하게 함으로써 법관이 그 진위 여부를 음미할 수 있어야 하므로, 원진술자가 공판정에 증인으로 출석하여 피고인 또는 변호인의 반대신문에 대하여 의도적으로 증언을 회피하거나 묵묵부답으로 일관하면서 증언을 거부하는 경우에는 '원진술자를 신문할 수 있었을 때'라고 볼 수 없다는 견해(신양균/조기영, 형사소송법, 2020, 848면)에 따르면 그 증거능력이 부정된다.

> **[286]** A는 사법경찰관 앞에서 甲이 乙의 목에 칼을 들이대고 있었다는 등 甲의 범행 당시의 상황을 자세하고 조리있게 이야기했다(진술 당시 만 4세 6개월). 그러나 그 후 법정에 증인으로 출석한 A는 아무것도 기억나지 않는다고 진술하였다. 이 경우 사법경찰관 앞에서의 진술이 담긴 사법경찰관이 작성한 A에 대한 참고인진술조서는 증거능력이 있는가? (2015년 1차 모의시험)

① 참고인진술조서에 기재된 A의 진술은 A가 **증언능력에 준하는 능력**을 갖춘 상태에 이루어졌어야 한다(대법원 2006. 4. 14. 선고 2005도9561 판결 참조). 증인의 증언능력은 증인 자신이 과거에 경험한 사실을 그 기억에 따라 공술할 수 있는 정신적인 능력으로, 유아의 증언능력 유무는 단지 공술자의 연령만에 의할 것이 아니라 그의 지적수준에 따라 개별적이고 구체적으로 결정되어야 하

며, 공술의 태도 및 내용 등을 구체적으로 검토하고, 경험한 과거의 사실이 공술자의 이해력, 판단력 등에 의하여 변식될 수 있는 범위 내에 속하는가의 여부도 충분히 고려하여 판단하여야 한다(대법원 1999. 11. 26. 선고 99도3786 판결; 대법원 2004. 9. 13. 선고 2004도3161 판결 등 참조). 사안에서 사법경찰관 앞에서 진술 당시 A는 甲의 범행 당시의 상황을 자세하고 조리 있게 이야기하였으므로 증언능력에 준하는 능력은 인정된다고 볼 수 있다.

② 위 참고인진술조서가 증거능력을 인정받기 위해서는 형사소송법 제312조 제4항의 요건을 갖추어야 하고, 따라서 원진술자인 A의 진술에 의하여 실질적 진정성립이 인정되어야 하는데, 사안에서 A는 아무것도 기억나지 않는다고 진술하고 있을 뿐이고 그 밖의 객관적인 방법에 의하여 증명할 수 있는 사정이 나타나 있지 않으므로 그 증거능력이 인정되지 않는다.

③ 형사소송법 제314조는 "제312조 또는 제313조의 경우에 공판준비 또는 공판기일에 진술을 요하는 자가 사망·질병·외국거주·소재불명 그 밖에 이에 준하는 사유로 인하여 진술할 수 없는 때에는 그 조서 및 그 밖의 서류(피고인 또는 피고인 아닌 자가 작성하였거나 진술한 내용이 포함된 문자·사진·영상 등의 정보로서 컴퓨터용디스크, 그 밖에 이와 비슷한 정보저장매체에 저장된 것을 포함한다)를 증거로 할 수 있다. 다만, 그 진술 또는 작성이 특히 신빙할 수 있는 상태하에서 행하여졌음이 증명된 때에 한한다."고 규정하고 있는바, 동 조항에 의하여 증거능력이 인정될 수 있는지가 문제된다. 판례는 형사소송법 제314조에서 말하는 '원진술자가 진술을 할 수 없는 때'에는 사망, 질병 등 명시적으로 열거된 사유 외에도 원진술자가 공판정에서 진술을 한 경우라도 **증인신문 당시 일정한 사항에 관하여 기억이 나지 않는다는 취지로 진술하여 그 진술의 일부가 재현 불가능하게 된 경우**도 포함하는 것으로 보고 있다(대법원 2006. 4. 14. 선고 2005도9561 판결). 따라서 A의 진술이 특히 신빙할 수 있는 상태하에서 행하여졌음이 증명된 때에는 위 참고인진술조서는 형사소송법 제314조에 의해 그 증거능력이 인정된다. 여기서 그 진술 또는 작성이 '특히 신빙할 수 있는 상태하에서 행하여진 때'라 함은 그 진술내용이나 조서 또는 서류의 작성에 허위개입의 여지가 거의 없고, 그 진술내용의 신빙성이나 임의성을 담보할 구체적이고 외부적인 정황이 있는 경우를 가리킨다(대법원 1992. 3. 13. 선고 91도2281 판결; 대법원

1999. 11. 26. 선고 99도3786 판결; 대법원 2000. 3. 10 선고 2000도159 판결 등 참조).

[287] 수사기관에서 진술한 참고인이 법정에서 "선서를 거부하기로 판단하였기 때문에 선서를 거부한다."라고 진술하며 선서 및 증언을 거부하여 피고인이 반대신문을 하지 못하였으나 정당하게 증언거부권을 행사한 것이 아닌 경우, 형사소송법 제314조의 '그 밖에 이에 준하는 사유로 인하여 진술할 수 없는 때'에 해당하는가?

수사기관에서 진술한 참고인이 법정에서 증언을 거부하여 피고인이 반대신문을 하지 못한 경우에는 **정당하게 증언거부권을 행사한 것이 아니라도**, 피고인이 증인의 증언거부 상황을 초래하였다는 등의 특별한 사정이 없는 한 형사소송법 제314조의 '그 밖에 이에 준하는 사유로 인하여 진술할 수 없는 때'에 해당하지 않는다고 보아야 한다. 따라서 증인이 정당하게 증언거부권을 행사하여 증언을 거부한 경우와 마찬가지로 수사기관에서 그 증인의 진술을 기재한 서류는 증거능력이 없다.

다만 **피고인이 증인의 증언거부 상황을 초래하였다는 등의 특별한 사정이 있는 경우**에는 형사소송법 제314조의 적용을 배제할 이유가 없다. 이러한 경우까지 형사소송법 제314조의 '그 밖에 이에 준하는 사유로 인하여 진술할 수 없는 때'에 해당하지 않는다고 보면 사건의 실체에 대한 심증 형성은 법관의 면전에서 본래증거에 대한 반대신문이 보장된 증거조사를 통하여 이루어져야 한다는 실질적 직접심리주의와 전문법칙에 대하여 예외를 정한 형사소송법 제314조의 취지에 반하고 정의의 관념에도 맞지 않기 때문이다(대법원 2019. 11. 21. 선고 2018도13945 전원합의체 판결).

5. 진술서와 진술기재서(제313조 제1항, 제2항)

> [288] 형사소송법 제313조 제1항 단서는 "단, 피고인의 진술을 기재한 서류는 공판준비 또는 공판기일에서의 그 작성자의 진술에 의하여 그 성립의 진정함이 증명되고 그 진술이 특히 신빙할 수 있는 상태하에서 행하여 진 때에 한하여 피고인의 공판준비 또는 공판기일에서의 진술에 불구하고 증거로 할 수 있다."고 규정하고 있다. 여기서 '피고인의 … 진술에 불구하고'의 해석과 관련하여 가중요건설과 완화요건설이 대립하고 있다. 이들 학설의 내용을 설명하고, 판례의 입장을 서술하시오.

① **완화요건설**은 원진술자인 피고인이 진정성립을 부인하는 경우라도 작성자가 진정성립을 인정하고 특신상태가 인정되면 증거로 사용할 수 있다는 견해이고, ② **가중요건설**은 법문에도 불구하고 별도로 원진술자인 피고인이 진정성립을 인정해야 한다는 견해이다. 가중요건설은 다시 '원진술자가 내용을 부인하는 경우라도' 원진술자와 작성자의 진정성립 인정 그리고 특신상태의 존재로 증거로 사용할 수 있다는 견해(내용부인설)와 '작성자의 진술에 의하여'를 진술기재서의 경우에는 '원진술자의 진술에 의하여'로 이해하고 작성자의 진정성립은 별도로 요하지는 않는다는 견해로 구분된다.

형사소송법 제313조에 의한 증거능력 인정은 직접주의의 예외로서 엄격하게 해석해야 하고, 특신상태를 이유로 실질적 진정성립 요건을 완화하는 것은 서면 위주의 재판을 조장할 우려가 있으므로 가중요건설이 타당하다. 그러나 **판례**는 "녹음테이프에 녹음된 피고인의 진술 내용을 증거로 사용하기 위해서는 형사소송법 제313조 제1항 단서에 따라 공판준비 또는 공판기일에서 그 작성자인 상대방의 진술에 의하여 녹음테이프에 녹음된 피고인의 진술 내용이 피고인이 진술한 대로 녹음된 것임이 증명되고 나아가 그 진술이 특히 신빙할 수 있는 상태하에서 행하여진 것임이 인정되어야 한다(대법원 2012. 9. 13. 선고 2012도7461 판결 등)고 하여 완화요건설을 취하고 있다.

乙은 甲과 점심을 먹으면서 甲이 "오늘 밤에 장미 연립주택을 털러간다." 라고 말한 내용을 몰래 보이스펜에 녹음하였다. 위 보이스펜에 녹음된 甲의 말이 甲의 유죄를 입증하는 증거로 사용될 수 있는지 논하시오. (2011년 1차 모의시험)

① 위 녹음테이프는 대화당사자의 일방인 乙이 甲과 대화한 내용을 직접 녹음한 것이므로 통신비밀보호법 제3조 제1항 위반이 아니며, 위법수집증거가 아니다.

② 乙이 녹음한 보이스펜에는 피고인인 甲의 진술이 녹음되어 있고, 그 진술이 증명의 대상이므로 전문법칙이 적용된다. 乙이 甲의 진술을 녹음한 내용은 실질적으로 피고인 아닌 자가 피고인의 진술을 기재한 서류에 해당하여 피고인인 甲이 증거로 할 수 있음에 동의하지 않은 이상 형사소송법 제313조 제1항의 요건을 충족시켜야 한다. 제313조 제1항 단서는 "단, 피고인의 진술을 기재한 서류는 공판준비 또는 공판기일에서의 그 작성자의 진술에 의하여 그 성립의 진정함이 증명되고 그 진술이 특히 신빙할 수 있는 상태하에서 행하여 진 때에 한하여 피고인의 공판준비 또는 공판기일에서의 진술에 불구하고 증거로 할 수 있다."고 규정하고 있다. 여기서 법문대로 '작성자'만 진정성립을 인정하면 족하고, 원진술자인 피고인의 진정성립 인정을 요하지 않는가에 대하여 **완화요건설**과 **가중요건설**이 대립하고 있으나, 판례는 형사소송법 제313조 제1항 단서에 따라 공판준비 또는 공판기일에서 그 작성자인 상대방의 진술에 의하여 녹음테이프에 녹음된 피고인의 진술 내용이 피고인이 진술한 대로 녹음된 것임이 증명되고 나아가 그 진술이 특히 신빙할 수 있는 상태하에서 행하여진 것임이 인정되어야 한다(대법원 2012. 9. 13. 선고 2012도7461 판결 등)고 하여 완화요건설을 취하고 있다.

판례의 입장에 따르면, 녹음자인 乙이 성립의 진정을 인정하고 특신상태가 인정되면 그 증거능력이 인정된다.

[290] 검사 S는 甲을 리베이트 수수 혐의로 기소하였다. '2016. 12. 16. A 로부터 500만 원을 수령함'이라는 내용의 문서파일이 甲의 컴퓨터를 적법하게 수색하던 중 압수되어 법원에 증거로 제출되었으나 甲은 위 문서파일을 작성한 사실이 없다고 주장하는 경우 위 문서파일의 증거능력을 검토하시오. (2017년 6회 변호사시험)

압수된 문서파일의 '2016. 12. 16. A로부터 500만 원을 수령함'이라는 내용은 그 진술의 진실성이 문제되는 법정 외 진술에 해당하므로 전문법칙이 적용된다. 위 문서파일은 피고인인 甲이 작성한 진술서에 해당하므로 형사소송법 제313조가 적용된다.

피고인이 작성한 내용이 포함된 정보저장매체에 저장된 정보는 공판준비나 공판기일에서의 그 작성자의 진술에 의하여 그 성립의 진정함이 증명된 때에는 증거로 할 수 있다(동조 제1항 본문). 진술서의 작성자가 공판준비나 공판기일에서 그 성립의 진정을 부인하는 경우에는 과학적 분석결과에 기초한 디지털포렌식 자료, 감정 등 객관적 방법으로 성립의 진정함이 증명되는 때에는 증거로 할 수 있다(동조 제2항 본문). 사안에서 甲은 위 문서파일을 작성한 사실이 없다고 주장하고 있으므로, 형사소송법 제313조 제2항에 따른 객관적 방법에 의해 甲이 위 문서파일을 작성하였다는 점이 증명되는 때에는 증거로 할 수 있다.

[291] 검사가 甲의 주거침입과 명예훼손 혐의에 대한 수사를 개시하자, 甲은 L을 변호인으로 선임하여 자문을 받게 되었고, L은 그에 대한 검토의견서를 작성하여 甲에게 송부하였으며, 검사는 이 검토의견서를 적법하게 압수하였다. 그 후 검사가 甲의 위 혐의사실로 공소를 제기하고 검토의견서를 제출하였으나, 甲이 법정에서 이 검토의견서에 대해 증거로 함에 동의하지 아니하고, 증인으로 출석한 L에 그에 관한 증언을 거부한 경우, 검토의견서의 증거능력을 논하시오. (2016년 5회 변호사시험)

위 검토의견서는 L이 작성한 진술서로 형사소송법 제313조 제1항에 의하여 작성자인 L에 의하여 성립의 진정함이 증명되어야 증거로 할 수 있다. 사안에서 L이 정당하게 증언거부권을 행사하여 '증언을 거부'하고 있으므로, 위 진술서의 성립의 진정함은 인정될 수 없는 상황이다. 진술서를 작성한 증인이 증언거부권을 행사하는 것이 형사소송법 제313조 제2항이 규정하고 있는 '그 성립의 진정을 부인하는 경우'에 해당하는지에 관하여 견해의 대립이 있을 수 있으나, 동 조항이 상정하고 있는 '성립의 진정을 부인하는 경우'는 진술서의 작성자가 이를 사실상 부인하는 경우를 의미하고, 형사소송법 제148조, 제149조에 의해 **규범적 차원에서 증언거부권을 행사**하는 것은 형사소송법 제313조 제2항이 규정하는 성립의 진정을 부인하는 경우에 해당하지 않는다고 보는 것이 타당하다.

증인이 정당하게 증언거부권을 행사하는 것이 형사소송법 제314조가 규정한 '그 밖에 이에 준하는 사유로 인하여 진술할 수 없는 때'에 해당하는지가 문제될 수 있으나, 판례는 현행 형사소송법 제314조의 문언과 개정 취지, 증언거부권 관련 규정의 내용 등에 비추어 보면, 법정에 출석한 증인이 형사소송법 제148조, 제149조 등에서 정한 바에 따라 **정당하게 증언거부권을 행사하여 증언을 거부한 경우**는 형사소송법 제314조의 '그 밖에 이에 준하는 사유로 인하여 진술할 수 없는 때'에 해당하지 아니한다는 입장이다(대법원 2012. 5. 17. 선고 2009도6788 전원합의체 판결). 따라서 위 검토의견서는 증거능력이 인정되지 않는다.

[292] 甲은 지하철역 에스컬레이터에서 휴대전화기의 카메라를 이용하여 여성 피해자 A의 치마 속을 몰래 촬영하다가 현행범으로 체포되어 성폭력범죄의 처벌 등에 관한 특례법 위반(카메라등이용촬영)으로 기소되었다. 甲은 공소사실에 대해 자백하고 검사가 제출한 모든 서류에 대하여 증거로 함에 동의하였는데, 그 서류들 중 체포 당시 임의제출 방식으로 압수된 甲 소유 휴대전화기에 대한 압수조서의 '압수경위'란에는 '지하철역 승강장 및 게이트 앞에서 경찰관이 지하철범죄 예방·검거를 위한 비노출 잠복근무 중 검정 재킷, 검정 바지, 흰색 운동화를 착용한 20대가량 남성이 짧은 치마를 입고 에스컬레이터를 올라가는 여성을 쫓아가 뒤에

밀착하여 치마 속으로 휴대폰을 집어넣는 등 해당 여성의 신체를 몰래 촬영하는 행동을 하였다.'는 내용이 포함되어 있고, 그 하단에 피고인의 범행을 직접 목격하면서 위 압수조서를 작성한 사법경찰관 및 사법경찰리의 각 기명날인이 들어가 있다. 이 경우에 검사가 위 압수조서를 증거로 제출하였다면, 법원은 이 조서의 기재내용을 증거로 할 수 있는가?

카메라 이용촬영사실의 증거로 임의제출된 휴대전화를 압수하고, 그 경위를 기재한 압수조서를 작성한 경우 이를 증거로 할 수 있는지가 문제된다(압수물 자체의 증거능력이 문제되는 것은 아니므로 압수절차로서 임의제출의 적법성 등은 여기서 원칙적으로 문제되지 않는다).

압수의 경과 및 결과를 기재한 압수조서 자체에 대해서는 명문규정이 없지만 검증조서와 마찬가지로 진정성립만 인정되면 증거로 할 수 있다(대법원 1995. 1. 24. 선고 94도1476 판결). 그러나 여기서는 압수조서 자체가 아니라 압수조서 중 '압수경위'란에 기재된 내용(진술)이 독립한 증거로서 문제된다. 따라서 압수조서의 경우에는 그 전제로서 압수절차의 적법성이 요구되므로 핸드폰의 임의제출이 임의로 이루어진 것이 아니라고 인정되면 압수도 위법한 것이고 이에 따라 압수조서도 2차적 증거로서 증거능력이 부정되지만, 압수경위에 기재된 진술이 경우에는 휴대전화기에 대한 임의제출절차가 적법하였는지에 영향을 받지 않는 별개의 독립적인 증거에 해당한다는 것이 판례의 태도이다(대법원 2019. 11. 14. 선고 2019도13290 판결).

압수조서 중 '압수경위'란에 기재된 사례에 언급된 내용은 피고인이 범행을 저지르는 현장을 직접 목격한 경찰관의 진술이 담긴 것으로서, 형사소송법 第313조 第1항의 진술서로 볼 수도 있다. 그러나 판례에 따르면, 형사소송법 第312조 第5항에서 정한 '피고인이 아닌 자가 수사과정에서 작성한 진술서'에 준하는 것으로서 第312조 第4항의 요건을 충족하는 경우(특신상태의 요건도 필요)에 증거로 사용할 수 있다.

6. 검증조서

[293] 검증조서의 증거능력이 인정되기 위한 요건을 설명하시오.

검사 또는 사법경찰관이 검증의 결과를 기재한 조서는 적법한 절차와 방식에 따라 작성된 것으로서 공판준비 또는 공판기일에서의 작성자의 진술에 따라 그 성립의 진정함이 증명된 때에는 증거로 할 수 있다(제312조 제6항). 반면, 법관의 검증조서는 별도의 요건 없이 증거능력이 인정된다(제311조 제1문). 공평한 제3자인 법원이 검증하여 작성한 조서이므로 신용성이 높고 당사자의 참여권도 보장되어 있으며, 절차상으로도 법관이 그 결과를 증인으로서 보고하는 것은 적절하지 않기 때문이다.

[294] 형사소송법 제312조 제6항은 전문법칙의 예외를 정하고 있는 조문인가? 검증조서에 대한 전문법칙의 예외를 인정하는 근거는 무엇인가?

검증조서는 검증실시자가 관찰하고 얻은 정보를 기재하여 법원에 보고하는 서면이다. 작성자의 진술서라는 성격을 지닌다. 검증조서를 증거로 사용하는 경우 요증사실은 검증대상의 상황이 작성자가 보고하고 있는 대로라는 점이다. 따라서 검증조서는 공판기일에서의 진술을 대신하는 **전문증거**에 해당한다.

형사소송법 제312조 제6항은 조서의 작성자가 법정에서 증언할 것을 전제로 하고 있다. 작성자가 법정에서 증언함으로써 사후적으로 반대신문을 할 수 있는 조건이 갖추어지기 때문에 법정 외에서 작성된 진술서의 증거능력을 인정하는 것이다. 검증조서에 대한 전문법칙의 예외를 인정하는 취지는 ① 검증결과는 검증실시자가 기억에 의존하여 증언하는 것보다 검증 직후 서면에 기재하는 방식이 정확성이 더 높고, ② 검증결과에는 종종 도면이나 사진이 첨부되어 그 내용을 알기 쉽고, ③ 내용의 신뢰성에 대해서는 사후적인 반대신문의 기회를 인정함으로써 증명력을 음미할 수 있도록 할 수 있다는 데 있다. 이러한 이유로 검증조서는 작성자의 진술불능을 요건으로 하지 않는다. 전문법칙의 예외인정 요건과 관련하여 ①과 ②는 '필요성'과 관련되며, '신용성의 정황적 보장'의 근거가 되는 것은 ①과 ③이다.

[295] 검증조서에 기재된 진술 중 '현장지시'와 '현장진술'의 개념을 설명하시오.

검증조서에는 검증의 결과 외에 검증현장에 참여한 피고인 등익 진술내용이 기재되는 경우가 있다. 검증조서에 기재된 진술에는 현장지시와 현장진술이 있다. **현장지시**는 현장에 있는 자가 검증의 대상인 목적물이나 장소 등을 지적, 설명하는 진술을 말하며, **현장진술**은 검증의 기회에 검증현장에서 이루어진 현장지시 외의 진술을 말한다.

[296] 수사기관이 작성한 검증조서에 기재된 진술의 증거능력 판단 기준에 관한 학설 및 판례의 입장을 설명하시오.

① 현장지시, 현장진술을 구별하지 않고, 검증조서에 기재된 진술을 검증조서로 보지 않고 작성주체를 기준으로 증거능력을 판단하는 **비구분설**(예컨대 검사 작성의 검증조서에 기재된 피고인의 진술에는 제312조 제1항 및 제2항, 사법경찰관작성의 검증조서는 진술자가 피의자인 경우에는 제312조 제3항에 의하여, 진술자가 참고인인 경우에는 제312조 제4항에 의하여 증거능력을 판단), ② 수사기관의 검증조서에 기재된 진술내용이 현장지시인지 현장진술인지를 구별하여, 현장지시는 검증조서와 일체를 이루므로 형사소송법 제312조 제6항에 따라 증거능력을 판단하고, 현장진술은 진술증거로서 실질적으로는 참고인진술조서 또는 피의자신문조서에 해당하므로 검증조서의 작성주체와 진술자에 따라 제312조 제1항 내지 제312조 제4항을 적용하여 증거능력을 판단하는 **구분설**(다수설), ③ 구분설을 수정한 것으로서, 현장지시가 검증활동의 동기를 설명하는 비진술증거로 이용될 때에는 검증조서와 일체를 이루므로 형사소송법 제312조 제6항을 적용하지만, 현

장지시가 범죄사실을 인정하기 위한 진술증거로 이용되는 때(예컨대 범행재연)에는 현장진술과 같이 취급하여 검증주체와 진술자에 따라 형사소송법 제312조 제1항 내지 제312조 제4항이 적용된다고 보는 **수정(구분)설**이 있다.

　판례는 사법경찰관이 작성한 검증조서에 기재된 피고인의 현장진술에 대해 검증조서에 관한 규정을 적용한 경우도 있었으나(대법원 1981. 4. 14. 선고 81도343 판결 등), 그 이후에는 작성주체와 진술자에 따라 구분하는 태도를 보이고 있다(대법원 1998. 3. 13. 선고 98도159 판결).

> **[297]** 수사기관이 작성한 검증조서에 첨부된 도화나 사진의 증거능력 인정 요건을 설명하시오.

　검증목적물의 현상을 명확히 하여 검증의 결과를 쉽게 이해할 수 있도록 첨부한 **현장사진**이나 도화는 검증조서와 일체로서 검증조서의 증거능력 인정요건에 의해 판단한다. **범행재연사진**은 일반적인 사진과 달리 진술의 성격을 지니는 비언어적 행동으로 진술증거에 해당하므로, 작성주체와 진술자에 따라 형사소송법 제312조 제1항 내지 제4항이 적용된다(대법원 2006. 1. 13. 선고 2003도6548 판결 참조).

> **[298]** 검사는 D가 스스로 녹음한 녹음테이프("甲이 술에 취한 상태에서 승용차 안으로 들어가는 것을 보았다."는 진술이 녹음되어 있음)와 같은 내용의 D의 진술을 기재한 사법경찰관작성 검증조서를 甲의 음주운전에 대한 증거로 제출하였다. 甲이 이를 증거로 함에 부동의한 경우 녹음테이프와 검증조서를 증거로 하기 위한 요건을 설명하시오. (2016년 3차 모의시험)

(1) <u>녹음테이프의 증거능력</u>: 형사소송법 제313조 제1항 본문은 피고인 또는 피고인이 아닌 자가 작성한 진술서나 그 진술을 기재한 서류로서 그 작성자 또는 진술자의 자필이거나 그 서명 또는 날인이 있는 것(피고인 또는 피고인 아닌 자가

작성하였거나 진술한 내용이 포함된 문자·사진·영상 등의 정보로서 컴퓨터용디스크, 그 밖에 이와 비슷한 정보저장매체에 저장된 것을 포함한다. 이하 이 조에서 같다)은 공판준비나 공판기일에서의 그 작성자 또는 진술자의 진술에 의하여 그 성립의 진정함이 증명된 때에는 증거로 할 수 있다고 규정하고 있다. 사안에서 D가 스스로 녹음한 녹음테이프는 피고인 아닌 자가 작성한 진술서로서 공판기일에 D의 진술에 의하여 진정성립이 인정된 때에는 증거로 사용할 수 있다.

(2) <u>검증소서의 승거능력</u>: 검증조서에 검증 참여자의 진술이 기재된 경우 어떤 요건 하에 증거능력을 인정하여야 하는지가 문제된다. 검증조서에 기재된 진술을 검증대상을 지시하는 현장지시와 검증기회를 이용하여 행해지는 현장진술로 구별하여, **현장지시**는 검증조서와 일체를 이루므로 제312조 제6항이 적용되나, **현장진술**은 그 진술의 성격에 따라 제312조 제1항, 제3항, 제4항을 적용하여야 한다는 것이 다수설과 판례의 입장이다(대법원 1998. 3. 13. 선고 98도159 판결). 사안에서 검증조서에 기재된 D의 진술은 사법경찰관이 작성한 참고인진술조서의 성격을 지니므로, ① 적법한 절차와 방식에 따라 작성된 것으로서 ② 실질적 진정성립이 인정되고, ③ 피고인 또는 변호인이 공판준비 또는 공판기일에 그 기재 내용에 관하여 원진술자인 D를 신문할 수 있었어야 하며, ④ 그 조서에 기재된 진술이 특히 신빙할 수 있는 상태하에서 행하여졌음이 증명된 때에 한하여 증거능력이 인정된다(제312조 제4항).

> **[299]** 사법경찰관 P는 乙과 함께 현장검증을 실시하여 혈흔이 남아 있는 범행현장을 사진으로 촬영하였고, 乙이 "식칼로 甲의 목을 찔렀다."라고 진술하면서 범행을 재연하는 상황도 사진으로 촬영한 후, 이를 첨부하여 위 진술내용이 기재된 검증조서를 작성하였다. 공판과정에서 검사가 위 검증조서를 乙에 대한 유죄의 증거로 제출하였는데, 乙이 이를 증거로 함에 부동의하였다면, 위 검증조서에 첨부된 현장사진과 범행재연사진 및 乙의 자백 기재 진술을 증거로 할 수 있는가?
> (2019년 8회 변호사시험)

검사 또는 사법경찰관이 검증의 결과를 기재한 조서는 적법한 절차와 방식에 따라 작성된 것으로서 공판준비 또는 공판기일에서의 작성자의 진술에 따라 그 성립의 진정함이 증명된 때에는 증거로 할 수 있다(제312조 제6항). 다만 이때 동 조항에 의해 증거능력이 인정되는 것은 당해 검증조서 자체의 증거능력일 뿐이고, 검증조서에 기재된 진술이나 사진 등을 증거로 하기 위해서는 별도의 요건이 필요하다.

(1) <u>검증조서에 첨부된 현장사진과 범행재연사진의 증거능력</u>: 사진은 사본으로서의 사진, 진술로서의 사진, 현장사진으로 나눌 수 있는바, 검증조서에 첨부된 혈흔을 촬영한 ① **현장사진**은 검증조서와 일체를 이루는 것으로 볼 수 있으므로 형사소송법 제312조 제6항의 요건을 충족시키는 경우 그 증거능력이 인정된다. 따라서 위 사진은 적법한 절차와 방식에 따라 작성된 것으로서 공판기일에 검증조서의 작성자인 P가 증인으로 출석해 진정성립을 인정하면 그 증거능력이 인정된다. 반면, ② 검증조서에 첨부된 **범행재연사진**은 일반적인 사진과 달리 진술의 성격을 지니는 비언어적 행동으로 진술증거에 해당한다. 피의자인 乙의 진술에 해당하므로, 형사소송법 제312조 제3항이 적용된다. 사안에서 乙의 범행재연사진은 P의 乙에 대한 피의자신문이라고 볼 수 있는데, 乙에게 진술거부권을 고지한 사정도 없어 적법한 절차와 방식에 따라 작성된 것이라고 보기 어렵고, 乙이 위 검증조서에 증거부동의하였으므로 그 내용을 부인하는 것으로 볼 수 있어 검증조서에 첨부된 범행재연사진은 그 증거능력이 부정되어 증거로 사용할 수 없다.

(2) <u>검증조서에 기재된 자백진술의 증거능력</u>: 검증조서에 기재된 진술을 검증대상을 지시하는 현장지시와 검증기회를 이용하여 행해지는 현장진술로 구별하여, 현장지시는 검증조서와 일체를 이루므로 제312조 제6항이 적용되나, 현장진술은 그 진술의 성격에 따라 제312조 제1항, 제3항, 제4항을 적용하여야 한다는 것이 다수설과 판례의 입장이다(대법원 1998. 3. 13. 선고 98도159 판결). 사안에서 검증조서에 기재된 乙의 진술은 사법경찰관이 작성한 피의자신문조서의 성격을 지니므로, 형사소송법 제312조 제3항이 규정한 바에 따라 ① 적법한 절차와 방식에 따라 작성된 것으로서, ② 공판준비 또는 공판기일에 그 피의자였

던 피고인 또는 변호인이 그 내용을 인정할 때에 한하여 증거로 할 수 있다. 사안에서 乙은 위 검증조서에 증거부동의하였으므로 그 내용을 부인하는 것으로 볼 수 있어 검증조서에 첨부된 자백진술은 그 증거능력이 부정되어 증거로 사용할 수 없다.

---

[300] 甲은 자신의 집 거실에서 조카 乙의 머리를 과도의 칼자루 부분으로 때렸다. 乙의 신고를 받고 출동한 사법경찰관 P는 甲을 현행범인으로 체포하고, 다음 날 법원으로부터 검증영장을 발부받은 후 현장을 검증하고 검증조서를 작성하였다. P는 집 거실의 모습을 사진(사진1)으로 촬영하였다. 한편 甲이 현장에 참여하여 순순히 자신의 범행 상황을 재연하자 P는 그 상황도 사진(사진2)으로 촬영하여 검증조서에 첨부하였다. 현장검증에는 乙도 참여하였는데, 乙은 "甲이 내 머리를 과도의 칼자루 부분으로 때렸다."라고 진술하였고, P는 그 진술 내용도 검증조서에 기재하고 乙의 서명날인을 받았다. 재판과정에서 검사는 검증조서를 증거로 제출하였으나 甲이 부동의하였다. 검증조서의 증거능력을 논하시오. (2014년 2차 모의시험)

검사 또는 사법경찰관이 검증의 결과를 기재한 조서는 ① 적법한 절차와 방식에 따라 작성된 것으로서 ② 공판준비 또는 공판기일에서의 작성자의 진술에 따라 그 성립의 진정함이 증명된 때에는 증거로 할 수 있다(제312조 제6항). 다만 이때 동 조항에 의해 증거능력이 인정되는 것은 당해 검증조서 자체의 증거능력일 뿐이고, 검증조서에 기재된 진술이나 사진 등을 증거로 하기 위해서는 별도의 요건이 필요하다.

(1) 검증조서에 첨부된 사진의 증거능력: ① 사진1의 증거능력: 사진1은 검증목적물의 현상을 명확히 하여 검증의 결과를 쉽게 이해할 수 있도록 첨부한 사진으로서 검증의 결과를 기재한 부분과 일체를 이루고 있다. 따라서 형사소송법 제312조 제6항의 요건을 갖춘 경우에는 증거능력이 인정된다. 사안에서 P는 법원으로부터 검증영장을 발부받아 적법한 절차와 방식에 따라 검증조서를 작

성한 것으로 보이므로, 법정에서 P가 성립의 진정함을 인정하면 증거능력이 인정된다. ② **사진2의 증거능력**: 피고인인 甲의 범행재연사진이므로 일반적인 사진과 달리 진술의 성격을 지니는 비언어적 행동으로서 진술증거에 해당하고, 그 법적 성격은 피의자인 甲의 진술에 해당한다. 따라서 형사소송법 제312조 제3항이 적용된다. 사안에서 乙의 범행재연사진은 P의 乙에 대한 피의자신문이라고 볼 수 있는데, 乙에게 진술거부권을 고지한 사정도 없어 적법한 절차와 방식에 따라 작성된 것이라고 보기 어렵고, 乙이 위 검증조서에 증거부동의하였으므로 그 내용을 부인하는 것으로 볼 수 있어 검증조서에 첨부된 범행재연사진은 그 증거능력이 부정되어 증거로 사용할 수 없다.

(2) **검증조서에 기재된 乙의 진술의 증거능력**: 검증조서에 기재된 진술을 검증대상을 지시하는 현장지시와 검증기회를 이용하여 행해지는 현장진술로 구별하여, 현장지시는 검증조서와 일체를 이루므로 제312조 제6항이 적용되나, 현장진술은 그 진술의 성격에 따라 제312조 제1항, 제3항, 제4항을 적용하여야 한다는 것이 다수설과 판례의 입장이다(대법원 1998. 3. 13. 선고 98도159 판결). 사안에서 검증조서에 기재된 乙의 진술은 사법경찰관이 작성한 참고인진술조서의 성격을 지니므로, 형사소송법 제312조 제4항이 규정한 요건이 충족된 때에는 그 증거능력이 인정된다.

> **[301]** 제1심 공판절차에서 甲은 자신의 강도상해 범행과 관련하여 사법경찰관 P가 "현장검증시 검증조서에 기재된 자백진술과 같은 말을 한 적은 있지만, 그 말은 사실이 아니다."고 진술한 경우, 검증조서에 기재된 甲의 자백과 범행재연사진의 증거능력을 논하시오. (2013년 3차 모의시험)

(1) **검증조서에 기재된 甲의 자백진술의 증거능력**: [299] (2) 설명 참조. 사안에서 검증조서에 기재된 乙의 진술은 사법경찰관이 작성한 피의자신문조서의 성격을 지니므로, 형사소송법 제312조 제3항이 규정한 바에 따라 ① 적법한 절차와 방식에 따라 작성된 것으로서, ② 공판준비 또는 공판기일에 그 피의자였던

피고인 또는 변호인이 그 내용을 인정할 때에 한하여 증거로 할 수 있다.

(2) 검증조서에 기재된 범행재연사진의 증거능력: [299] (1) 설명 참조. 사안에서 범행재연사진은 P의 甲에 대한 피의자신문이라고 볼 수 있는데, 제1심 공판절차에서 甲은 그 내용을 부인하였으므로 검증조서에 기재된 甲의 자백진술은 증거능력이 없다.

7. 감정서

[302] 감정서에 대해 전문법칙의 예외를 인정하는 이유는 무엇인가?

형사소송법 제313조 제3항은 "감정의 경과와 결과를 기재한 서류도 제1항 및 제2항과 같다."고 규정하고 있다. 감정서는 진술자인 감정인의 공판기일에서의 진술에 대신하는 서면으로서 전문증거에 해당한다. 제313조 제3항이 감정서에 대한 전문법칙의 예외를 인정하는 것은 감정결과는 기억에 의존하는 감정증언보다 서면에 의하는 방식이 보다 정확하며 이해하기 쉬울 수 있고 진정성립을 통해 **사후적 반대신문**을 행하면 증명력을 음미할 수 있다는 것을 근거로 한다. 다만, 국민참여재판에서는 배심원들이 이해하기 쉽도록 감정서에 의하는 것보다 감정인이 구두로 설명을 하는 방식이 바람직하다. 이 경우에도 감정서는 보조적 자료로서 의미를 지닌다.

[303] 살인피고사건에서 검찰 측으로부터 국립과학수사연구원(감정수탁자)에 의한 감정결과회보서의 증거조사청구가 행해졌다. 이 감정결과회보서에는 살인현장인 피해자의 아파트 방에서 채취된 모발의 DNA형과 피고인의 모발의 DNA형을 대조하여, 양 모발의 DNA형에 유사성이 있다는 취지의 감정결과가 기재되어 있다.

(1) 법원은 이 회보서를 범인과 피고인의 동일성을 인정하기 위한 증거로서 사용

할 수가 있는가?

(2) 사법경찰관이 피의자신문을 하면서 '피해자의 아파트에서 발견된 모발의 DNA
형을 감정했던 바, 당신의 모발과 동일인물의 것이라는 결과가 나왔다.'고 알리
면서 피의자로부터 자백을 얻어 냈다면 이 자백을 증거로 사용할 수 있는가?

(1) 감정결과회보서도 공권적 증명문서에 준하는 특신문서(제315조 제1호)로
볼 수도 있다. 그러나 회보서에 감정결과가 기재된 경우에 감정의 경과와 결과
를 기재한 서류, 즉 '감정서'에 해당한다고 보아야 한다. 따라서 모발이 적법하
게 채취되었고 DNA분석과정이 절차에 따라 이루어져 감정 및 서류작성이 적
법한 절차에 따라 이루어졌다면, 형사소송법 제313조 제3항에 따라 감정수탁
자에 의해 진정성립이 인정되는 한 증거로 사용할 수 있다.

(2) 사법경찰관이 DNA감정결과를 이용해서 피의자의 자백을 얻어 낸 경우
형사소송법 제309조가 규정한 '기타의 방법'에 의한 경우로서 임의성이 없다고
의심할 만한 이유가 있는지가 문제된다. 그러나 단순히 감정결과를 피의자에게
고지해서 피해자를 자백하게 한 사정만으로는 자백을 유도했다고 할 수 없고,
제309조에 따른 '임의성이 의심되는 이유가 있는 자백'이라고 볼 수 없다.
DNA감정결과를 이용해서 얻은 피의자의 자백은 증거로 사용할 수 있다.

8. 수사보고서

[304] 수사보고서란 무엇인가?

수사보고서란 수사개시의 단서나 그 단서의 입수상황, 수사의 경과나 결과
등 수사에 관련되는 사항을 상사에게 보고하기 위하여 내부적으로 작성되는
서류를 말한다.

수사보고서는 조직적 수사를 가능하게 하고 영장청구시에 소명자료로 기능

한다. 증거법 차원에서 주요사실이 아닌 소송법적 사실 등을 증명하기 위한 증거로서 사용하는 것은 가능하나, 엄격한 증명을 요하는 자료로 사용되는 경우가 문제된다.

[305] 수사보고서는 증거로 사용할 수 있는가?

수사기관 자신이 **의견진술형** 수사보고서는 의사표시적 문서로서 증거능력이 부정되지만(대법원 2001. 5. 29. 선고 2000도2933 판결), 진술증거로서의 성격을 가지는 경우에는 일정한 요건하에 증거능력 긍정된다. ① 피고인이 수사과정에서 범행을 자백하였다는 내용의 경찰 작성 수사보고서는 피의자에 대한 **진술청취형** 수사보고서로 볼 수 있고 형사소송법 제312조 제5항에 따라 작성주체와 진술자에 따라 일정한 요건을 갖춘 경우에만 증거로 사용 가능하다(대법원 2006. 1. 13. 선고 2003도6548 판결). ② 수사보고서의 참고인 진술 기재 부분은 진술기재서로서 참고인의 서명 또는 날인이 필요하고(대법원 1999. 2. 26. 선고 98도2742 판결), 피고인의 진술 기재 부분도 마찬가지로 피고인의 자필이나 서명 또는 날인이 필요하다(대법원 2011. 9. 8. 선고 2009도7419 판결). 한편, ③ 수사보고서에 유인물의 내용이 기계적으로 복사되어 첨부된 때에는 '**기타 특히 신용할 만한 정황에 의하여 작성된 문서**'(제315조 제3호)로서 증거능력이 인정될 수도 있다(대법원 1992. 8. 14. 선고 92도1211 판결).

[306] 폭처법위반사건을 수사하던 사법경찰관 P는 당해 사건에 관한 수사보고서를 작성하였다. 거기에는 ① "甲, 乙 서로 왼쪽 눈부위에 타박상이 있고, 甲은 무릎에도 찰과상이 있다."라는 기재와 ② "두 사람 모두 날이 밝으면 치료 후 진단서를 제출한다고 한다."라는 기재가 있다. 검사가 이 수사보고서를 甲에 대한 피고사건의 증거로 제출하였다면, 법원은 위 두 가지 기재내용을 증거로 사용할 수 있는가?
한편, 乙이 해외에 체류하고 있어, 검찰주사보가 그에게 전화를 걸어 문답형식으로 그 진술을 기재한 내용을 수사보고서에 첨부하였다면 이를 증거로 할 수 있는가?

(1) 수사보고서에 수사의 경위 등을 기재한 내용의 증거능력이 문제된다. ① 기재 부분은 범죄의 현장 기타 장소에서 실황조사를 한 후 작성하는 실황조서라고 볼 수 없고 단지 수사의 경위 및 결과를 내부적으로 보고하기 위하여 작성된 서류에 불과하므로, 그 안에 검증의 결과에 해당하는 기재가 있더라도 형사소송법 제312조 제6항이 적용되지 않고, 사법경찰관이 피해상황을 기재한 것으로서 진술서의 형식으로 가지고 있으나, 피해자의 진술을 기재한 것이 아니므로 제313조 제1항이 적용되지 않는다. 또한 일방적 의사를 내용으로 하는 수사보고서를 공권적 증명문서라고 할 수도 없으므로 제315조도 적용될 여지가 없다(대법원 2001. 5. 29. 선고 2000도2933 판결).

② 기재 부분은 피고인들이 피해자의 지위에서 행한 진술을 사법경찰관이 기재한 것으로서 진술기재서에 해당한다고 할 수 있으나, 수사보고서에 기재된 것이기 때문에 피해자들의 자필도 아니고 서명 또는 날인도 없으며, 공판준비 또는 공판기일에서 진술자들의 진술에 의하여 진정성립이 증명되지도 않았으므로 형사소송법 제313조 제1항에 따른 요건을 충족하지 못하여 증거로 사용할 수 없다.

(2) 한편 검찰주사보가 해외체류 중인 자와 통화한 내용을 문답형식으로 기재한 수사보고서의 내용은 피고인(또는 피해자)의 진술을 기재한 서면으로서 제313조 제1항이 적용될 수 있으나 역시 서명날인을 받을 수 없어 예외의 요건을 충족하지 못하며, 형식적 진정성립이 인정되지 않는다면 특신상태도 인정할 수 없으므로 필요성이 인정되더라도 제314조가 적용되지 않는다(대법원 1999. 2. 26. 선고 98도2742 판결). 한편, 피의자나 참고인과의 통화가 피의자신문 또는 참고인조사의 실질을 가지고 있는 경우에는 비록 통화내용을 문답형식으로 기재한 수사보고서도 **제312조 제5항**에 따라 제312조 제1항 또는 제4항이 적용된다고 해석할 수 있다. 이 경우에도 조서작성의 절차와 방식이 적법하다고 할 수 없어 증거로 사용할 수 없게 된다.

III. 전문진술에 대한 예외

[307] 재전문증거란 무엇인가?

전문증거의 진술내용이 타인의 전문진술을 내용으로 하는 경우를 말한다. 강도강간 피해자가 사법경찰관에게 자신의 경험사실을 진술하면서 다른 피해자의 피해사실에 대해서도 진술하여 이를 조서에 기재하고 법정에서 동일한 증언을 경우를 예로 들면(대법원 1981. 7. 7. 선고 81도1282 판결), 증인이 법정에서 다른 피해자로부터 전해들은 내용을 진술한 경우 그 진술은 **전문증거**이고, 증인이 다른 피해자로부터 전해들은 내용을 기재한 검사 및 사법경찰관작성의 진술조서의 해당 기재 부분은 **재전문증거**에 해당한다.

[308] 재전문증거는 증거로 사용할 수 있는가?

재전문증거의 증거능력을 인정하는 명문의 규정이 없고 오류개입의 가능성이 높으므로 증거능력을 부정해야 한다는 **부정설**, 외국에서도 재전문증거의 증거능력을 인정하고 있고 재전문증거도 각각의 증거능력 인정 요건을 갖추면 이를 인정해야 한다는 **긍정설** 등이 있으나, **판례**는 재전문진술이나 재전문진술을 기재한 서류는 피고인의 **증거동의**가 없는 한 증거능력이 인정되지 않으나, 전문진술이 기재된 서류는 제312조 내지 제314조의 규정과 제316조의 요건을 각각 충족하는 경우 증거능력이 인정된다는 입장이다(대법원 2012. 5. 24. 선고 2010도5948 판결 등). 형사소송법은 전문진술에 대하여 제316조에서 실질상 **단순한 전문의 형태**를 취하는 경우에 한하여 예외적으로 그 증거능력을 인정하는 규정을 두고 있을 뿐, 재전문진술이나 재전문진술을 기재한 조서에 대하여는 달리 그 증거능력을 인정하는 규정을 두고 있지 아니하고 있으므로, 피고인이 증거로 하는 데 동의하지 아니하는 한 형사소송법 제310조의2의 규정에 의하여 이를 증거로 할 수 없다는 것을 이유로 한다(대법원 2000. 3. 10. 선고 2000도

159 판결 참조). 판례의 취지는 전문기재서류인 형사소송법 제312조 내지 제314 조와 전문진술인 제316조를 각각 **단순 중복** 적용하는 것은 가능하나, 전문기재 서류와 전문진술에 대한 **이중의 중복**은 현행법이 예정하고 있는 전문법칙의 예외는 아니라는 것으로 이해할 수 있다.

> **[309]** 甲은 A(생후 30개월, 여)를 강제추행한 혐의로 기소되었다. 유죄의 증거 로 A, B(A의 모), C(A의 부)의 각 진술 및 그 진술을 기재한 사법경찰관 작성 진술조서 그리고 D(인천성폭력상담소 상담원)에 대한 진술조서 등이 제출되었는 데, B의 수사기관(①) 및 법정에서의 진술(②)은 모두 A로부터 갑에게 추행을 당 하였다는 이야기를 들었다는 것이고, C의 법정진술(③) 및 D의 검찰에서의 진술 을 기재한 조서(④)는 B가 A로부터 들었다는 피해사실을 B로부터 다시 전해 들 어서 알게 되었다는 것을 그 내용으로 하고 있다. B, C, D의 진술의 성격에 대해 설명하고, 증거로 사용할 수 있는지를 설명하라.

(1) <u>진술의 성격</u>: A의 진술은 피해자 자신의 진술로서 본래증거에 해당하지만 나머지 진술은 모두 전문진술의 형식으로 되어 있다. 먼저 B의 진술은 피해자 인 A로부터, 피해자가 甲으로부터 추행을 당했다는 이야기를 들었다는 것이며, 이러한 B의 진술은 전문진술에 해당하며, C와 D의 진술은 B의 전문진술을 다 시 전문하는 경우로서 재전문진술에 해당한다. B의 진술 가운데 ①과 ②는 '공 판준비 또는 공판기일 외에서의 타인의 진술을 내용으로 하는' 이른바 전문진 술에 해당하고, C의 법정진술 ③은 이러한 B의 전문진술을 내용으로 하는 것 으로서 재전문진술에 해당한다. 한편 D의 검찰 진술조서 역시 B의 전문진술을 내용으로 하는 것으로서 재전문증거에 해당한다.

(2) <u>전문진술의 증거능력</u>: B의 수사기관에서의 ①진술은 전문진술을 조서에 기 재한 진술로서 형사소송법 제312조 제4항과 제316조 제1항의 요건을 모두 갖 춘 때에 한하여 증거로 할 수 있으며, B의 법정에서의 ② 진술은 피고인 아닌 자인 A의 진술을 내용으로 하는 것으로 전문진술에 관한 제316조 제1항의 요

건을 충족한 경우에 증거로 할 수 있으므로, A의 진술이 특신상태하에서 이루어졌고 아동인 A가 성범죄의 피해자인 아동이므로 '원진술자가 진술할 수 없는 때'에 해당하면 필요성의 요건이 충족될 수 있어 증거로 사용할 수 있다. 판례에 따르면 C의 ③ 법정진술은 재전문진술로서 피고인 甲의 증거동의가 없는 한 증거로 사용할 수 없으며, D의 검찰진술조서는 재전문진술을 기재한 조서로서 피고인의 甲의 증거동의가 없는 한 증거로 사용할 수 없다.

> **[310]** 乙은 친구 D를 만나 D에게 "甲이 A를 강간하고 있는 동안 내가 망을 봐줬다."라고 말했고, 사법경찰관 P는 D를 참고인으로 조사하여 D가 乙로부터 들은 내용이 기재된 진술조서를 적법하게 작성하였다. 공판정에서 乙이 범행을 부인하자 검사가 그 조서를 증거로 제출하였으나 乙은 증거로 함에 부동의하였다. 이 경우 D에 대한 P 작성의 참고인진술조서의 증거능력을 논하시오. (2016년 5회 변호사시험)

사안에서 P가 작성한 D에 대한 참고인진술조서에는 D가 乙로부터 전문한 내용이 기재되어 있어 재전문증거에 해당한다. 형사소송법 제310조의2는 제311조 내지 제316조가 정한 요건을 충족한 경우 예외적으로 전문증거의 증거능력을 인정할 수 있다고 규정하고 있으나, 재전문증거의 증거능력의 인정 여부에 관하여는 명문의 규정이 없어 견해가 대립하고 있다. 재전문증거의 증거능력을 인정하는 명문의 규정이 없고 오류개입의 가능성이 높으므로 증거능력을 부정해야 한다는 **부정설**, 외국에서도 재전문증거의 증거능력을 인정하고 있고 재전문증거도 각각의 증거능력 인정 요건을 갖추면 이를 인정해야 한다는 **긍정설** 등이 있으나, **판례**는 재전문진술이나 재전문진술을 기재한 서류는 피고인의 증거동의가 없는 한 증거능력이 인정되지 않으나, 전문진술이 기재된 서류는 제312조 내지 제314조의 규정과 제316조의 요건을 각각 충족하는 경우 증거능력이 인정된다는 입장이다(대법원 2012. 5. 24. 선고 2010도5548 판결 등). 형사소송법은 전문진술에 대하여 제316조에서 실질상 단순한 전문의 형태를 취하는 경우에 한하여 예외적으로 그 증거능력을 인정하는 규정을 두고 있을 뿐, 재전문진술이나 재전문진술을 기재한 조서에 대하여는 달리 그 증거능력을 인정하는 규정을 두고 있지 아니하고 있으므로, 피고인이 증거로 하는 데 동의하지 아니하는 한 형사소송법 제310조의2의 규정에 의하여 이를 증거로 할 수 없다는 것을 이유로 한다(대법원 2000. 3. 10. 선고 2000도159 판결 참조).

판례의 입장에 따르면, 위 조서는 **형사소송법 제312조 제4항의 요건과 제316조 제1항의 각 요건을 충족하는 경우**에는 乙의 증거동의가 없더라도 그 증거능력이 인정될 수 있다. 따라서 위 조서의 증거능력이 긍정되기 위해서는, 적법한 절차와 방식에 따라 작성된 것으로서 그 조서가 사법경찰관 앞에서 진술한 내용과 동일하게 기재되어 있음이 원진술자의 공판준비 또는 공판기일에서의 진술이나 영상녹화물 또는 그 밖의 객관적인 방법에 의하여 증명되고, 피고인 또는 변호인이 공판준비 또는 공판기일에 그 기재 내용에 관하여 원진술자인 D를 신문할 수 있었고, 그 조서에 기재된 D의 진술이 특히 신빙할 수 있는 상태하에서 행하여졌음이 증명되어야 하며(제312조 제4항), 피고인인 乙의 술이 특히 신빙할 수 있는 상태하에서 행하여졌음이 증명되어야 한다(제316조 제1항).

---

[311] 사법경찰관 P는 甲이 교통사고로 C 승용차를 추돌하고 도망한 것을 당시 목격한 X(사고 며칠 후 외국으로 유학을 떠남)로부터 교통사고 당시 상황을 전해들은 Y(X의 母)에 대하여 참고인조사를 하면서 "X가 '甲이 운전하던 차량이 교통사고를 일으키고 도주하는 것을 보았다.'고 말했다."는 Y의 진술을 참고인진술조서에 기재하였다. 그 후 검사는 甲을 기소하였다.

(1) 甲이 위 참고인진술조서에 대하여 증거동의를 하지 않은 경우 이 조서는 증거로 사용할 수 있는가?

(2) 만약 甲이 위 참고인진술조서에 대하여 제1심에서 증거동의 하였으나 제2심에서 동의를 철회한 경우 이 조서는 제2심에서 증거로 사용할 수 있는가?

(2017년 3차 모의시험)

---

(1) <u>참고인진술조서의 증거능력</u>: P가 작성한 Y의 진술조서는 X의 진술을 내용

으로 하는 것이어서 재전문증거에 해당한다. 甲의 증거동의가 없으므로 재전문증거가 증거능력이 인정되는지 문제된다. 재전문증거의 증거능력을 인정하는 명문의 규정이 없고 오류개입의 가능성이 높으므로 증거능력을 부정해야 한다는 부정설, 외국에서도 재전문증거의 증거능력을 인정하고 있고 재전문증거도 각각의 증거능력 인정 요건을 갖추면 이를 인정해야 한다는 긍정설 등이 있으나, 판례는 재전문진술이나 재전문진술을 기재한 서류는 피고인의 증거동의가 없는 한 증거능력이 인정되지 않으나, 전문진술이 기재된 서류는 제312조 내지 제314조의 규정과 제316조의 요건을 각각 충족하는 경우 증거능력이 인정된다는 입장이다(대법원 2012. 5. 24. 선고 2010도5948 판결 등). 판례의 입장에 따르면, 위 참고인진술조서의 증거능력이 인정되기 위해서는 형사소송법 제312조 제4항 및 제316조 제2항의 요건을 갖추어야 예외적으로 증거능력이 인정된다(대법원 2000. 3. 10. 선고 2000도159 판결). 따라서 Y에 대한 진술조서는 ① 적법한 절차와 방식에 따라 작성된 것으로서 ② 그 조서가 사법경찰관 앞에서 진술한 내용과 동일하게 기재되어 있음이 원진술자(Y)의 공판준비 또는 공판기일에서의 진술이나 영상녹화물 또는 그 밖의 객관적인 방법에 의하여 증명되고, ③ 피고인 甲 또는 甲의 변호인이 공판준비 또는 공판기일에 그 기재 내용에 관하여 원진술자를 신문할 수 있었어야 하며, ④ 그 조서에 기재된 진술이 특히 신빙할 수 있는 상태하에서 행하여졌음이 증명된 때에 한하여 증거능력이 인정된다(제312조 제4항). 또한 원진술자인 X가 사망, 질병, 외국거주, 소재불명, 그 밖에 이에 준하는 사유로 인하여 진술할 수 없고 그 진술이 특히 신빙할 수 있는 상태하에서 행하여졌음이 증명되어야 한다(제312조 제2항). 사안에서 X는 사고 며칠 후 외국으로 유학을 떠났으므로 위 필요성의 요건은 충족된 것으로 볼 수 있다.

(2) 제2심에서 증거동의를 철회한 경우 제2심에서 증거로 사용할 수 있는지 여부: 형사소송법 제318조 제1항은 검사와 피고인이 증거로 할 수 있음을 동의한 서류 또는 물건은 진정한 것으로 인정한 때에는 증거로 할 수 있다고 규정하고 있는바, 甲이 위 조서에 대하여 증거동의 하였으므로 위 조서는 증거능력이 인정된다. 증거동의의 철회가 가능한 시기에 관하여는 증거조사가 끝난 후에 피

고인신문이 이루어질 수 있는 점을 감안하면 **'구두변론종결 전'**까지는 철회가 가능하다고 보는 것이 타당하다는 견해(신양균/조기영, 형사소송법, 2020, 909면)가 유력하나, **'증거조사 완료 전'**까지 가능하다는 것이 **다수설**과 **판례**의 입장이다. 판례는 증거동의의 의사표시는 증거조사가 완료되기 전까지 취소 또는 철회할 수 있으나, 일단 증거조사가 완료된 뒤에는 취소 또는 철회가 인정되지 아니하므로 취소 또는 철회 전에 이미 취득한 증거능력은 상실되지 아니한다고 판시하고 있다(대법원 2008. 9. 11. 선고 2008도6136 판결 등). 사안에서 甲이 제1심에서 한 증거동의를 제2심에서 철회할 수는 없으므로, 위 진술조서는 제2심에서도 증거로 사용할 수 있다.

---

[312] B에 대한 상해사건을 수사하던 경찰관은 C가 목격자라는 정보를 입수하고 C의 소재를 탐문하였으나 C는 외국 이민을 떠나 소재불명으로 밝혀졌다. 그 대신 경찰관은 C의 동생 D가 사건 발생 직후 C로부터 들은 내용을 직접 작성한 노트를 임의제출받았다. 이 노트에는 "사건발생 직후 형(C)이 황급히 집에 와서 '내가(C) 현장을 목격했는데, 범인의 왼쪽 눈 밑에 큰 사마귀가 있었다.'고 말했다." 는 내용이 기재되어 있었다. 범인의 인상착의에 부합하는 甲이 공판정에서 D의 자필노트를 증거로 함에 부동의하자 증인 D가 자신이 작성한 노트의 내용에 대해 성립의 진정을 인정한 경우 D의 자필노트의 증거능력을 논하시오. (2013년 2차 모의시험)

사안에서 甲이 증거부동의한 D의 자필노트는 피고인 아닌 자의 진술서로서 그 안에 원진술자인 C의 진술 내용을 포함하고 있는 **재전문증거**이다(재전문증거의 증거능력 인정 요건에 관한 설명 부분 참조).

판례의 입장에 따르면, 위 자필노트의 증거능력이 인정되기 위해서는, 형사소송법 제313조 제1항의 규정에 따라 증거능력이 인정될 수 있어야 함은 물론 제316조 제2항에 규정된 요건을 갖추어야 한다. 사안에서 D는 자신이 작성한 노트에 대해 성립의 진정을 인정하고 있으므로 제313조의 요건을 충족하고 있다. 또한 원진술자인 목격자 C가 외국이민으로 소재불명이고, C와 D는 형제관계에 있다는 점에서 C의 진술은 특히 신빙할 수 있는 상태에서 행하여졌다고 볼 수 있어 제316조 제2항의 요건도 갖춘 것으로 판단된다. 따라서 위 노트는 그 증거능력이 인정된다.

IV. 명문 규정이 없는 전문증거

[313] 녹음테이프에 녹음된 진술에는 '현장녹음'과 '진술녹음'이 있다. 현장녹음과 진술녹음의 개념을 설명하시오.

현장녹음이란 객관적 상황을 입증하는 데 사용되는 범행현장의 음성이나 소리를 말한다. **진술녹음**이란 녹음테이프에 녹음된 진술내용이 증명의 대상이 되는 진술증거로서 전문법칙이 적용된다.

[314] 현장녹음의 증거능력 인정 요건은?

객관적 상황을 입증하는 데 사용되는 범행현장의 음성이나 소리를 녹음한 **현장녹음**의 법적 성격 및 규율에 관하여는, 현장녹음은 범행현장상황을 그대로 녹음한 것이므로 현장사진과 같이 비진술증거에 해당한다는 **비진술증거설**, 현장녹음도 현장사진과 같이 사실의 보고라는 기능면에서 진술증거와 동일하다는 **진술증거설**, 현장녹음 자체는 비진술증거이지만 그 작성과정의 오류나 조작가능성을 고려하여 예외적으로 검증조서에 준하여 증거능력을 인정할 수 있다는 **검증조서유추(적용)설**이 있으나, **판례**는 진술내용의 진실성이 증명대상이 되는 때에는 진술증거로서 전문법칙의 적용대상이 되지만, 진술이 존재하는 것 자체가 증명의 대상이 되는 경우에는 전문법칙이 적용되지 않는다는 입장을 취하고 있다(대법원 2015. 1. 22. 선고 2014도10978 전원합의체 판결; 대법원 2013. 7. 26. 선고 2013도2511 판결 참조).

① 사본인 사진, ② 진술의 일부인 사진, ③ 현장사진으로 분류할 수 있다. ① **사본인 사진**은 문서 또는 증거물의 사진과 같이 원래 증거로 제출되어야 할 문서나 증거물의 대용물로 제출되는 사진을 말한다. 사본인 사진은 원본증거의 종류에 따라 증거능력의 요건이 달라지지만, 어느 경우이든 원본과 동일성이 인정되어야만 원본과 동일하게 취급된다. ② **진술의 일부인 사진**은 진술자의 진술내용을 보충하기 위해 사진을 진술증거의 일부로 사용하는 경우를 말한다. 검증조서나 감정서에 첨부되어 진술증거의 일부를 이루는 보조수단으로 사용되는 경우가 여기에 해당한다. ③ **현장사진**은 범인의 행동에 중점을 두어 범행 당시 및 범행과 이어진 전후 상황을 촬영한 사진이 독립증거로 제출된 경우를 말한다. 특히 수사기관이 집회 현장 등에서 촬영한 **채증사진**의 경우에는 오류나 조작의 가능성을 고려하여 **진정성**의 확인이 필요하다.

[316] 사본인 사진의 증거능력 인정요건을 설명하시오.

사진은 촬영자나 작성자가 있고 그가 대상에 대한 실험결과를 보고하는 진술로 환원될 수 있으며, 조작 등 허위의 가능성도 있고 사실의 보고라는 측면에서 진술증거와 동일하므로 전문법칙이 적용된다는 **진술증거설**, 그 자체가 비진술증거이기 때문에 자연적 관련성만 인정되면 증거능력이 인정된다는 **비진술증거설**, 원본증거가 진술증거인지 비진술증거인지에 따라 구별해야 한다는 **구별설**이 있다. ① **원본증거가 비진술증거인 경우**, 즉 물증(서류나 증거물) 대신 이를 촬영한 사진이 증거로 제출되는 경우에는 그 자체가 비진술증거이므로, 사진이 원본의 정확한 사본으로서 사건과의 관련성만 긍정되면(자연적 관련성) 증거로 사용할 수 있다. 판례도 휴대전화기의 문자정보를 사진으로 촬영하여 제출한 사안에서, 문자정보 자체가 정보통신망법 위반 사실의 존재를 증명하는 것이라면 직접증거로서 자연적 관련성만 긍정되면 증거로 할 수 있다는 입장을 밝힌 바 있다(대법원 2008. 11. 13. 선고 2006도2556 판결). ② **원본증거가 진술** **증거인 경우**, 즉 진술내용을 촬영한 사진(예컨대 피의자신문조서나 진술서의 사본) 은 그 사진도 진술증거로서 전문법칙이 적용되므로, 비진술증거의 경우에 요구 되는 자연적 관련성 외에도 작성주체와 진술자에 따라 형사소송법 제312조 내 지 제313조의 요건을 충족하는 경우에 한해 증거능력이 인정된다.

[317] 현장사진의 증거능력 인정요건을 설명하시오.

현장사진은 사람의 지각에 의한 진술이 아니므로 비진술증거이고 따라서 요 증사실과의 관련성만 증명되면 증거로 사용할 수 있다는 **비진술증거설**, 현장사 진도 촬영한 사실의 보고라는 기능면에서 진술증거와 동일하므로, 촬영주체에 따라 검증조서 내지 진술서에 준하여 증거능력을 인정해야 한다는 **진술증거설**, 현장사진이 진술증거는 아니지만 그 작성과정의 오류나 조작가능성을 고려해 서 예외적으로 검증의 결과를 기재한 조서에 준하여 증거로 할 수 있다는 **검증** **조서 유추적용설**이 있다. 현장사진은 진술은 아니고 그 조작 내지 오류 가능성 은 진정성의 문제로 해소하는 것이 타당하므로 비진술증거로 보아 자연적 관 련성만 인정되면 증거로 사용할 수 있다고 볼 수 있다. 현장사진은 말 그대로 현장이라는 상황을 촬영한 것이므로 그 자체는 비진술증거에 해당한다. **판례도** 비진술증거설의 입장을 취하고 있는 것으로 보이며, 다만, 사진 가운데 촬영자 의 진술을 나타내는 부분은 전문법칙이 적용된다는 입장이다(대법원 1997. 9. 30. 선고 97도1230 판결).

[318] 甲은 민주노총 주최 집회에 참석한 다음 다른 집회참가자들과 함께 시내 **의 도로 일부의 전 차로를 점거한 채 1시간 이상 구호를 외친 혐의로 일반교통방** **해 혐의로 기소되었다. 사법경찰관 P는 집회 당시 집회장소에 나가서 경찰관이** **촬영한 사진(집회에 참석한 사람 가운데 갑을 동그라미로 표시)이 담긴 CD를 넘** **겨받아, 국립과학수사연구원에 감정의뢰하였고 그 결과에 대한 회보에는 '위·변조**

하였을 때 일반적으로 나타날 수 있는 특징이 관찰되지 않는다.'고 하면서도 동시에 '모든 디지털 파일은 편집 프로그램 등에 의하여 흔적 없이 편집이 가능하다.'는 의견을 제시되어 있었다. 검사가 이 채증사진을 증거로 제출하였다면 법원이 이를 증거로 사용할 수 있는가?

채증사진과 같이 범인의 행동에 중점을 두어 범행 당시 및 범행과 이어진 전후 상황을 촬영한 사진이 독립증거로 제출된 경우는 강학상 현장사진의 일종으로서 그 증거능력이 문제된다. 현장사진의 성격에 대해서는 학설의 대립이 있다(현장사진의 법적 성격에 관한 앞의 설명 참조). 다수설과 판례는 **비진술증거설**을 취하고 있는데, 이에 따르면 현장사진에 대하여는 비진술증거로서 관련성, 즉 원본과 동일성, 기계적 정확성이라는 사진 자체의 진정성이 있으면 증거능력이 인정된다고 한다.

사안에서 사진이 CD로 복사되었으므로 사본으로서 CD의 증거능력도 문제된다. 이 경우에는 사본으로서 '**최량증거의 법칙**(best evidence rule)'에 의하여 ① 원본증거를 법원에 제출할 수 없거나 제출이 곤란한 사정이 있고, ② 원본증거가 존재하거나 존재하였으며, ③ 제출된 증거가 원본증거와 정확하게 같다는 사실이 증명된 때에 증거로 사용할 수 있다.

사안에서 채증사진 파일은 원촬영자가 누구인지 불분명하고, 최소한의 신뢰성 확보장치도 미흡하며, 채증사진 파일 및 이 채증사진 파일을 출력한 사진이 원본 파일(사진)에 저장된 내용과 동일성을 유지하며 존재한다는 점이 증명되었다고 볼 수 없어 증거로 사용할 수 없다. 판례도 같은 취지라고 할 수 있다 (대법원 2017. 4. 24. 선고 2017도1691 판결).

[319] 甲은, 乙이 '돈을 갚지 않으면 아들을 등교길에 유괴할 수도 있다.'는 등으로 협박한 전화 통화내용을 직접 녹음한 테이프와 乙이 보낸 핸드폰 메시지를 촬영한 사진 20매를 증거로 제출하였다. 위 녹음테이프와 사진의 증거능력을 논하시오. (2012년 1회 변호사시험)

(1) <u>녹음테이프의 증거능력</u>: ① 위 녹음테이프는 대화당사자의 일방인 乙이 甲과의 전화 통화내용을 직접 녹음한 것이므로 통신비밀보호법 제3조 제1항 위반이 아니며, 위법수집증거가 아니다. ② 녹음테이프에 녹음된 진술내용이 증명의 대상이 된 때에는 진술증거(**진술녹음**)로서 전문법칙이 적용된다. 객관적 상황을 입증하는 데 사용되는 범행현장의 음성이나 소리를 녹음한 **현장녹음**의 법적 성격 및 규율에 관하여는, 현장녹음은 범행현장상황을 그대로 녹음한 것이므로 현장사진과 같이 비진술증거에 해당한다는 **비진술증거설**, 현장녹음도 현장사진과 같이 사실의 보고라는 기능면에서 진술증거와 동일하다는 **진술증거설**, 현장녹음 자체는 비진술증거이지만 그 작성과정의 오류나 조작가능성을 고려하여 예외적으로 검증조서에 준하여 증거능력을 인정할 수 있다는 **검증조서유추(적용)설**이 있으나, **판례**는 진술내용의 진실성이 증명대상이 되는 때에는 진술증거로서 전문칙의 적용대상이 되지만, 진술이 존재하는 것 자체가 증명의 대상이 되는 경우에는 전문법칙이 적용되지 않는다는 입장을 취하고 있다(대법원 2015. 1. 22. 선고 2014도10978 전원합의체 판결; 대법원 2013. 7. 26. 선고 2013도2511 판결 참조). 사안에서 녹음된 甲의 협박 내용은 범행의 객관적 상황을 입증하는 데 사용되는 현장녹음으로서 범인의 협박 사실 그 자체를 증명하는 것으로서 그 진술의 내용이나 진실성이 문제되는 것이 아니므로 비진술증거로 보는 것이 타당하다. 따라서 甲의 범행과의 관련성이 인정되므로 증거능력이 인정된다.

(2) <u>사진의 증거능력</u>: 위 핸드폰 메시지는 그 진술의 진실성이 문제되는 경우가 아니라 그 자체가 범행의 직접적인 수단이 되는 **비진술증거**로서 자연적 관련성이 인정되면 증거로 사용할 수 있다. 핸드폰 메시지를 촬영한 사진을 증거로 사용하기 위해서는 문자정보가 저장된 휴대전화기를 법정에 제출할 수 없거나 그 제출이 곤란한 사정이 있고, 그 사진의 영상이 휴대전화기의 화면에 표시된 문자정보와 정확하게 같다는 사실이 증명되어야 한다(대법원 2002. 10. 22. 선고 2000도5461 판결 참조).

[320] 甲은 乙에게 문자메시지로 '네 놈이 당장 돈을 갚지 않으면 네 놈 아들 장기라도 대신 가져가야겠다.'는 말을 전송하였다. 甲의 휴대전화에 찍힌 문자를 촬영한 사진이 甲의 협박죄의 공소사실에 대한 증거로 제출된 경우 그 사진의 증거능력은? (2014년 1차 모의시험)

위 문자메시지는 그 진술의 진실성이 문제되는 경우가 아니라 그 자체가 甲의 **협박죄 범행의 직접적인 수단이 되는 비진술증거**로서 자연적 관련성이 인정되면 증거로 사용할 수 있다. 핸드폰 메시지를 촬영한 사진을 증거로 사용하기 위해서는 문자정보가 저장된 휴대전화기를 법정에 제출할 수 없거나 그 제출이 곤란한 사정이 있고, 그 사진의 영상이 휴대전화기의 화면에 표시된 문자정보와 정확하게 같다는 사실이 증명되어야 한다(대법원 2008. 11. 13. 선고 2006도2556 판결).

[321] 甲이 A를 살해하는 범행장면이 현장 인근의 마트에 적법하게 설치된 CCTV에 녹화되었다. 甲의 A에 대한 사건을 수사하던 검사는 CCTV 주인이 녹화장치에서 甲의 범행장면을 복사한 이동식 저장장치(USB)를 건네주자 영장없이 이를 압수한 후 甲을 기소하면서 그 USB 파일을 증거로 제출하였다. USB 파일의 증거능력을 논하시오. (2016년 1차 모의시험)

(1) <u>USB 획득과정의 적법성</u>: 형사소송법 제218조는 검사, 사법경찰관은 피의자 기타인의 유류한 물건이나 소유자, 소지자 또는 보관자가 임의로 제출한 물건을 영장없이 압수할 수 있다고 규정하고 있다. 사안에서 검사가 CCTV 주인으로부터 범행장면이 녹화된 USB를 제출받은 것은 **임의제출물의 압수로서 적법**하다.

(2) <u>CCTV 복사본의 증거능력 인정 요건</u>: 범행장면에 관한 영상이 원본으로부터 복사한 사본일 경우에는 복사과정에서 편집되는 등의 인위적 개작 없이 원본

의 내용 그대로 복사된 사본임이 증명되어야만 하고, 그러한 증명이 없는 경우에는 쉽게 그 증거능력을 인정할 수 없다(대법원 2002. 6. 28. 선고 2001도6355 판결 등 참조). 사안에서 USB에 저장된 파일이 원본이 아니라 복사본이라고 해도 복사과정에서 편집되는 등의 인위적 개작 없이 원본의 내용 그대로 복사된 사본임이 증명된다면 증거능력이 인정된다.

(3) __USB 파일의 증거능력__: USB 파일이 증거로 제출된 경우 증거자료가 되는 것은 USB 파일에 저장된 범행장면이 촬영된 영상이다. 甲의 범행장면이 촬영된 위 영상은 범행 당시 및 범행과 이어진 전후 상황을 촬영한 __현장사진__으로서의 성격을 가진다. 현장사진의 법적 성격에 관하여는, 진술증거설, 검증조서 유추적용설이 있지만, 현장사진은 말 그대로 현장이라는 상황을 촬영한 것이므로 그 자체는 __비진술증거__에 해당한다고 보아야 한다. 판례도 비진술증거설의 입장을 취하고 있는 것으로 보인다(대법원 1997. 9. 30. 선고 97도1230 판결). 따라서 위 사진은 비진술증거로서 전문법칙이 적용되지 않으며, 甲의 범행과의 관련성 있기 때문에 그 증거능력이 인정된다.

> __[322]__ 사법경찰관은 X주식회사에서 甲과 乙이 만나 약속어음을 발행하는 상황이 녹화된 CCTV 동영상을 찾아내어 관리자의 동의를 얻어 그 부분의 동영상 파일을 CD에 복사한 후 이를 임의로 제출받아 압수하였는데, 이후 위 회사 CCTV 동영상의 보존기간이 경과하여 원본파일은 삭제되었다. 압수된 위 CD는 증거로 사용할 수 있는가? (2018년 7회 변호사시험)

(1) __CD 압수의 적법성__: 사법경찰관은 CCTV 관리자의 동의를 얻어 관련 부분 동영상 파일을 CD에 복사하여 임의로 제출받았으므로 형사소송법 제218조에 의한 압수로서 적법하다.

(2) __사본인 CD의 증거능력__: 사본은 원본이 존재하지만 원본의 제출이 불가능하거나 곤란한 사정이 있고, 사본이 원본과의 동일성이 인정되어야 증거능력을 인정받을 수 있다. 사안에서 CCTV 동영상 보존기간이 지나 원본을 제출하는

것이 불가능하고, 위 사본은 원본을 복사한 것이므로 사본인 경우도 그 증거능력이 인정된다.

(3) CCTV에 녹화된 영상의 증거능력 인정요건: 위 CCTV에 녹화된 영상은 범행장면이 촬영된 현장사진으로서의 성격을 지닌다(현장사진의 증거능력 인정 요건에 관한 설명 부분 참조). 따라서 CCTV 동영상은 현장사진에 준하므로 전문법칙이 적용되지 않으며, 범죄사실과의 관련성이 인정되면 증거로 사용할 수 있다.

제 4 증거동의

[323] 甲은 피해자 A를 간음하려다가 A의 반항으로 뜻을 이루지 못하고 A에게 상해를 입힌 혐의로 강간치상죄로 기소되었다. 검사는 검사작성의 피의자신문조서, 증인 등에 대한 진술조서, 사법경찰관 작성 피의자신문조서 등을 증거로 제출하였다. 甲과 변호인은 검사작성의 피의자신문조서에 대하여는 성립 및 임의성을 인정하고, 사법경찰리 작성의 피의자신문조서에 대해서도 성립, 임의성 및 내용을 인정하는 한편, 증인 W에 대한 진술조서를 제외한 나머지 참고인들에 대한 각 진술조서에 대하여는 증거동의를 하였다. 법원이 증거조사결과에 대하여 의견을 묻자 甲 및 변호인은 별 의견이 없다고 진술하였으나, 甲은 법정에서 공소사실의 중요 부분을 포함한 대부분에 대해 이를 부인하고 있고, 제3차 공판기일에 이르러 甲은 증거동의를 자신이 한 일이 아니라고 진술하였다.
  항소심에서 피고인이 증인 등에 대한 진술조서에 대해 변호인이 일방적으로 증거동의를 하였을 뿐 자신은 증거동의를 한 사실이 없다고 주장하는 경우, 증거동의는 유효한가?

당사자가 증거로 함에 동의한 서류나 물건은 (법원이) 진정한 것으로 인정한 때에는 증거로 할 수 있다(제318조 제1항). 증거동의의 주체는 검사와 피고인이나 당해 증거를 신청한 당사자는 동의가 문제되지 않으므로, 상대방 당사자의 동의만 있으면 족하다. 한편 피고인의 동의대상인 경우 변호인도 포괄적 대리권을 가지는 자로서 – 피고인이 명시적으로 반대하지 않는 한 – 증거동의가 가능하다. 다만 그 성격에 대해서는 **다수설**과 **판례**는 **독립대리권**으로 보므로 피고인의 명시적 의사에 반하지 않는 한 증거동의가 가능하다고 한다(대법원 2013. 3. 28. 선고 2013도3 판결). 따라서 사안에서 피고인이 '별 의견 없다.'는 것이 증거동의가 아니라 하더라도, 변호인의 증거동의에 대해 명시적인 반대의사를 표시하지 않은 이상 변호인의 증거동의 자체는 유효하다고 볼 수 있다.

증거동의는 명시적으로 해야 한다. '이견 없음'이라는 진술만으로는 미흡하므로, 반드시 동의라는 용어를 사용하지는 않더라도 반대신문권을 포기하거나 증거능력을 부여하는 명시적 의사표시를 요한다는 견해가 다수설이나, 판례는 **묵시적 동의**로도 족하다는 입장이다(대법원 1983. 9. 27. 선고 83도516 판결). 판례의 입장에 따르면, 설문에서 별 의견 없다고 진술한 것만으로도 증거동의를 한 것이라고 할 수 있다. 다만 증거동의는 동의의 의미내용과 효과를 이해하면서 법원을 상대로 행해져야 한다.

증거동의는 개별적으로 이루어져야 하지만, 판례나 일부 학설은 포괄적 동의도 가능하다고 한다. 따라서 증인 W를 제외한 증인들에 대한 진술조서에 대한 포괄적 증거동의도 유효하게 된다.

증거동의를 한 경우라도 **증거조사 완료 전**까지는 철회가 가능하다(대법원 1988. 11. 8. 선고 88도1628 판결). 따라서 제1심에서 유효한 증거동의를 한 이상 항소심에서는 이미 제1심에서 행한 증거동의를 철회할 수 없다. 따라서 이미 취득한 진술조서의 증거능력은 상실되지 않는다(대법원 1988. 11. 8. 선고 88도1628 판결).

---

[324] 경찰관 P1은 순찰 도중, 주변을 두리번거리는 甲이 지명수배된 날치기 범죄자와 인상착의가 비슷하다고 생각하고, 甲에게 다가가 질문하려고 했다. 그러나 甲이 그냥 지나가려 하므로 다리를 걸어 넘어뜨렸다. 화가 난 甲이 양손으로 P1을 밀치면서 항의하자 같이 있던 동료 경찰관 P2는 甲을 공무집행방해죄의 현행범으로 체포하여 경찰서로 데려왔다. 경찰서에서 조사를 받던 甲은 그동안의

절도 범행을 자백하였고 P2는 甲의 진술을 듣고 피의자신문조서를 작성하였다. P2가 작성한 丙에 대한 피의자신문조서는 甲이 공판정에서 이를 증거동의한 경우에 증거로 사용할 수 있는가? (2018년 1차 모의시험)

사안에서 甲에 대한 피의자시문조서는 불법체포 상태에서 작성된 것으로 증거능력이 없다. 이러한 위법수집증거에 대해 피고인이 증거동의를 하면 그 증거능력이 인정될 수 있는지가 문제된다. 판례와 통설에 따르면, 위법하게 수집된 증거는 피고인이나 변호인의 증거동의가 있다고 하더라도 유죄의 증거로 사용할 수 없다(대법원 2011. 4. 28. 선고 2009도2109 판결). 사안에서 甲이 丙에 대한 피의자신문조서에 대하여 증거동의하였더라도 그 증거능력이 인정되지 않는다.

제5 탄핵증거

[325] 탄핵증거란 무엇인가?

탄핵증거란 진술의 '증명력'을 다투기 위한 증거이다. 범죄사실을 인정하기 위한 증거가 아니므로 엄격한 증명을 요하지 않고 따라서 증거능력 없는 증거라도 탄핵증거로 사용할 수 있으며, 탄핵증거에는 전문법칙의 적용이 배제된다. 형사소송법 제318조의2 제1항은 "제312조부터 제316조까지의 규정에 따라 증거로 할 수 없는 서류나 진술이라도 공판준비 또는 공판기일에서의 피고인 또는 피고인이 아닌 자(공소제기 전에 피고인을 피의자로 조사하였거나 그 조사에 참여하였던 자를 포함한다. 이하 이 조에서 같다)의 진술의 증명력을 다투기 위하여 증거로 할 수 있다."고 규정하고 있다.

탄핵증거는 반대신문 및 반증과 구별된다. **반대신문**은 증인신문시에 주신문에 이어지는 반대당사자에 의한 신문으로, 증언의 증명력을 다투기 위해 구술로 행해진다는 점에서, 서증 또는 전문진술의 증명력을 다투기 위한 탄핵증거와 구별된다. **반증**은 본증에 의해 증명하려는 사실의 존재를 다투기 위해 제출하는 증거이다. 반증은 증거능력이 있고 적법한 증거조사를 거친 증거라야 한다는 점에서, 이러한 요건을 필요로 하지 않는 탄핵증거와 구별된다.

[326] 임의성이 없는 진술이나 위법수집증거를 탄핵증거로 사용할 수 있는가? (탄핵증거의 자격)

(1) 임의성 없는 자백이나 진술은 그 자체가 신빙성이 문제되므로, 법정진술의 신빙성을 다투는 탄핵증거로 사용할 수 없다. 형사소송법 제309조가 임의성 없는 자백의 증거능력을 부정하는 것은 임의성 없는 자백을 증거의 세계에서 완전히 배제하려는 취지라고 보아야 하고, 제318조의2도 '제312조부터 제316조까지의 규정에 따라 증거로 할 수 없는 서류나 진술'이라고 하여, 제317조를 포함하여 규정하고 있지 않으므로 임의성 없는 진술은 탄핵증거로 사용할 수 없다. 판례도 내용을 부인하는 사경작성 피의자신문조서나 진술서를 탄핵증거로 사용할 수 있다고 하면서, '임의로 작성된 것이 아니라고 의심할 만한 사정이 없는 한'이라고 하여 같은 입장을 취하고 있다(대법원 1998. 2. 27. 선고 97도1770 판결).

(2) 위법수집증거에 해당하는 경우는 전문증거가 아니므로 당연히 탄핵증거로 사용될 수 없다. 그 외에 **조서작성의 방법이나 절차가 위법한 경우**(예컨대 서명 또는 날인의 결여)에 탄핵증거로 사용할 수 있는지 여부가 논의되고 있다.

① 형사소송법 제318조의2가 '제312조부터 제316조까지의 규정에 따라 증거로 할 수 없는' 증거를 탄핵증거로 허용하고 있으므로, 형식적 진정성립(서명날인)이 부인된 경우라도 탄핵증거로 사용할 수 있다는 **긍정설**과 ② 조서로서의 형식적 확실성이 결여되면 진술내용의 정확성과 신용성도 확인할 수 없으므로 이중의 오류가능성이 있어 탄핵증거로도 사용할 수 없다는 **부정설**(다수설)이 대립하고 있다. **판례**는 "검사가 유죄의 자료로 제출한 증거들이 그 진정성립이 인정되지 아니하고 이를 증거로 함에 상대방의 동의가 없더라도, 이는 유죄사실을 인정하는 증거로 사용하는 것이 아닌 이상 공소사실과 양립할 수 없

는 사실을 인정하는 자료로 쓸 수 있다고 보아야 한다."(대법원 1994. 11. 11. 선고 94도1159 판결)라고 하여, 긍정설의 입장이라고 할 수 있다.

[327] 수사기관이 조사과정을 녹화한 영상녹화물을 탄핵증거로 사용할 수 있는가?

형사소송법 제318조의2 제2항은 "제1항에도 불구하고 피고인 또는 피고인이 아닌 자의 진술을 내용으로 하는 영상녹화물은 공판준비 또는 공판기일에 피고인 또는 피고인이 아닌 자가 진술함에 있어서 기억이 명백하지 아니한 사항에 관하여 기억을 환기시켜야 할 필요가 있다고 인정되는 때에 한하여 피고인 또는 피고인이 아닌 자에게 재생하여 시청하게 할 수 있다."고 규정하고 있다. 수사기관이 조사과정을 녹화한 영상녹화물은 기억환기용으로만 사용이 가능하고, 탄핵증거로는 사용할 수 없다는 취지이다. 그러나 제2항은 제1항과 별도로 영상녹화물을 신문방법으로 사용하는 것을 제한하는 규정이므로 탄핵증거로 쓰는 것을 제한하는 취지는 아니라는 **긍정설**과 제2항이 '제1항에도 불구하고'라고 규정한 것은 탄핵증거가 예외적으로 허용되지만 영상녹화물은 기억환기용 신문방법으로만 사용할 수 있다는 의미이므로 탄핵증거로 쓸 수 없다는 **부정설(다수설)**이 대립하고 있다.

[328] 피고인의 진술은 탄핵의 대상이 되는가?

형사소송법 제318조의2 제1항은 '피고인의 진술'을 탄핵의 대상으로 명시하고 있으나, 학설은 대립하고 있다. ① **적극설**은 현행법이 명문으로 피고인의 진술을 포함하고 있으므로, 예컨대 피의자신문시에 자백하였지만 공판정에서 범행을 부인하는 피고인의 진술을 탄핵하기 위해 사경작성 피의자신문조서를 증거로 사용할 수 있다고 한다. ② **소극설**은 피고인의 법정진술을 증거능력이 없는 법정 외의 진술증거로 다투게 하는 것은 피고인 보호의 관점에서 부당하고, 법정 외 진술을 얻으려는 수사를 조장하게 된다는 이유로 이를 부정한다. **판례**

는 "피고인이 각 그 내용을 부인하는 이상 증거능력이 없으나 그러한 증거라 하더라도 그것이 임의로 작성된 것이 아니라고 의심할 만한 사정이 없는 한 피고인의 법정에서의 진술을 탄핵하기 위한 반대증거로 사용할 수 있(다)."(대법원 1998. 2. 27. 선고 97도1770 판결)고 하여 적극설의 입장을 취하고 있다.

[329] '탄핵증거로서의 증거조사'는 무엇인가?

탄핵증거는 실질증거가 아니므로 엄격한 증명을 요하지는 않으나, 적어도 상대방에게 공격방어의 수단을 강구할 수 있도록 법정에 제출되어 증거조사가 이루어져야 한다.

당해 증거가 증거목록에 기재되지 않았고 증거결정이 되지 않았다 하더라도 **공판과정에서 그 입증취지가 구체적으로 명시되고 제시**까지 되었다면 탄핵증거로서 증거조사가 이루어진 것이라고 할 수 있지만(대법원 2006. 5. 26. 선고 2005도6271 판결), 공판정에 제출되지 않아 전혀 증거조사를 거치지 않고 **수사기록**에만 **편철**되어 있는 서류는 탄핵증거로 사용할 수 없다(대법원 1998. 2. 27. 선고 97도1770 판결).

[330] 피고인 甲은 피의자로서 사법경찰관 P의 조사를 받을 때에는 자신의 절도 범행을 자백하였으나, 공판정에서 말을 바꾸어 범죄사실을 부인하고 있다. P가 작성한 甲에 대한 피의자신문조서는 탄핵증거로 사용할 수 있는가? (2018년 1차 모의시험)

형사소송법 제318조의2는 "제312조부터 제316조까지의 규정에 따라 증거로 할 수 없는 서류나 진술이라도 공판준비 또는 공판기일에서의 **피고인** 또는 피고인이 아닌 자(공소제기 전에 피고인을 피의자로 조사하였거나 그 조사에 참여하였던 자를 포함한다. 이하 이 조에서 같다)의 진술의 증명력을 다투기 위하여 증거로 할 수 있다."고 규정하고 있다. 사안에서 甲은 공판정에서 범죄사실을 부인하고 있는바,

P가 작성한 甲에 대한 피의자신문조서의 증거능력은 부정된다. 내용 부인으로 증거능력이 부정되는 피의자신문조서라도 임의로 작성된 것이 아니라고 의심할 만한 사정이 없는 한 피고인의 법정에서의 진술을 탄핵하기 위한 반대증거로 사용할 수 있다는 것이 판례의 입장이다(대법원 1998. 2. 27. 선고 97도1770 판결).

다만 탄핵증거는 범죄사실을 인정하는 증거가 아니므로 엄격한 증거조사를 거쳐야 할 필요는 없으나, 법정에서 이에 대한 탄핵증거로서의 증거조사는 필요하다(대법원 1998. 2. 27. 선고 97도1770 판결).

> **[331]** 검사 S는 甲에게 진술거부권을 고지하지 않은 채 절도범행에 관하여 조사한 후 조서를 작성하였다. 공판정에서 甲이 절도범행을 부인하는 경우, 위 조서를 탄핵증거로 사용할 수 있는가?

S가 작성한 甲에 대한 피의자신문조서는 진술거부권을 고지하지 않은 상태에서 작성된 것으로서 위법수집증거에 해당한다. 위법수집증거를 탄핵증거로 사용할 수 있는지에 관하여, 위법수집증거도 미국에서와 같이 일반적으로 탄핵증거로 사용할 수 있으며, 다만 임의성이 없는 진술이나 고문, 폭행 등과 같은 중대한 인권침해에 의한 진술은 탄핵증거로 사용할 수 없다는 견해(긍정설, 소수설)도 있으나, **다수설**은 헌법상 적법절차의 원칙에 반하고 사실상 증거배제의 효과를 피하는 것을 허용하는 결과가 된다는 이유로 이를 탄핵증거로 사용할 수 없다는 입장이다. 피고인의 진술의 신용성을 다투기 위하여 위법수집증거를 사용하도록 하는 것은 전문법칙과 달리 헌법적 지위를 지니는 위법수집증거배제법칙을 관철하여 적법절차의 원칙을 유지하는 취지에 반하므로 탄핵증거로 사용할 수 없다고 보아야 한다.

> **[332]** 甲은 도로에 주차된 자신의 차량을 출발시키면서 주의를 게을리하여 차량의 좌측 면 뒤쪽에서 앞쪽으로 걸어오던 피해자 A를 위 차량의 좌측 면으로 충격하여 A에게 약 2주간의 치료를 요하는 상해를 입히고도 A를 구호하는 등의 조치

를 취하지 아니하고 그대로 도주하였다는 특가법위반(도주차량) 공소사실로 기소되었다.

공판심리에서 검사는 A의 진술조서와 甲의 자백을 내용으로 하는 사법경찰관 작성 피의자신문조서를 증거로 제출하였으나 甲은 이를 증거로 함에 부동의하였다. 공판심리과정에서 공소사실과 부합되는 甲의 진술 및 진술기재조서는 충격부위나 사고경위에 관하여 일관성이 없고, 피의자신문조서에 대해서는 피고인이 내용을 부인하고 있다.

(1) 甲은 자신의 무죄를 증명하기 위하여 알리바이(Alibi, 현장부재증명)를 주장하며 알리바이를 입증하기 위해 범행시각에 자신과 함께 다른 곳에 있었다는 부인 F의 진술을 기재한 진술서를 증거로 제출하였으나, F는 법정증언을 거부하였다. 이러한 경우에 진술서를 공소범죄사실에 대한 반대증거로 사용할 수 있는가?

(2) 검사는 甲의 공판정에서의 진술의 증명력을 다투기 위하여 甲에 대한 사법경찰리 작성 피의자신문조서를 증거로 할 수 있는가? 증거로 사용할 수 있다면 어떠한 증거조사방법을 취해야 하는가?

(3) 변호인에 의하여 피해자 A의 법정진술의 증명력이 탄핵된 경우, A의 진술의 증명력을 회복시키기 위하여 사법경찰리가 작성한 A에 대한 진술조서를 증거로 사용할 수 있는가?

(4) 검사가 甲의 피의자신문을 담당했던 사법경찰리 P를 증인으로 신청하였을 경우, P가 '甲이 신문시에 자신의 범행 일체를 자백하였다.'는 증언을 다투기 위해, 신문에 참여했던 변호인이 "P는 신문을 하면서 갑에게 오히려 '범행을 부인하는 당신의 심정을 충분히 이해한다.'고 말했다."고 진술한 경우 이를 증거로 할 수 있는가?

(1) F의 진술서는 F의 증언거부로 원진술자에 의한 진정성립을 증명할 수 없고 형사소송법 제313조 제1항에 따라 증거능력을 인정할 수는 없다. 제314

조에 따른 증거능력 인정이 가능하나, 진술을 할 수 없는 자가 **증언거부권에 기해 정당한 증언거부를 한 경우**라도 필요성이 인정되지 않는다는 것이 판례의 태도이므로 제314조의 요건을 충족하지 못하여 증거로 할 수 없다(대법원 2012. 5. 17. 선고 2009도6788 전원합의체 판결). 따라서 F의 진술서는 증거능력을 요하는 반대증거(공소사실에 반하는 무죄의 증명)로 사용할 수 없다. 다만 판례는 반대증거의 경우에도 증거능력을 요하지 않으므로 유죄 증거의 증명력을 다투기 위한 증거로 사용할 수 있다는 입장이다(대법원 1996. 1. 26. 선고 95도1333 판결).

(2) 甲에 대한 피의자신문조서는 피고인인 甲의 법정진술과 피의자신문조서에 기재된 내용이 서로 모순된다는 점을 통해 법정진술(자기모순의 진술)의 증명력을 다투기 위한 목적으로 사용되는 것으로 탄핵증거에 해당한다. 사경 작성 피의자신문조서는 피고인이 내용을 인정하지 않는 한 증거로 사용할 수 없지만(제312조 제3항), **임의성**(제317조)이 인정되는 한 탄핵증거로 사용은 가능하다는 것이 학설과 판례의 입장이다. 따라서 피고인의 공판정 진술의 증명력을 다투기 위한 증거로 사용할 수는 있고, 이를 위해 피의자신문조서에 대해 **법관 앞에서 상당한 증거조사**를 요한다.

(3) A에 대한 사경 작성 진술조서는 공소사실과 부합되는 진술이 충격부위나 사고경위에 관하여 일관성이 없다면 특히 신빙할 수 있는 상태에서 작성된 것이라고 할 수 없으므로, A가 진정성립을 인정하더라도 특신상태의 요건을 충족하지 못하므로 형사소송법 제312조 제4항에 따라 증거로 사용할 수 없다.

다만 이 경우에도 탄핵증거로 사용이 가능한데, 이 사안의 경우처럼 진술의 증명력을 다투기 위한 것이 아니라 이미 다른 증거로 인해 증명력이 감쇄된 증거의 증명력을 회복시키기 위해서도 사용할 수 있다는 것이 학설과 판례의 입장이다. 따라서 A의 법정진술이 변호인에 의해 증명력이 탄핵된 이상, 증거능력이 없는 A에 대한 진술조서를 통해 A의 법정 진술의 증명력을 회복시키기 위해 사용할 수 있다. 다만 범죄사실에 관한 법관의 심증형성에 영향을 미치지 않도록 유의해야 하며, 탄핵증거와 관련성이 없는 다른 증거를 회복증거로 제출하지 않도록 제한할 필요가 있다.

(4) 2007년 개정형사소송법은 조사자 증언을 전문진술로 사용할 수 있도록 함으로써, 피의자신문에 참여하였던 사법경찰리의 법정 증언이 증거로 사용될 수

있게 되었다. 이에 대응하여 피고인이나 변호인은 그 조사자 증언을 탄핵증거를 통해 다툴 수 있다. P가 조사과정에서 법정증언과 모순되는 진술을 했음을 밝힘으로써, 그 진술의 증명력을 탄핵하는 것은 가능하다. 변호인은 甲에 대한 피의자신문시 P의 모순된 진술을 탄핵증거로 사용할 수 있다.

· 제 3 절　증명력 ·

I. 자유심증주의

[333] 甲은 메트암페타민 투약 혐의로 기소되었으나, 공소사실을 부인하고 있고, 투약의 일시, 장소, 방법 등이 명확하지 못하며, 투약 사실에 대한 직접적인 증거로는 甲의 소변과 머리카락에서 메트암페타민 성분이 검출되었다는 국립과학수사연구원의 감정 결과만 있다. 甲은 수사절차에서 경찰서에 출석하여 조사받으면서 투약혐의를 부인하고 소변과 머리카락을 임의로 제출하였는데, 경찰관이 조사실에서 아큐사인(AccuSign) 시약으로 甲의 소변에 메트암페타민 성분이 있는지를 검사하였으나 결과가 음성이었고, 경찰관은 그 직후 피고인의 소변을 증거물 병에 담고 머리카락도 뽑은 후 별다른 봉인 조처 없이 조사실 밖으로 가지고 나가 어떤 방식으로 국립과학수사연구원에 전달되었는지 확인할 수 없으며, 감정물인 머리카락과 소변에 포함된 세포의 디엔에이(DNA) 분석 등이 甲의 것임을 과학적 검사로 확인한 자료가 없다면, 국립과학수사연구원의 감정결과로 투약사실을 인정할 수 있는가?

과학적 증거방법(유전자검사, 혈액형검사 등 포함)을 합리적 근거 없이 배척해서는 안 된다. 그러나 **과학적 증거방법**이 사실인정에 있어 상당한 정도로 구속력을 갖기 위해서는 시료(모발, 소변)의 채취·보관·분석 등 모든 과정에서 시료의 동일성이 인정되고 인위적인 조작·훼손·첨가가 없었음이 담보되어야 하며(직접

봉인 등) 각 단계에서 시료에 대한 정확한 인수·인계 절차를 확인할 수 있는 기록이 유지되어야 한다(대법원 2010. 3. 25. 선고 2009도14772 판결 등 참조).

　사안에서 임의제출된 소변과 머리카락으로 소변검사 및 모발검사를 실시한 것 자체는 적법하다. 다만 검사과정에서 시료를 봉인하지 않은 채 반출하고 그 후에도 조작이나 훼손 등을 막기 위해 아무런 조치를 취하지 않았을 뿐만 아니라 국립과학수사연구원에 전달된 과정도 확인할 수 없는 상황에서, 국립과학수사연구원의 감정물이 피고인으로부터 채취한 것과 동일하다고 단정하기 어려우므로, 마약성분이 검출되었다는 감정결과회보는 신뢰하기 어렵고, 따라서 법관의 자유심증에 따르더라도 이것만으로 투약사실을 인정할 수 없다(대법원 2018. 2. 8. 선고 2017도14222 판결).

II. 자백보강법칙

[334] 자백보강법칙이란 무엇인가?

　자백보강법칙이란 피고인이 임의로 한 신용성이 있는 자백에 의하여 법관이 유죄의 심증을 얻었다 할지라도 보강증거가 없으면 유죄로 할 수 없다는 원칙을 말한다. 헌법 제12조 제7항은 "정식재판에 있어서 피고인의 자백이 그에게 불리한 유일한 증거일 때에는 이를 유죄의 증거로 삼거나 이를 이유로 처벌할 수 없다."고 규정하고 있으며, 형사소송법 제310조는 "피고인의 자백이 그 피고인에게 불이익한 유일의 증거인 때에는 이를 유죄의 증거로 하지 못한다."고 규정하고 있다. 자백보강법칙은 자백에 대한 보강증거가 없으면 유죄를 인정할 수 없다는 점에서, 법관의 심증형성을 제약하는 것으로서 자유심증주의의 예외에 해당하며, 헌법상 기본권 보장을 위한 제도로 정착되어 있다.

[335] 자백보강법칙이 적용되는 형사절차는 무엇인가?

헌법 제12조 제7항은 '정식재판'에서의 자백을 그 적용 대상으로 규정하고 있다. 정식재판이란 검사의 공소제기에 의해 진행되는 형사소송법에 의한 절차를 의미한다. 자백사건만을 대상으로 하는 **간이공판절차**나 경미한 사건을 대상으로 하는 **약식절차**에는 자백보강법칙이 적용되지만, 즉결심판절차법에 의한 즉결심판절차, 소년법에 의한 소년보호사건 처리절차에서는 자백만으로 유죄를 인정할 수 있다.

[336] 자백을 보강할 수 있는 보강증거는 어떠한 법적 자격을 갖추어야 하는가? (보강증거의 자격 또는 성질)

보강증거는 자백의 범위에 포함되지 않는 것, 즉 자백 이외의 **독립한 증거**이어야 하며, **증거능력**이 있어야 한다. 범죄사실을 직접 증명하는 직접증거가 아니라도 요증사실과 관련성이 인정되면 **간접증거**도 독립증거로서 보강증거가 될 수 있다.

[337] 보강증거는 자백의 어떤 부분을 보강해야 하는가? (보강증거의 범위 또는 보강의 대상)

자백에 대한 보강증거는 범죄사실의 전부 또는 중요 부분을 인정할 수 있는 정도가 되지 않더라도, 피고인의 자백이 **가공적인 것이 아닌 진실한 것임을 인정할 수 있는 정도**만 되면 충분하다. 또한 직접증거가 아닌 간접증거나 정황증거도 보강증거가 될 수 있고, **자백과 보강증거가 서로 어울려서 전체로서 범죄사실을 인정**할 수 있으면 유죄의 증거로 충분하다(대법원 2018. 3. 15. 선고 2017도20247 판결 등).

자신의 사무처리와 관련하여 그 내역을 계속적, 기계적으로 기재한 문서는 업무상 통상문서로서 그 자체가 형사소송법 제315조에 따라 당연히 증거능력이 인정되고 사안에서는 乙의 증거동의도 있다. 또한 검사 작성 피의자신문조서도 증거동의를 한 이상 증거로 사용할 수 있다. 그러나 피의자신문조서의 내용이 범죄사실을 인정하는 진술로서 자백에 해당하는 이상 별도의 보강증거 없이 유죄인정을 할 수 없고(제310조), 따라서 자백을 내용으로 하는 업무용 수첩이 자백 이외의 독립증거라고 할 수 있는지에 따라 결론이 달라지게 된다. 판례는 그 문서가 우연히 피고인이 작성하였고 그 문서의 내용 중 피고인의 범죄사실의 존재를 추론해 낼 수 있는, 즉 공소사실에 일부 부합되는 사실의 기재가 있다고 하더라도, 이를 일컬어 피고인이 범죄사실을 자백하는 문서라고 볼 수는 없다고 하여 업무용 수첩을 독립된 증거자료라고 보았다(대법원 1996. 10. 17. 선고 94도2865 전원합의체 판결). 판례에 따르면, 법원은 위 피의자신문조서와 업무용 수첩만으로 乙의 유죄를 인정할 수 있다.

(1) **자백보강법칙의 적용 여부**: 서면조사를 원칙으로 하는 약식절차에는 공판기일의 심판절차에 관한 규정이나 이를 전제로 한 규정은 적용되지 않으나, 자백

배제법칙이나 자백의 보강법칙은 **약식절차**에도 적용된다. 포괄일죄의 경우 포괄성 내지 집합성을 인정할 수 있는 범위에서 보강증거가 있으면 족하다는 견해도 있으나, **판례**는 "피고인의 습벽을 범죄구성요건으로 하며 포괄1죄인 상습범에 있어서는 이를 구성하는 각 행위에 관하여 개별적으로 보강증거가 요구"된다는 입장이며(대법원 1983. 7. 26. 선고 83도1448, 83감도266 판결; 대법원 1996. 2. 13. 선고 95도1794 판결), **통설**도 개별적인 행위가 독립된 의미를 가지지 아니한 때에는 개개의 행위에 대한 보강증거를 요하지 않지만, 상습범이나 연속범처럼 구성요건상 독립된 의미를 가지는 경우에는 개개의 행위에 대헤 보강증거를 요한다는 입장이다.

(2) **공판절차로의 이행**: 형사소송법 제450조는 "약식명령의 청구가 있는 경우에 그 사건이 약식명령으로 할 수 없거나 약식명령으로 하는 것이 적당하지 아니하다고 인정한 때에는 공판절차에 의하여 심판하여야 한다."고 규정하고 있는바, 사안의 경우 총 10회 중 3회의 도박 사실에 대해서는 자백 외에는 다른 증거가 없어 유죄를 인정할 수 없으므로, 이 경우는 '약식명령으로 하는 것이 적당하지 아니하다고 인정'되는 때에 해당한다. 따라서 3회의 도박 사실에 보강증거가 존재하는지 또한 상습성을 인정할 수 있을지에 관해서 공판절차에 의하여 심리하여야 한다.

공판절차로의 이행사유가 있는 경우에는 **별도의 이행결정**을 요하지 않고 통상의 공판절차에 따라 심리를 진행하면 족하다는 것이 실무와 다수설의 입장이나, 명확한 업무분담을 위하여 이행결정을 하는 것이 타당하다는 견해도 유력하다. 이행결정을 한 경우 법원은 즉시 그 취지를 검사에게 통지하여야 하며, 이 통지를 받은 검사는 5일 이내에 피고인 수에 상응한 공소장 부분을 법원에 제출하여야 하고, 법원은 그 공소장부본을 지체없이 피고인 또는 변호인에게 송달하여야 한다(규칙 제172조).

[340] 공범자의 자백에도 자백보강법칙이 적용되는가?

공범자의 자백에도 보강증거가 필요한지에 관하여는, 공범자의 자백도 피고인의 자백에 포함되므로 공범자의 자백에 대해서도 보강증거가 필요하다는 **필요설**, 공범자도 피고사건에 대한 제3자이므로 공범자의 자백은 피고인의 자백과 별개로서 보강증거를 요하지 않는다는 **불요설**, 공범자의 자백이 공판정에서 행해진 경우에는 보강증거를 요하지 않지만 공판정 외에서 행해진 경우에는 보강증거가 필요하다는 **절충설**이 있으나, **판례**는 공동피고인(공범이건 공범이 아니건)의 자백은 형사소송법 제310조의 문리해석상 피고인의 자백에 포함되지 않으며, 공동피고인의 자백에 대하여는 반대신문권도 충분히 보장되어 있는 것이므로 증인으로 신문한 경우나 다를 바가 없어 공동피고인의 자백 이외에 별도의 보강증거를 요하지 않는다는 입장이다(대법원 1963. 7. 25. 선고 63도185 판결).

> **[341]** 사법경찰관 P는 甲의 존속살해범행에 대한 자백을 받고 이를 피의자신문조서에 기재한 후 사건을 검찰에 송치하였고, 검사 S는 甲의 자백을 내용으로 하는 피의자신문조서를 작성하였다. 甲이 위 범행으로 기소되어 제1심 법원의 공판절차중 공판정에서 자백한 경우 P와 S가 작성한 피의자신문조서는 이 자백에 대한 보강증거로 인정될 수 있는가? (2012년 2차 모의시험)

공판정에서의 자백에도 보강증거가 필요하다는 것이 판례와 다수설의 입장이다. 보강증거는 증거능력 있는 독립증거여야 한다. 사안에서 甲의 공판정에서의 자백에 대한 보강증거는 수사단계에서의 甲의 자백을 내용으로 하는 경찰 및 검사 작성의 피의자신문조서로서 **피고인의 자백이 다른 형태로 반복된 경우에 불과**하여 독립한 증거가 아니므로 보강증거로 인정될 수 없다(대법원 2008. 2. 14. 선고 2007도10937 판결 참조).

[342] 사법경찰관 P는 甲이 乙에게 뇌물을 공여하는 현장에서 甲을 적법하게 현행범으로 체포하면서 甲의 상의 점퍼가 볼록한 점을 이상히 여겨 그 점퍼의 속주머니를 수색하여, 여러 사람의 성명, 전화번호, 일시, 금액, 내역 등이 적힌 수첩을 압수한 후 적법한 절차에 따라 사후영장을 발부받았다. 甲과 乙은 경찰과 검찰에서 뇌물수수 혐의를 인정하였으나, 공판정에서 乙이 태도를 돌변하여 뇌물수수 혐의를 부인하고 甲에게 모욕적 발언을 하자, 甲은 乙에게 3,200만 원을 뇌물로 공여하였다고 진술하였다. 다른 증거는 없는 경우, 위 수첩은 甲의 자백에 대한 보강증거가 될 수 있는가?

형사소송법 제310조는 "피고인의 자백이 그 피고인에게 불이익한 유일의 증거인 때에는 이를 유죄의 증거로 하지 못한다."고 규정하고 있다. 공판정에서의 자백에도 보강증거가 필요하다는 것이 판례와 통설의 입장인바, 甲이 공판정에서 자백하였더라도 보강증거가 필요하다. 보강증거는 자백과는 별개의 독립증거여야 하며 증거능력이 있어야 한다. 상업장부나 항해일지, 진료일지 또는 이와 유사한 금전출납부 등과 같이 범죄사실의 인정 여부와는 관계없이 자기에게 맡겨진 사무를 처리한 사무내역을 그때그때 계속적, 기계적으로 기재한 문서 등의 경우는 사무처리 내역을 증명하기 위하여 존재하는 문서로서 그 존재 자체 및 기재가 그러한 내용의 사무가 처리되었음의 여부를 판단할 수 있는 별개의 독립된 증거자료이고, 설사 그 문서가 우연히 피고인이 작성하였고, 그 문서의 내용 중 피고인의 범죄사실의 존재를 추론해 낼 수 있는, 즉 공소사실에 일부 부합되는 사실의 기재가 있다고 하더라도 이를 일컬어 피고인이 범죄사실을 자백하는 문서라고 볼 수는 없다(대법원 1996. 10. 17. 선고 94도2865 전원합의체 판결).

사안에서 甲이 소지하고 있던 수첩은 현행범인 체포현장에서 압수한 후 적법하게 사후영장을 발부받았으므로 위법수집증거가 아니며, 기타 업무상 필요로 작성한 통상문서(제315조 제2호)로서 증거능력이 인정될 수 있으므로, 증거능력 있는 독립증거로서 甲의 자백에 대한 보강증거가 될 수 있다.

[343] 甲은 공판절차에서 필로폰을 투약하였다고 자백하였다. 그 밖의 다른 증거는 없고 아래의 (1), (2)의 증거가 각각 있는 경우, 법원이 甲에게 마약류 관리에 관한 법률 위반 혐의로 유죄의 판결을 선고할 수 있는지 여부를 구분하여 서술하시오.

(1) 검사 S가 작성한 "甲으로부터 요즘 필로폰을 투약한다는 진술을 들었다."는 내용이 기재된 A에 대한 참고인진술조서가 증거로 제출되고 甲이 증거동의 한 경우

(2) 甲의 집에서 압수된 사용한 흔적이 있는 주사기에서 필로폰 성분이 검출된 경우

(1) <u>A에 대한 진술조서 외에 다른 증거가 없는 경우</u>: 사안에서 甲은 공소사실에 대하여 자백하였다. 형사소송법 제310조는 "피고인의 자백이 그 피고인에게 불이익한 유일의 증거인 때에는 이를 유죄의 증거로 하지 못한다."고 규정하고 있는바, 甲에게 유죄판결을 선고할 수 있기 위해서는 甲의 자백에 대한 보강증거가 필요하다. 이 경우에는 甲의 자백에 대한 보강증거로는 A에 대한 검사작성의 참고인진술조서 뿐인바, 이 조서가 甲의 자백에 대한 보강증거가 될 수 있는지 여부가 문제된다. 보강증거는 자백과는 별개의 독립증거여야 하며 증거능력이 있어야 한다. 위 참고인진술조서는 甲이 증거동의하였으므로 증거능력이 인정되지만, 甲의 필로폰 투약 사실을 보강하려고 하는 위 조서의 내용은 A가 甲으로부터 "요즘 필로폰을 투약한다."는 말을 들었다는 것으로, 조서에 기재된 A의 진술 내용은 결국 甲의 자백을 내용으로 하고 있다. 위 진술조서는 자백을 한 피고인 甲 본인의 진술 자체를 기재한 것은 아니므로 형사소송법 제310조의 자백에는 포함되지 않으나, 이러한 진술 내용을 피고인의 자백의 보강증거로 삼는다면 피고인의 자백을 피고인의 자백으로 보강하는 결과가 되어 아무런 보강도 하는 바 없어 보강증거가 될 수 없다(대법원 1981. 7. 7. 선고 81도1314 판결; 대법원 2008. 2. 14. 선고 2007도10937 판결 등 참조).

따라서 甲의 공판정에서의 자백 외에 독립된 보강증거가 없으므로 법원은 甲에게 유죄판결을 선고할 수 없다.

(2) **주사기에서 필로폰 성분이 검출된 경우**: 자백에 대한 보강증거는 범죄사실의 전부 또는 중요 부분을 인정할 수 있는 정도가 되지 아니하더라도 피고인의 자백이 **가공적인 것이 아닌 진실한 것임을 인정할 수 있는 정도**만 되면 족할 뿐만 아니라 **직접증거**가 아닌 **간접증거**나 **정황증거**도 보강증거가 될 수 있으며, 또한 자백과 보강증거가 서로 어울려서 전체로서 범죄사실을 인정할 수 있으면 유죄의 증거로 충분하다고 함이 대법원의 확립된 판례이다(대법원 1999. 3. 23. 선고 99도338 판결 등 참조).

甲의 주거지에 대한 압수수색 과정에서 사용 흔적이 있는 주사기가 발견되었고, 여기에서 필로폰 성분이 검출되었는바, 甲이 자백한 사실이 가공적인 것이 아니고 진실한 것이라고 인정할 수 있는 증거로 볼 수 있고, 보강증거는 직접증거가 아닌 정황증거로도 족하므로, 법원은 甲에게 유죄의 판결을 선고할 수 있다.

---

[344] 甲은 지하철역 에스컬레이터에서 휴대전화기의 카메라를 이용하여 여성 A의 치마 속을 몰래 촬영하다가 경찰관 P에 의해 현행범으로 체포되어 성폭력범죄의 처벌 등에 관한 특례법 위반(카메라등이용촬영)으로 기소되었다. 제1심 공판절차에서 甲은 공소사실에 대해 자백하였다. P가 甲으로부터 임의제출 형식으로 제출받은 甲의 휴대전화기에 촬영된 A에 대한 영상 파일은 위법수집증거로서 증거능력이 없다. 다른 증거는 없고, P가 작성한 甲 소유 휴대전화기에 대한 압수조서의 '압수경위'란에는 '지하철역 승강장 및 게이트 앞에서 경찰관이 지하철범죄 예방·검거를 위한 비노출 잠복근무 중 검정 재킷, 검정 바지, 흰색 운동화를 착용한 20대가량 남성이 짧은 치마를 입고 에스컬레이터를 올라가는 여성을 쫓아가 뒤에 밀착하여 치마 속으로 휴대폰을 집어넣는 등 해당 여성의 신체를 몰래 촬영하는 행동을 하였다.'는 내용이 포함되어 있고, 그 하단에 甲의 범행을 직접 목격하면서 위 압수조서를 작성한 P의 기명날인이 들어가 있다. 甲은 위 증거들에 대하여 증거동의하였다. 법원은 甲에게 유죄의 판결을 선고할 수 있는가?

사안에서 甲은 공소사실에 대해 자백하였다. 甲에게 유죄의 판결을 할 수 있

기 위해서는 甲의 자백에 대한 보강증거가 필요하다(제310조). 보강증거는 자백과는 **독립한 증거능력 있는 증거**여야 한다. ① 甲의 휴대전화기에 촬영된 A에 대한 영상 파일은 甲의 자백과는 독립한 증거이나, 설령 甲이 이에 대해 증거동의를 하였더라도 위법수집증거에 해당하여 증거능력이 없으므로 甲의 자백에 대한 보강증거로 사용할 수 없다. ② P가 작성한 압수조서 중 '압수경위'란에 기재된 내용은 甲이 범행을 저지르는 현장을 직접 목격한 사람의 진술이 담긴 것으로서 형사소송법 **제312조 제5항**에서 정한 '피고인이 아닌 자가 수사과정에서 작성한 진술서'에 준하는 것으로 볼 수 있다. 이는 휴대전화기에 대한 압수절차가 적법하였는지에 영향을 받지 않는 별개의 독립적인 증거에 해당한다. 甲이 압수조서에 대해 증거로 함에 동의한 이상 압수조서는 甲의 유죄를 인정하기 위한 증거로 사용할 수 있을 뿐 아니라 甲의 자백을 보강하는 증거가 될 수 있다(대법원 2019. 11. 14. 선고 2019도13290 판결). 법원은 甲에게 유죄의 판결을 선고할 수 있다.

---

[345] 공무원 甲이 건설업자 乙로부터 3,000만 원을 뇌물로 받은 것과 관련하여 甲과 乙이 함께 기소되어 병합심리 중이다. 甲은 일관하여 범행을 부인하고 있는 반면 乙은 범행을 자백하고 그 신빙성이 인정되는 경우, 만약 乙의 자백 이외에 다른 증거가 없다면 법원은 甲과 乙에 대하여 유죄판결을 내릴 수 있는가?
(2014년 1차 모의시험; 2017년 3차 모의시험)

---

(1) <u>甲에 대한 유죄판결의 가능성</u>: 형사소송법 제310조는 "피고인의 자백이 그 피고인에게 불이익한 유일의 증거인 때에는 이를 유죄의 증거로 하지 못한다."고 규정하고 있다. 공범자의 자백에도 보강증거가 필요한지에 관하여는, 공범자의 자백도 피고인의 자백에 포함되므로 공범자의 자백에 대해서도 보강증거가 필요하다는 **필요설**, 공범자도 피고사건에 대한 제3자이므로 공범자의 자백은 피고인의 자백과 별개로서 보강증거를 요하지 않는다는 **불요설**, 공범자의 자백이 공판정에서 행해진 경우에는 보강증거를 요하지 않지만 공판정 외에서 행해진 경우에는 보강증거가 필요하다는 **절충설**이 있으나, **판례**는 공동피고인

(공범이건 공범이 아니건)의 자백은 형사소송법 제310조의 문리해석상 피고인의 자백에 포함되지 않으며, 공동피고인의 자백에 대하여는 반대신문권도 충분히 보장되어 있는 것이므로 증인으로 신문한 경우나 다를 바가 없어 공동피고인의 자백 이외에 별도의 보강증거를 요하지 않는다는 입장이다(대법원 1963. 7. 25. 선고 63도185 판결). 판례의 입장에 따르면, 공범자인 乙 진술을 근거로 그 진술에 대한 보강증거 없이 甲의 범죄사실을 인정할 수 있으며(대법원 1992. 7. 28. 선고 92도917 판결), 乙의 자백에 대한 별도의 보강증거는 필요하지 않다.

(2) <u>乙에 대한 유죄판결의 가능성</u>: 공판정에서의 자백에도 보강증거가 필요하다는 것이 판례와 통설의 입장인바, 乙이 공판정에서 자백하였더라도 그 자백에 대한 보강증거가 필요하다. 사안에서 乙의 공판정에서의 자백 외에 다른 증거가 없으므로, 법원은 자백보강법칙에 따라 乙에게 유죄판결을 선고할 수 없다.

III. 공판조서의 증명력

[346] 무고피고사건에 대한 항소심 공판절차에서 법원은 심리를 종결하면서 판결선고를 위한 공판기일을 고지하였으나, 선고기일에 피고인이 출석하지 아니하였을 뿐 아니라 새로 정한 기일에도 변호인 선임을 위한 기일연기신청서만을 제출한 채 소환장을 받고도 출석하지 아니하자 항소심은 피고인의 출석 없이 판결을 선고하였다.
　A는 '항소심 법원이 피고인의 출석 없이 판결을 선고하였다.'고 주장하였고, 상고심 법원이 항소심 공판조서를 확인한 결과 위와 같은 사실을 확인할 수 있었으나 정작 조서에는 '불출석'이 '출석'이라고 잘못 기재되어 있었다. 이 경우에 공판조서를 증거로 피고인의 출석 없이 할 수 있는 재판이었음을 인정할 수 있는가?

공판기일의 절차로서 공판조서에 기재된 것은 배타적 증명력을 가진다(제56조). 그러나 공판조서의 기재가 명백한 오기인 경우에는 이러한 배타적 증명력은

배제되고, 그 올바른 내용에 따라 증명력을 가진다(대법원 1995. 4. 14. 선고 95도
110 판결 참조). 따라서 항소심의 판결선고기일에 피고인이 출석하지 않았는데도
공판조서에는 피고인이 출석한 것으로 기재되어 있어 오기임이 명백하므로 올
바른 내용인 불출석이 증명된 것으로 보아야 한다. 다만 항소심에서 피고인이
2회에 걸쳐 계속 출석하지 않은 경우에는 제365조에 따라 출석 없는 재판이
가능하므로, 공판조서의 기재에도 불구하고 법원이 출석 없이 판결을 선고한
깃은 적법하다(대법원 1995. 12. 22. 신고 95도1289 판결 참고).

제4장 재 판

Ⅰ. 유죄판결

[347] 甲은 형법상 특수절도죄로 유죄판결을 받았는데, 법원은 판결문을 작성하면서 적용법조를 제331조로만 기술하였을 뿐 구체적인 조항을 명기하지 않았고, 범죄사실의 적시에도 구체적인 일시를 명기하지 않은 채 "甲은 2020년 늦가을 밤 흉기를 들고 A의 집 문을 부수며 침입하여 시가 100만 원 상당의 보석을 절취하였다."라고만 썼다. 아울러 이러한 범죄사실의 입증에 사용된 증거의 요지 설시에 있어서도 "피고인의 법정진술과 적법하게 조사된 증거들에 의해 입증된다."라고만 하였을 뿐 구체적인 증거내용을 적시하지 않았으며, 甲이 공판정에서 주장한 자수의 형감면 사유에 대해서도 별도로 판단하지 않았다. 동 판결에는 이유 불비의 위법이 인정되는가?

상소를 불허하는 결정이나 명령이 아니면 이유를 명시해야 하나(제39조), 특히 유죄판결의 경우에는 판결이유에 범죄될 사실, 증거의 요지와 법령의 적용을 명시하여야 하며(제323조 제1항), 법률상 범죄의 성립을 조각하는 이유 또는 형의 가중, 감면의 이유되는 사실의 진술이 있은 때에는 이에 대한 판단도 명시하여야 한다(동조 제2항).

사안에서 ① 구체적인 범행 일시는 범죄구성사실은 아니지만, 공소사실 특정의 경우(대법원 2014. 2. 27. 선고 2013도12155 판결 참조)처럼 형벌법규 개정에 있어서의 그 적용법령을 결정하고, 행위자의 책임능력을 명확히 하며, 또 공소시효 완성 여부를 명확히 할 수 있는 정도로 판시하면 족한 것이고 범죄사실을 특정하기 위해 필요한 정도로 개괄적으로 명시하면 족하다. '2020년 늦가을 밤'이라는 정도의 기재는 늦가을, 밤이라는 개념이 모호하여 범죄사실을 특정하기에 족하지 않으므로 명시되었다고 보기 어렵다. ② 증거요지에 대해서도 범죄될 사실의 내용을 이루는 사실에 대한 적극적 증거의 요지를 기재하여야 하고, 어떤 증거자료를 가지고 어떤 범죄사실을 인정하였는가를 알아볼 수 있을 정도로 표시해야 한다. 당해 증거는 주요사실을 증명하기 위한 것이므로, 증거능력이 있고 적법한 증거조사를 거친 것이어야 한다. 따라서 범죄로 될 사실에 대한 증거의 요지를 적시하지 않고 "피고인의 법정 진술과 적법하게 채택되어 조사된 증거들"이라고 포괄적으로 기재하였다면, 이는 증거 없이 그 범죄사실을 인정하였거나 형사소송법 제323조 제1항을 위반한 것이다. ③ 한편 적용법조는 구체적인 형벌법규를 밝혀야 하는데, 형법 제331조만 기재하고 야간주거침입절도로서 제1항을 적용한 것인지, 흉기절도로서 제2항을 적용한 것인지를 알 수 없으나, 범죄될 사실을 통해 적용법조가 확인될 수 있다면 각본조만 기재하고 항을 기재하지 않았더라도 판결에 영향이 없으면 위법하지 않다는 것이 판례의 입장이다. ④ 甲이 공판정에서 자수를 주장한 경우 이러한 '법률상 형의 가중감면의 이유가 되는 사실'에 대해서도 형사소송법 제323조 제2항에 따라 이에 대한 판단도 명시하여야 하는데, 판례는 필요적 가중감면사유가 아니고 임의적 감면사유에 그치는 자수의 경우에는 이를 판단하지 않았더라도 위법은 아니라고 하여 제한설의 입장을 취하고 있다(대법원 2001. 4. 24. 선고 2001도872 판결).

사안에서 범죄의 시일, 증거요지가 구체적으로 명시되지 않은 것으로 형사소송법 제323조 위반으로서 이유불비에 따른 절대적 항소이유(제361조의5 제11호)가 되나, 자수 주장에 대한 판단은 소송절차의 법령위반에 그치고, 판례는 이를 위법하지 않다고 보고 있어 상소이유가 되지 않을 것이다.

II. 무죄판결

[348] 형벌에 관한 법령이 헌법재판소의 위헌결정으로 인하여 소급하여 그 효력을 상실하였거나 법원에서 위헌·무효로 선언된 경우, 당해 법령을 적용하여 공소가 제기된 피고사건에 대하여는 어떤 판결을 하여야 하는가?

위헌결정으로 인하여 형벌에 관한 법률 또는 법률조항이 소급하여 그 효력을 상실한 경우에는 당해 법조를 적용하여 기소한 피고사건이 범죄로 되지 아니한 때에 해당하고(대법원 1991. 10. 22. 선고 91도1617 전원합의체 판결 참조), 범죄후의 법령의 개폐로 형이 폐지되었을 때에 해당한다거나 혹은 공소장에 기재된 사실이 진실하다 하더라도 범죄가 될 만한 사실이 포함되지 아니하는 때에해당하지는 않는다. 따라서 소급하여 효력을 상실한 법조를 적용하여 기소한피고인에 대한 공소사실이 죄가 되지 아니한다는 이유로 피고인에 대하여 **무죄의 선고**를 하여야 한다(대법원 1992. 5. 8. 선고 91도2825 판결).

III. 공소기각의 재판

[349] '형식재판의 우선성'이란 무엇인가?

소송조건이 흠결된 경우에는 실체심리·판결을 할 수 없고 형식재판에 의하여 절차를 종결해야 한다는 원칙이다. 소송조건은 실체판결의 조건이라는 성격을 가지는 데서 비롯된다. 다만, 판례는 "교통사고처리특례법 제3조 제1항, 제2항 단서, 형법 제268조를 적용하여 공소가 제기된 사건에서, 심리 결과 교통사고처리특례법 제3조 제2항 단서에서 정한 사유가 없고 같은 법 제3조 제2항본문이나 제4조 제1항 본문의 사유로 공소를 제기할 수 없는 경우에 해당하면공소기각의 판결을 하는 것이 원칙이지만, 사건의 실체에 관한 심리가 이미 완료되어 교통사고처리특례법 제3조 제2항 단서에서 정한 사유가 없는 것으로 판명되고 달리 피고인이 같은 법 제3조 제1항의 죄를 범하였다고 인정되지 않는 경우, 설령 같은 법 제3조 제2항 본문이나 제4조 제1항 본문의 사유가 있더라도, 사실심법원이 피고인의 이익을 위하여 교통사고처리특례법 위반의 공소사실에 대하여 무죄의 실체판결을 선고하였다면, 이를 위법이라고 볼 수는 없다."고 하여 그 예외를 인정하고 있다(대법원 2015. 5. 14. 선고 2012도11431 판결).

IV. 면소판결

[350] 형식재판의 일종인 면소판결에 일사부재리의 효력이 인정된다는 점을 설명하는 학설 중 '소송추행이익결여설'을 설명하시오.

면소판결은 형식재판이지만 일사부재리의 효력이 인정된다는 점에 이론이 없다. 다수설적 견해인 **소송추행이익결여설**은 면소판결은 단순한 절차의 하자를 이유로 하는 것이 아니라 소송조건의 흠결을 보완할 수 없고 보완할 수 있더라도 소송추행의 이익이 없음을 이유로 하는 것이기 때문에 동일한 공소사실에 대하여 다시 소추하는 것을 금지하는 것이라고 설명한다. **판례**는 "공소기각의 판결을 하도록 규정한 군법회의법 제372조 소정의 각 사유는 그 사건의 실체적 관계에 대한 판단을 하는 데 있어서의 장해가 되는 사유가 개별적이며 그 장해는 제거할 수 있는 사유이며 또 제거된 때에는 또 다시 공소를 제기할 수 있는 사유임에 반하여 군법회의법 제371조 소정의 면소사유는 그 성질상 동일사건에 관한 한 모든 소송관계에 있어서 실체적 판단을 할 수 없는 일반적 장해사유이고 그 장해는 제거할 수 없는 사유이며 또 다시 기소할 수 없는 성질의 사유라는데 차이가 있다."고 판시하고 있다(대법원 1963. 3. 21. 선고 63도22 판결). 판례도 소송추행이익결여설의 태도를 취하고 있는 것으로 보인다.

[351] 甲은 1996. 10. 중순, 1996. 11. 초순, 1997. 3. 초순, 1997. 6. 초순 각 간통하였다는 공소사실로 기소되었고, 제1심 법원이 1999. 7. 8. 징역 6월에 집행유예 2년을 선고하였으며, 甲이 항소, 상고하였으나 모두 기각되어 판결이 확정되었다. 그 후 헌법재판소는 2008. 10. 30. 구 형법 제241조가 헌법에 위반되지 아니한다고 결정하였다가, 2015. 2. 26. 구 형법 제241조가 헌법에 위반된다고 결정하였다.

甲은 위헌결정이 있은 후 위 제1심 법원의 판결에 헌법재판소법 제47조 제4항이 정한 재심이유가 있다고 주장하며 재심을 청구하였고, 제1심은 재심개시결정을 한 후 심급에 따라 다시 심리하여 면소판결을 선고하였다면, 갑이 무죄를 주장하며 항소할 수 있는가?

개정된 헌법재판소법 제47조 제3항 단서는 형벌에 관한 해당 법률 또는 법률의 조항에 대하여 종전에 합헌으로 결정한 사건이 있는 경우에는 그 결정이 있는 날의 다음 날로 소급하여 효력을 상실한다고 정하여 소급효를 제한하고 있다. 한편 형사소송법 제326조 제4호는 '범죄 후의 법령개폐로 형이 폐지되었을 때'를 면소판결을 선고하여야 하는 경우로 정하고 있다.

따라서 종전 합헌결정일 이전의 범죄행위에 대하여 재심개시결정이 확정되었는데 그 범죄행위에 적용될 법률 또는 법률의 조항이 위헌결정으로 헌법재판소법 제47조 제3항 단서에 의하여 종전 합헌결정일의 다음 날로 소급하여 효력을 상실하였다면 범죄행위 당시 유효한 법률 또는 법률의 조항이 그 이후 폐지된 경우와 마찬가지이므로 법원은 형사소송법 제326조 제4호에 해당하는 것으로 보아 면소판결을 선고하여야 한다. 면소판결은 피고인에게 유리한 판결로서 상소의 이익이 없으므로 甲은 무죄를 주장하여 상소할 수 없다(대법원 2019. 12. 24. 선고 2019도15167 판결).

V. 재판의 확정

[352] 재판의 확정이란 무엇인가?

재판의 확정이란 재판이 통상의 불복방법(상소, 준항고, 정식재판의 청구, 이의신청 등)으로는 더 이상 다툴 수 없게 되어 그 내용을 변경할 수 없게 된 상태를 말한다. 이러한 상태에 이른 재판을 **확정재판**이라고 한다.

[353] 재판의 확정력이란 무엇인가?

재판의 확정력이란 재판이 확정되면 발생하는 재판 본래의 효력이다. 재판의 확정력은 형식적 확정력과 내용적 확정력으로 구분할 수 있다. (1) **형식적 확정력**은 형식적 확정, 즉 재판이 통상의 불복방법으로 다툴 수 없는 상태에 이른 데 따른 효력을 말한다. 형식적 확정력은 내용적 확정력을 인정하기 위한 전제가 되며, 재판의 형식적 확정으로부터 **불가쟁력**, 종국재판의 경우 당해 사건에 관한 **소송계속의 종결**의 효력이 발생하고, **재판집행의 기준**(제459조)이 된다. (2) **내용적 확정력**이란 재판의 형식적 확정으로 현실적 심판대상에 대한 법원의 의사표시의 내용, 즉 판단내용도 확정되는 효력을 말한다. 실체재판의 내용적 확정력을 **실체적 확정력**이라고 한다. 재판이 내용적으로 확정되면, ① **대내적(내부적) 효과**로 형을 선고하는 판결의 경우 형을 집행할 권한, 즉 **집행력**이 발생한다. ② **대외적(외부적) 효과**로 **내용적 구속력**이 발생한다. 내용적 구속력은 **차단효**(후소 차단효과)와 **구속효**(후소 구속효과)를 포함한다. 중요한 사실적 기초에 대해 — 사정변경이 없는 한 — 후소에 의한 다른 판단을 차단하는 효력를 후소 차단효과라고 하고, 다른 법원은 확정판결로 확정된 사실관계에 대하여 그 판결내용에 구속되는 효력을 후소 구속효과라고 한다. 실체적 확정력이 가지는 대외적 효과를 고유한 의미의 **기판력**(res judicata)이라고 부르기도 하며, 기판력의 내용을 다수설은 일사부재리의 효력이라고 본다.

[354] 보석으로 석방된 피고인이 소환을 받고 공판기일에 출석하지 않았다는 이유로 결정으로 보석을 취소하고(제102조 제2항) 검사가 피고인을 재구금하였다. 피고인은 취소결정이 부당하다는 이유로 항고(제403조 제2항)를 제기하였고, 원심법원은 피고인이 부득이한 사유로 공판기일에 출석하지 못한 것이라고 판단하고 항고를 이유 있다고 인정하여 보석취소결정을 경정하고(제408조 제1항) 피고인의 석방을 명하였으며(제403조 제2항, 제414조 제2항 참조), 즉시항고기간 도과로 확정되었다. 그러나 사후에 피고인의 불출석 사유가 허위자료에 의한 것이었음이 판명되자 검사가 다시 보석취소를 청구하였다면 이는 적법한가?

재판의 내용적 확정에 따른 효력은 형식재판(보석취소 경정결정)에 대해서도 인정되므로, 사정변경이 없는 한 내용적 구속력이 인정된다. 불출석사유가 허위자료였다는 사실은 새로운 사실은 아니고 이미 경정결정 당시에 존재하고 있었던 사유이므로 석방결정은 그대로 확정되고, 따라서 검사는 그러한 사정을 이유로 다시 보석취소를 청구할 수 없고, 청구를 받은 원심법원은 항고권 소멸 후인 것이 명백하므로 결정으로 청구를 기각하여야 한다.

[355] 甲은 여러 건의 운전자보험을 가입한 뒤, 보험금을 편취할 목적으로 의도적으로 교통사고를 야기하였고, 이로 인하여 피해자들이 사망하거나 심각한 상해를 입게 되었다. 甲은 교통사고처리특례법위반으로 유죄판결이 확정된 후, 보험금을 청구하여 일부를 수령하였다. 그 후 甲은 살인미수, 사기 및 사기미수혐의로 기소되어 제1심과 항소심에서 유죄판결을 받자, 공소사실 가운데 2건의 교통사고와 관련하여 이미 확정된 교통사고처리특례법위반사실과 공소사실이 동일함을 이유로 고의로 유발된 사고를 전제로 기소된 사기 및 사기미수사건이 일사부재리원칙에 위반된다고 상고하였다면 이는 적법한가?

판례는 위 교통사고처리 특례법 위반죄의 행위태양은 과실로 교통사고를 야기했다는 점인 데 반하여, 이 사건 사기 및 사기미수죄는 고의로 교통사고를 낸 뒤 보험금을 청구하여 수령하거나 미수에 그쳤다는 것이므로 서로 행위 태양이 전혀 다르고, 교통사고처리 특례법 위반죄의 피해자는 교통사고로 사망하거나 상해를 입은 사람들이지만, 사기 및 사기미수죄의 피해자는 피고인과 운전자보험계약을 체결한 보험회사들이므로 서로 다르다. 따라서 위 각 교통사고처리 특례법 위반죄와 이 사건 사기 및 사기미수죄는 그 기본적 사실관계가 동일하다고 볼 수 없다는 이유로 확정판결의 기판력이 후자에 미친다고 볼 수 없다는 입장이다(대법원 2010. 2. 25. 선고 2009도14263 판결). 그러나 실체재판의 경우 내용적 확정에 따른 외부적 효력으로서 내용적 구속력이 독자적 의미를 가진다는 견해에 따르면, 이 사안에서도 선행사건과 후행사건은 동일성이 인정되지 않으므로 구속력이 미치지 않고 따라서 재기소가 가능한 것으로 보는 것도 가능할 것이다.

[356] 일사부재리의 효력이란 무엇인가?

일사부재리의 효력이란 유·무죄의 실체판결이나 면소판결이 확정되면 동일한 범죄사실에 대하여 다시 심리·판단하는 것이 허용되지 않는다는 것을 말한다. 일사부재리의 효력은 동일성이 인정되는 사실에 미친다. 헌법 제13조 제1항은 "모든 국민은 동일한 범죄에 대하여 거듭 처벌받지 아니한다."고 하여 일사부재리의 원칙을 명문으로 규정하고 있다.

다수설은 **실체적 확정력이 가지는 대외적 효과**를 고유한 의미의 **기판력**(res judicata)이라고 부르며, 기판력의 내용을 일사부재리의 효력으로 이해한다.

[357] 일사부재리의 효력과 기판력과의 관계는 어떻게 이해되고 있는가?

① **일치설**(실체적 확정력설)은 기판력을 실체재판과 면소판결의 내용적 확정에 따른 외부적 효과(재소금지)로서, 동일한 사건에 대해 다시 심판이 허용되지 않는 일사부재리의 효과와 동일한 의미로 이해한다. ② **구별설**(이중위험금지설)은

기판력은 확정판결의 내용적 확정에 따른 외부적 효력(후소에 대한 구속력: 형식재판의 경우에 주로 의미를 지님)을 의미하며, 일사부재리의 효력은 형사절차에서 피고인 보호를 위해 영미법의 이중위험 금지의 법리에서 파생된 것(실체재판의 경우에 의미)으로서 양자는 별개의 것으로 이해한다. ③ 포함설은 기판력은 형식재판과 실체재판을 불문하고 확정재판의 내용적 확정에 따른 외부적 효력으로서 내용적 구속력을 말하며, 그 효과는 실체재판의 경우에 동일한 사건에 대한 재소금지를 내용으로 하는 일사부재리의 효력을 포함한다고 이해한다. 판례는 "형사재판이 실체적으로 확정되면 동일한 범죄에 내하여 거듭 처벌할 수 없고, 확정판결이 있는 사건과 동일사건에 대하여 공소의 제기가 있는 경우에는 판결로써 면소의 선고를 하여야 한다."(대법원 2014. 1. 16. 선고 2013도11649 판결)라고 하여 실체적 확정력과 일사부재리의 효력을 동일한 선상에서 언급함으로써 일치설의 입장과 유사한 태도를 보이고 있다.

[358] 일사부재리의 효력은 어떠한 기능을 수행하는가?

일사부재리의 원칙은 헌법적 차원으로 고양되어 있으며, **피고인 보호기능**(Schutz des Angeklagten)과 실체해명을 위해 추가적인 수사가 필요한 경우라도 형사소추기관이 주의 깊게 사실을 조사하고 법적 평가를 하여야 한다는 위험을 부담한다는 의미에서 **제재기능**(Sanktionsfunktion)이 인정된다.

[359] 공소제기된 공소사실 외에 공소사실의 동일성이 인정되는 범위 전부에 대해서까지 일사부재리의 효력이 미치는 근거는 무엇인가?

① 공소불가분의 원칙상 공소사실과 동일성이 인정되는 사실 전체가 법원의 현실적 심판대상이 되기 때문이라는 견해(범죄사실대상설을 전제로 함), ② 피고인의 이익보호를 위해 이중위험을 금지하고자 하는 일사부재리의 원칙의 취지에 비추어 공소사실과 동일성이 인정되는 범위에서 피고인이 유죄로 처벌될 위험

성이 있기 때문이라는 견해, ③ 공소사실과 동일성이 인정되는 사실 전부에 대하여 공소제기의 효력이 미치고 법원의 잠재적 심판대상이 되기 때문이라는 견해, ④ 1개의 형벌권이 인정되는 사실은 1회의 절차에서 해결해야 한다는 견해(**형사소추의 일회성**) 등이 있다.

실체법상 단일한 형벌권이 인정되는 사실에 대해서는 그 형벌권을 구체화하고 실현시키기 위한 절차로서의 소송절차도 단일해야 한다는 형사소추 일회성의 원칙에서 구하는 것이 타당하다.

---

[360] 甲, 乙, 丙은 A에 대한 폭행치상죄로 기소되어 공동피고인으로 재판을 받았고, 제1심 법원은 甲에게 징역 1년, 乙에게 징역 2년, 丙에게 징역 1년에 집행유예 2년을 선고하였다. 이에 대해 丙은 항소를 하지 아니하여 형이 확정되었고, 甲과 乙은 항소하여 함께 재판을 받고 있다. 그런데 입원치료를 받고 있던 A는 항소심의 심리가 진행되던 도중에 사망하였다. 검사가 丙을 다시 기소할 수 있는지 논하시오.

유·무죄의 실체판결이나 면소판결이 확정되면 동일한 범죄사실에 대하여 다시 심리·판단하는 것이 허용되지 않는다(일사부재리의 원칙). 일사부재리의 효력은 공소가 제기된 피고인에 대해서만 발생하고(인적·**주관적 범위**), 공소사실과 동일성이 인정되는 범죄사실 전부에 대해서 발생하며(물적·**객관적 범위**), "사실심리가 가능한 최후의 시점까지"(사실심판결선고시설) 미친다(**시간적 범위**). 공소사실의 동일성은 공소사실을 그 기초가 되는 사회적 사실로 환원하여 그러한 사실에 다소 차이가 있어도 기본적인 점에서 동일한지 여부를 기준으로 판단하지만(**기본적 사실관계동일설**), 두 죄의 기본적 사실관계가 동일한가의 여부를 판단할 때는 **규범적 요소**도 고려한다(대법원 1994. 3. 22. 선고 93도2080 전원합의체 판결).

폭행치상과 상해치사는 공소사실의 동일성이 인정되고, 丙의 A에 대한 폭행치상에 대한 제1심 판결이 이미 확정되었다. 검사가 丙에 대해 다시 상해치사죄로 공소제기하는 것은 일사부재리의 효력에 반하여 허용되지 않는다.

[361] 甲은 인천 남동구(주소 생략)에서 '○○○○○○상사'라는 상호로 농산물 도소매업을 하면서 2016. 3. 17. 인천지방법원 2016고약4344호 농수산물의 원산지 표시에 관한 법률 위반 사건에서 벌금 300만 원의 약식명령을 발령받아 위 약식명령이 확정되었는데, 그 범죄사실은 '피고인이 2015. 10. 말경부터 2016. 2. 3. 09:00까지 ○○○○○상사 비닐하우스에서 중국산 양파를 국내산 양파로 원산지를 거짓 표시하였다.'는 것이었다. 그 후 甲은 2016. 2. 3.경부터 2016. 3. 31.경까지 구월농산물도매시장 내 도매법인 공소외 1 주식회사를 통해 구입한 중국산과 일본산 양파의 원산지를 '국내산'으로 표시하여 판매하고 보관하여 농수산물의 원산지 표시를 거짓으로 하였다고 하여 농수산물의원산지표시에관한법률위반으로 기소되었다면, 법원은 어떤 조치를 취하여야 하는가?

甲의 행위는 동일 죄명에 해당하는 수개의 행위를 단일하고 계속된 범의 아래 일정 기간 계속하여 행하고 그 피해법익도 동일한 경우로서 영업범인 포괄일죄에 해당한다. 2016. 3. 17. 약식명령이 발령된 농수산물 원산지표시법 위반사실과 그 이전부터 그 이후에 걸쳐 중국산 양파와 일본산 양파의 원산지를 국내산으로 표시하여 판매한 공소사실은 전체로서 동일한 범의에 기한 것으로서 피해법익도 동일하다고 할 수 있으므로 포괄일죄에 해당한다. 다만 공소사실은 약식명령의 발령 전후에 걸쳐 행해진 범행으로서, ① 약식명령이 발령되기 전의 행위는 약식명령이 확정된 사실과 동일성이 인정되므로 확정판결이 있는 경우로서 면소판결을 해야 하는 데 비하여, ② 그 이후의 행위는 확정판결을 통해 단절되므로 동일성이 부정되어 별도로 적법한 공소제기라고 할 수 있고, 따라서 법원은 이 부분에 대해서만 유죄판결을 선고해야 한다(2016. 3. 17.까지 부분에 대해서는 일부 면소판결, 3. 17.부터 3. 31.까지의 부분에 대해서는 범죄의 증명이 있으면 일부 유죄판결선고)(대법원 2017. 7. 11. 선고 2017도7171 판결 참고).

[362] 甲은 1년 전 친구 乙과 함께 강도범행을 저질렀는데, 甲이 강도범행 후 乙과 헤어져 강취한 물건을 지닌 채 귀가하던 중 경찰관의 불심검문을 받자 친구

가 훔친 물건을 헐값에 샀다고 둘러댔고, 그 후 甲은 장물취득죄로 기소되어 유죄판결이 확정되었다. 검사가 甲이 1년 전 乙과 함께 범한 강도범행을 공소사실로 하여 기소한 경우 장물취득죄의 유죄판결이 강도사건 공소에 미치는 영향은?

(2017년 2차 모의시험)

일사부재리의 효력은 공소사실과 동일성이 인정되는 범죄사실 전부에 대해서 발생한다. 甲이 범한 강도범행에 대한 공소사실이 이미 판결이 확정된 장물취득범행과 공소사실의 동일성이 인정되는지 문제된다. 공소사실의 동일성은 공소사실을 그 기초가 되는 사회적 사실로 환원하여 그러한 사실에 다소 차이가 있어도 기본적인 점에서 동일한지 여부를 기준으로 판단하지만(**기본적 사실관계동일설**), 두 죄의 기본적 사실관계가 동일한가의 여부는 그 규범적 요소를 전적으로 배제한 채 순수하게 사회적, 전법률적인 관점에서만 파악할 수는 없고, 그 자연적, 사회적 사실관계나 피고인의 행위가 동일한 것인가 외에 그 **규범적 요소**도 기본적 사실관계 동일성의 실질적 내용의 일부를 이룬다(대법원 1994. 3. 22. 선고 93도2080 전원합의체 판결).

사안에서 장물취득행위와 강도행위의 기초가 되는 사회적 사실관계는 타인의 재물을 취득했다는 점에서 동일하고 장물취득행위와 강도행위는 양립할 수 없다는 측면이 있어 장물취득죄에 대한 유죄판결의 확정력은 공소제기된 강도범행에 미친다고 볼 수도 있다. 그러나 장물취득행위와 강도행위는 수단, 방법, 상대방 등 범죄사실의 내용이나 행위가 별개이고, 행위의 태양이나 피해법익도 다르고 죄질에도 현저한 차이가 있어, 위 장물취득죄와 이 사건 강도상해죄 사이에는 동일성이 있다고 보기 어렵다. 따라서 피고인이 장물취득죄로 받은 판결이 확정되었더라도 강도상해죄의 공소사실에 대하여 면소 판결을 선고하여야 한다거나 피고인을 강도상해죄로 처벌하는 것이 일사부재리의 원칙에 어긋난다고는 할 수 없다.

[363] 甲은 상습도박죄로 2018. 5. 20. 서울중앙지방법원에서 징역 1년에 집행유예 2년을 선고받고 항소하여, 2018. 8. 10. 서울중앙지방법원 항소부에서 항소기각판결을 선고받아 같은 달 17. 위 항소기각판결이 확정된 이후에 '2018. 5. 10. 고스톱이라는 도박을 하였고, 2018. 6. 10. A가 고스톱이라는 도박을 함에 있어 A가 도박을 할 수 있도록 A에게 부동산중개업소 사무실을 도박장소로 사용케 하면서 화투를 제공하였다.'는 범죄사실로 공소가 기소되었다. 법원은 어떠한 재판을 하여야 하는가? (2019년 1차 모의시험)

기판력의 시적 범위가 어디까지 미치는가에 관하여 변론종결시설, 판결선고시설, 판결확정시설이 있으나, 판례는 판결의 확정력은 **사실심리의 가능성이 있는 최후의 시점인 판결선고시**를 기준으로 하여 그때까지 행하여진 행위에 대하여만 미치고, 제1심 판결에 대하여 항소가 된 경우 판결의 확정력이 미치는 시간적 한계는 현행 형사항소심의 구조와 운용실태에 비추어 볼 때 **항소심 판결선고시**라고 보아야 한다는 입장이다(대법원 1993. 5. 25. 선고 93도836 판결). 사안에서 포괄일죄인 상습도박 사실의 일부에 대한 2018. 8. 10. 항소기각판결은 그 이전에 이루어진 상습도박 사실에도 미친다. 따라서 2018. 5. 10. 이루어진 상습도박과 2018. 6. 10. 이루어진 상습도박방조에 대해서는 법원은 형사소송법 제326조 제1호에 의해 면소판결을 선고하여야 한다.

[364] 甲은 사기죄의 경합범으로 기소되어 유죄판결을 선고받고 그 판결이 확정되었는데, 검사는 그 유죄판결이 확정되기 전에 甲이 범한 다른 사기범행들을 발견하고 다시 甲을 상습사기죄로 기소하였다. 이때 유죄가 확정된 사기범행들과 새롭게 기소된 사기범행들이 포괄일죄에 해당하는 것으로 판단된다면, 법원은 어떤 판결을 하여야 하는가? (2016년 2차 모의시험)

상습범으로서 포괄적 일죄의 관계에 있는 여러 개의 범죄사실 중 일부에 대하여 유죄판결이 확정된 경우에는, 그 확정판결의 사실심판결선고 전에 저질러진 나머지 범죄에 대하여 새로이 공소가 제기되었다면 그 새로운 공소는 확정판결이 있었던 사건과 동일한 사건에 대하여 다시 제기된 데 해당하므로 이에 대하여는 판결로써 면소의 선고를 하여야 한다(제326조 제1호). 다만 이러한 법리가 적용되기 위해서는 전의 확정판결에서 당해 피고인이 **상습범으로 기소되어 처단되었을 것**을 필요로 한다. 상습범 아닌 기본 구성요건의 범죄로 처단되는 데 그친 경우에는, 설령 뒤에 기소된 사건에서 비로소 드러났거나 새로 저질러진 범죄사실과 전의 판결에서 이미 유죄로 확정된 범죄사실 등을 종합하여 비로소 그 모두가 상습범으로서의 포괄적 일죄에 해당하는 것으로 판단된다 하더라도 뒤늦게 앞서의 확정판결을 상습범의 일부에 대한 확정판결이라고 보아 그 기판력이 그 사실심판결선고 전의 나머지 범죄에 미친다고 보아서는 아니 된다(대법원 2004. 9. 16. 선고 2001도3206 전원합의체 판결). 확정판결의 기판력이 미치는 범위를 정함에 있어서는 그 확정된 사건 자체의 범죄사실과 죄명을 기준으로 하는 것이 원칙이고 비상습범으로 기소되어 판결이 확정된 이상, 그 사건의 범죄사실이 상습범 아닌 기본 구성요건의 범죄라는 점에 관하여 이미 기판력이 발생하였다고 보아야 할 것이며, 뒤에 드러난 다른 범죄사실이나 그 밖의 사정을 부가하여 전의 확정판결의 효력을 검사의 기소내용보다 무거운 범죄유형인 상습범에 대한 판결로 바꾸어 적용하는 것은 형사소송의 기본원칙에 비추어 적절하지 않기 때문이다(대법원 2004. 9. 16. 선고 2001도3206 전원합의체 판결).

따라서 甲에 대해 유죄판결이 선고되고 판결이 확정된 범죄는 단순사기죄이므로, 이 확정판결이 있기 전에 범한 다른 사기범행들에 대한 상습사기죄로의 기소에 기판력이 미치지 않으므로 법원은 새롭게 실체판결을 하여야 한다.

[365] 甲은 도박죄에 대한 유죄판결이 확정되었다. 검사가 위 도박죄 범행 이전의 내기골프 도박 범행 10회와 위 도박죄 확정판결 이후의 내기골프 도박 범행 3회를 추가 수사한 후 상습도박죄로 기소하고, 공판심리 결과 甲에게 상습성이 인정되는 경우 법원이 취할 수 있는 조치는? (2018년 7회 변호사시험)

범죄를 반복하여 저지르는 습벽, 즉 상습성이라는 행위자 속성이 인정되는 경우 가중 처벌되는 상습범은 포괄일죄에 해당한다. 상습범으로 포괄일죄 중 일부에 대한 유죄판결이 확정된 때에는 그 확정판결의 사실심판결선고 전 범행에 대하여는 면소판결을 선고하는 것이 원칙이다. 그러나 이러한 법리가 적용되려면 상습도박죄로 판결이 선고되었어야 한다. 비상습범으로 기소되어 판결이 확정된 이상, 그 사건의 범죄사실이 상습범 아닌 기본 구성요건의 범죄라는 점에 관하여 이미 기판력이 발생하였다고 보아야 하기 때문이다(대법원 2004. 9. 16. 신고 2001도3206 진원합의체 판결).

사안에서 甲에 대해 확정된 판결은 도박죄이며 상습도박죄가 아니므로 도박죄 판결선고 전 甲이 범한 10건의 상습도박범행과 확정판결 이후 범한 3건의 도박범행 모두 상습도박죄로 유죄판결을 선고할 수 있다.

---

[366] 甲에 대한 수사과정에서 甲이 ① 2016. 9. 1. K로부터 1억 원, ② 2016. 11. 1. L로부터 1억 원, ③ 2017. 1. 1. M으로부터 2억 원, ④ 2017. 3. 1. N으로부터 2억 원, ⑤ 2017. 5. 1. O로부터 3억 원을 편취한 사실이 밝혀졌다. 검사는 ①~⑤에 대하여 甲을 특정경제범죄 가중처벌 등에 관한 법률 위반(사기)죄로 기소하였다. 공판심리결과 ①~⑤ 각 사실 및 위 각 행위가 사기의 습벽에 의한 것임이 인정되었고, 甲이 ①사실에 대하여 2016. 12. 14. 사기죄로 징역 1년에 집행유예 2년을 선고받고(같은 달 22. 확정), ③사실에 대하여 상습사기죄로 2017. 3. 20. 징역 1년 6월을 선고받았음(같은 달 28. 확정)이 밝혀진 경우, 법원이 해야 할 재판은? (2017년 2차 모의시험)

---

① 및 ③ 사실에 대한 재판: ① 및 ③ 사실에 대하여는 확정판결이 존재하므로 형사소송법 제326조 제1호에 따라 면소판결을 선고하여야 한다.

② 및 ④ 사실에 대한 재판: 상습범으로서 포괄적 일죄의 관계에 있는 여러 개의 범죄사실 중 일부에 대하여 유죄판결이 확정된 경우에는, 그 확정판결의 사실심판결선고 전에 저질러진 나머지 범죄에 대하여 새로이 공소가 제기되었다

면 그 새로운 공소는 확정판결이 있었던 사건과 동일한 사건에 대하여 다시 제기된 데 해당하므로 이에 대하여는 판결로써 면소의 선고를 하여야 한다(제326조 제1호). 다만 이러한 법리가 적용되기 위해서는 전의 확정판결에서 당해 피고인이 상습범으로 기소되어 처단되었을 것을 필요로 한다(대법원 2004. 9. 16. 선고 2001도3206 전원합의체 판결). ③ 사실에 대하여 상습사기죄로 2017. 3. 20. 징역 1년 6월을 선고되고 그 판결이 확정되었으므로, ③ 사실의 사실심 판결선고일인 2017. 3. 20. 전에 행하어진 ② 및 ④ 사실은 확정판결이 있었던 사건과 동일한 사건에 대하여 다시 공소가 제기된 경우에 해당하므로 형사소송법 제326조 제1호에 따라 면소판결을 선고하여야 한다.

⑤ 사실에 대한 재판: ⑤ 사실에 대하여는 별개의 실체재판을 하여야 한다. 검사는 특정경제범죄 가중처벌 등에 관한 법률위반(사기)으로 기소하였으나, ⑤ 사실로 인한 이득액은 3억 원으로 동법의 적용대상인 5억 원 이상에 해당하지 않아 동법은 적용되지 않는다. 사안에서 甲의 상습성에 대한 심리가 이루어졌고 중한 특경가법이 아닌 경한 형법의 적용법조를 적용하는 것이므로 甲의 방어권 행사에 실질적 불이익이 없으므로 상습사기죄에 대한 유죄의 판결을 하여야 한다.

상소 · 비상구제절차 · 특별형사절차

제4편

I. 상소

[367] 상소란 무엇인가?

상소란 법원의 **미확정재판**에 대하여 **상급법원**에 구제를 구하는 **불복신청**의 제도를 말한다. '미확정'재판을 전제로 한다는 점에서 확정판결에 대한 비상구제절차인 재심이나 비상상고는 상소에 포함되지 않는다. '재판'에 대한 불복신청이라는 점에서 검사의 처분에 대한 불복(예컨대 불기소처분에 대한 항고나 재정신청, 검사의 집행처분에 대한 이의신청(제489조))은 상소에 포함되지 않는다. '상급법원'에 대한 것이라는 점에서 동일법원 또는 동급법원에 대한 불복신청(예컨대 약식명령이나 즉결심판에 대한 정식재판의 청구(제453조, 즉결심판절차법 제14조), 법원의 증거결정이나 재판장의 처분에 대한 이의신청(제296조, 제304조, 제320조), 상고심판결에 대한 정정신청(제400조))은 상소가 아니다.

II. 상소권의 회복

[368] 판례가 형사소송규칙 제154조에 따라 상소절차속행 신청을 할 수 있다고 인정하는 경우는 언제인가?

형사소송규칙 제154조 제1항은 "상소의 포기 또는 취하가 부존재 또는 무효임을 주장하는 자는 그 포기 또는 취하 당시 소송기록이 있었던 법원에 절차속행의 신청을 할 수 있다."고 규정하여, 상소절차속행신청을 '상소의 포기' 또는 취하가 부존재 또는 무효임을 다투는 절차로 규정하고 있다. 그러나 판례는 절차속행신청이 허용되는 경우를 '상소가 제기된 후' 피고인 등이 상소를 포기하거나 취하하는 경우로 한정하고 있다(따라서 규칙 제154조가 말하는 '상소의 포기'는 통상 상소의 취하에 해당하게 된다). '상소포기 후 상소기간이 경과하기 전에 상소제기'한 경우에는 그 상소에 의하여 계속된 상소절차나 상소기각결정에 대한 즉시항고절차에서 구제받을 수 있기 때문에 절차속행의 신청을 할 수 없다. 또한 '상소포기 후 상소기간이 경과'한 경우에는 상소제기가 없어 절차속행의 신청을 할 수 없고, 단지 상소권회복청구의 대상이 되므로, 결국 규칙 제154조에 따른 상소절차속행신청은 상소제기 후 상소를 취하한 경우에 한해 적용된다.

> **[369]** 甲은 2003. 8. 18. 수원지방법원 성남지원 2003고단1850 폭력행위등처벌에관한법률위반 사건에서 징역 6월을 선고받고 항소하였다가, 2003. 11. 12. 수원지방법원 2003노3217호 사건의 선고기일에 출석하여 항소기각의 판결을 선고받고, 같은 날 수원지방법원에 상고포기서를 제출하였다. 그러나 항소심에서 선임되었던 甲의 변호인은 갑으로부터 '동료 재소자들로부터 상고심에 가도이로울 것이 없다는 이야기를 듣고 하는 수 없이 상고를 포기한 것'이라는 말을 듣고, 2003. 11. 22. 수원구치소장에게 상고장과 함께 상고권회복신청서를 제출하였다면 법원은 어떤 조치를 취해야 하는가?

甲은 상고제기기간(2003. 11. 19.)이 지난 후인 2003. 11. 22. 수원구치소장에게 상고장과 함께 상소권회복신청서를 제출하였다. 甲은 단순히 동료 재소자의 조언에만 의지하여 상고를 포기한 것으로서, 당시 정신적 장애가 있었다거나 다른 사람의 강박에 의하여 상고포기를 하였거나 그로 인하여 상고제기기간을 준수할 수 없었다고 인정할 만한 자료가 없는 이상, **상소권회복청구**는 이유가 없다(대법원 2004. 1. 13. 자 2003모451 결정 참조).

또한 상소제기기간이 남아 있는 경우라도 상소를 포기한 이상 재상소는 허용되지 않지만, 상고를 포기한 후 그 포기가 무효라고 주장하는 경우에는 '상고포기의 효력을 다투면서 상고를 제기'하여 그 상고의 적법 여부에 대한 판단을 받으면 되므로, 마찬가지로 그 경우에도 상소권회복청구는 인정되지 않는다(대법원 1999. 5. 18. 자 99모40 결정).

한편 피고인이 상고를 포기한 다음 다시 상고를 제기한 경우, 피고인으로서는 그 상고에 의하여 계속된 상고절차나 원심법원의 상고기각결정에 대한 즉시항고절차 등에서 피고인의 상고포기가 부존재하거나 무효임을 주장하여 구제받을 수 있으므로, 상소 제기 후 재판 없이 상소절차가 종결처리된 경우에 상소포기의 부존재 또는 무효를 주장하여 행하는 **절차속행신청**을 할 수도 없다.

따라서 법원은 甲의 상고 및 상고권회복신청에 대해, 상고권 소멸 후에 제기된 것으로 부적법함을 이유로 결정으로 기각하여야 한다.

---

[370] 특수폭행죄로 기소되어 구속재판을 받고 있던 甲은 제1심에서 유죄판결을 선고받고 항소하고자 하였는데, 교도관이 잘못 내어 준 상소권포기서를 항소장으로 잘못 믿은 나머지 이를 확인하여 보지도 않고 서명·무인하여 법원에 제출하였다. 후일 甲은 착오로 항소를 포기하였다는 이유로 형사소송규칙 제154조에 따라 제1심 법원에 상소절차속행신청을 하였다. 제1심 법원은 甲의 신청을 인용하고 절차를 속행하여야 하는가?

형사소송규칙 제154조 제1항은 "상소의 포기 또는 취하가 부존재 또는 무효임을 주장하는 자는 그 포기 또는 취하 당시 소송기록이 있었던 법원에 절차속행의 신청을 할 수 있다."고 규정하고 있다. 甲의 착오로 인한 항소포기가 무효인지 여부가 문제된다.

절차형성적 소송행위가 착오로 인하여 행하여진 경우, 절차의 형식적 확실성을 강조하면서도 피고인의 이익과 정의의 희생이 커서는 안 된다는 측면에서 그 소송행위의 효력을 고려할 필요가 있으므로 **착오에 의한 소송행위가 무효로 되기 위하여서는** 첫째 통상인의 판단을 기준으로 하여 만일 착오가 없었다면 그러한 소송행위를 하지 않았으리라고 인정되는 중요한 점(동기를 포함)에 관하여 착오가 있고, 둘째 착오가 행위자 또는 대리인이 책임질 수 없는 사유로 인하여 발생하였으며, 셋째 그 행위를 유효로 하는 것이 현저히 정의에 반한다고 인정될 것 등 세 가지 요건을 필요로 한다(대법원 1992. 3. 13. 자 92모1 결정).

사안에서 甲이 착오를 일으키게 된 과정에 교도관의 잘못이 개입되어 있었다 하더라도 착오에 의한 항소포기의 무효를 인정하려면 甲의 과실이 없어야 하는데, 교도관이 잘못 내어 준 상소권포기서를 항소장으로 오신한 데 甲의 과실이 없다고 단정하기 어렵다. 따라서 제1심 법원은 甲의 상소절차속행신청을 기각하여야 한다(형사소송규칙 제154조 제2항).

III. 상소의 이익

[371] 공소기각의 판결에 대하여 무죄를 구하는 상소를 제기할 수 있는가?

① 형식재판보다는 무죄판결이 객관적으로 피고인에게 유리하며 무죄판결이 확정되면 기판력이 발생하고 형사보상 등을 받을 수도 있어서 상소의 이익이 인정되므로 무죄를 주장하여 상소할 수 있다는 **긍정설**, ② 소송조건이 결여되어 법원이 실체판결을 할 수 없어 실체판결청구권이 없다거나 또는 무죄판결과 같이 피고인에게 유리한 재판이므로 상소의 이익이 없기 때문 형식재판에 대하여 무죄를 주장하여 상소할 수 없다는 **부정설**, ③ 면소판결에는 기판력이 발생하여 무죄판결과 같이 피고인에게 유리한 재판이므로 상소의 이익이 인정되지 않는 반면에 공소기각의 재판에는 기판력이 발생하지 않아 상소의 이익이 인정되므로 상소가 허용된다는 **구분설**이 대립하고 있으나, **판례**는 "피고인을 위한 상소는 피고인에게 불이익한 재판을 시정하여 이익된 재판을 청구함을 그 본질로 하는 것이므로 피고인은 재판이 자기에게 불이익하지 아니하면 이에 대한 상소권을 가질 수 없고, 공소기각의 판결이 있으면 피고인은 공소의 제기가 없었던 상태로 복귀되어 유죄판결의 위험으로부터 해방되는 것이므로 그 판결은 피고

인에게 불이익한 재판이라고 할 수 없으므로, 공소기각의 재판에 대하여 피고인은 상소권이 없다."(대법원 1983. 5. 10. 선고 83도632 판결)는 입장이다.

[372] 업무상 횡령죄의 피고사건에 대한 제1심 판결에서 피고인 甲은 공소시효가 완성되었다는 이유로 면소판결을 받았다. 그러나 甲은 자신의 행위는 횡령이 아니라 자신이 보관하고 있는 물건에 대한 적법한 처분이었다는 이유로 무죄를 주장하며 항소하였다. 이 경우에 법원은 어떤 조치를 취해야 하는가?

면소판결에 대해 무죄를 주장하여 항소할 수 있는지에 대해 학설과 판례는 이를 부정하고 있다. 다만 그 근거에 대해서는 피고인의 주관적 이익이나 사회통념에 따른 이익이 아니라 객관적 이익이 없으므로 상소의 이익이 없기 때문이라는 견해와 소송조건의 결여로 실체판결청구권이 없기 때문이라는 견해가 대립하고 있는데, 판례는 후자의 입장을 취하고 있다(대법원 1986. 12. 9. 선고 86도1976 판결). 어느 견해에 따르더라도, 면소판결에 대해서는 무죄를 주장하여 항소할 수 없으므로 법원은 부적법한 항소를 이유로 항소를 기각하여야 한다. 면소판결에 대해 무죄를 주장하는 경우는 그 부적법함이 항소장의 기재만으로 명백하므로, 법률상 방식에 위반하여 무효인 경우에 해당하여 원심법원 또는 항소법원이 결정으로 항소를 기각하게 된다(제360조 제1항, 제362조 제1항).

IV. 상소제기의 방식 및 효과

[373] 형사소송법 제344조 제1항은 "교도소 또는 구치소에 있는 피고인이 상소의 제기기간 내에 상소장을 교도소장 또는 구치소장 또는 그 직무를 대리하는 자에게 제출한 때에는 상소의 제기기간 내에 상소한 것으로 간주한다."고 규정하고 있고(재소자 피고인의 특칙), 동 조항은 상소권회복의 청구 또는 상소의 포기나 취하(제355조), 항소이유서 및 상고이유서 제출(제361조의3 제1항, 제379조 제1

항), 재심의 청구와 그 취하(제430조), 소송비용의 집행면제의 신청, 재판의 해석에 대한 의의(의의)신청과 재판의 집행에 대한 이의신청 및 그 취하(제490조 제2항) 등의 경우에 준용되고 있다. 형사소송법 제344조 제1항은 재정신청 기각결정에 대한 재항고나 그 재항고 기각결정에 대한 즉시항고에도 적용되는가?

판례는 "법정기간 준수에 대하여 도달주의 원칙을 정하고 재소자 피고인 특칙의 예외를 개별적으로 인정한 형사소송법의 규정 내용과 입법 취지, 재정신청 절차가 형사재판절차와 구별되는 특수성, 법정기간 내의 도달주의를 보완할 수 있는 여러 형사소송법상 제도 및 신속한 특급우편제도의 이용 가능성 등을 종합하여 보면, 재정신청 기각결정에 대한 재항고나 그 재항고 기각결정에 대한 즉시항고로서의 재항고에 대한 법정기간의 준수 여부는 **도달주의 원칙**에 따라 재항고장이나 즉시항고장이 법원에 도달한 시점을 기준으로 판단하여야 하고, 거기에 재소자 피고인 특칙은 준용되지 아니한다."는 입장이다(대법원 2015. 7. 16. 자 2013모2347 전원합의체 결정).

[374] 상소제기의 효과는 무엇인가?

상소제기의 효과에는 **정지의 효력**과 이심의 효력이 있다. 상소를 제기하면 재판의 선고 또는 고지에도 불구하고 원심재판의 확정과 집행이 정지된다. '확정의 정지'의 효력은 상소제기와 동시에 예외 없이 발생한다. '집행의 정지'의 효력은 항고(제409조)와 가납판결(제334조 제3항)의 경우에는 예외적으로 그 효력이 발생하지 않는다.

상소의 제기로 피고사건에 대한 소송계속이 원심법원에서 상소법원으로 넘어가는 **이심의 효력**이 발생한다. 상소는 상급법원에 의한 구제를 목적으로 하는 것이라는 점에서 이심의 효력은 상소제기의 본질적 효력이다. 이심의 효력의 발생시기에 대해서는 다툼이 있으나 판례는 "형사사건에 있어 항소법원의 소송계속은 제1심 판결에 대한 **항소에 의하여 사건이 이심된 때**로부터 그 법원의 판결에 대하여 상고가 제기되거나 그 판결이 확정되는 때까지 유지된다."(대법원 1985. 7. 23. 자 85모12 결정)고 하여 **'상소제기시'**를 기준으로 하고 있다. 상소장과 소송기록이 상소법원에 송부된 때라는 소송기록송부기준설이 있으나, 상소의 정형성을 확보하기 위해서는 상소장이라는 서면 제출을 전제로 해야 하며, 기록의 송부는 상소심의 심리를 위한 내부절차에 불과하므로, 상소제기기준설이 타당하다.

V. 일부상소

[375] 형사소송법 제342조 제1항은 "상소는 재판의 일부에 대하여 할 수 있다.", 동조 제2항은 "일부에 대한 상소는 그 일부와 불가분의 관계에 있는 부분에 대하여도 효력이 미친다."고 규정하고 있다. 일부상소가 허용되는 경우와 허용되지 않는 경우를 설명하시오.

(1) 일부상소가 허용되는 경우: 수개의 재판을 선고할 수 있는 경합범에 대해서만 일부상소가 가능하다. ① 이종의 형이 병과된 유죄판결(예컨대 경합범 중 일부에 대해서는 징역형이 선고되고, 다른 일부에 대해서는 벌금형이나 형의 면제 또는 선고유예 판결이 선고된 경우), ② 일부 유죄, 일부 무죄 또는 형식재판이 선고된 경우, ③ 무죄 또는 형식재판이 선고된 경우 일부상소가 허용된다. ④ 수개의 공소사실이 확정판결 전후에 범한 죄(사후적 경합범)로서 수개의 형이 선고된 때에도 일부상소가 허용된다.

(2) 일부상소가 허용되지 않는 경우: ① 한 개의 형이 선고된 경합범, ② 일죄(단순일죄, 포괄일죄, 과형상 일죄)의 일부, ③ 주문 내용이 불가분적 관련을 가지는 경우(주형과 일체가 된 병과형(자격정지·벌금), 부가형(몰수·추징), 환형유치, 압수물환부, 집행유예 등)에 대해서는 일부상소가 허용되지 않는다. 불가분의 관계에 있거나 사후적으로 불가분의 관계에 있는 것으로 드러난 재판의 일부 또는 주형과 분리하여 상소한 때에는 일부상소가 부적법한 것으로 되는 것은 아니라 상소불가

분의 원칙상 **재판 전부에 대해 상소의 효력**이 미치게 된다(제342조 제2항).

[376] 경합범에 대하여 일부유죄 일부무죄가 선고되어 어느 일부에 대해서만 상
소한 경우에 상소심의 심판범위는?

(1) 유죄 부분에 대한 피고인의 일부상소가 있는 경우 유죄 부분만 상소심으
로 이심되어 심판대상은 유죄 부분에 한하고 무죄 부분은 그대로 확정된다. 상
소심에서 유죄 부분을 파기하는 경우에도 유죄 부분에 한한다(일부파기). (2) 무
죄 부분에 대한 검사의 일부상소가 있는 경우 ① 상소가 제기되지 않은 부분은
상소제기기간이 경과하여 확정되고 상소가 제기된 부분만 상소심이 심판할 수
있으므로 원심을 파기하는 경우에도 검사가 상소한 무죄 부분만 파기하여야 한
다는 **일부파기설**(다수설)과 ② 검사가 상소한 무죄 부분만 파기하게 되면 이미
확정된 유죄판결과 함께 2개의 유죄판결을 받게 되어 피고인에게 불이익이 초
래될 수 있으므로 검사만 무죄 부분에 대하여 상소하였어도 원심을 파기하는
경우에는 상소심이 유죄 부분까지 전부를 파기하여야 한다는 **전부파기설**의 대
립이 있지만, **판례**는 피고인과 검사가 상고하지 아니한 유죄판결 부분은 상고기
간이 지남으로써 확정되고 상고심에 계속된 사건은 무죄판결 부분에 대한 공소
뿐이며 상고심에서 이를 파기할 때에는 무죄 부분만을 파기하여야 한다고 하여
일부파기설의 입장을 취하고 있다(대법원 1992. 1. 21. 선고 91도1402 전원합의체 판결).

[377] 공방대상론이란 무엇인가?

경합범과 달리 일죄의 일부에 대해 검사 또는 피고인이 상소하더라도 상소
불가분의 원칙에 따라 일죄 전부가 상소심에 계속되고 상소심의 심판대상이
된다. 공방대상론은 일죄의 일부의 경우에도 실질적으로 일부상소의 효과를 인
정하는 이론이다. 일죄의 일부에 대해 제1심에서 일부 유죄를 선고하고 나머지
부분에 대해 판결이유에서 무죄로 판단한 경우, 검사와 피고인 쌍방이 항소하

지 아니한 부분은 공격과 방어의 대상에서 벗어났으므로 항소심의 심판범위에 속하지 않는다는 이론을 말한다. 피고인의 실질적 이익을 고려하여 일죄의 경우에도 일부상소의 효과를 인정하는 입장이라고 할 수 있다. **판례**는 1991년 대법원 판결(대법원 1991. 3. 12. 선고 90도2820 판결)을 통해 처음으로 공방대상론을 전개하였다. 판례는 ① 피고인만이 포괄일죄의 유죄 부분에 대하여 상소하고 검사는 공소기각 부분에 대하여 상소하지 않거나, ② 검사가 상상적 경합관계에 있는 수죄에 대한 무죄 부분 전부에 대하여 상소하였으나 그중 일부 무죄 부분에 대해서는 상고이유로 삼지 않은 경우, 공소기각 부분과 일부 무죄 부분은 상소심에 이심되기는 하지만 그 부분은 이미 당사자 사이에 공격·방어의 대상으로부터 벗어나 사실상 심판대상에서 제외되어 상소심으로서는 그 부분에 대해서 판단할 수 없다는 입장이다.

공방대상론에 관한 **학설**로는, 누가 상소했는지를 불문하고 공방대상론을 적용하여 당사자가 주장한 부분만 심판대상이 된다는 입장, 피고인만 항소한 경우에만 피고인 보호를 위해 일부상소를 허용하는 입장(**편면적 공방대상론**), 그리고 소송계속을 인정하면서 심판할 수 없다는 것은 이론상 모순일 뿐 아니라 누가 상소하였는가에 따라 상소의 효과가 미치는 범위가 달라진다는 것도 편면적인 이론구성으로서 논리적으로 일관성이 없다는 입장이 있다.

> **[378]** 제1심 법원은 甲에 대한 (1) 관련 범죄에 대하여 범죄의 증명이 없다는 이유로 무죄를 선고하고, (2) 관련 범죄만 유죄로 인정하여 징역 1년을 선고하였다. 제1심 법원의 판결에 대하여 甲은 항소하지 않고 검사만이 무죄가 선고된 (1) 부분에 대하여 항소한 경우, 검사의 일부상소의 허용 여부 및 항소심의 심판범위를 논하시오. (2012년 1회 변호사시험; 2017년 6회 변호사시험)

(1) <u>일부상소의 허용 여부</u>: 형사소송법 제342조 제1항은 상소는 재판의 일부에 대하여 할 수 있다고 규정하고 있다. '재판의 일부'에 대한 상소는 원심재판의 내용이 **가분적이고** 각각에 대하여 **독립된 판결이 가능한 경우**에만 허용된다. 사안에서와 같이 경합범에 대하여 일부무죄, 일부유죄의 판결이 선고된 때에는

그 재판의 일부에 대해 상소할 수 있다.

(2) <u>항소심의 심판범위</u>: 경합범에 대한 일부유죄, 일부무죄 판결 중 무죄 부분에 대해 검사만이 상소한 경우 검사와 피고인이 상소하지 않은 일부유죄 부분은 상소기간이 지남으로써 분리확정되고, 항소심의 심판범위는 검사가 상고한 무죄 부분이다. 검사의 항소가 이유 있어 파기될 경우에는 이미 확정된 유죄판결과 함께 두 개의 유죄판결을 받게 되어 피고인은 형법 제38조의 경합범 규정의 과형상 이익을 박탈당하는 결과가 될 수 있어 파기의 범위에 관한 **일부파기설**(다수설)과 전부파기설의 대립이 있다. 판례는 "경합범 중 일부에 대하여 무죄, 일부에 대하여 유죄를 선고한 항소심 판결에 대하여 검사만이 무죄 부분에 대하여 상고를 한 경우 피고인과 검사가 상고하지 아니한 유죄판결 부분은 상고기간이 지남으로써 확정되어 상고심에 계속된 사건은 무죄판결 부분에 대한 공소뿐이라 할 것이므로 상고심에서 이를 파기할 때에는 무죄 부분만을 파기하여야 한다."고 하여 일부파기설의 입장을 취하고 있다(대법원 1992. 1. 21. 선고 91도1402 전원합의체 판결). 판결을 받지 아니한 경합범에 대해서는 동시에 판결할 경우와 형평을 고려하여 형을 감면할 수 있고(형법 제39조 제1항), 일부상소의 효력은 현실적으로 상소가 이루어진 부분에 대해서만 미친다는 점에서 판례와 다수설의 입장인 일부파기설이 타당하다.

따라서 항소심은 검사가 항소한 무죄 부분에 대하여만 심판하여야 하고, 검사의 항소가 이유 있는 때에는 무죄 부분만을 파기(일부파기)하여야 한다.

> **[379]** 1심법원이 (1), (2) 사실을 모두 유죄로 인정하고 甲에게 징역 1년을 선고하자, 甲은 항소하였다. 항소심법원은 甲에게 (1) 사실에 대해서는 범죄의 증명이 없다는 이유로 무죄를 선고하고, (2) 사실만 유죄로 인정하여 징역 1년에 2년간의 집행유예를 선고하였다. 甲은 상고하지 아니하였으나 검사는 무죄가 선고된 (1) 사실에 대하여 상고하였다. 대법원의 파기 및 심판 범위는? (2019년 2차 모의시험)

[388] (2) 설명 참조.

[380] 甲은 제1사실과 제2사실로 공소제기 되었다. 제1심 법원은 甲의 두 사건을 모두 유죄로 인정하여 징역 2년을 선고하였다. 이에 검사는 항소하지 않고, 甲만 무죄라는 취지로 항소하였다. 이에 항소심 법원은 제1사실에 대하여는 무죄를 선고하고, 제2사실에 대하여는 유죄로 인정하여 징역 2년을 선고하였다. 이에 대해 검사가 무죄 부분(제1사실)에 대하여만 상고하자 대법원은 제1사실도 유죄라는 취지로 파기환송하였다. 대법원으로부터 甲의 사건을 환송받은 항소법원의 심판범위와 선고형의 범위에 대하여 논하시오. (2014년 2차 모의시험)

(1) 환송받은 항소법원의 심판범위: 검사만 유죄 부분에 대하여 상고한 경우 상고심에서 무죄 부분에 대하여 상소이유가 있다고 인정한 경우 일부파기설(다수설)과 전부파기설이 대립하고 있다. 판례는 "경합범 중 일부에 대하여 무죄, 일부에 대하여 유죄를 선고한 항소심 판결에 대하여 검사만이 무죄 부분에 대하여 상고를 한 경우 피고인과 검사가 상고하지 아니한 유죄판결 부분은 상고기간이 지남으로써 확정되어 상고심에 계속된 사건은 무죄판결 부분에 대한 공소뿐이라 할 것이므로 상고심에서 이를 파기할 때에는 무죄 부분만을 파기하여야 한다."고 하여 일부파기설의 입장을 취하고 있다(대법원 1992. 1. 21. 선고 91도1402 전원합의체 판결).

　판례와 다수설의 입장에 따르면, 사안에서 甲과 검사가 모두 상고하지 않은 제2사실은 분리확정되고, 대법원은 검사가 상고한 제1사실에 대하여만 파기환송할 수 있고, 환송받은 항소법원도 제1사실 부분에 대하여만 심판할 수 있다.

(2) 환송법원의 선고형의 범위: 제1심 판결에 대해 피고인만 항소한 사건에서 항소심의 판결에 대해 검사가 다시 상고한 경우에는 불이익변경금지의 원칙이 적용되고, 따라서 상고심에서도 제1심 판결보다 중한 형을 선고할 수 없다(대법원 1957. 10. 4. 선고 4290형비상1 판결). 상고심에서 원심판결을 파기하고 사건을 항소심에 환송한 경우 그 항소심에서는 환송 전 원심판결과의 관계에서도 불이익변경금지의 원칙이 적용되어 그 파기된 항소심판결보다 중한 형을 선고할 수 없다(대법원 2006. 5. 26. 선고 2005도8607 판결).

사안에서 대법원이 파기환송하여 환송받은 항소법원의 심판범위가 되는 제1 사실에 대하여는 불이익변경금지의 원칙이 적용되어 제1심 판결이 선고한 형보다 중하게 변경할 수 없으므로 검사의 상소 부분이 이유가 있더라도 그 부분에 대해 '형을 선고하지 아니한다.'라고 주문에 명시하여야 한다. 또는 항소법원은 경합범중 판결을 받지 아니한 죄가 있는 때에는 그 죄와 판결이 확정된 죄를 동시에 판결할 경우와 형평을 고려하여 그 죄에 대하여 형을 선고할 수 있고, 이 경우 그 형을 감경 또는 면제할 수 있도록 한 형법 제39조 제1항에 따라 형을 면제할 수 있다.

[381] 甲은 인터넷 뱅킹으로 우연히 아이디와 비밀번호를 알게된 B의 예금계좌에서 자신의 예금계좌로 2015. 7. 10. 2백만 원(제1사건), 2015. 7. 11. 5백만 원(제2사건), 2015. 7. 12. 7백만 원(제3사건)을 각각 이체시킨 후 이를 인출하여 그 정을 알고 있는 친구 乙에게 보관시켰다. 위 사건 전부가 기소되자 제1심 법원은 제1사건은 무죄, 나머지 사건들은 유죄를 선고하였고 이에 甲만 항소한 경우 항소심의 심판범위는? (2015년 3차 모의시험)

포괄일죄의 일부만이 유죄로 인정된 경우 그 유죄 부분에 대하여 피고인만이 상고하였을 뿐 무죄 부분에 대하여 검사가 상고를 하지 않았다면 상소불가분의 원칙에 의하여 무죄 부분도 상고심에 이심되기는 하나 그 부분은 이미 당사자 간의 공격방어의 대상으로부터 벗어나 사실상 심판대상에서부터도 벗어나게 되어 상소심으로서도 그 무죄 부분에까지 나아가 판단할 수 없다(대법원 1991. 3. 12. 선고 90도2820 판결). 따라서 포괄일죄인 제1사건, 제2사건, 제3사건 중 甲이 유죄인 제2사건, 제3사건에 대해서만 항소하였으므로 항소심법원은 제1사건에 대해서는 심판할 수 없고, 제2사건 및 제3사건에 대해서만 심판할 수 있다.

[382] 검사가 甲의 절도죄와 함께 손괴죄도 병합기소하여, 제1심에서 경합범으로서 손괴 부분 무죄, 절도 부분 유죄가 각기 선고되고, 검사만 손괴 부분에 대해 항소를 제기하였다. 항소심의 심리 결과 양 죄가 경합범이 아니라 상상적 경합의 관계에 있고, 절도 외에 손괴도 유죄가 인정된다고 판단하였다면, 항소심은 어떤 재판을 해야 하는가?

일부상소는 원심재판의 내용이 가분적이고 각각에 대하여 독립된 판결이 가능한 경우에만 허용되고, 따라서 단순일죄나 과형상 일죄 등 일죄의 일부에 대한 상소의 제기는 허용되지 않고, 상소불가분의 원칙상 재판 전부에 대해 상소의 효력이 미친다(제342조 제2항).

그러나 제1심이 두 개의 공소사실을 경합범으로 판단하여 각각에 대하여 유죄, 무죄를 선고하였고 이에 검사만 무죄 부분에 대해 항소한 경우, 항소심의 심리 결과 두 개의 사실이 과형상 일죄 또는 단순일죄로 밝혀진 경우에 상소심의 심판범위가 문제된다.

학설은, ① 면소판결설(확정된 무죄판결에 중점을 두어 상소심이 유죄 부분에 대해 면소의 판결을 해야 한다는 견해), ② 전부심판(이심)설(상소가 제기된 부분에 중점을 두어 수개의 공소사실이 일체를 이루게 되므로 무죄 부분도 상소심에 계속된다는 견해), ③ 분리확정설(일부이심설. 소송의 동적·발전적 성격을 고려하여 상소되지 않은 부분의 확정으로 유죄 부분과 무죄 부분은 소송법상 두 개의 사실로 나누어지므로 상소심의 심리 결과 과형상 일죄로 밝혀졌다 하더라도 유죄 부분만이 상소심의 심판대상이 된다는 견해), ④ 이원설(피고인만 유죄 부분에 대해 상소한 경우에 대해서는 일부이심설을 취하나, 검사만 무죄 부분에 대해 상소한 경우에 대해서는 전부이심설을 취하는 견해) 등이 있다. 판례도 검사가 무죄 부분을 상소한 경우에는 피고인의 보호의 측면을 고려하여 유죄 부분도 상소심의 심판대상이 된다는 입장이다(**전부이심파기설**).

사안에서 항소심에서의 심리 결과 절도와 손괴가 상상적 경합에 해당한다면 공소불가분의 원칙상 손괴 부분도 항소심에 이심되고, 절도 외에 손괴 부분도 파기하여 중한 죄인 절도죄에 정한 형으로 처단하여야 한다.

[383] 제1심 법원은 2019. 5. 14. 상습절도죄로 乙에게 징역 1년에 집행유예 2년을 선고하였다. 乙과 검사는 양형부당을 이유로 항소하였다. 제2심 법원은 乙이 폭행죄로 100만 원의 벌금형을 선고받고 항소한 사건을 병합 심리한 후 2019. 11. 13. 판결을 선고하였다. 다음 물음에 답하시오.

(1) 제2심 법원의 판결이 확정된 후 검사는 乙이 ① 2019. 10. 23.과 ② 2019. 11. 20. 범한 절도행위를 기소하였다. 수소법원은 위 공소사실이 모두 乙의 상습성이 발현된 범행으로 판단하고 있다. 법원은 ①과 ②의 행위에 대하여 각각 어떠한 판결을 선고하여야 하는가?

(2) 제2심 법원이 피고인의 항소를 기각하고 검사의 항소를 받아들여 상습절도죄에 대해 징역 3년, 폭행죄에 대하여 무죄의 선고를 하자, 乙은 이 유죄판결에 대하여 사실오인 또는 법령위반을 상고이유로 하여 상고하였다. 이 상고이유는 적법한가?

(3) 제2심 법원이 상습절도죄에 대해 징역 1년에 집행유예 2년, 폭행죄에 대해 무죄의 판결을 선고하자, 乙은 상고하지 아니하고 검사는 무죄 부분에 대하여 일부 상고하였다. 대법원은 폭행죄 부분을 유죄의 취지로 파기환송하고자 한다. 대법원이 파기하게 될 범위를 설명하시오.

(1) <u>법원이 선고하여야 하는 판결</u>: 여러 절도행위가 포괄일죄인 상습절도죄를 구성하는 경우에는 상습절도사건의 공소의 효력과 판결의 확정력은 사실심리의 가능성이 있는 최후의 시점인 판결선고시를 기준으로 하여 결정하게 되고(대법원 1973. 8. 31. 선고 73도1366 판결), 항소가 제기된 경우 형사판결의 기판력의 시적 범위를 정하는 최후의 시점은 항소심판결선고시를 의미한다(대법원 1983. 4. 26. 선고 82도2829 판결). ① 절도행위는 항소심판결이 선고된 2019. 11. 13. 이전에 범한 것으로서 확정된 항소심판결의 선고전 행위이므로 이에 대해서는 면소판결을 선고하여야 한다(제326조 제1호). 동일한 습벽에 의하여 저질러진 또 다른 범죄사실에 대한 유죄의 확정판결이 있는 경우에는 전후 범죄사실의 일죄성은

그 확정판결에 의하여 분단되어 추가로 발견된 확정판결 후의 범죄사실은 그 것과 경합범 관계에 있는 별개의 상습범이 된다(대법원 2000. 3. 10. 선고 99도2744 판결). ② 절도행위는 乙에 대한 상습절도죄의 확정판결에 의하여 사실심 판결 선고시점을 기준으로 일죄성이 분단된 별개의 상습범이므로, 법원은 이에 대해 서는 별도의 유죄판결을 선고하여야 한다.

(2) 사실오인 또는 법령위반을 적법한 상고이유로 상고할 수 있는지 여부: 피고 인과 검사 쌍방이 제1심 판결에 대하여 양형부당만을 항소이유로 하여 항소하 였는데 항소심이 피고인의 항소를 기각하고 검사의 항소를 받아들여 제1심 판 결을 파기하고 피고인에 대하여 그보다 높은 형을 선고한 경우, 피고인이 상고 심에서 사실오인이나 법령위반 등 새로운 상고이유를 내세울 수 있는지가 문 제된다.

판례는 상고심은 항소심판결에 대한 사후심으로서 항소심에서 심판대상으로 되었던 사항에 한하여 상고이유의 범위 내에서 그 당부만을 심사하여야 하므 로, 항소인이 항소이유로 주장하거나 항소심이 직권으로 심판대상으로 삼아 판 단한 사항 이외의 사유는 상고이유로 삼을 수 없고 이를 다시 상고심의 심판범 위에 포함시키는 것은 상고심의 사후심 구조에 반하여 적법한 상고이유가 될 수 없고, 이러한 결론은 심급제도의 효율적 운용을 실현하기 위한 실정법상의 제약으로서 그 합리성이 인정된다는 입장이다(대법원 2019. 3. 21. 선고 2017도 16593-1 전원합의체 판결). 따라서 乙이 주장한 사실오인 또는 법령위반이라는 상고이유는 항소심의 심판대상이 되지 않은 사유로서 상고심에 이르러 새로이 주장된 것으로 적법한 상고이유가 아니다.

(3) 대법원의 파기범위: 상소는 가분적 관계에 있는 재판의 일부에 대하여 할 수 있는바(제342조 제1항), 경합범에 대하여 일부유죄, 일부무죄가 선고되어 일 부에 대해서만 상소한 경우 상소심의 심판범위가 문제된다 .

검사가 무죄 부분에 대하여만 일부상소한 경우, 상소심의 심판범위에 관하여 '전부파기설', '일부파기설'이 대립하고 있으나, 판례는 일부상소가 가능한 경 우 당사자 쌍방이 상소하지 아니한 부분은 분리 확정되고 이미 확정된 유죄 부 분에 대하여는 상소심이 파기환송할 수 없다는 '일부파기설'의 입장이며(대법원

1992. 1. 21. 선고 91도1402 전원합의체 판결), 통설도 같은 태도이다. 판례와 통설에 따를 때, 대법원은 일부 상소제기된 무죄 부분에 대하여만 파기환송하여야 한다.

> **[384]** 법원이 甲의 ① 범행과 ② 범행에 대해 각각 징역 2년 집행유예 3년, 징역 6월을 선고하자, 甲은 징역 6월을 선고한 ② 범행에 대하여만 '양형부당'을 이유로 항소하였고, 검사는 항소하지 않았다. 항소심이 징역 1년을 선고하자, 甲은 사실오인 및 법령위반을 상고이유로 하여 상고하였다.
>
> (1) 상고심으로의 이심대상을 서술하시오.
>
> (2) 상고심은 甲의 상고를 기각하여야 하는가?

(1) <u>상고심으로의 이심대상</u>: 검사는 항소하지 않았고, 甲은 ② 범행에 대하여만 항소하였으므로, 검사와 甲이 항소하지 않은 ① 범행은 상소기간이 경과됨으로써 분리 확정되고, 상고심으로 이심되는 부분은 甲이 상고를 제기한 ② 범행 부분에 한한다.

(2) <u>상고심의 예상되는 판단</u>: 상고심은 항소법원 판결에 대한 **사후심**이므로 항소심에서 심판대상이 되지 아니한 사항은 상고심의 심판범위에 들지 아니하는 것이어서 피고인이 항소심에서 항소이유로 주장하지 아니하거나 항소심이 직권으로 판단대상으로 삼은 사항 이외의 사유에 대해서는 이를 적법한 상고이유로 삼을 수 없다(대법원 2019. 3. 21. 선고 2017도16593-1 전원합의체 판결).

　甲은 항소이유로 삼지 않은 사실오인, 법령위반을 적법한 상고이유로 삼아 상고할 수 없으므로 甲의 상고는 원칙적으로 부적법한 상고이다. 그러나 항소심은 甲만이 항소하였음에도 불구하고 제1심의 형보다 중한 징역 1년을 선고하였으므로 불이익변경금지의 원칙(제386조)을 위반한 법령위반이 있다. 상고심인 대법원은 원심판결의 위법에 대해 직권심판권(제384조)을 발동하여 **직권심판사항**에 해당한다고 판단되는 위법사유는 피고인이 항소이유로 주장하지 아니함에 따라 항소심의 심판대상에 속하지 않았던 사항이라도 피고인에게 이익이 되는 방향으로 잘못을 바로잡을 수 있다. 따라서 상고심은 甲의 상고를 기각해서는 안되며 불이익변경금지 원칙을 위반한 항소심법원의 판결을 직권심판하여 파기하여야 한다(대법원 2019. 3. 21. 선고 2017도16593-1 전원합의체 판결).

VI. 불이익변경금지의 원칙

> [385] 甲은 100차례에 걸쳐 미국에 외화를 송금하면서 세 번의 송금액이 대외송금한도를 초과했다는 이유로 특경가법위반(재산국외도피)으로 기소되어, 징역 1년 6월 집행유예 3년을 선고받았다. 甲만 항소한 후 항소심은 제1심을 파기하고 징역 1년의 선고를 유예하였고, 다시 甲의 상고로 상고심은 대외송금한도액 초과의 경위에 대한 심리미진을 이유로 파기환송하였다.
>
> 파기환송 후 항소심은 대외송금한도를 초과한 송금을 허가하여 송금하게 된 경우에 대한 석명권을 행사하였고, 외환은행은 관련 서류의 보존기간 경과로 폐기되어 제출할 수 없다는 확인서를 제출하였다. 항소심은 환송판결 이전과 이후의 증거를 종합하여 허위로 지급허가를 받은 사실을 인정하여 제1심 판결을 파기하고 벌금 4천만 원과 추징금 1천 6백만 원의 선고를 유예하였다. 항소심은 판단은 불이익변경금지에 반하는가?

판례는 중형선고금지의 반하는지 여부는 개별적·형식적으로 판단할 것이 아니라 전체적·실질적으로 고찰하여 형의 경중을 판단해야 한다고 하여 종전의 입장을 변경하였다. 따라서 이 사안에서 개별적·형식적으로 판단하면 새로운 형이나 부가처분이 추가되었으므로 불이익변경에 해당한다고 할 수 있으나(예컨대 이전의 판례는 징역 5년을 징역 4년과 벌금 15억 원으로 변경한 것을 불이익변경으로 보았다(대법원 1993. 12. 10. 선고 93도2711 판결)), **전체적·실질적**으로 판단하면, 징역 3년과 몰수형을 징역 2년과 추가몰수, 유기징역을 유기징역감경과 압수물피해자환부 등은 불이익변경에 해당하지 않는다는 것이 판례의 입장이다(대법원 1998. 3. 26. 선고 97도1716 전원합의체 판결). 따라서 이 사안의 경우에도 전체적·

실질적으로 파악하는 경우 징역형이 벌금형으로 변경되었고 부가형으로 추징이 새로 부가된 경우로서 불이익변경에 해당한다고 볼 수 없다.

[386] 단순강간치상죄로 구속되어 1심에서 징역 3년에 집행유예 5년을 선고받고 석방된 뒤 사실오인(화간 주장)과 양형부당을 이유로 항소하고 다시 절도죄를 범하여 1심에서 징역 1년을 선고받고 항소함으로써 항소심인 고등법원에서 두 사건이 병합되었다. 이 경우 항소심은 피고인에게 징역 3년을 선고할 수 있는가? 징역형을 단축하면서 집행유예에 대해 실형을 선고할 수 있는가?

판례는 "제1심에서 별개의 사건으로 징역 1년에 집행유예 2년과 추징금 1천만 원 및 징역 1년 6월과 추징금 1백만 원의 형을 선고받고 항소한 피고인에 대하여 사건을 병합 심리한 후 경합범으로 처단하면서 제1심의 각 형량보다 중한 형인 징역 2년과 추징금 1,100만 원을 선고한 것이 불이익변경금지의 원칙에 어긋나지 아니한다."고 판시하여(대법원 2001. 9. 8. 선고 2001도3448 판결), 항소심에서 사건이 병합된 경우에는 집행유예된 징역형의 실형화를 허용하고 있다.

그러나 이렇게 되면 결과적으로 집행유예 판결에 대한 항소나 실형선고 판결에 대한 항소를 취소하여야만 하는 지경에 이르고, 이는 피고인의 항소권을 제한하는 결과와 다름이 없으므로 피고인의 상소권을 보장하려는 불이익변경금지의 원칙은 여기서 전혀 그 기능을 발휘하지 못하게 되는 불합리가 발생한다.

현행 형법이 적용되는 경우에는 피고인이 항소한 두 개의 사건의 병합이라는 이유로 집행유예된 징역형의 일부라도 실형화하는 것은 허용될 수 없다고 생각된다. 따라서 불이익변경금지의 원칙의 취지를 살리기 위해서는 사건에 대한 변론을 분리하여 별도의 형을 선고하는 것이 바람직하다.

[387] 甲은 절도사건으로 약식기소되어 약식명령으로 벌금 200만 원이 선고되자, 정식재판을 청구하였고 제1심 법원은 과거에도 동종의 전과가 있었다는 점을

고려하여 벌금 300만 원을 선고하였으며 이에 甲이 다시 항소하였다(제1사건). 한편 이와 별개로 甲은 사기죄, 상해죄, 업무방해죄로 기소된 후 제1심에서 유죄가 인정되어 징역 1년 2월이 선고되었고, 甲은 이에 대해서도 항소를 제기하였다(제2사건). 항소심은 두 사건을 병합하여 심리한 후, 원심을 파기하면서 각 죄에 대해 유죄를 인정하고 징역형을 선택한 다음 누범가중과 경합범 가중을 하여 그 처단형의 범위 안에서 징역 1년 2월을 선고하였다. 항소심의 판결은 적법한가?

사건이 병합 심판된 경우 불이익변경금지 원칙을 적용하여야 하는지 여부에 대하여 긍정설과 부정설이 대립하고 있으나, 다수설과 판례는 이를 긍정하고 있다. 불이익변경의 판단기준에 대해서는 제1심의 형을 합산한 형을 기준으로 불이익여부를 판단하여야 입장(**합산설**)과 형법 제38조의 예에 따라 집행하게 되므로 집행하게 될 형기보다 중한 형으로 변경할 수 없다는 견해(**집행설, 가중설**)가 대립하고 있으며, 판례의 입장은 명확하지 않다.

한편 약식명령에 대한 정식재판청구사건에 대해서는 불이익변경금지의 원칙이 아니라, **형종상향금지의 원칙**이 적용된다(제457조의2 제1항). 그리고 이 원칙은 피고인이 정식재판을 청구한 사건과 다른 사건이 병합·심리된 후 경합범으로 처단되는 경우에도 정식재판을 청구한 사건에 대하여 그대로 적용된다(대법원 2020. 1. 9. 선고 2019도15700 판결 참조).

사안에서 제1사건은 피고인만이 정식재판을 청구한 사건이므로 형종상향금지의 원칙에 따라 그 각 죄에 대하여는 약식명령의 벌금형보다 중한 종류의 형인 징역형을 선택하지 못하고, 제2사건이 항소심에서 제2사건과 병합·심리되어 경합범으로 처단되더라도 제1사건에 대하여는 징역형을 선고해서는 안 된다. 그러나 원심은 제1사건의 항소심에서 각 죄에 대하여 약식명령의 벌금형보다 중한 종류의 형인 징역형을 선택한 다음 경합범가중 등을 거쳐 제1사건의 각 죄와 제2사건의 각 죄에 대하여 하나의 징역형을 선고하였으므로, 형종상향금지의 원칙에 위반한 것이다(대법원 2020. 3. 26. 선고 2020도355 판결).

[388] 甲은 乙로부터 5천만 원을 받은 범죄사실(제1사실)로 Y지방법원에서 징역 6월을, 乙에게 A의 현금을 훔치라고 시킨 범죄사실(제2사실)로 W지방법원에서 징역 1년을 선고받았다. 이에 甲만 항소한 항소심에서 제1사실과 제2사실이 적법하게 병합되었고, 항소심 법원은 제1사실과 제2사실을 모두 유죄로 인정하여 경합범으로 처단하면서 甲에게 징역 1년 6월을 선고하였다. 항소심 법원의 甲에 대한 형선고는 적법한가? (2015년 2차 모의시험)

형사소송법 제368조는 "피고인이 항소한 사건과 피고인을 위하여 항소한 사건에 대해서는 원심판결의 형보다 무거운 형을 선고할 수 없다."고 하여 불이익변경금지의 원칙을 규정하고 있다. 피고인 甲만 제1심 판결에 대하여 항소하였으므로 불이익변경금지의 원칙이 적용된다.

항소심이 제1심에서 별개의 사건으로 따로 두 개의 형을 선고받고 항소한 피고인에 대하여 사건을 병합 심리한 후 경합범으로 처단하면서 제1심의 각 형량보다 중한 형을 선고한 것은 불이익변경금지의 원칙에 어긋나지 아니한다 (대법원 2001. 9. 18. 선고 2001도3448 판결). 불이익변경 여부는 제1심의 형을 합산한 형을 기준으로 판단해야 한다는 '합산설'과 형법 제38조 제1항 제2호에 의한 가중된 형기보다 중한 형으로 가중할 수 없다는 '가중설'이 있으나, 제1심에서 선고된 2개의 형을 합산한 형의 범위 내에서 형법상 경합범의 처벌례(제38조)에 따라 형량이 정해져야 하고 만일 합산한 형의 범위를 초과하는 때에는 불이익변경금지에 반한다고 보아야 할 것이다(전체적·실질적 고찰). 사안에서 甲에게 징역 1년 6월의 형을 선고한 것은 제1심에서 각 선고된 형을 합산한 형기를 넘지 아니한 범위 내에서 선고된 것으로 불이익변경금지의 원칙에 반하지 않는다.

[389] 甲이 A의 도자기를 훔친 사실(제1사실)과 B에게 도자기를 판매한 사실(제2사실)로 각각 기소되어 제1사실에 대해서는 징역 1년, 제2사실에 대해서는 징역 10월을 선고받고 甲만 각 판결에 대하여 항소하였고, 항소심이 비로소 병합 심리한 후 이를 경합범으로 처단하면서 甲에게 징역 1년 10월을 선고하였다면

이 선고는 적법한가? (2019년 8회 변호사시험)

형사소송법 제368조는 "피고인이 항소한 사건과 피고인을 위하여 항소한 사건에 대해서는 원심판결의 형보다 무거운 형을 선고할 수 없다."고 하여 불이익변경금지의 원칙을 규정하고 있다. 피고인 甲만 제1심 판결에 대하여 항소하였으므로 불이익변경금지의 원칙이 적용된다.

항소심이 제1심에서 별개의 사건으로 따로 두 개의 형을 선고받고 항소한 피고인에 대하여 사건을 병합 심리한 후 경합범으로 처단하면서 제1심의 각 형량보다 중한 형을 선고한 것은 불이익변경금지의 원칙에 어긋나지 아니한다(대법원 2001. 9. 18. 선고 2001도3448 판결). 제1심에서 선고된 2개의 형을 합산한 형의 범위 내에서 형법상 경합범의 처벌례(제38조)에 따라 형량이 정해져야 하고 만일 합산한 형의 범위를 초과하는 때에는 불이익변경금지에 반한다(**전체적·실질적 고찰**). 사안에서 甲에게 징역 1년 10월의 형을 선고한 것은 제1심에서 각 선고된 형을 합산한 형기를 넘지 아니한 범위 내에서 선고된 것으로 불이익변경금지의 원칙에 반하지 않는다.

VII. 파기판결의 구속력

[390] 상고심이 甲의 사문서위조죄에 대하여 유죄취지로 원심을 파기한 경우 파기환송심은 다시 무죄를 선고할 수 있는가?

법원조직법 제8조는 "상급법원의 재판에 있어서의 판단은 당해 사건에 관하여 하급심을 기속한다."고 규정하여 파기판결의 구속력을 인정하고 있다. 파기환송을 받은 법원은 그 파기이유로 한 사실상 및 법률상의 판단에 기속되는 것이고 그에 따라 판단한 판결에 대하여 다시 상고를 한 경우에 그 상고사건을 재판하는 상고법원도 그 파기이유로 한 판단에 기속되어 이를 변경할 수 없다

(대법원 2006. 1. 26. 선고 2004도517 판결). 환송판결의 하급심에 대한 구속력은 파기의 이유가 된 원심판결의 사실상 및 법률상의 판단이 정당하지 않다는 소극적인 면에서만 발생하는 것이므로 환송 후의 심리과정에서 새로운 증거가 제시되어 기속적 판단의 기초가 된 **증거관계에 변동**이 있었다면 그 구속력은 이에 미치지 않는다(대법원 1984. 9. 11. 선고 84도1379 판결).

   사안에서 상고심이 사문서위조죄에 대하여 유죄취지로 원심을 파기하였으며, 새로운 증거가 제시되어 기속적 판단의 기초가 된 증거관계에 변동이 있었다는 사정이 보이지 않으므로 상고심이 파기이유로 한 사실상 및 법률상 판단에 기속되어야 한다.

Ⅷ. 항소이유

[391] 甲은 항소장의 불복범위란에 '협박죄'를 기재하여 항소를 제기하고 '협박죄에 대한 원심판결은 도저히 납득할 수 없는 억울한 판결이므로 항소를 한 것입니다.'라고 기재한 항소이유서를 적법한 기간 내에 제출하였다. 甲의 항소제기는 적법한가?

   항소인 또는 변호인이 항소이유서에 추상적으로 제1심 판결이 부당하다고만 기재함으로써 항소이유를 특정하여 구체적으로 명시하지 아니하였다고 하더라도 항소이유서가 법정의 기간 내에 적법하게 제출된 경우에는 이를 항소이유서가 법정의 기간 내에 제출되지 아니한 것과 같이 보아 형사소송법 제361조의4 제1항에 의하여 결정으로 항소를 기각할 수는 없으며, 제1심 판결에 사실의 오인이 있거나 **양형부당의 위법이 있다는 항소이유를 기재한 것으로 선해**하여 그 항소이유에 대하여 심리를 하여야 한다(대법원 2002. 12. 3. 자 2002모265 결정). 따라서 甲의 항소제기는 적법하며, 항소심은 甲의 항소이유와 직권조사사항 및 직권심판사항에 대하여 실체판단을 하여야 한다.

[392] 甲(36세 남성)은 2014. 7. 중순경 스마트폰 채팅 애플리케이션을 통하여 알게 된 14세의 피해자 A(여성)에게 자신을 '고등학교 2학년생'이라고 거짓으로 소개하고 채팅을 통해 A와 사귀기로 하였다. 甲은 2014. 8. 초순경 A에게 '사실은 나도 좋아하는 선배를 스토킹하는 여성이 있는데, 선배에게 집착을 해서 너무 힘들다. 죽고 싶다. 우리 그냥 헤어질까.'라고 거짓말하면서 '스토킹하는 여성을 떼어 내려면 내 선배와 성관계하면 된다.'는 취지로 이야기하였고, A는 갑과 헤어지는 것이 두려워 甲의 제안을 승낙하였고, 甲은 마치 자신이 그 선배인 것처럼 행세하며 피해자를 간음하였다. 검사는 甲을 위계에 의한 간음죄로 기소하였으나, 제1심은 A의 간음행위와 불가분적 관련성이 인정되지 않는 다른 조건에 관하여 甲에게 속았던 것뿐이므로 甲의 간음행위는 형법 등에서 처벌대상으로 규정하는 위계에 의한 것이 아니라고 인정하여, 이 사건 공소사실을 무죄로 판단하였다면, 검사는 법령위반을 이유로 항소할 수 있는가?

행위자가 간음의 목적으로 피해자에게 오인, 착각, 부지를 일으키고 피해자의 그러한 심적 상태를 이용하여 간음의 목적을 달성하였다면 위계와 간음행위 사이의 인과관계를 인정할 수 있고, 따라서 위계에 의한 간음죄가 성립한다. 피해자가 오인, 착각, 부지에 빠지게 되는 대상은 간음행위 자체일 수도 있고, 간음행위에 이르게 된 동기이거나 간음행위와 결부된 금전적·비금전적 대가와 같은 요소일 수도 있다. 따라서 제1심이 실체법령의 해석을 잘못하여 갑에게 위계의 간음에 해당하지 않는다고 판시한 것은 법령위반에 해당하고, 이로 인해 무죄를 선고한 것이므로 판결에 영향을 미친 위법이 있어, 검사의 항소는 제361조의5 제1호에 따라 적법하고 이유가 있다고 할 수 있다(대법원 2020. 8. 27. 선고 2015도9436 전원합의체 판결).

IX. 상고이유

[393] 甲과 乙은 한약사로서 약사법 위반죄로 기소되었다. 제1심이 甲과 乙에게 각 벌금 1,000만 원의 형을 선고하자, 乙은 양형부당만을 이유로 항소하였으나 甲은 항소하지 않았고. 검사는 甲과 乙에 대해 양형부당을 이유로 항소하였다. 항소심은 검사의 항소이유를 받아들여 제1심 판결을 파기하고 甲에게는 징역 6월 및 집행유예 1년, 乙에게는 벌금 2,000만 원의 형을 각 선고하였다. 甲과 乙은 항소심판결에 대하여 논리와 경험칙에 반하여 사실을 잘못 인정하고 필요한 심리를 다하지 아니하였거나 법리를 오해하였다는 점을 상고이유로 삼아 상고하였다. 甲과 乙의 상고는 적법한가?

상고심은 항소심판결에 대한 사후심으로서 항소심에서 심판대상으로 되었던 사항에 한하여 상고이유의 범위 내에서 그 당부만을 심사하여야 하므로, 그 결과 항소인이 항소이유로 주장하거나 항소심이 직권으로 심판대상으로 삼아 판단한 사항 이외의 사유는 상고이유로 삼을 수 없고 이를 다시 상고심의 심판범위에 포함시키는 것은 상고심의 사후심 구조에 반한다(**상고이유 제한의 법리**). 피고인이 항소하지 않거나 양형부당만을 이유로 항소함으로써 항소심의 심판대상이 되지 않았던 법령위반 등 새로운 사항에 대해서는 피고인이 이를 상고이유로 삼아 상고하더라도 부적법하다(대법원 2019. 3. 21. 선고 2017도16593-1 전원합의체 판결).

X. 항고 · 재항고 · 준항고

[394] 성폭력범죄처벌법 위반(친족관계에 의한 강간) 피고사건에서 피고인 甲의 변호인 V는 검사 S에게 피해자 A가 수사기관에서 진술한 내용을 담은 영상녹화물 3장의 열람·등사를 신청하였으나 S는 열람·등사를 거부하였다. 이에 V는 제1심 법원에 열람·등사를 허용할 것을 신청하였고 제1심 법원은 그 신청을 받아

들여 S에게 영상녹화물의 열람·등사를 허용할 것을 명하는 결정을 하였다. 그러나 S가 V에게 이 사건 영상녹화물의 열람은 허용하되 등사는 여전히 거부하는 취지의 통지서를 송부하는 한편, 법원이 등사를 허용한 부분은 부당하므로 불복한다는 취지로 제1심 법원에 항고를 제기하였다면, 법원은 어떤 조치를 취하여야 하는가? 검사가 법원의 조치에 불복하여 재항고를 할 수 있는가?

법원의 결정에 대한 처분으로 원칙적으로 제402조의 항고가 문제된다. 그러나 법원의 열람·등사 허용을 명하는 결정에 대한 검사의 보통항고는 '판결 전의 소송절차에 관한 결정'에 대한 것으로서, 형사소송법 제403조 제1항의 규정에 따라 항고가 허용되지 않으며, 동조 제2항의 예외에도 해당하지 않는다. 따라서 검사는 항고할 수 없는 결정에 대해 항고한 것으로서 제1심 법원은 형사소송법 제407조 제1항에 의하여 '법률상의 방식에 위반한 항고'라는 이유로 결정으로 항소를 기각하여야 한다. 또한 검사 S가 제1심 법원의 항고기각결정에 불복하여 항고법원에 형사소송법 제407조 제2항에 따라 즉시항고를 하였더라도, 즉시항고를 할 수 있는 명문규정이 없으므로, 항고법원은 제413조에 따라 다시 결정으로 즉시항고를 기각하여야 한다(대법원 2013. 1. 24. 자 2012모1393 결정).

[395] 피고인 甲, 乙, 丙의 변호인은 "이 건 체포는 함정수사이다."라고 주장하면서 경찰관 P를 증인으로 조사하여 달라고 신청하자 법원은 기각하였다. 법원의 기각결정에 대한 불복방법은 무엇인가? (2013년 2회 변호사시험)

법원의 관할 또는 판결 전의 소송절차에 관한 결정에 대하여는 특히 즉시항고를 할 수 있는 경우 외에는 항고하지 못한다(제403조 제1항). 당사자의 증거신청에 대한 법원의 채택 여부의 결정은 판결 전의 소송절차에 관한 결정으로서 **이의신청**을 하는 외에는 달리 불복할 수 있는 방법이 없고, 다만 그로 말미암아 사실을 오인하여 판결에 영향을 미치기에 이른 경우에만 이를 상소의 이유로 삼을 수 있을 뿐이다(대법원 1990. 6. 8. 선고 90도646 판결). 따라서 피고인들은 형사소송법 제402조 및 제403조에 따른 항고나 즉시항고를 할 수 없으며 제416조에 따른 준항고도 할 수 없다. 다만, 피고인 또는 변호인은 증거조사에 관하여 이의신청을 할 수 있으며(제296조 제1항), 형사소송법 제295조의 규정에 의한 결정에 대한 이의신청은 법령의 위반을 이유로 하여서만 할 수 있다(규칙 제135조의2).

> **[396]** W지방법원은 甲에게 공소장 부본과 함께 국민참여재판의 절차 및 국민참여재판을 원하는 의사가 기재된 서면 제출 등의 내용이 기재된 국민참여재판에 관한 안내서를 송달하였다. 甲은 공소장 부분을 송달받은 날로부터 7일 이내에 국민참여재판을 원하는지 여부에 관한 의사확인서를 제출하지 않았으나, W지방법원의 배제결정이 없는 상태에서 제1회 공판기일 전에 국민참여재판을 신청하였다. W지방법원은 甲의 의사를 확인한 후 甲에 대한 재판을 국민참여재판으로 진행하기로 결정하였다. W지방법원의 결정에 대해 검사가 항고한 경우 W지방법원은 어떤 조치를 취해야 하는가?

제1심 법원이 국민참여재판으로 진행하기로 하는 결정에 이른 경우 이는 판결 전의 소송절차에 관한 결정에 해당하며 그에 대하여 특별히 즉시항고를 허용하는 규정이 없으므로 위 결정에 대하여는 항고할 수 없다(제403조). 따라서 국민참여재판으로 진행하기로 하는 제1심 법원의 결정에 대한 항고는 항고의 제기가 법률상의 방식에 위반한 때에 해당하여 위 결정을 한 법원이 항고를 기각하여야 한다(제407조 제1항). 만일, 국민참여재판 개시결정을 한 법원이 항고기각의 결정을 하지 아니한 때에는 항고법원은 결정으로 항고를 기각하여야 한다(제413조)(대법원 2009. 10. 23. 자 2009모1032 결정).

> **[397]** 항소심인 고등법원이 제1심 판결을 파기하고 보석상태에서 재판을 받던 甲에 대하여 징역형의 실형을 선고하면서 직권으로 제1심의 보석허가결정을 취소하였고, 甲은 위 보석취소결정에 의한 검사의 집행지휘처분에 따라 판결선고일에 구치소에 수감되었으며, 보석취소결정은 불복 없이 확정되었다. 이후 구속집행정

지결정으로 석방된 甲이 그 후 위 집행지휘처분('제489조에 따른 재판의 집행에 관한 검사의 처분')이 위법하다는 이유로 그 취소를 구하는 신청을 하였다면, 그 전제로서 고등법원의 결정인 보석취소결정에 대한 즉시항고(제415조)로 제410조에 정한 집행정지의 효력이 발생하고 갑을 석방해야 하는가?

고등법원의 보석취소결정에 대한 재항고는 즉시항고로서 형사소송법 제405조에서 정한 제기기간 7일 이내에 제기되어야 하지만, 제415조의 문언에도 불구하고 해석상 위 즉시항고에 제410조에서 정한 집행정지의 효력까지 있다고 볼 수는 없다(대법원 2020. 10. 29. 자 2020모633 결정).

대법원 2020. 10. 29. 자 2020모633 결정

「제1심 법원이 한 보석취소결정에 대하여 불복이 있으면 보통항고를 할 수 있고(제102조 제2항, 제402조, 제403조 제2항), 보통항고에는 재판의 집행을 정지하는 효력이 없다(제409조). 이는 결정과 동시에 집행력을 인정함으로써 석방되었던 피고인의 신병을 신속히 확보하려는 것으로, 당해 보석취소결정이 제1심 절차에서 이루어졌는지 항소심 절차에서 이루어졌는지 여부에 따라 그 취지가 달라진다고 볼 수 없다. 즉시항고는 법률관계나 재판절차의 조속한 안정을 위해 일정한 기간 내에서만 제기할 수 있는 항고로서, 즉시항고의 제기기간 내와 그 제기가 있는 때에 재판의 집행을 정지하는 효력이 있다(제410조). 그러나 보통항고의 경우에도 법원의 결정으로 집행정지가 가능한 점(제409조)을 고려하면, 집행정지의 효력이 즉시항고의 본질적인 속성에서 비롯된 것이라고 볼 수는 없다. 형사소송법 제415조는 "고등법원의 결정에 대하여는 재판에 영향을 미친 헌법·법률·명령 또는 규칙의 위반이 있음을 이유로 하는 때에 한하여 대법원에 즉시항고를 할 수 있다."라고 규정하고 있다. 이는 재항고이유를 제한함과 동시에 재항고 제기기간을 즉시항고 제기기간 내로 정함으로써 재항고심의 심리부담을 경감하고 항소심 재판절차의 조속한 안정을 위한 것으로, 형사소송법 제415조가 고등법원의 결정에 대한 재항고를 즉시항고로 규정하고 있다고 하여 당연히 즉시항고가 가지는 집행정지의 효력이 인정된다고 볼 수는 없다. 만약 고등법원의 결정에 대하여 일률적으로 집행정지의 효력을 인정하면, 보석허가, 구속집행정지 등 제1심 법원이 결정하였다면 신속한 집행이 이루어질 사안에서 고등법원이 결정하였다는 이유만으로 피고인을 신속히 석방하지 못하게 되는 등 부당한 결과가 발생하게 되고, 나아가 항소심 재판절차의 조속한 안정을 보장하고자 한 형사소송법 제415조의 입법목적을 달성할 수 없게 된다.」

> **[398]** 甲은 피의자 신분으로 수사를 받던 중 신문과정에서 휴대전화를 압수당했다. 검사가 甲의 휴대전화 등을 압수하면서 甲에게 압수수색영장의 표지만 보여주면서 영장을 제시하자, 甲은 영장의 구체적인 확인을 요구하였고, 이후 甲의 변호인은 甲에 대한 조사에 참여하면서 영장을 확인하였다. 甲은 검사의 처분이 위법하다는 이유로 불복할 수 있는가?

압수·수색영장을 집행하는 수사기관은 피압수자로 하여금 법관이 발부한 영장에 의한 압수·수색이라는 사실을 확인함과 동시에 형사소송법이 **압수·수색영장에 필요적으로 기재하도록 정한 사항이나 그와 일체를 이루는 사항을 충분히 알 수 있도록** 압수·수색영장을 제시하여야 한다(대법원 2017. 9. 21. 선고 2015도12400 판결 등 참조).

사안에서 검사는 甲으로부터 영장 내용의 구체적인 확인을 요구받았음에도 압수·수색영장의 내용을 보여주지 않았다. 이는 형사소송법 제219조, 제118조에 따른 적법한 압수·수색영장의 제시라고 보기 어렵고, 따라서 변호인이 조사에 참여할 당시 영장을 확인하였다는 사정을 들어 압수처분이 위법하지 않다고 할 수 없고, 압수처분 당시 검사 위 요건을 갖추어 甲에게 압수·수색영장을 제시하였는지 여부를 판단하여야 하므로 검사의 처분이 위법하고 그로 인해 압수에 따른 기본권침해 상태가 지속되어 있으므로 압수처분의 취소를 구하는 준항고가 가능하다(대법원 2020. 4. 16.자 2019모3526 결정).

제2장 **비상구제절차**

I. 재심

[399] 형사소송법 제420조 제5호는 '유죄의 선고를 받은 자에 대하여 무죄 또는
면소를, 형의 선고를 받은 자에 대하여 형의 면제 또는 원판결이 인정한 죄보다
경한 죄를 인정할 명백한 증거가 새로 발견된 때'를 재심이유로 규정하고 있다.
여기서 증거의 명백성의 의미와 판단기준을 설명하시오.

유죄의 확정판결에 대하여 그 정당성이 의심되는 수준을 넘어 그 판결을 그
대로 유지할 수 없을 정도로 고도의 개연성이 인정되는 경우를 말한다(대법원
2009. 7. 16. 자 2005모472 전원합의체 결정). 증거의 명백성을 판단할 때 새로운 증
거만을 기준으로 하는지 아니면 기존의 증거도 고려하는지에 관하여, 새로운
증거의 증거가치만으로 명백성을 판단해야 한다는 견해로서 새로운 증거 자체
의 객관적 우위성을 요구하는 **단독평가설**과 새로운 증거뿐만 아니라 확정판결
의 기초가 된 기존의 구 증거를 포함하여 종합적으로 판단해야 한다는 **종합평
가설**이 대립하고 있다. 종합평가설은 다시 ① **심증인계설**(구 증거의 증거가치의
평가에 관해서는 확정판결의 심증에 구속되면서, 그 심증과 새로운 증거의 증거가치를 혼합
하여 판단해야 한다는 견해), ② **한정적 재평가설**(새로 발견된 증거와 구 증거 가운데
유기적으로 밀접하게 관련되고 모순되는 증거를 함께 고려해서 판단해야 한다는 견해), ③
전면적 재평가설(원판결의 심증에 구속되지 않고 재심법원에 의한 구 증거의 재평가를
인정하는 견해, 다수설의 입장)로 나누어진다.

판례는 과거에 단독평가설을 취한 것으로 보이는 경우(대법원 1995. 11. 8. 자 95모67 결정)도 있었으나, "'무죄 등을 인정할 명백한 증거'에 해당하는지 여부를 판단할 때에는 법원으로서는 새로 발견된 증거만을 독립적·고립적으로 고찰하여 그 증거가치만으로 재심의 개시 여부를 판단할 것이 아니라, 재심대상이 되는 확정판결을 선고한 법원이 사실인정의 기초로 삼은 증거들 가운데 새로 발견된 증거와 유기적으로 밀접하게 관련되고 모순되는 것들은 함께 고려하어 평가하여야 한다."(대법원 2009. 7. 16. 자 2005모472 전원합의체 결정)고 하여 종합평가설 가운데 한정적 재평가설에 근접한 입장을 취하고 있다.

> [400] 위험한 물건을 휴대하고 피해자를 강간하여 기소된 사안에서, 사건 발생 직후 채취한 피해자의 질 내용물에서 정액 양성반응을 보였으나 피해자의 유전자형 외에 여타 관련 남성의 유전자형은 검출되지 않았고 정자가 발견되지 않은 것으로 보아 범인은 무정자증인 것으로 추정된다고 하여 법원은 범인이 무정자증임을 전제로 유죄판결을 선고, 확정되었으나, 확정판결 이후에 피고인에 대한 정액 검사 결과 피고인이 무정자증이 아니라는 사실이 밝혀졌다면, 제420조 제5호에 정한 재심사유에 해당하는가?

판례에 따르면, 피고인이 그 증거를 발견, 제출하지 못한 데 과실이 있는 경우에도 신규성이 부정된다(대법원 2009. 7. 16. 자 2005모472 전원합의체 결정). 한편, 판례는 증거의 명백성에 대한 판단은 새로 발견된 증거만을 독립적·고립적으로 고찰하여 그 증거가치만으로 재심의 개시 여부를 판단할 것이 아니라, 재심대상이 되는 확정판결을 선고한 법원이 사실인정의 기초로 삼은 증거들 가운데 새로 발견된 증거와 유기적으로 밀접하게 관련되고 모순되는 것들은 함께 고려하여 평가해야 하고(한정적 재평가설), 그 결과 단순히 재심대상이 되는 유죄의 확정판결에 대하여 그 정당성이 의심되는 수준을 넘어 그 판결을 그대로 유지할 수 없을 정도로 고도의 개연성이 인정되는 경우라면 그 새로운 증거는 '명백한 증거'에 해당한다는 입장이다(대법원 2009. 7. 16. 자 2005모472 전원합의체 결정).

정액검사결과를 원판결 당시 제출하지 못한 것은 피고인에게 과실이 있으므로, 그 결과는 피고인에게 새로운 것이라고 할 수 없어 신규성이 부정된다. 뿐만 아니라 원판결의 사실인정에 기초가 된 증거들 가운데 정액검사 결과와 유기적으로 밀접하게 관련된 증거들을 함께 살펴보더라도 범인이 반드시 무정자증이라고 단정할 수 없어, 정액검사 결과가 무죄를 인정할 명백한 증거에 해당하지 않는다.

> **[401]** 甲은 경찰관들에 의하여 긴급조치 제9호 제8항에 따라 1979년 7월 4일부터 1979년 7월 13일까지 영장없이 체포·구금되어 수사를 받고 대통령긴급조치 제9호 위반, 반공법위반, 사기, 업무상횡령으로 기소되어, 1심에서 유죄판결을 받고 항소하였는데 항소심 진행 도중인 1979년 12월 8일 긴급조치 제9호가 해제되었다. 이에 따라 항소심은 대통령긴급조치 제9호 위반 부분에 대하여는 면소를 선고하고 나머지 반공법위반, 사기, 업무상횡령 부분에 대하여만 유죄판결을 선고했고, 甲의 상고취하로 확정되었다. 한편 사건 당시 경찰관들이 피고인을 영장없이 체포·구금한 것은 긴급조치 제9호에 따른 것이었으나, 2013. 3. 21. 헌법재판소가 긴급조치 제9호가 위헌이라는 결정을 내리자, 이미 1999. 2. 사망한 甲의 아들 A는 당시 경찰관들이 직권을 남용하여 불법체포·감금을 했다는 이유로 위 항소심 판결에 대하여 재심을 청구하였다. 재심청구는 적법한가?

수사기관에 의한 불법체포·감금은 영장주의에 관한 법률에 위반하는 경우를 말하는 것이 일반적이지만, 영장주의의 적용을 배제하는 법령(긴급조치)이 위헌인 경우 그 법령에 따라 수사기관이 영장 없는 체포·구금을 한 것은 곧바로 직무범죄라고 보기 어렵다. 또한 형사소송법 제420조 제7호가 직무범죄가 확정판결에 의하여 증명된 때에 한해 재심이유로 하고 있으므로, 당시의 법령에 의하여 직무범죄에 해당하지 않는 경우를 확정판결에 의한 증명이 있는 것으로 볼 수 있는지 의문이 제기될 수 있다. 그러나 판례는 영장주의를 배제하는 법령 자체가 위헌이라면 결국 헌법상 영장주의에 위반하여 영장 없는 체포·구금을 한 것으로 볼 수 있고 그로 인해 국민의 기본권을 침해한 것은 수사기관이 직무범죄를 저지른 경우와 같다고 보고 있다. 즉, 수사기관이 영장주의를 배제하는 위헌적 법령에 따라 체포·구금을 한 경우 비록 그것이 형식상 존재하는 당시의 법령에 따른 행위라고 하더라도 그 법령 자체가 위헌이라면 결과적으로 그 수사에 기초한 공소제기에 따른 유죄의 확정판결에는 수사기관이 형법 제124조의 불법체포·감금죄를 범한 경우와 마찬가지의 중대한 하자가 있다는 것이다(대법원 2018. 5. 2. 자 2015모3243 결정).

재심제도의 목적과 이념, 형사소송법 제420조 제7호의 취지, 영장주의를 배제하는 위헌적 법령에 따른 체포·구금으로 인한 기본권 침해 결과 등 제반 사정을 종합하여 보면, 수사기관이 영장주의를 배제하는 위헌적 법령에 따라 영장 없는 체포·구금을 한 경우에도 불법체포·감금의 직무범죄가 인정되는 경우에 준하는 것으로 보아 형사소송법 제420조 제7호의 재심사유가 있다고 보아야 한다(대법원 2018. 5. 2. 자 2015모3243 결정).

---

[402] 甲은 2020. 10. 31. 절도를 범하였다는 공소사실로 기소되었다. 법원은 甲의 이 절도범행은 甲의 상습성이 발현된 것으로 판단하고 있다. 과거 甲에 대한 별개의 상습절도죄의 확정판결에 대한 재심절차가 진행된 후 2020. 11. 26. 甲에게 징역 2년이 선고되었고 위 재심판결은 확정되었다. 甲은 2020. 10. 31. 절도범행에 대하여 면소의 판결이 선고되어야 한다고 주장하고 있다. 법원의 예상되는 판단과 그 논거 3가지를 서술하시오.

---

(1) <u>법원의 예상되는 판단</u>: 법원은 乙의 주장을 받아들이지 않을 것이다. 동일한 습벽에 의한 범죄가 재심대상판결에 대한 재심판결선고 전에 저질러진 범죄라 하더라도 재심판결의 기판력이 위 범죄에 미치지 않기 때문이다(대법원 2019. 6. 20. 선고 2018도20698 판결).

(2) <u>논거</u>: ① 재심심판절차에서는 별개의 공소사실을 추가하는 내용으로 공소장을 변경하는 것은 허용되지 않고, 재심대상사건에 일반 절차로 진행 중인 별개의 형사사건을 병합하여 심리하는 것도 허용되지 않으므로, 재심심판절차에

서는 위 별개의 사건에 대하여 사실심리를 할 가능성이 없다. ② 재심대상판결은 확정판결로서 유효하게 존재하고 있고, 따라서 재심대상판결을 전후하여 범한 상습범죄의 일죄성은 재심대상판결에 의하여 분단되어 동일성이 없는 별개의 상습범이 된다. ③ 만약, 재심판결의 기판력이 재심판결의 선고 전에 동일한 습벽에 의해 저질러진 모든 범죄에 미치게 되면, 재심대상판결의 선고 이후 재심판결선고시까지 저지른 범죄는 동시에 심리할 가능성이 없었음에도 모두 처벌할 수 없다는 결론에 이르게 되어, 처벌의 공백을 초래하고 형평에 반하게 된다(대법원 2019. 6. 20. 선고 2018도20698 판결).

[403] 상습절도사건(제1사건)에 대한 판결이 확정된 후, 범행 당시 불법영득의사가 없었음을 보여주는 증거(그 증거만으로 재심개시를 결정할 수 있는 정도는 아니었다)가 새로 나타나자 甲은 재심을 청구하였고, 법원이 재심개시결정을 내렸으며, 재심공판절차에서 甲이 위 확정판결 이후에 상습성의 발현이라고 할 수 있는 또 다른 절도사건(제2사건)을 저질렀음이 드러났다. 이 경우에 재심개시결정이 적법한지, 적법하다면 재심공판절차에서 새로운 절도사건의 공소사실을 추가하는 공소장변경이 허용되는지, 절도사건에 대한 확정판결의 기판력이 새로운 절도사건의 공소사실에 대해서도 미치는지 설명하시오.

재심개시사유로 새로운 증거가 발견된 경우의 재심사유의 판단, 재심공판절차에서 유죄의 확정판결 이후 나타난 사실에 대한 공소사실의 추가 여부 그리고 제1심 판결의 기판력의 효력범위가 문제된다.

(1) 재심개시결정이 적법한지 여부: '유죄의 선고를 받은 자에 대하여 무죄 또는 면소를, 형의 선고를 받은 자에 대하여 형의 면제 또는 원판결이 인정한 죄보다 경한 죄를 인정할 명백한 증거가 새로 발견된 때'에는 재심사유가 된다(제420조 제5호). 사안에서 불법영득의사가 부정되면 절도죄가 성립하지 않게 되므로 유죄의 선고를 받은 자에 대하여 무죄를 인정할 명백한 증거가 새로 발견된 경우에 해당하는지 여부가 문제된다. 구체적으로는 증거의 신규성과 명백성

이 문제되는데, 사안에서는 불법영득의사가 없음을 보여주는 증거가 새로 나타났다는 점에서 신규성은 긍정된다. 다만 새로운 증거가 이미 확정된 판결을 파기하게 족할 정도로 명백한 것인지 여부가 문제되는데, 그 판단기준에 대해서는 단독평가설, 종합평가설이 있고, 종합평가설 가운데에도 심증인계설, 한정적 재평가설, 전면적 재평가설이 있다. 판례는 재심대상이 되는 확정판결을 선고한 법원이 사실인정의 기초로 삼은 증거들 가운데 새로 발견된 증거와 유기적으로 밀접하게 관련되고 모순되는 것들은 함께 고려하여 평가한다는 입장(한정적 재평가설)을 취하고 있다. 따라서 사안에서 새로운 증거만으로 재심개시를 결정할 수 있는 정도가 아니었더라도 확정판결이 심증형성의 대상으로 삼은 증거들과 새로운 증거를 종합적으로 평가하여 확정판결을 유죄할 수 없을 정도로 고도의 개연성이 인정된다면 재심사유가 존재하는 것으로 볼 수 있고, 이런 경우라면 재심개시결정도 적법하다고 할 수 있다.

(2) **공소장변경의 가부**: 제1사건과 제2사건의 상습성의 발현으로서 상습절도로서 포괄일죄라고 할 수 있다. 이 경우 일부에 대한 확정판결의 효력은 그 전부에 대해 미치는 것이 원칙이지만, "판결선고시를 기준으로 포괄일죄의 일죄성이 분단되며 동일성이 없는 별개의 상습범이 된다."는 것이 판례의 태도이다 (대법원 2000. 3. 10. 선고 99도2744 판결; 대법원 2017. 4. 28. 선고 2016도21342 판결 등). 따라서 재심청구 이후에 범한 포괄일죄의 경우, 이미 확정된 재심대상판결의 선고로 일죄성이 분단되어, 후에 재심개시결정으로 재심판결을 하는 경우에도 별개의 범죄로 심판해야 하는지, 아니면 재심개시결정으로 이미 재심대상판결의 기판력이 흔들리게 되므로, 재심심판절차에서 후행범죄를 추가하는 공소장변경이 허용되는지가 문제된다. 판례는 재심판결의 기판력이 선행범죄와 동일한 습벽에 의해 저질러진 모든 범죄에 미친다고 하면, 확정판결 이후 재심판결선고 시까지 저지른 범죄는 모두 처벌할 수 없게 되어 처벌의 공백을 초래하고 형평에 반한다는 이유로 확정판결의 기판력이 미치지 않고, 따라서 공소사실을 추가하는 공소장변경은 허용되지 않고 별도의 공소제기를 요한다는 입장이다(대법원 2019. 6. 20. 선고 2018도20698 판결).

(3) **유죄의 확정판결의 기판력**: 이미 제1사건에 대한 유죄의 확정판결이 발생한

이상, 비록 당해 사건에 대해 재심개시결정이 확정되어 재심공판절차가 진행 중이라는 사실만으로는, 이미 확정된 판결의 존재 내지 효력(기판력)을 부정할 수 없다. 따라서 포괄일죄에 해당하는 제2사건에 대해서는 제1사건에 대한 확정판결의 기판력이 미치지 않고, 만일 재심판결이 확정된다 하더라도 그 기판력은 재심판결선고 전에 저지른 제2사건에 대해서 미치지 않는다(대법원 2019. 6. 20. 선고 2018도20698 판결).

[404] 甲은 T대형마트에서 물건을 사고 있는 여성 A의 옷 위로 가슴을 만졌다는 혐의로 기소되고 법원의 유죄판결이 확정되었으나, 甲은 CCTV 화면 등 T마트 사건의 진범이 乙임을 밝힐 수 있는 충분한 증거를 바탕으로 자신의 명예를 회복하려 할 때 甲이 구제받을 수 있는 방법과 이러한 甲의 주장이 인정되었을 때 검사가 乙을 해당 범죄로 기소할 수 있는지 검토하시오. (2015년 1차 모의시험)

(1) **甲이 구제받을 수 있는 방법**: 유죄의 선고를 받은 자에 대하여 무죄 또는 면소를, 형의 선고를 받은 자에 대하여 형의 면제 또는 원판결이 인정한 죄보다 경한 죄를 인정할 명백한 증거가 새로 발견된 때에는 유죄의 확정판결에 대하여 그 선고를 받은 자의 이익을 위하여 재심을 청구할 수 있다(제420조 제5호). 동 조항에 의해 재심이유가 인정되기 위해서는 **증거의 신규성**과 **증거의 명백성**이 인정되어야 한다. ① 무죄 등을 인정할 '증거가 새로 발견된 때'라 함은 재심대상이 되는 확정판결의 소송절차에서 발견되지 못하였거나 또는 발견되었다 하더라도 제출할 수 없었던 증거로서 이를 새로 발견하였거나 비로소 제출할 수 있게 된 때를 의미한다. 법원뿐만 아니라 재심을 청구한 피고인 등의 입장에서도 새로운 증거이어야 하는지에 관하여, 허위의 진술을 하여 유죄판결을 받은 자에 대해서도 재심을 인정하는 것은 형평과 금반언(estoppel)의 원칙에 반하므로 당사자에게도 새로운 것이어야 한다는 **필요설**, 재심은 무고하게 처벌받은 피고인을 구제하는 데 목적이 있으므로 당사자의 귀책사유 유무와 관계없이 법원에 대하여 새로운 것이면 족하다는 **불요설(다수설)**, 당사자에 대하여 새로운 것일 필요는 없지만 고의나 과실로 제출하지 않은 증거에 대해서는 신

규성을 인정할 수 없다는 **절충설**(귀책사유설)이 대립하고 있다. 판례는 "피고인이 재심을 청구한 경우 재심대상이 되는 확정판결의 소송절차 중에 그러한 증거를 제출하지 못한 데에 과실이 있는 경우에는 그 증거는 이 사건 조항에서의 '증거가 새로 발견된 때'에서 제외된다."(대법원 2009. 7. 16. 자 2005모472 전원합의체 결정)고 하여 절충설의 태도를 취하고 있다.

② 증거의 명백성은 유죄의 확정판결에 대하여 그 정당성이 의심되는 수준을 넘어 그 판결을 그대로 유지할 수 없을 정도로 고도의 개연성이 인정되는 경우를 말한다. 사안에서 진범인 乙이 존재한다는 사정은 명백성을 인정할 수 있도록 한다. CCTV 화면 등의 증거는 명백성이 인정되므로, 신규성 요건과 관련하여 다수설인 불요설에 따르면, 甲에 대한 확정판결에는 형사소송법 제420조 제5호의 재심이유가 인정되므로 甲은 재심청구를 통하여 구제받을 수 있다. 반면, 판례의 입장에 따르면, 甲이 위 CCTV 화면 등 증거를 제출하지 못한 데에 과실이 있는 경우에는 재심청구를 통하여 구제받을 수 없다.

(2) 검사의 乙에 대한 기소가능성: 甲에 대한 유죄의 확정판결로 인한 기판력은 甲에게만 발생하므로, 검사는 乙에 대하여 새로 기소할 수 있다.

---

[405] 甲과 乙의 특수절도 혐의사실에 대해 甲이 먼저 기소되어 유죄판결이 확정된 후, 乙이 기소되었는데 乙에 대하여는 무죄판결이 선고된 경우 甲은 이를 이유로 재심을 청구할 수 있는가? (2019년 3차 모의시험)

공범자 사이에 모순된 판결이 있는 경우, 유죄판결을 받은 공범자가 다른 공범자의 무죄판결을 가지고 무죄를 인정할 명백한 증거로 하여 재심을 청구할 수 있는지 여부가 문제된다. 모순된 판결이 형벌법규의 해석의 차이로 인한 것이 아니라 사실인정에 관하여 결론을 달리한 때에는 그 자체가 명백한 증거라고 보아야 한다는 **긍정설**, 증거자료가 서로 동일한 경우에 두 판결은 증거의 증명력에 대한 평가를 달리한 데 불과하므로 무죄를 인정할 명백한 증거가 될 수 없다는 **부정설**, 무죄판결에 사용된 증거자료가 유죄판결을 선고한 법원에

현출되지 않은 새로운 것으로서 유죄판결을 파기할 만한 명백한 것인 때에 한해 명백한 증거에 해당한다는 견해로서 신규형 재심사유에 대한 일반적인 요건에 따라 해결하려는 **절충설**의 대립이 있다. **판례**는 "당해 사건의 증거가 아니고 공범자 중 1인에 대하여는 무죄, 다른 1인에 대하여는 유죄의 확정판결이 있는 경우에 무죄확정 판결의 증거자료를 자기의 증거자료로 하지 못하였고 또 새로 발견된 것이 아닌 한 무죄확정판결 자체만으로는 유죄확정 판결에 대한 새로운 증거로서의 재심사유에 해당한다고 할 수 없다."(대법원 1984. 4. 13. 자 84모14 결정)고 하여 절충설의 입장에서 증거로서의 신규성과 명백성이 인정되는 경우에 한해 재심사유로 긍정하고 있다(판례의 태도를 부정설로 보는 견해도 있다). 판례의 입장에 따르면, 乙에 대한 무죄판결의 증거자료에 명백성과 신규성이 인정되는 때에는 甲은 이를 이유로 재심을 청구할 수 있다. 乙에 대한 무죄판결이 사실문제에 기초한 경우에는 그 자체가 이미 확정된 유죄판결을 파기할 만한 중대한 의심을 불러일으키게 되므로 명백성이 긍정될 것이다.

---

[406] 甲은 사문서위조죄와 업무방해죄로 기소된 후 모두 유죄가 인정되어 징역 2년이 선고된 판결이 확정된 이후 사문서위조와 관련 자신에게 불리한 증언을 하여 그 증언이 범죄사실을 인정하는 증거로 사용되었던 乙의 증언이 거짓이라고 하면서 乙을 위증죄로 고소하였고, 乙은 위증한 사실이 밝혀져 위증죄의 확정판결을 받았다. 또한 甲은 업무방해죄에 대하여 그 당시 영업장에서 근무하다가 외국으로 이민을 가서 진술을 할 수 없었던 A로부터 뒤늦게 "甲이 영업장에서 소란을 피우거나 난동을 부린 것을 본 적이 없다."는 내용의 진술서를 제출받았다. 甲은 乙에 대한 위증죄의 확정판결과 A의 진술서를 재심청구의 사유로 법원에 징역 2년의 확정판결에 대하여 재심을 청구하였다.

(1) 甲의 재심청구는 모두 이유가 있는가?

(2) 만일, 법원이 甲에 대한 재심개시결정을 하게 된다면 법원의 재심심판범위는 어떻게 되는가?

(3) 검사가 재심심리 중 甲의 일부 범죄사실이 명백히 무죄라고 판단한 경우, 검사는 공소취소를 할 수 있는가?

(1) <u>재심청구의 이유 유무</u>: ① 사문서위조죄: 형사소송법 제420조 제2호는 '원판결의 증언된 증언이 확정판결에 의하여 허위인 것이 증명된 때'를 재심이유로 규정하고 있다. 여기서 '원판결의 증거된 증언'이란 원판결의 증거로 채택되어 범죄사실을 인정하는 데 사용된 증언을 뜻하는 것이고 단순히 증거조사의 대상이 되었을 뿐 범죄사실을 인정하는 증거로 사용되지 않은 증언은 위 '증거된 증언'에 포함되지 않는다(대법원 2005. 4. 14. 선고 2003도1080 판결 등). 또한 원판결의 증거된 증언이 나중에 확정판결에 의하여 허위인 것이 증명된 이상 그 허위증언 부분을 제외하고서도 다른 증거에 의하여 그 범죄사실이 유죄로 인정될 것인지 여부에 관계없이 제420조 제2호 소정의 재심사유는 인정된다(대법원 2012. 4. 13. 선고 2011도8529 판결). 乙은 甲에게 '불리한 증언'을 하였으며 그 증언은 위증으로 밝혀져 위증죄의 확정판결을 받았다. 재심이유가 인정되기 위해서는 乙의 증언은 원판결의 증거로 채택되어 甲의 범죄사실을 인정하는 증거로 사용되었어야 된다. 사안에서 乙의 증언은 甲의 범죄사실을 인정하는데 인용되었으므로, 다른 증거에 의하여 甲의 범죄사실이 유죄로 인정될 수 있는지와 관계없이 재심사유가 인정된다.

② 업무방해죄: 형사소송법 제420조 제5호는 "유죄의 선고를 받은 자에 대하여 무죄 또는 면소를, 형의 선고를 받은 자에 대하여 형의 면제 또는 원판결이 인정한 죄보다 경한 죄를 인정할 명백한 증거가 새로 발견된 때"를 재심이유로 규정하고 있는바, 증거의 신규성과 명백성이 인정될 경우 재심이 개시될 수 있다. '증거가 새로 발견된 때'란 재심대상이 되는 확정판결의 소송절차에서 발견되지 못하였거나 또는 발견되었다 하더라도 제출할 수 없었던 증거로서 이를 새로 발견하거나 비로소 제출할 수 있게 된 때를 말한다. 증거의 신규성을 누구를 기준으로 판단할 것인지에 대하여 동 조항이 그 범위를 제한하고 있지 않으므로 그 대상은 법원으로 한정되는 것은 아니며, 피고인이 재심을 청구한 경우 그러한 증거를 제출하지 못한 데에 과실이 있는 경우에는 신규성이

인정되지 않는다는 것이 판례의 입장이다(대법원 2009. 7. 16. 자 2005모472 전원합의체 결정). '명백한 증거'란 단순히 재심대상이 되는 유죄의 확정판결에 대하여 그 정당성이 의심되는 수준을 넘어 그 판결을 그대로 유지할 수 없을 정도로 고도의 개연성이 인정되는 경우를 말하며, 그 해당 여부는 새로 발견된 증거만을 독립적·고립적으로 고찰하여 그 증거가치만으로 재심의 개시 여부를 판단할 것이 아니라, 재심대상이 되는 확정판결을 선고한 법원이 사실인정의 기초로 삼은 증거들 가운데 새로 발견된 증거와 유기적으로 밀접하게 관련되고 모순되는 것들은 함께 고려하여 평가하여야 한다(대법원 2009. 7. 16. 자 2005모472 전원합의체 결정). A로부터 제출받은 진술서는 甲의 무죄를 인정할 수 있는 증거로서 A가 외국에 있어 새로 발견되거나 비로소 제출할 수 있게 된 것으로 볼 수 있고 그 증거를 제출하지 못한 데에 甲의 과실이 있다는 사정이 보이지 않으므로, 증거의 신규성은 인정될 여지가 있다. 그러나 증거의 명백성과 관련하여 A의 진술서만으로 유죄의 확정판결을 그대로 유지할 수 없을 정도로 고도의 개연성이 인정된다고 보기는 어렵다. 따라서 제420조 제5호의 재심이유에는 해당하지 않는다고 판단된다.

(2) 법원의 재심심판범위: 재심의 청구가 이유 있다고 인정한 때에는 재심개시의 결정을 하여야 한다(제435조 제1항). 甲은 사문서위조죄와 업무방해죄에 대해서 재심을 청구하였으나, 위에서 살펴본 바와 같이 법원은 경합범의 일부에 대하여만 재심청구의 이유가 있다고 판단하고 있다. 경합범의 관계에 있는 수개의 범죄사실을 유죄로 인정하여 한 개의 형을 선고한 확정판결에 대하여 그중 일부의 범죄사실에 대해서만 재심이유가 인정되는 경우 어느 범위에서 재심개시결정을 해야 하는가에 관하여, 경합범의 전부에 대하여 재심개시결정을 하여야 한다는 **전부설**, 당해 범죄사실만 재심의 대상이 되고 재심의 심판에서는 형량만을 다시 정할 수 있다는 **일부설**, 판결 전부에 대하여 재심개시결정을 해야 하지만 재심사유 없는 범죄사실에 대하여는 양형을 위하여 필요한 범위에서 심리할 수 있을 뿐이라는 **절충설**이 있다. **판례**는 "형식적으로는 1개의 형이 선고된 판결에 대한 것이어서 그 판결 전부에 대하여 재심개시의 결정을 할 수밖에 없지만, 비상구제수단인 재심제도의 본질상 재심사유가 없는 범죄사실에 대

하여는 재심개시결정의 효력이 그 부분을 형식적으로 심판의 대상에 포함시키는 데 그치므로 재심법원은 그 부분에 대하여는 이를 다시 심리하여 유죄인정을 파기할 수 없고, 다만 그 부분에 관하여 새로이 양형을 하여야 하므로 양형을 위하여 필요한 범위에 한하여만 심리를 할 수 있을 뿐"이라는 입장이다(대법원 2001. 7. 13. 선고 2001도1239 판결). 판례의 입장에 따르면, 법원은 사문서위조죄, 업무방해죄 전부에 대하여 재심개시결정을 하여야 하나, 재심사유 없는 업무방해죄는 형식적으로 심판의 대상이 포함되는 것에 그치고 양형을 위하여 필요한 범위에 한하여 심리할 수 있을 뿐이다.

(3) 재심절차에서 공소취소 가능 여부: 판례는 "형사소송법 제255조 제1항에 의하면 공소는 제1심 판결의 선고 전까지 취소할 수 있다고 규정되어 있는바 이건 공소 사실에 대하여는 이미 오래전에 제1심 판결이 선고되고 동 판결이 확정되어 이에 대한 재심소송절차가 진행 중에 있으므로 이 재심절차 중에 있어서의 공소취소는 이를 할 수 없(다)"는 입장(대법원 1976. 12. 28. 선고 76도3203 판결)이며, 통설도 이를 지지하고 있다. 검사는 재심절차 진행 중 공소취소를 할 수 없다.

II. 비상상고

[407] 甲은 2007년 자신을 고소한 B의 애인 A녀를 찾아가 고소사건을 해결하는 데 도움을 요청했으나 거절당하자 폭행하고, 수차례 휴대전화로 협박메시지를 보낸 혐의로 기소되어 1심에서 상해·정보통신망이용촉진및정보보호등에관한법률위반(공포심유발 등)으로 벌금 100만 원을 선고받았다. 항소제기기간 경과로 이 판결은 2008년 11월 그대로 확정되었다. 그러나 그 이후 제1심 재판이 진행 중이던 2008년 3월 A가 처벌불원의사를 담은 고소취소장을 법원에 제출한 사실이 드러났고, 甲은 벌금이 과다하다는 생각을 가지게 되었다. 정통법 위반사실이 반의사불벌죄에 해당한다면 甲은 어떤 방법으로 구제받을 수 있는가? (정통법 제74조 제1항 제3호 및 제2항 참조)

甲은 비상상고에 의해 구제받을 수 있다. 甲에 대한 공소사실에 대하여는 처벌불원의사의 표시로 형사소송법 제327조 제6호에 의하여 공소기각의 판결을 선고하였어야 함에도 원판결은 공소사실을 유죄로 판단한 다음 이를 나머지 상해의 점과 형법 제37조 전단의 경합범으로 의율하여 하나의 형을 선고하였다. 따라서 원판결에는 형사소송법 제441조에서 정한 법령위반의 사유가 있고, 이러한 원판결은 피고인에게 불이익한 때에 해당하므로 대법원은 형사소송법 제446조 제1호 단서에 의하여 원판결을 파기하고, 피고사건에 관하여 다시 판결을 해야 한다(대법원 2010. 1. 28. 선고 2009오1 판결).

제3장 **약식절차**

1995년 개정 형사소송법은 약식명령에 대한 정식재판청구에 대하여도 불이익변경금지의 원칙을 적용하는 규정을 도입하였으나, 2017년 개정을 통해 정식재판청구권의 남용으로 인한 소송부담 등을 이유로 이를 형종상향 금지의 원칙으로 대체하였다. 이에 따르면, 피고인이 정식재판을 청구한 사건에 대하여는 약식명령의 형보다 중한 종류의 형을 선고하지 못하지만, 피고인이 정식재판을 청구한 사건에 대하여 약식명령의 형보다 중한 형을 선고할 수 있으며, 이 경우에는 판결서에 양형의 이유를 적어야 한다(제457조의2). 피고인 甲이 벌금 1천만 원의 약식명령을 발부받고 정식재판을 청구한 사건에서 법원은 형사소송법 제457조의2의 규정(**형종상향의 금지**)을 위반하여 징역형에 대한 집행유예를 선고할 수는 없다.

형사소송법 제457조의2 제1항은 "피고인이 정식재판을 청구한 사건에 대하여는 약식명령의 형보다 중한 종류의 형을 선고하지 못한다."고 규정하고(**형종 상향의 금지**), 동조 제2항은 "피고인이 정식재판을 청구한 사건에 대하여 약식명령의 형보다 중한 형을 선고하는 경우에는 판결서에 양형의 이유를 적어야 한다."고 규정하고 있다. 따라서 법원은 피고인 甲만 정식재판을 청구하더라도 형정을 상향하는 것이 아닌 한 甲에게 불이익한 3백만 원의 형을 선고할 수 있으며, 다만, 판결서에 양형의 이유를 적어야 한다.

---

[410] 甲은 A를 폭행하였다는 범죄사실로 약식명령이 청구되어, 벌금 200만 원의 ① 약식명령을 송달받자 정식재판을 청구하였다. 법원은 甲이 도박범죄사실로 벌금 100만 원을 부과받은 ② 약식명령에 대해 정식재판을 청구하자, ①과 ②에 대한 정식재판청구사건을 병합심리하기로 결정하였다. 甲이 적법한 소환을 받고도 정당한 사유 없이 제1회, 제2회 공판기일에 불출석하자, 법원은 제3회 공판기일에 공판정을 개정하고 검사가 신청한 목격자 B에 대한 사법경찰관 작성의 진술조서를 증거로 채택, 증거조사를 한 후 위 각 죄를 모두 유죄로 인정한 다음 경합범으로 처단하면서 甲에게 벌금 400만 원을 선고하였다.

(1) 법원이 공판정을 개정하고, 증거조사를 한 조치는 적법한가?

(2) 법원의 판결은 적법한가?

(3) 위 사례에서 만일, ①약식사건에 대하여 2020. 3. 2. 벌금 200만 원이 발령되고 같은 해 3. 10. 송달된 이후 확정되었는데, 甲이 동일한 습벽에 의해 2020. 3. 8. 도박죄를 범하였다는 공소사실로 기소된 경우 법원이 취하여야 할 조치는?

---

(1) <u>공판정 개정 및 증거조사의 적법성</u>: ① 피고인이 공판기일에 출석하지 아니한 때에는 특별한 규정이 없으면 개정하지 못한다(제276조). 정식재판절차의 공판기일에 정식재판을 청구한 피고인이 출석하지 아니한 경우에는 다시 기일을

정하여야 하고, 피고인이 정당한 사유없이 다시 정한 기일에 출정하지 아니한 때에는 피고인의 진술없이 판결할 수 있다(제458조 제2항, 제365조). 약식명령에 불복하여 정식재판을 청구한 甲이 법원의 적법한 소환을 받고도 정당한 사유없이 제1회, 제2회 공판기일에 불출석하였는바, 법원은 甲의 출석 없이도 심리·판결할 수 있으므로, 제3회 공판기일에 공판정을 개정한 조치는 적법하다.

② 형사소송법 제458조 제2항, 제365조는 피고인이 출정하지 않음으로써 본안에 대한 변론권을 포기한 것으로 보는 일종의 제재규정으로, 피고인의 출정 없이도 공판심리의 일환으로 증거조사가 이루어질 수 있으며, 이 경우 제318조 제2항에 의해 제318조 제1항의 동의가 간주되는 점, 제318조 제2항의 입법 취지가 재판의 필요성 및 신속성, 즉 소송지연 방지에 있는 점에 비추어 볼 때 약식명령에 불복하여 정식재판을 청구한 피고인이 정식재판절차에서 2회 불출정하여 법원이 피고인의 출정 없이 증거를 조사하는 경우에는 제318조 제2항에 따른 피고인의 증거동의가 간주된다(대법원 2010. 7. 15. 선고 2007도5776 판결). 사안에서 목격자 B에 대한 사법경찰관 작성의 진술조서는 甲의 증거동의가 간주되므로 이에 대한 법원의 증거조사는 적법하다.

(2) 법원 판결의 적법성: 2017년 개정 형사소송법 제457조의2 제1항은 "피고인이 정식재판을 청구한 사건에 대하여는 약식명령의 형보다 중한 종류의 형을 선고하지 못한다."고 규정하고 있고, 동조 제2항은 "피고인이 정식재판을 청구한 사건에 대하여 약식명령의 형보다 중한 형을 선고하는 경우에는 판결서에 양형의 이유를 적어야 한다."고 규정하고 있다. 약식명령에 대한 정식재판청구에도 불이익변경금지원칙의 적용을 인정하고 있었던 2017년 개정형사소송법 이전에도, 판례는 피고인이 약식명령에 대하여 정식재판을 청구한 사건에서 다른 사건을 병합심리한 후 경합범으로 처단하면서 약식명령의 형량보다 중한 형을 선고한 것은 불이익변경금지원칙에 어긋나지 않는다는 입장이었다(대법원 2003. 5. 13. 선고 2001도3212 판결).

사안에서 법원은 ①과 ② 사건을 병합심리하여 각각의 형량을 합산한 400만 원을 선고하였으므로 형종상향의 금지에 위반되는 것이 아니며, 또한 피고인의 정식재판청구사건을 다른 사건과 병합심리한 경합범으로 처단하면서 ①약식명령의 형보다 중한 형을 선고하더라도 ①약식명령의 형이 상향된 것이 아니라면 판결서에 양형의 이유를 적어야 하는 것은 아니다. 따라서 법원이 甲에게 400만 원의 벌금을 선고한 것은 적법하다.

(3) 법원이 취하여야 할 조치: 상습범 사건에 있어서의 공소의 효력과 판결의 확정력은 사실심리의 가능성이 있는 최후의 시점인 판결선고시를 기준으로 하여 가리게 되고 그때까지에 행하여진 행위에 대하여서만 공소의 효력과 판결의 확정력이 미친다(대법원 1973. 8. 31. 선고 73도1366 판결; 대법원 1979. 2. 27. 선고 79도82 판결; 대법원 1982. 12. 28. 선고 82도2500 판결). 판결절차 아닌 약식명령은 그 고지를 검사와 피고인에 대한 재판서 송달로써 하고 따로 선고하지 않으므로 **약식명령**에 관하여는 그 **기판력의 시적범위**를 약식명령의 송달시를 기준으로 할 것인가 또는 그 발령시를 기준으로 할 것인지 이론의 여지가 있으나 그 기판력의 시적 범위를 판결절차와 달리 하여야 할 이유가 없으므로 그 **발령시**를 기준으로 하여야 한다는 것이 판례의 입장이다(대법원 1984. 7. 24. 선고 84도1129 판결). 공소제기된 범죄사실과 추가로 발견된 범죄사실 사이에 그것과 동일한 습벽에 의하여 저질러진 또 다른 범죄사실에 대한 유죄의 확정판결이 있는 경우에는 전후 범죄사실의 일죄성은 그에 의하여 분단되어 공소제기된 범죄사실과 판결이 확정된 범죄사실만이 포괄하여 하나의 상습범을 구성하고, 추가로 발견된 확정판결 후의 범죄사실은 그것과 경합범 관계에 있는 별개의 상습범이 된다(대법원 2000. 3. 10. 선고 99도2744 판결).

사안에서 甲은 약식명령이 발령된 2020. 3. 2. 이후에 도박죄를 범하였고, 위 약식명령은 확정되어 포괄일죄의 일죄성은 분단되었으므로 법원은 추가기소된 도박죄 혐의에 대하여는 실체판결을 하여야 한다.

사항
색인

[저자 약력]

신양균

[경력]

연세대학교 정법대학 졸업

연세대학교 대학원 법학과 석사, 박사

전북대학교 전임강사, 조교수, 부교수

독일 막스 플랑크 외국형법 및 국제형법연구소 방문교수

전북대학교 법과대학 학장, 법학전문대학원 원장

한국형사법학회·비교형사법학회·형사정책학회 부회장

법학교육위원회 위원장·변호사시험관리위원회 위원

한국형사법학회 회장

(현) 전북대학교 법학전문대학원 교수

[저역서 및 논문]

형법총론(공저)

형사소송법

형사소송법(공저)

형사정책(공저)

판례교재 형법총론·형법각론·형사소송법(공저)

독일행형법(공역) 등

형사소송법상 소송능력에 대한 재검토

우리나라 형사소송법상 위법수집증거배제법칙 등 다수 논문

조기영

[경력]

전북대학교 법과대학 졸업

서울대학교 대학원 법학과 석사, 박사

전북대학교 사회교육학부 전임강사, 조교수

전북대학교 법학전문대학원 조교수·부교수·교수

제7회 정암형사법학술상 수상

University of California, Irvine, School of Law 방문교수 (LG연암문화재단)

변호사시험·변호사모의시험 출제위원

경찰·검찰공무원시험 출제위원

(현) 전북대학교 법학전문대학원 교수

[저역서 및 논문]

형사소송법(공저)

판례교재 형법총론·형법각론·형사소송법(공저)

독일행형법(공역) 등

한국적 수사구조론의 새로운 모색

증거능력과 직업법관 등 다수 논문

지은석

[경력]
경찰대학 졸업
서울대학교 행정대학원 석사
서울대학교 대학원 법학과 박사과정 수료
제47회 사법시험 합격
사법경찰관, 검사, 변호사
국가공무원(5급) 공개경쟁채용 시험위원
(현) 전북대학교 법학전문대학원 부교수

[논문]
형사소송법 제312조 제3항의 확대 적용 등 다수 논문

쟁점 및 사례에 대한 질문과 답변
형사소송법

초판발행	2021년 2월 10일
지은이	신양균·조기영·지은석
펴낸이	안종만·안상준
편 집	윤혜경
기획/마케팅	이영조
디자인	최윤주
제 작	고철민·조영환
펴낸곳	(주) **박영사**
	서울특별시 금천구 가산디지털2로 53, 210호(가산동, 한라시그마밸리)
	등록 1959. 3. 11. 제300-1959-1호(倫)
전 화	02)733-6771
f a x	02)736-4818
e-mail	pys@pybook.co.kr
homepage	www.pybook.co.kr
ISBN	979-11-303-3853-8 93360

copyright©신양균·조기영·지은석, 2021, Printed in Korea

정 가   24,000원